Christina Schlepper

Strafgesetzgebung in der Spätmoderne

Eine empirische Analyse legislativer Punitivität

Springer VS

Christina Schlepper
Hamburg, Deutschland

Zgl. Dissertation Universität Hamburg, 2013

ISBN 978-3-658-06319-1 ISBN 978-3-658-06320-7 (eBook)
DOI 10.1007/978-3-658-06320-7

Die Deutsche Nationalbibliothek verzeichnet diese Publikation in der Deutschen Nationalbibliografie; detaillierte bibliografische Daten sind im Internet über http://dnb.d-nb.de abrufbar.

Springer VS

Gedruckt auf säurefreiem und chlorfrei gebleichtem Papier

Springer VS ist eine Marke von Springer DE. Springer DE ist Teil der Fachverlagsgruppe Springer Science+Business Media.
www.springer-vs.de

Strafgesetzgebung in der Spätmoderne

Vorbemerkung

Bei der vorliegenden Arbeit handelt es sich um die geringfügig überarbeitete Fassung meiner Dissertationsschrift, deren Zustandekommen durch eine Reihe an Personen und Institutionen ermöglicht wurde, denen ich an dieser Stelle danken möchte.

Die Universität Hamburg hat mir ein Promotionsstipendium gewährt und mir damit den Freiraum geschaffen, mich eineinhalb Jahre ausschließlich meiner Dissertation zu widmen. Der Deutschen Forschungsgemeinschaft (DFG) danke ich für die Übernahme der Publikationskosten.

Das Herzstück dieser Arbeit – die empirische Untersuchung – steht im Kontext des DFG-Projektes „Punitivität – Erscheinungsformen und Genese", das von 2010 bis 2012 am Institut für Sicherheits- und Präventionsforschung (ISIP) unter der Leitung von Fritz Sack durchgeführt wurde. Diese Einbindung – vor allem in die ‚ISIP-Montagsrunde' – hat mich fortwährend inspiriert und bot mir auch die Gelegenheit, Teilergebnisse der vorliegenden Arbeit vorab in Aufsätzen zu publizieren.

Besonderer Dank gebührt meinem Erstgutachter, Fritz Sack, dessen unerschöpfliches Engagement für das Thema gleichermaßen ansteckend und motivierend war. Sein theoretischer Scharfsinn und sein analytisches Gespür haben mir stets wertvolle Denkanstöße gegeben.

Bei Susanne Krasmann möchte ich mich dafür bedanken, dass sie trotz immenser Arbeitsbelastung ohne zu zögern die Zweitbegutachtung übernommen hat. Meinen beiden Gutachtern danke ich dafür, dass sie alles dafür getan haben, um dem Promotionsvorgang zu einem schnellen Abschluss zu verhelfen. Ebenso dazu beigetragen haben Bettina Paul, Daniela Hunold und Fabian Amend, indem sie die Mühen des Korrekturlesens auf sich genommen haben.

Mein größter Dank gilt Christian Lüdemann, der mich ermutigt hat, das ‚Unternehmen Promotion' zu wagen und mir von Beginn an mit Rat und Tat zur Seite stand. Sein großes Interesse, mit dem er den Entstehungsprozess begleitet hat, der kollegiale Rückhalt, den er mir gegeben hat, und sein Erfahrungsschatz, an dem er mich hat teilhaben lassen, waren mir eine unermessliche Stütze, die seinesgleichen sucht. Leider durfte er die Fertigstellung dieser Arbeit nicht mehr miterleben. Ihm ist dieses Buch gewidmet.

Hamburg, im Frühjahr 2014

Inhaltsverzeichnis

Abbildungsverzeichnis

Tabellenverzeichnis

Einleitung: ,Außenansichten' Deutschlands

Die aktuelle kriminologische Diskussion ist stark durch Erklärungsansätze und Deutungskonzepte geprägt, die den Wandel sozialer Kontrolle vor dem Hintergrund gesellschaftlicher Veränderungen analysieren. In der gemeinsamen Grundtendenz identifizieren diese Ansätze eine zunehmende (Rück)entwicklung der Kriminalpolitik zu einer stärker repressiven und punitiven Gangart. Prominentester Vertreter dieser Diagnose ist der in New York lehrende, schottische Kriminologe David Garland mit seiner Analyse der „Kultur der Kontrolle" (2001/2008) in den USA und Großbritannien, die vor allem im angelsächsischen kriminologischen Diskurs einen hohen Aktualitätswert besitzt. Dabei existiert unter Kriminologen aus dem englischsprachigen Raum eine Reihe hartnäckiger Vorurteile über die deutsche Kriminalpolitik sowie den Umgang mit Kriminalität und damit der Relevanz von Garlands Analyse für die deutsche Situation. Im Jahr 2004 stellte der amerikanische Kriminologe Tonry die Frage, warum die deutsche Strafpolitik nicht härter und die Gefangenenraten nicht höher seien. Er spricht für Deutschland von stabilen Gefangenenraten in den 1970er, 1980er und 1990er Jahren und deutet diesen Befund als Beleg dafür, dass Deutschland nicht auf dem Weg sei, den nach Garland alle spätmodernen[1] Gesellschaften sukzessive einschlagen: „[...] so far, Germany is not among Garland's 'and elsewhere, too'" (Tonry 2004: 1188). Nach dem ,World Prison Brief' des International Centre for Prison Studies lässt sich allerdings durchaus eine Zunahme der deutschen Gefangenenraten beobachten. Von 71 Gefangenen pro 100.000 Einwohner im Jahr 1992 stieg die Gefangenenrate auf 88 im Jahr 2010. Zwischenzeitlich lag die Gefangenenrate sogar bei 98 (2001 und 2004). Nun sind damit keineswegs US-

---

1 Die Begriffe ,Spätmoderne' und ,Postmoderne' werden in der Literatur häufig synonym verwendet, obwohl sie nicht bedeutungsgleich sind. Sie bezeichnen zwar beide die Epoche, die an die Moderne anschließt. Während der Begriff Postmoderne aber einen völligen Bruch mit der Moderne meint, ist der Terminus Spätmoderne weniger radikal und impliziert, dass sich trotz zahlreicher Transformationsprozesse moderne Elemente bewahren konnten und ,in neuem Gewand' daherkommen. Eine weitere Differenz der beiden Termini, auf die Rosa (vgl. 2005: 49f.) aufmerksam macht, liegt darin, dass Postmoderne die kulturelle Perspektive widerspiegelt, während Spätmoderne eher im Kontext der Analyse struktureller Veränderungen steht. Da diese Arbeit Garlands Analyse der Kultur der Kontrolle zum Ausgangspunkt nimmt, wird dieser folgend der Begriff Spätmoderne verwendet, sofern nicht auf Autoren Bezug genommen wird, die explizit den Terminus Postmoderne gebrauchen.

amerikanische Verhältnisse[2] erreicht, aber eine steigende Tendenz ist auch hierzulande nicht zu leugnen. So geben auch die Strafvollzugsexperten Dünkel und Morgenstern (vgl. 2010: 165) in ihrem Länderbericht über die Entwicklung der Gefangenenraten in Deutschland an, dass seit Beginn der 1990er Jahre ein Anstieg um nahezu zwanzig Prozent zu verzeichnen sei. Zur Kenntnis genommen wird diese Entwicklung von den englischen Kriminologen Cavadino und Dignan (vgl. 2011: 104), die im Rahmen eines Vergleichs von ‚Penal Systems' verschiedener Länder in ihrem Beitrag über Deutschland von steigenden Gefangenenraten im Zuge der Wiedervereinigung sprechen.

Die belgische Kriminologin Snacken (vgl. 2010: 274), die jüngst in einem Ländervergleich der Frage nachgeht, ob Europa vor punitiven Tendenzen gefeit ist, nimmt nur einen Ausschnitt von acht Jahren (2000 bis 2008) in den Blick und attestiert Deutschland – wie zuvor Tonry – stabile Gefangenenraten. Sie kommt darüber hinaus zu dem Schluss, dass konstitutionelle Demokratien, zu denen sie auch Deutschland zählt, im Unterschied zu populistischen Demokratien bestimmte Merkmale besitzen, die sie vor punitiven Tendenzen schützen. In Staaten mit einer konstitutionellen Demokratie stehe der Schutz der Menschenrechte ganz weit oben auf der politischen Agenda. Snacken (vgl. ebd.: 281) vertritt die Auffassung, dass Menschenrechte vor übermäßigen Eingriffen des Staates in das Privatleben der Bürger bewahren und ihnen ein selbstbestimmtes Leben ermöglichen. Menschenrechte bilden ihrer Ansicht nach einen Schutzwall gegen punitive Tendenzen. Daneben würden die Grundsätze des Rechtsstaates die Macht der Regierung begrenzen und dafür sorgen, dass staatliches Handeln an Gesetze gebunden sowie kontrollierbar und transparent sei. Als drittes Merkmal nennt Snacken (vgl. ebd.: 281) die Demokratie, weil ihr das Prinzip der Volkssouveranität innewohnt.

Die Gefahr in populistischen Demokratien sieht sie (vgl. ebd.: 283) darin, dass die grundlegenden Prinzipien, die durch den Schutz der Menschenrechte und die Rechtsstaatlichkeit garantiert werden, vom Willen der Mehrheit abhängig gemacht würden. In konstitutionellen Demokratien hingegen seien Regierungen verpflichtet, die Interessen von Minderheiten wie Straftätern und Gefangenen vor der Tyrannei der Mehrheit zu schützen (vgl. ebd.: 287). Beispielhaft hierfür nennt sie die Abschaffung der Todesstrafe und Stärkung der Gefangenenrechte in Europa. Dass die Menschenrechte in Deutschland keineswegs so unumstößlich sind, wie Snacken annimmt, hat die im Jahr 2002 am Fall Daschner[3] entzündete Folterdebatte gezeigt.

---

2 Für denselben Zeitraum weist der ‚World Prison Brief' eine Zunahme der US-amerikanischen Gefangenenrate von 501 (1992) auf 730 (2010) aus.

3 2002 wurde der elfjährige Bankiers-Sohn Jakob von Metzler von dem Jura-Student Magnus Gäfgen entführt, um eine Million Euro Lösegeld zu erpressen. Gäfgen wurde nach der Geld-

Während Snacken sehr globale Indikatoren verwendet, anhand derer sie ihre Diagnose festmacht, fällt die Analyse von Cavadino und Dignan (2011) differenzierter aus. Sie charakterisieren Deutschland als konservativ-korporatistischen Wohlfahrtsstaat.[4] Was diese Staatsform vom neoliberalen Modell unterscheide, sei die Existenz nationaler Interessenvertretungen wie Gewerkschaften und Arbeitgeberverbände, die für ein gewisses Maß an Wohlfahrtsleistungen sorgen. Der konservative Korporatismus sei kommunitaristisch geprägt und habe die Inklusion und Integration aller Bürger zum Ziel. Weitere Unterschiede zum neoliberalen Modell bestünden darin, dass der konservative Korporatismus weniger soziale Ungleichheit hervorbringe und traditionelle Werte wie die Kirche und die Familie große Bedeutung besäßen. Cavadino und Dignan (vgl. ebd.: 18) vertreten die Ansicht, dass diese Besonderheiten des konservativ-korporatistischen Wohlfahrtsstaates das Entstehen von Ghettos sowie einer Unterklasse weitgehend verhindern konnten. Dass sich mit dem Kurswechsel in der deutschen Sozial- und Arbeitsmarktpolitik im Zuge der Hartz-Reformen in Deutschland eine Debatte um die „neue Unterschicht“ (z.B. Chassé 2010; Kocyba 2008; van Dyk/Lessenich 2008) – vornehmlich bestehend aus Langzeitarbeitslosen und Hartz IV-Empfängern – entfacht hat, wird in angelsächsischen Kreisen (noch) nicht zur Kenntnis gekommen.[5]

In Bezug auf die Strafpolitik wird nach Cavadino und Dignan (2011) im konservativ-korporatistischen Wohlfahrtsstaat der Resozialisierung gegenüber der Bestrafung der Vorzug gegeben und jugendliche Straftäter werden mit Nachsicht behandelt (vgl. ebd.: 25). Es gibt jedoch zahlreiche Indizien dafür, dass sich auch hier die Vorzeichen umgedreht haben. So mehren sich die Rufe, dass der Schutz der Bevölkerung vor Resozialisierung gehe, und es verbreitet sich die Ansicht, dass für jugendliche Straftäter die Strafe ‚auf dem Fuße‘ folgen müsse[6].

übergabe gefasst und gab die Entführung zu, wollte allerdings nicht preisgeben, wo er den Jungen gefangen hielt. Um das Leben des Entführten zu retten, welcher zu diesem Zeitpunkt allerdings schon tot war, ließ der damalige stellvertretende Frankfurter Polizeipräsident Daschner Gäfgen Folter androhen. Daraufhin verriet der Entführer das Versteck. Dieser Fall hat eine Diskussion darüber ausgelöst, ob eine sog. ‚Rettungsfolter‘, d.h. die Anwendung von Folter durch eine Amtsperson zur Gefahrenabwehr, zulässig ist.

4 Cavadino und Dignan (vgl. 2011: 15) unterscheiden insgesamt vier verschiedene Regimetypen. Den konservativ-korporatistischen Wohlfahrtsstaat verorten sie zwischen dem neoliberalen Regimetyp, den die USA verkörpere, und dem sozialdemokratisch-korporatistischen Modell, für das Schweden ein typisches Beispiel sei. Darüber hinaus existiere noch der orientalische Korporatismus, der Japan kennzeichne.

5 Einen vorläufigen Höhepunkt erreichte die öffentliche Diskussion um die ‚neue Unterschicht‘ durch Sarrazins (2010) Schrift „Deutschland schafft sich ab“ (vgl. Kessl 2012: 186).

6 Schenkt man den Medien glauben, so wird Deutschland seit geraumer Zeit von einer Welle von ‚U-Bahn-Schlägern‘ überrollt, der durch Verschärfungen des Jugendstrafrechts dringend Einhalt geboten werden muss.

Die härtere Gangart gegenüber Jugendlichen belegt die bereits eingeführte Sicherungsverwahrung für Jugendliche sowie die schon seit längerem in der Diskussion stehende und nun in einem Gesetzentwurf vorliegende geplante Einführung des Warnschussarrestes (vgl. BT-Drs. 17/9389).[7] Letzterer hat auch außerhalb deutscher Grenzen Bekanntheit erlangt. So berichtet der englische Kriminologe Muncie (2008: 109) in seiner Bilanz über das Jugendstrafrecht, die den Titel „The ‚Punitive Turn' in Juvenile Justice" trägt und sowohl Westeuropa als auch die USA behandelt, von der Ankündigung der deutschen Kanzlerin, „boot camps and ‚warning shot arrests', particularly for immigrant youth" zu implementieren. Muncie stützt seine Informationen über die deutsche Jugendkriminalpolitik zum einen auf einen Bericht in der britischen Tageszeitung ‚The Guardian'. Zum anderen stellt er einen länderspezifischen Vergleich der Umsetzung von UN- und EU-Empfehlungen zur Etablierung und Wahrung von Kinderrechten an, wobei Deutschland schlecht abschneidet. Deutschland weist er den dritten Platz hinter den Niederlanden sowie England und Wales als „the most ‚custody prone'" (ebd.: 114) Länder zu. Er konstatiert, dass angesichts der zahlreichen Berichte aus den USA, Großbritannien und Europa über Jugendkriminalpolitik „arguments in support of the ‚punitive turn' thesis are unequivocable" (ebd.: 108).

Cavadino und Dignan (vgl. 2011: 108) behaupten weiterhin, dass die deutsche Medienlandschaft kaum populistisch gefärbt sei. Auch die amerikanische Politologin Gottschalk (2006: 99) geht davon aus, die deutsche Kriminalpolitik sei „less vulnerable to swings in public opinion and media hype over sensational crimes." Die Annahme, dass Deutschland frei von populistischen Tendenzen sei, ist in angelsächsischen Kreisen weit verbreitet. Es herrscht die Ansicht, dass in Deutschland kriminalitätsbezogene Meldungen wenig Raum in der Medienberichterstattung einnähmen und daher auch wenig politische Aufmerksamkeit auf sich zögen. Auf diese Behauptung, die die britische Kriminologin Zedner im Jahr 1995 aufgrund eines Vergleichs von ‚Law and Order'-Diskursen in Großbritannien und Deutschland anstellt, bezieht sich die irische Kriminologin McAlinden (2012) im Rahmen ihres Vergleichs der Politik gegen Sexualstraftäter in verschiedenen europäischen Ländern, und nimmt diesen Befund Zedners – vermutlich mangels aktuellerer komparativer Forschung – auch für die heutige Zeit für bare Münze. Ein Beleg dafür, dass sich diese Annahme nicht (mehr) halten lässt, ist schnell beigebracht. Abbildung 1 beruht auf Daten des G+J-Archivs sowie des Statistischen Bundesamtes und zeigt den zunächst leicht abfallenden, dann ansteigenden Verlauf der Fälle verurteilten Kindesmissbrauchs und die Anzahl

7 Als weitere Forderungen nach Strafverschärfungen im Jugendstrafrecht nennt Ostendorf (vgl. 2011: 93) die Einführung des Fahrverbots als Hauptstrafe, die Heraufsetzung der Höchststrafe von zehn Jahren Jugendstrafe auf 15 Jahre, die regelmäßige Anwendung des Erwachsenenstrafrechts bei Heranwachsenden sowie den Ausbau der Sicherungsverwahrung.

der Berichterstattungen in der Bildzeitung. Wie unschwer zu erkennen ist, hat die Diskrepanz zwischen der Anzahl der registrierten Fälle und der in der Bildzeitung erschienenen Artikel seit 1997 drastisch zugenommen. Einer mehr oder weniger konstant bleibenden Zahl von Fällen steht ein dazu in keinem Verhältnis stehendes Wachstum an Berichterstattungen gegenüber.

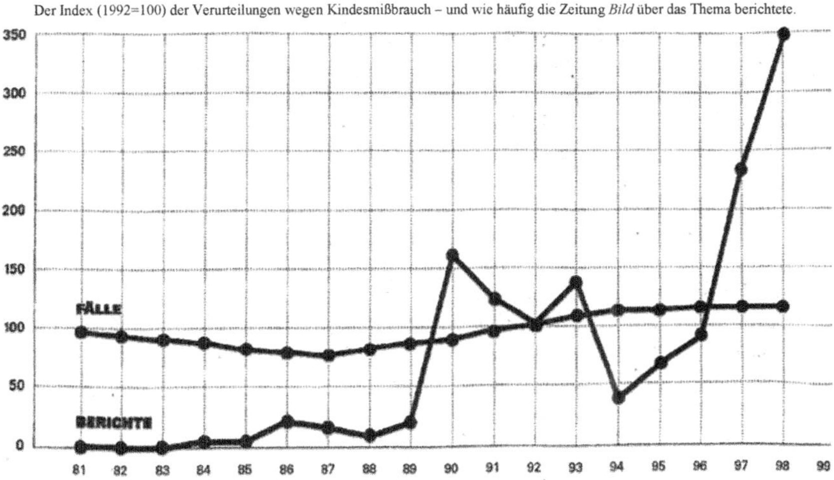

Abbildung 1: Wie nah dran sind die Medien an der Wirklichkeit?

Quelle: Süddeutsche Zeitung Magazin (1998: 24)

Der Medienwissenschaftler und Journalist Hestermann (vgl. 2010: 196) hat in seiner Untersuchung über Gewaltkriminalität in den Medien festgestellt, dass 72 Prozent der in den Medien berichteten Gewaltdelikte Tötungsdelikte sind. Über Sexualmorde werde zehnmal so häufig berichtet wie über andere tödliche Gewaltdelikte. Auch dieses Ergebnis verdeutlicht, dass man die deutschen Medien keineswegs von populistischen Tendenzen freisprechen kann.

Zwar räumt McAlinden (vgl. 2012: 180f.) ein, dass es auch in Deutschland spektakuläre Einzelfälle sexueller Gewalt gegeben hätte, die nicht ohne Folgen für die Kriminalpolitik geblieben seien und dazu geführt hätten, dass sich das ursprüngliche Nebeneinander von geringer Punitivität und hoher sozialer Toleranz umgekehrt habe. Dies ändert aber nichts an ihrem Resümee, dass sie westeuropäischen Ländern im Gegensatz zu England und Wales eine Medienkultur attestiert, die von einer nicht-sensationslüsternen und objektiven Berichterstattung geprägt sei.

Ein ebenfalls in angelsächsischen Kreisen gängiges Bild über Deutschland ist, dass das Staatssystem fest in der Hand von Experten sei und Entscheidungsträgern von der Bevölkerung ein hohes Maß an Vertrauen entgegengebracht werde (vgl. Petrunik/Deutschmann 2008: 507; McAlinden 2012: 182). Auch hierbei stützen sich die Autoren auf Informationen aus dem letzten Jahrtausend (Savelsberg 1999; Zedner 1995).

Der Ansicht, dass in Deutschland eine Ideologie des Professionalismus und eine weit verbreitete Skepsis gegenüber der Involvierung zivilgesellschaftlicher Akteure vorherrsche, was dazu führe, dass die Aufgabenwahrnehmung auch im Bereich der Kriminalitätskontrolle hochgradig professionalisiert bleibt, ist durchaus zuzustimmen. Konzepte wie das der ‚Bayerischen Sicherheitswacht' (Göschl/Milanés 1997) oder Bürgerstreifendienste (Birenheide 2009), die auf den Einsatz zivilgesellschaftlicher Akteure setzen, sind höchst umstritten und lassen sich in Deutschland nur sehr vereinzelt realisieren.[8] Im Unterschied dazu steht die ‚Community' als ‚Policing'-Akteur in Großbritannien in einer langen Tradition, wie Lacey und Zedner (1998, 2000) in ihrer Studie mit dem Titel „Crime, Social Order and the Appeal to Community in England and Germany (1994-1996)" zeigen. In Großbritannien existiert traditionell hohes Vertrauen in die ehrenamtliche Mitarbeit von Bürgern auf dem Gebiet ‚Community Safety' und sie ist ausdrücklich erwünscht. Es gibt eine Vielzahl an ‚Community'-basierten Projekten, die auf die Initiative von Bürgern zurückgehen, während vergleichbare Einrichtungen auf lokaler Ebene in Deutschland trotz der hohen Konjunktur von Aktivierungspolitik insbesondere im Rahmen Kommunaler Kriminalprävention seit den 1990er Jahren weiterhin überwiegend staatlich initiiert sind.

Von einem hohen Vertrauen der deutschen Bürger in politische Entscheidungsträger kann jedoch keine Rede sein. In der von der ‚GfK Custom Research' seit 2003 jährlich in 15 europäischen Ländern durchgeführten Studie zum Vertrauen der Bürger in zwanzig verschiedene Berufsgruppen nimmt das Vertrauen der Deutschen in Polizisten und Richter einen relativ hohen Rang, in Politiker jedoch sowohl 2010 (14 Prozent) als auch 2011 (9 Prozent) den letzten Platz ein (vgl. GfK Gruppe 2011).

---

8 Diese kritische Haltung hängt maßgeblich mit der Erinnerung an die Bespitzelung im Dritten Reich und der Stasi-Vergangenheit der ehemaligen DDR zusammen (vgl. Lacey/Zedner 1995: 309, 1998: 21; Zedner 2000: 206). Der aus diesen negativen kollektiven Erfahrungen mit der Ideologie der Gemeinschaft erwachsende Widerstand wirkt sich hemmend auf die Verbreitung ‚Community'-inspirierter Projekte mit kommunitaristischer Prägung aus und sorgt schließlich dafür, dass sich diese nur schwer durchsetzen können. So wurde beispielsweise das Modell der ‚Bayerischen Sicherheitswacht' von den Grünen mit dem Hinweis auf das Blockwartsystem und Denunziantentum zu DDR-Zeiten scharf kritisiert (vgl. Göschl/Milanés 1997: 287).

Diese Beispiele mögen genügen, um deutlich zu machen, dass Deutschland in der ‚Außenansicht' der angelsächsischen Kriminologie mitunter eine Art Sonderstatus zugesprochen wird, dem es nicht gerecht wird. Aber auch in der Kriminologie hierzulande herrscht Uneinigkeit darüber, inwiefern Garlands Diagnose eines kriminalpolitischen Wandels auch für die deutsche Situation Gültigkeit beanspruchen kann. Der Begriff der ‚Punitivität', der zentral für Garlands Analyse ist, wird insbesondere in der ‚Mainstream'-Kriminologie eher als „kriminalpolitischer Kampfbegriff" (Lautmann/Klimke 2004: 24) betrachtet denn als ernstzunehmendes Konzept mit analytischem Potenzial. Auch nach Tonry (2007: 7) handelt es sich hierbei um nichts anderes als „ugly words". Dieses Spannungsfeld bildet den Bezugsrahmen dieser Arbeit. In ihrem Mittelpunkt steht die Frage, welchen Zielen, Leitprinzipien und Logiken die deutsche Strafgesetzgebung der Spätmoderne, in der sich der gegenwärtige kriminalpolitische Kurs manifestiert, folgt, und welche Gemeinsamkeiten sich mit Garlands Diagnose abzeichnen. Dazu werden die Indikatoren, anhand derer Garland den kriminalpolitischen Wandel exemplifiziert, als Analysefolie verwendet, um zu überprüfen, ob sie sich auch in der deutschen Strafgesetzgebung widerspiegeln. Mit dieser Fragestellung knüpft diese Arbeit an die Normgeneseforschung an, die ihre Blütezeit in den 1970er und 1980er Jahren hatte und das ureigenste Anliegen der Kritischen Kriminologie verfolgte, nämlich die Frage danach, warum bestimmte Verhaltensweisen kriminalisiert werden. Empirische Analysen der Gesetzgebung waren ein zentraler Bestandteil des Forschungsprogramms des Arbeitskreises Junger Kriminologen (AJK) (vgl. Brusten 1974). Der Schwerpunkt des Erkenntnisinteresses der Normgeneseforschung lag auf der Erforschung der verborgenen Ziele, die die verschiedenen beteiligten Akteure mit Strafgesetzen verfolgen. Im Unterschied dazu richtet sich der Fokus dieser Arbeit auf die offiziell proklamierten Ziele, mit denen Strafrechtsänderungen in parlamentarischen Gesetzgebungsprozessen begründet bzw. gerechtfertigt werden. Es geht darum, welche Sinnzusammenhänge die legislativen Akteure konstruieren und welche Wissensbestände sie mobilisieren, um den Gesetzesänderungen Legitimation zu verschaffen und Handlungsdringlichkeiten glaubhaft zu machen.

Der Untersuchungsgegenstand wird aus zwei Gründen auf die Strafgesetzgebung beschränkt. Erstens handelt es sich hierbei um ein Feld, das in diachroner Perspektive bislang kaum systematisch analysiert wurde. Es existieren hauptsächlich rechtswissenschaftliche Abhandlungen, die sich auf Hauptentwicklungstendenzen der Strafgesetzgebung, deliktspezifische Strafrechtsfelder oder gar einzelne Strafgesetze konzentrieren, die selten mit gesellschaftlichen Prozessen in Zusammenhang gebracht werden. Auch die Normgeneseforschung hat sich auf konkrete Strafrechtsfelder oder einzelne Gesetze fokussiert. Da bislang keine Untersuchungen über die quantitativen Dimensionen von Strafrechtsänderungen

(Neukriminalisierungen, Tatbestandserweiterungen, Strafverschärfungen, Entkriminalisierungen, Strafmilderungen) existieren, liegt ein Schwerpunkt der Arbeit darin, diese Forschungslücke zu füllen.

Zweitens wird mit der Fokussierung auf die Strafgesetzgebung das Augenmerk nicht auf das Individuum als Analyseeinheit gerichtet, sondern auf das Zustandekommen von Strafgesetzen, womit das Handeln kollektiver Akteure in den Blick genommen wird. Punitivitätsforschung aus sozialwissenschaftlicher Perspektive und insbesondere in der deutschen Kriminologie erschöpft sich zumeist in der Untersuchung der Strafeinstellungen der Bevölkerung und lässt die institutionelle Ebene beiseite. Punitivität ist jedoch kein Phänomen, das auf die individuelle Ebene beschränkt ist, sondern besitzt ebenso eine makrosoziale Dimension. Letzterer räumt Garland in seiner Analyse weitaus mehr Platz ein als der Bevölkerungsebene. Auch bei dem französischen Soziologen Loïc Wacquant (2009: 11), der sich in seinem Buch „Bestrafen der Armen" mit den „Konturen der Transformation des Staats im Zeitalter der ökonomischen Deregulierung und sozialen Unsicherheit" beschäftigt, bildet die Entwicklung des Strafrechts den Ausgangspunkt seiner Überlegungen und der Schwerpunkt seiner Analyse liegt ebenfalls auf der institutionellen Ebene.

Im Einzelnen gliedert sich diese Arbeit in folgende Kapitel:

Im ersten Kapitel wird die neue Kultur der Kontrolle nachgezeichnet, die Garland zufolge aus der kriminalpolitischen Wende hervorgegangen ist und sich durch das Nebeneinander von zwei verschiedenen Strategien des Umgangs mit Kriminalität charakterisiert, die jeweils in unterschiedlicher Weise vom Strafrecht Gebrauch machen.

Das zweite Kapitel widmet sich der innerdeutschen Perspektive und dient der Aufarbeitung des Forschungsstandes. Zunächst wird dargestellt, auf welche Resonanz Garlands Studie in der deutschen Kriminologie bislang gestoßen ist und wie ihre Übertragbarkeit auf Deutschland eingeschätzt wird. Sodann wird dargestellt, welche Rolle Garlands Analyse in der deutschen Punitivitätsforschung zukommt, welche Zugänge die kriminologische Forschung vorrangig wählt, um sich dem Phänomen der Punitivität zu nähern und welche Forschungsdesiderata sich daraus ergeben. Im Anschluss daran wird aufgezeigt, welche Diagnosen die Strafrechtswissenschaft zur Entwicklung des Strafrechts stellt und inwiefern sich Garlands These eines kriminalpolitischen Wandels darin wiederfindet. Darüber hinaus wird auf empirische Untersuchungen eingegangen, die die Entwicklung der deutschen Strafgesetzgebung zum Gegenstand haben, auf deren Ergebnissen diese Arbeit aufbauen kann.

Im dritten Kapitel wird die empirische Analyse der Strafgesetzgebung dargestellt. Mittels einer Inhaltsanalyse der Gesetzgebungsmaterialien der StGB-

Änderungsgesetze der 8. bis 15. Legislaturperiode (1976 bis 2005) wird untersucht, welche inhaltlichen Änderungen (Neukriminalisierungen, Entkriminalisierungen, Strafverschärfungen, Strafmilderungen) vorgenommen wurden, wie diese begründet wurden und welche Parallelen sich zu Garlands Indikatoren des kriminalpolitischen Wandels ergeben. Zuerst werden die Erhebungsmethode und das Erhebungsmaterial beschrieben. Um das Zustandekommen der Gesetzgebungsmaterialien nachvollziehbar zu machen, wird in einem Exkurs auf den Gang der Gesetzgebung eingegangen. Darauf folgend wird das Kategorienschema vorgestellt, das zur Analyse der Gesetzgebungsmaterialien verwendet wurde. Bei der Präsentation der Ergebnisse wird gezeigt, wie sich die legislative Aktivität im Zeitverlauf entwickelt hat, welche Begründungen für die Gesetzesänderungen herangezogen wurden und welche Hauptentwicklungstendenzen der Strafgesetzgebung sich abzeichnen.

Ausgehend von dem Befund einer Expansion und Punitivierung des Strafrechts durch zahlreiche Neukriminalisierungen, Tatbestandserweiterungen sowie Strafverschärfungen, welchen die empirische Analyse der Strafgesetzgebung erbracht hat, wird im vierten Kapitel der Frage nachgegangen, auf welche gesellschaftlichen, polit-ökonomischen und kulturellen Erklärungsfaktoren jenseits des Kriminaljustizsystems diese Entwicklung zurückgeführt werden kann. Hierfür werden verschiedene Deutungsansätze diskutiert, die die punitive Wende aus unterschiedlichen Blickwinkeln betrachten und daher unterschiedliche Ursachen in den Mittelpunkt stellen. Es wird zu zeigen versucht, dass sich die verschiedenen Erklärungsfaktoren in einem Konzept vereinen lassen, nach dem die punitive Wende im Strafrecht als integraler Bestandteil des Wandels der sozialen Ordnung verstanden werden kann.

Im letzten Kapitel werden die zentralen Ergebnisse dieser Arbeit zusammengefasst und sich daraus ergebende Implikationen für die zukünftige Punitivitätsforschung abgeleitet.

1 Die punitive Wende und die neue Kultur der Kontrolle

Nach Garland (vgl. 2008: 127f.) nimmt der Wandel der Kultur der Kontrolle in den 1970er Jahren[9] mit der Verbreitung der ‚Nothing Works'-These seinen Ausgang. Diese propagiert die Wirkungslosigkeit des Resozialisierungsansatzes und führt zu einer grundlegenden Infragestellung des wohlfahrtsstaatlichen Umgangs mit Kriminalität (‚Penal Welfarism') und stößt angesichts eines gesellschaftlichen Klimas, das durch die Gewöhnung an die Normalität hoher Kriminalitätsraten sowie die Einsicht in die begrenzte Leistungsfähigkeit des Kriminaljustizsystems gekennzeichnet ist, auf fruchtbaren Boden.

Im Zuge dessen wurde „a series of transformations in official perceptions of crime, in criminological discourse, in modes of governmental actions, and in the structure of criminal justice organizations" (Garland 1996: 446) in Gang gesetzt, die mit einer grundlegenden Neuausrichtung gesellschaftlicher und politischer Diskurse sowie politischer Steuerungskonzepte einhergeht. Als Folge dieser Veränderungen hat nach Garland (2008: 262) eine „punitive Wende" in der Kriminalpolitik stattgefunden. Diese Entwicklung wird auch unter dem Stichwort „The New Punitiveness" (Pratt et al. 2005) diskutiert und äußert sich in tiefgreifenden staatlichen Umbaumaßnahmen: einem sukzessiven Abbau des wohlfahrtsstaatlichen Sektors steht ein kontinuierlicher Ausbau des Sicherheitsapparates und des strafrechtlichen Instrumentariums entgegen.

Diese Veränderung wird von Wacquant (1997) als Entwicklung „vom wohltätigen zum strafenden Staat" auf den Punkt gebracht, infolge derer die Kriminal- und Sicherheitspolitik zum prominenten Schauplatz werde, auf dem der Staat mittels der Strategie des „Governing through Crime" (Simon 1997a) durch expressive Punitivität (vgl. Garland 2008: 263) noch Stärke und Handlungsfähigkeit demonstrieren könne.

Als ein Hauptmerkmal der punitiven Wende gilt der Anstieg der Gefangenenraten (vgl. ebd.: 60f.). Auch für Wacquant (2009: 130ff.) bildet die „Größe des Strafrechtsstaats" eine wichtige Säule seiner Argumentation, wobei er der

---

9 Melossi (vgl. 2009: 19) datiert den Beginn einer Gezeitenwende des Strafsystems auf das Jahr 1973. Er verweist auf den Zusammenhang mit der Öl- und Energiekrise und damit der ökonomischen Sphäre.

Darstellung der Entwicklung der Gefangenenraten viel Platz einräumt.[10] „The Carceral Boom“ (Carrier 2010) dient als quantitativer Indikator für Punitivität. Durch einen internationalen Vergleich der Gefangenenraten gewinnt die Vermutung eines Zusammenhangs zwischen dem neoliberalen Strukturwandel spätmoderner Gesellschaften und ihrer veränderten Kriminalpolitik eine deutliche Plausibilität. Ein genauerer Blick auf die internationale Entwicklung offenbart zunächst, dass die USA eine kriminalpolitische Vorreiterrolle[11] einnehmen. Dies zeigt sich namentlich an der seit den 1970er Jahren in den USA deutlich angestiegenen Strafhärte und an der historisch beispiellosen Zunahme der Gefangenenpopulation auf über zwei Millionen, was einer Verfünffachung dieses Wertes entspricht. Cavadino und Dignan (2006) haben herausgefunden, dass neoliberale Gesellschaften (USA, Südafrika, Neuseeland, England, Wales, Australien) die höchsten Gefangenenraten aufweisen und geringere Gefangenenraten in Ländern vorzufinden sind, die sich noch wohlfahrtsstaatliche Elemente bewahren konnten (Niederlande, Italien, Deutschland, Frankreich). „[I]n neoliberal societies the level of public demand for, and recourse to, formal methods of social control based on the prosecution and punishment of offenders appears to be far greater than in other advanced welfare capitalist countries” (Cavadino/Dignan 2011: 23). Zu einem ähnlichen Ergebnis kommen auch Beckett und Western (2001), die in ihrer Analyse einen negativen Zusammenhang zwischen wohlfahrtsstaatlichen Leistungen und Inhaftiertenrate nachweisen konnten.

Die punitive Wende wird jedoch nicht nur an der Zahl der Gefangenen festgemacht. Neben dem Trend zu historischen Höchstständen bei den Gefangenenraten offenbart sie sich auch im „Niedergang des rehabilitativen Ideals“ (Garland 2008: 50) – in einer Abkehr vom Vollzugsziel der Resozialisierung und Wiedereingliederung des Straffälligen in die Gesellschaft hin zu einem bloßen Verwahrvollzug. Der Schutz der Bevölkerung soll nicht länger durch Besserung, sondern durch Unschädlichmachung des Straffälligen erreicht werden, indem ihm die Freiheit entzogen wird. Carrier (2010) spricht in diesem Zusammenhang auch von „Post-Disciplinary Penality“. Damit bezieht er sich auf Foucault und meint, dass das Gefängnis nicht länger auf Normalisierung abziele. Stattdessen avanciere der Schutz der Bevölkerung zum obersten Ziel der Kriminalpolitik und verkehre die rechtsstaatliche Maxime des Schutzes vor dem Staat in die Forderung nach dem Schutz *durch* den Staat (vgl. Garland 2008: 58).

Eng damit verknüpft wird auch ein gewandeltes Verständnis von Strafe konstatiert. Bei Garland (ebd.: 51) ist in diesem Kontext von einer „Wiederkehr

10 Eine detaillierte Gegenüberstellung von Garlands „Kultur der Kontrolle“ (2008) und Wacquants „Bestrafen der Armen“ (2009) hat Sack (2010a) vorgelegt.

11 So sieht Wacquant (2009: 32) diese Entwicklung nicht auf die USA begrenzt, sondern vielmehr als „US-amerikanische Entwicklung mit weltweiten Folgen“.

der Punitivität“ die Rede. Der Vergeltungsgedanke sei wieder zu einem legitimen Strafzweck aufgerückt, der mit dem Hinweis darauf gerechtfertigt werde, dass er den Belangen des Opfers Rechnung trage und das Rechtsbewusstsein der Bevölkerung stärke. Mit der Rückkehr des Opfers auf die kriminalpolitische Bühne hätten strafrechtliche Repressionsmaßnahmen eine Legitimation gefunden, die nicht angezweifelt wird, da das Opfer stellvertretend für die Gemeinschaft stehe und somit dem Interesse der Allgemeinheit genüge getan werde. Garland (ebd.: 55) macht einen neuen politischen Imperativ des Opferschutzes aus:

> „Die Belange und Gefühle der Opfer – tatsächlicher Opfer, der Angehörigen von Opfern, potentieller Opfer, der projizierten Gestalt des »Opfers« – werden heute regelmäßig beschworen, wenn man Maßnahmen punitiver Segregation begründen will.“

Harte Strafen würden aber nicht nur als ‚angemessener‘ Ausdruck von Opferinteressen, sondern auch als wirksames Abschreckungsmittel betrachtet, wodurch eine Verminderung von Straftaten zu erwarten sei. Dass aus wissenschaftlicher Sicht keinerlei Belege für die abschreckende Wirkung harter Bestrafung existieren, werde völlig außer Acht gelassen und sei nur ein Zeichen für den schwindenden Einfluss von Experten, ihrem Fachwissen und Ergebnissen empirischer Forschung auf kriminalpolitische Entscheidungen (vgl. ebd.: 275ff.). Stattdessen habe sich Strafe zu einem politisierten, medialisierten und emotional aufgeladenen Thema gewandelt. Die punitive Wende zeige sich in „forms of punishment that seem to violate the productive, restrained, and rational tenets of modern disciplinary punishment and hark back, in different ways, to the emotive and destructive themes of sovereign punishment” (Pratt et al. 2005: xiif.).

An die Stelle des kriminologischen Expertenwissens sei die öffentliche Meinung sowie eine Managementorientierung getreten, die einer betriebswirtschaftlichen Rationalität folge und Effizienz- und Leistungsgesichtspunkte in den Mittelpunkt rücke: „Die neuen Leistungsindikatoren sollen Outputs und keine Ergebnisse messen, das, was die Organisation tut, und nicht das, was sie, wenn überhaupt, erreicht“ (Garland 2008: 224). Damit sei eine Neudefinition von Erfolgsmaßstäben verbunden. Diese bemäßen sich nicht mehr nach den traditionellen Kriterien wie sinkende Kriminalitätsraten und Rückfallquoten, sondern nach der Zahl bearbeiteter Fälle und kostengünstiger Bestrafung (vgl. ebd.: 224f.).

Diese zentralen Veränderungstendenzen haben Garland zufolge das Feld der Verbrechenskontrolle nachhaltig umgestaltet. Als deren Triebkräfte betrachtet er (2004: 38; Herv. i. O.) zwei neue kriminalpolitische Richtungen: „eine „adaptive

Strategie“ (*adaptive strategy*), die Prävention und Partnerschaft zum Ziel hat, und eine Strategie „souveräner Staatlichkeit“ (*sovereign state strategy*), die auf Verstärkung der Kriminalitätskontrolle und expressive Bestrafung setzt“. Beide Strategien machen in unterschiedlicher Weise vom Strafrecht Gebrauch, weshalb sie im Folgenden genauer erörtert werden.

1.1 Adaptive Strategien

Theoretische Grundlage der adaptiven Strategien, deren ideologischer Bezugsrahmen der Neoliberalismus ist, bilden die ‚Criminologies of Everyday Life‘. Damit erfolgt ein Paradigmenwechsel von täter- zu tatzentrierten Ansätzen (vgl. Hughes 1998: 63), wodurch technische und räumliche Formen von Kontrolle gegenüber sozialen Ansätzen an Bedeutung gewinnen. Die Aufwertung situativer Kriminalprävention zum Erfolgsrezept gegen Kriminalität wird als Ausweg angesichts des Versagens sozialer und an den Ursachen ansetzenden Strategien betrachtet. Techniken situativer Kriminalprävention speisen sich aus der ‚Situational Crime Prevention Theory‘, die neben ‚Rational Choice Theory‘, ‚Routine Activity Theory‘, und ‚Crime as Opportunity‘ die „neue Kriminologie des Alltags“ bilden (Garland 2008: 236). Nach diesen Theorien ist Kriminalität nicht als abweichend oder pathologisch anzusehen, sondern als normales Verhalten, welchem keine spezifischen Motivationen oder Dispositionen zugrunde liegen (vgl. Garland 1997: 186, 2008: 63; Crawford 2000: 194). „Die neoliberale Rationalität praktiziert einen Bruch mit dem *homo criminalis* des 19. Jahrhunderts und distanziert sich von allen psychologischen, biologischen oder anthropologischen Erklärungen von Verbrechen“ (Lemke 1997: 250; Herv. i. O.). In dieser Sichtweise sind strafbare Handlungen allein auf die rationale und bewusste Entscheidung eines eigenverantwortlich und selbstbestimmt handelnden Individuums zurückzuführen (vgl. O’Malley 1996: 198). Damit ebnen die ‚Criminologies of Everyday Life‘ den Weg, die Konzentration auf den Täter und seine sozialen Bezüge zu überwinden und stattdessen auf die Gelegenheitsstrukturen für kriminelle Handlungen – „the criminogenic situation“ (Garland 1997: 187; Herv. i. O.) – zu lenken.

In der Perspektive der ‚Criminologies of Everyday Life‘ findet eine Verschiebung des Zeitfensters der kriminologischen Betrachtungsweise von Kriminalität statt. Die Kriminologie muss ihren Fokus von „post-crime“ auf „pre-crime“ (Zedner 2007: 262) justieren. Es geht nicht mehr um die individuelle Zurechnung, retrospektive Feststellung der Schuld und Sanktionierung einer Straftat. „Die neue Kriminologie sieht Kriminalität unter prospektiven und summarischen Gesichtspunkten, um Risiken berechnen und Präventivmaßnahmen ergreifen zu können“ (Garland 2008: 237). Hieran zeichnet sich der Übergang von der Disziplinar- zur Kontrollgesellschaft (Deleuze 1993) ab, in der nicht mehr das Individuum im Mittelpunkt steht, sondern die Regulierung von Risikopopulationen durch räumlich-situative Kontrolltechniken.

Während der Täter durch diese Verschiebung von einer nachfrage- zu einer angebotsorientierten Kriminalpolitik (vgl. Sack 1995, 2003) nur noch als „Reasoning Criminal“ (Clarke/Cornish 1986) Relevanz besitzt, rückt das (potenzielle) Opfer stärker in den Mittelpunkt des Interesses. Aufgrund der Annahme, dass bestimmte Eigenschaften und Verhaltensweisen von Personen ihr Viktimisierungsrisiko erhöhen, werden potenzielle Opfer von Straftaten dazu angehalten, dieses Risiko zu minimieren, indem sie bestimmte Verhaltensweisen unterlassen, ‚gefährliche‘ Orte meiden und Maßnahmen ergreifen, um sich selbst und ihr Eigentum zu schützen[12] (vgl. O’Malley 1992: 266, 1996: 200, 2004: 139; O’Malley/Palmer 1996: 146; Crawford 1997: 79; Schmidt-Semisch 2000: 186; Garland 2008: 239). Auf diese Weise wird der einzelne Bürger in den Kreis der Akteure der Kriminalitätskontrolle aufgenommen und ihm wird die Verantwortung für präventives Handeln auferlegt. Das potenzielle Opfer wird zum „prudential subject“ (O’Malley 1996: 203), das ebenso wie der Täter als rationaler, Kosten und Nutzen abwägender Akteur angesehen wird und sich darüber hinaus dazu verpflichtet fühlt und es als in seinem eigenen Interesse liegend betrachtet, Sicherheitsvorsorge zu betreiben. O’Malley (1992: 261) bezeichnet diesen Prozess als „privatised prudentialism“ und beschreibt ihn als „construct of governance which removes the key conception of regulating individuals by collective risk management, and throws back upon the individual the responsibility for managing risk“.

Die ‚Privatisierung‘ der einst dem Wohlfahrtsstaat obliegenden Verantwortlichkeit für Sicherheit und die Aktivierung des Bürgers, für seine Sicherheit selbst zu sorgen und sich vor Kriminalität zu schützen, liegt der Strategie der Responsibilisierung zugrunde (vgl. Krasmann 2000a: 306). Diese Neubestimmung der Rolle des Staates im Bereich der Kriminalitätskontrolle hat zur Folge, dass dieser sich auf die Aufgabe beschränkt, die Bürger zu mobilisieren, aktiv Kriminalprävention zu betreiben und Verantwortung für ihre persönliche und die öffentliche Sicherheit zu übernehmen (vgl. Garland 1996: 453, 2008: 231ff.; Crawford 1997: 296; Edwards/Hughes 2005: 354).

Die Aufnahme des privaten Sektors in das Akteursspektrum der Kriminalitätskontrolle drückt sich in verschiedenen Formen aus, die sich nach Shearing (1996) in „state-initiated developments of rule at a distance“ und „private go-

12 z.B. durch das Mitführen von Tränengas, das Erlernen von Selbstverteidigungstechniken, die Sicherung der Wohnung durch die Installation zusätzlicher Schlösser, einer Alarmanlage, etc.

vernments“ unterscheiden lassen: Die vom Staat initiierten Entwicklungen bestünden zum einen in der Herausbildung von Märkten, indem Anreize geschaffen und kommerzielle Interessen erweckt werden, staatliche Funktionen zu übernehmen, und damit den Staat davon zu befreien, bestimmte Dienstleistungen erbringen zu müssen. Zum anderen finde eine „voluntarisation” und „civilianisation” (Crawford 1997: 81, 1998: 248) von Dienstleistungen statt, die sich beispielsweise in der Gründung von Sicherheitspartnerschaften, Nachbarschaftswachen und kommunalen Präventionsgremien ausdrückt, in denen freiwillige nichtstaatliche Akteure Aufgaben übernehmen, die vormals professionalisiert waren. Darüber hinaus sollen staatliche Kampagnen und lokale Initiativen die Bereitschaft der Bevölkerung wecken, sich zu einer „active citizenry“ (Crawford 1998: 248) zu formieren, sich gegen Risiken zu versichern und gemeinschaftlich ‚Self-Policing‘ zu betreiben.

Diese Pluralisierung von Akteuren führe zur Fragmentierung und Ausbreitung der Kriminalitätskontrolle (vgl. Crawford 2000: 203) und zur Verwischung der Grenzen von „öffentlich und privat“ (Garland 2008: 65). Das gemeinsame Ziel, das hinter diesen staatlich induzierten Techniken des Regierens aus der Distanz steht, liegt nach Garland (ebd.: 232) darin, „[d]ie Aufgabe der Verbrechenskontrolle neu zu verteilen, anderen Verantwortung zu übertragen, die Zahl der wirkungsvollen Autoritäten zu vervielfachen, Allianzen zu schmieden, die Dinge so zu arrangieren, dass die Pflicht zur Verbrechenskontrolle den Kriminalität erzeugenden Verhaltensweisen folgt“.

Privatisierung im Sinne von ‚Private Government‘ zeichne sich dadurch aus, dass Sicherheit Warencharakter[13] angenommen hat und die private Sicherheitsindustrie zu einem stetig wachsenden und erfolgreichen Wirtschaftszweig geworden ist. Die „Kommodifizierung von Sicherheit“ (Nogala 1995: 250) werde begleitet und gefördert durch die Privatisierung öffentlicher Räume, in denen private Rechtsordnungen gelten, die von privaten Sicherheitsdiensten durchgesetzt und überwacht werden. Hierdurch entstehe eine Kontraktualisierung von Räumen (vgl. Legnaro/Birenheide 2005). Nach Shearing (vgl. 1997: 271f.) kommt es zu einer komplexen und sich ausdehnenden Inselwelt privater Organisationsweisen des Regierens, einer neofeudalen Segmentierung öffentlicher Räume, die Kontrolle gemäß der Versicherungs- und Risikologik ausüben und Zugangs- und Nutzungsrechte auf vertraglicher Basis festlegen. Auf diese Weise entstünden innerhalb dieser Räume kontraktuelle Gemeinschaften (vgl. ebd.:

[13] In der Umwandlung von Sicherheit von einem ehemals öffentlichen zu einem käuflichen Gut und einer nicht länger staatlich garantierten und kostenlosen Leistung spiegle sich die Transformation des Individuums vom Klienten zum Konsumenten und Kunden wider (vgl. O'Malley/Palmer 1996: 141f.). Folge dieser Privatisierung ist die Benachteiligung derjenigen, die sich das private Gut Sicherheit nicht leisten können.

271), deren Gemeinsamkeit darin bestehe, dass sie keiner Risikopopulation zugehörig sind.

Im Kontext der adaptiven Strategien steht auch der Mechanismus des „defining deviance down" (Garland 1996: 456; 2001: 117f.), dem für die in dieser Arbeit verfolgte Fragestellung besondere Beachtung gilt, da er in der Strafgesetzgebung direkten Niederschlag findet. Zum einen handelt es sich um die Entpönalisierung von Verhaltensweisen qua Informalisierung des Strafens (Diversionsstrategien), zum anderen um das Herunterdefinieren von Straftatbeständen zu Ordnungswidrigkeiten oder gar Entkriminalisierung. In die gleiche Richtung zielen Möglichkeiten zur Vereinfachung von Strafverfahren wie staatsanwaltschaftliche Erledigungsformen nach dem Opportunitätsprinzip (z.B. durch Absprachen in Strafverfahren[14]; vgl. Bussmann 1991; Weßlau 2004) sowie die Ausweitung der Geldstrafenpraxis. Darüber hinaus sollen verkürzte Anhörungen bei früher schärfer verfolgten Delikten und feste Strafen den Strafjustizapparat entlasten. Der Mechanismus des ‚Defining Deviance Down' ist auch mit einer neuen Polizeitaktik verbunden. Bei bestimmten Straftaten werde von der aktiven Ermittlung abgesehen, um die vorhandenen Ressourcen für die Verbrechen aufzusparen, die gezielt und effektiv verfolgt werden können. Dies geschehe bei Straftaten, deren Aufklärung wenig wahrscheinlich (z.B. Wohnungseinbruch) und für die Bevölkerung von geringer Bedeutung seien (vgl. Garland 1996: 456).

Begründet werden diese Maßnahmen des ‚Defining Deviance Down' zum einen mit der Ressourcenknappheit und der daraus resultierenden Notwendigkeit der Entlastung der Rechtspflegeorgane und zum anderen mit dem Verweis auf die Erkenntnis, dass sich die Kriminalisierung von Bagatelldelikten als unnötig stigmatisierend und kontraproduktiv herausgestellt habe (vgl. Garland 2008: 219f.).

Das Herunterdefinieren von Devianz sowie die Responsibilisierung von nichtstaatlichen Akteuren und Individuen für Kriminalitätskontrolle und Kriminalprävention stünden zwar unter dem Primat der Ressourcenschonung, hätten jedoch keineswegs eine Schwächung des Staates zur Folge (vgl. Crawford 1997: 221; Lemke 2004: 94). Das Verantwortlich-Machen stelle eine Strategie einer neuen Form der Machtausübung dar – des „governing-at-a-distance" (Rose/Miller 1992). „Mit den Techniken des governing-at-a-distance [...] ist der Mechanismus gemeint, in dem Subjekte indirekt angeleitet werden, sich in Übereinstimmung mit bestimmten Regierungszielen selbst zu regieren" (Krasmann 2003: 186). Dadurch komme es nicht zur Verringerung staatlicher Macht, sondern zu einer Änderung des Verhältnisses zwischen dem Staat und dem einzel-

[14] Bussmann und Lüdemann (1995) kommen z.B. in ihrer Untersuchung zu dem Ergebnis, dass Absprachen in Wirtschaftstrafverfahren gegenüber allgemeinen Strafverfahren überdurchschnittlich oft eine Einstellung gegen Auflagen zur Folge haben.

nen Bürger. Indem der Staat den Bürger als ‚Unternehmer seiner selbst', Konsument und ‚homo prudens' konzipiere, binde er ihn in die Verantwortung für einst allein staatliche Aufgaben ein. Der Bürger sei nicht länger Empfänger von Leistungen des Staates, sondern gehe eine Partnerschaft mit dem Staat ein, in der er nunmehr lediglich aktiviert und mobilisiert werde, an der Lösung seiner eigenen und sozialer Probleme engagiert zu partizipieren. Infolgedessen büße der Staat nicht an Macht und Souveränität ein, sondern im Gegenteil: „the responsibilization strategy leaves the centralized state machine more powerful than before, with an extended capacity for action and influence" (Garland 1996: 454).

Auf den Punkt bringen lässt sich diese Entwicklung mit dem Begriff der „Gouvernementalität", mit dem nach Foucault auch der Wandel hin zu einer neoliberalen Regierungsform charakterisiert werden kann, den Krasmann (1999: 109; Herv. i. O.) treffend beschreibt:

> „*Gouvernementalität* [...] bezeichnet einen Mechanismus des „Regierens aus der Distanz". Unter dem Leitprinzip der *Sicherheit* im Verbund mit Techniken permanenter Überprüfung, Kalkulation und (statistischer) Berechnung, zielt diese Regierungsmentalität einerseits auf Gruppen, auf die Regulation aggregierter Populationen. Andererseits werden Individuen mittels Techniken der Selbstbefragung und des Verantwortlich-Machens gelenkt, so dass Aktivität hervorgerufen wird durch Anreiz oder Sorge, die sich beim Einzelnen in einer Besorgnis mit Blick auf eine risikobehaftete Zukunft äußern kann und in einer daraus hervorgehenden aktiven Selbstsorge, die um die Bewältigung entsprechender Unwägbarkeiten bemüht ist."

1.2 Punitive Strategien ‚souveräner Staatlichkeit'

Während die adaptiven Strategien vornehmlich dem administrativen Bereich entstammen und dem Blick der Öffentlichkeit weitgehend verborgen sind, werden die punitiven Strategien souveräner Staatlichkeit auf politischer Ebene entworfen und öffentlichkeitswirksam in Szene gesetzt. Letztere demonstrieren staatliche Macht und Handlungsfähigkeit durch die Intensivierung der Verbrechenskontrolle sowie eine expressive Gesetzgebung. Dieser legislative Aktionismus orientiert sich nicht primär an der Wirksamkeit von Maßnahmen, sondern dient vorrangig dazu, die Unterstützung und das Vertrauen der Bevölkerung wiederherzustellen bzw. aufrechtzuerhalten. Garland (2008: 263) weist auf eine Reihe von Maßnahmen „pönaler Segregation" und „pönaler Kennzeichnung" hin, die in diesen Kontext einzuordnen seien: ‚Megan's Law' (ein zum Schutz vor Sexualstraftätern für Jedermann online zugängliches Register von Sexualstraftätern, das nach einem siebenjährigen Mädchen benannt wurde, das Opfer eines Sexualmordes wurde), ‚Three Strikes' (dieses Prinzip sieht eine lebenslange Freiheitsstrafe nach der dritten Straftat vor, auch wenn es sich nur bei den ersten beiden um schwere Delikte handelt), Sexualstrafgesetzgebung, Wiedereinführung von Gefängnissen für Kinder, Pädophilenregister und gesetzliche Mindeststrafen (‚Mandatory Sentences‘) (vgl. ebd.: 245). Auch das Prinzip des ‚Truth in Sentencing‘ (keine vorzeitigen Entlassungen aus der Haft), Erziehungslager (‚Boot Camps‘), Hochsicherheitsgefängnisse, elektronische Überwachung sowie die öffentliche Stigmatisierung von Sexualstraftätern durch das Veröffentlichen ihrer Adressdaten dienen dem Zurschaustellen staatlicher Härte und konsequenten Durchgreifens. Gleichwohl sei in diese Strategien der punitiven Segregation eine ‚Schutz-Rhetorik‘ eingeflochten, um ihnen einen instrumentellen Charakter zu verleihen, der allerdings nur einer oberflächlichen Betrachtung standhalte, da sie tatsächlich keinen vollständigen Schutz der Bevölkerung gewährleisten können.

Dieser kriminalpolitische Entwicklungsstrang operiert nicht nur mit anderen Strategien, sondern ihm liegt auch eine gänzlich andere Täterkonzeption und Handlungslogik zugrunde. In dieser Sichtweise ist der Täter kein rationaler Akteur, sondern unberechenbar und nicht besserungsfähig. Da ihm mit herkömmlichen Mitteln nicht beizukommen sei, bleibe als einzige Alternative nur die Unschädlichmachung durch Freiheitsentzug und strenge Überwachung nach der Entlassung aus der Haftstrafe. Diese Konstruktion des Delinquenten als „bedrohlichen [Außenseiter], [...] angsteinflößenden Fremden, [...] Ausgeschlossenen und Verbitterten“ (ebd.: 253) steht im Zentrum der „Kriminologie des Anderen“ (ebd.: 253), die die Grundlage der punitiven Strategien souveräner Staatlichkeit bildet.[15] Mit diesem Täterbild, das den ‚Kriminellen‘ als gefährliches Mitglied anderer ethnischer und sozialer Gruppen konstruiert, die wenig mit ‚uns‘ gemein haben (vgl. Garland 1996: 461), werde Andersartigkeit und Differenz geschaffen und es würden Ängste in der Bevölkerung heraufbeschworen und geschürt. Dieser bediene sich der Staat, um sich die Unterstützung der Bürger für die punitiven Strategien zu sichern, welche er als unabdingliche Schutzmaßnahmen propagiere. In diesem staatlichen ‚Schutzversprechen‘ komme zum Ausdruck, dass der Staat – anders als im Kontext der adaptiven Strategien – die Grenzen seiner Leistungsfähigkeit bei der Bearbeitung von Kriminalität nicht anerkennt.

Ein weiterer Unterschied zu den Anpassungsstrategien besteht nach Garland (ebd.: 263; Herv. i. O.) darin, dass die punitiven Strategien souveräner Staatlichkeit hochgradig „*populistisch* und *politisiert* sind“. Besonderer Wert werde auf die Meinung der Öffentlichkeit gelegt, während Expertenmeinungen kaum Beachtung geschenkt werde. Wichtiger als die wissenschaftliche Erforschung der

---

15 Nach Hallsworth (vgl. 2000: 150), bei dem der Terminus ‚Punitive Turn‘ eine zentralere Rolle spielt als in Garlands Analyse, zeugt die Kriminologie des Anderen nicht von der Stärke des Staates, sondern von seiner Schwäche. Garland (2001: 142) selbst verwendet in seinem Buch „The Culture of Control“ lediglich einmal den Begriff „punitive turn“.

Wirksamkeit der Maßnahmen sei ihre Eignung zur medialen Aufbereitung und Werbung um die Sympathien der Wähler. Punitive Maßnahmen und Einstellungen würden in eingängige Parolen gekleidet und über die Medien verbreitet. Als klassische Slogans, die staatliche Macht und Härte suggerieren sollen, nennt Garland (ebd.: 58f.; Herv. i. O.) beispielsweise „*Prison works*“, „*No frills prison*“ (kein Hotelvollzug) und „*Zero tolerance*“. Viele kriminalpolitische Maßnahmen seien bei den politischen Akteuren auch nicht mehr heftig umstritten, sondern zunehmend durch einen parteiübergreifenden Konsens abgesichert: „in den 1980er und 1990er Jahren kam es keineswegs zu einer Ausdifferenzierung politischer Positionen, sondern zu einer Verengung der Debatte und zu einer bemerkenswerten Konvergenz der Vorschläge aller großen politischen Parteien“ (ebd.: 60). Auch nach Beckett (1996) handelt es sich bei kriminalpolitischen Maßnahmen nicht um ‚Positional Issues‘, sondern um ‚Valence Issues‘, die sich dadurch auszeichnen, dass über sie Einigkeit zwischen den Parteien herrscht.[16]

Neben der ‚Schützenhilfe‘ durch die Medien setze die Politik auf ein Bündnis mit dem Opfer. So würden die Strategien souveräner Staatlichkeit unter dem Deckmantel verkauft, dass sie den Interessen der Opfer geschuldet seien. Auf diese Weise gelinge es, die Legitimation für punitive Maßnahmen sicherzustellen.

Ideologischer Bezugsrahmen dieser kriminalpolitischen Linie ist nicht der Neoliberalismus, sondern der Neo-Konservatismus – eine politische Strömung, die den Verfall von Moral- und Wertvorstellungen für alle gesellschaftlichen Übel, insbesondere kriminelles Verhalten, verantwortlich macht und daher eine Rückkehr zu Moral und traditionellen Werten propagiert. Familie, Kirche, Gemeinschaft, Ordnung und Disziplin erfahren durch den neokonservativen Einfluss eine Renaissance, und defizitäre Moral- und Wertvorstellungen werden in erster Linie sozial schwachen gesellschaftlichen Randgruppen (Arbeitslose, Arme, Obdachlose, Bettler, Drogenabhängige) zugeschrieben.[17] Gleichwohl werden nicht die sozialen Umstände als Ursache für kriminelles Verhalten identifiziert, sondern Kriminalität wird individuell zugerechnet und als Folge antisozialer Persönlichkeitsmerkmale betrachtet, was zu einem Wiederaufleben von biologischen Ansätzen zur Erklärung von Kriminalität führt. Insofern bereitet der Neokonservatismus den Boden, um punitive Strategien der Exklusion, Abschreckung und Stigmatisierung als legitime staatliche Reaktion durchzusetzen, und darüber hinaus die ohnehin schon marginalisierten Bevölkerungsgruppen zu ihrer bevorzugten Zielscheibe zu machen. Dies erfolge nicht nur dadurch, dass die-

16 Am Beispiel des sexuellen Kindesmissbrauchs zeigt Beckett (1996), wie dieses soziale Problem von einem ‚Positional Issue‘ in ein ‚Valence Issue‘ transformiert wurde.

17 Garland (vgl. 2008: 189) betont, dass gerade die Wahlerfolge von Thatcher und Reagan auf die neokonservativen Elemente ihres Politikstils zurückzuführen seien.

se Randgruppen intensiver kontrolliert werden, sondern auch durch „[...] eine Vorverlagerung staatlicher Kontrollpolitik in den Bereich der Ordnungswidrigkeiten und „substrafrechtlicher“ Verhaltensweisen, letztlich in den unterschiedlicher Lebensstile“ (Sack 2002: 39f.). Im Sinne der Kontrolldevise ‚Wehret den Anfängen!‘ des ‚Broken Windows‘-Ansatzes der ‚New Realists‘ Wilson und Kelling werden Verhaltensweisen wie Übernachten im Freien, Betteln, Alkoholkonsum und das ‚Herumhängen‘ im öffentlichen Raum qua Gefahrenabwehrordnungen zu Ordnungswidrigkeiten heraufgestuft und sanktioniert, weil diese ‚Incivilities‘ als Nährboden für schwere Kriminalität betrachtet werden. Damit werden Obdachlose, Drogenkonsumenten oder junge Migranten zu ‚gefährlichen Klassen‘ hochstilisiert, gegen die ein repressives Vorgehen als notwendig und legitim erachtet wird.

Der ‚Broken Windows‘-Ansatz fußt auf der Annahme, dass sich Menschen nicht nur davor fürchten, Opfer einer Straftat zu werden, sondern sich auch durch die Anwesenheit von und die mögliche Belästigung durch ‚Incivilities‘ im öffentlichen Raum bedroht fühlen, da diese als Zeichen mangelnder sozialer Kontrolle angesehen würden. In diesem Sinne fungieren ‚Incivilities‘ als Symbole der Unordnung und Signale der Kontrolllosigkeit. Infolgedessen komme es zum Rückzug der Bevölkerung aus dem öffentlichen Raum und somit finde eine tatsächliche Abnahme der sozialen Kontrolle statt. Hierdurch werde wiederum die Begehung von Straftaten begünstigt, und es erfolge ein realer Anstieg der Kriminalität, der nicht nur in einer Zunahme von Straßenkriminalität und Bagatelldelikten, sondern auch von Gewalt- und Schwerkriminalität bestehe (vgl. Wilson/Kelling 1982: 32). Dieser Prozess werde durch den sukzessiven Fortzug der ‚rechtschaffenen‘ Bürger sowie den Zuzug ‚problematischer‘ Bevölkerungsgruppen begleitet, wodurch es schließlich zum Verfall des Quartiers komme.

Um dieser Entwicklung entgegen zu wirken, legen Wilson und Kelling ein rigoroses Vorgehen gegen jegliche Formen von ‚Physical‘ und ‚Social Disorder‘ nahe, welches unter dem Stichwort ‚Zero Tolerance‘ populär geworden ist. Diesem Ansatz folgend geht es zwar darum, die Ursachen von Kriminalität zu bekämpfen. Diese werden jedoch nicht in den sozialen Lebensumständen potenzieller Täter gesehen, sondern in den Gelegenheitsstrukturen für kriminelle Handlungen verortet sowie in Defiziten in den Kontrollstrukturen. Die Nulltoleranzpolitik führt nicht nur zu einer Senkung der Eingriffsschwelle, sondern auch zu einer Erweiterung der Kontroll- und Handlungsbefugnisse der Polizei, die angesichts der vermeintlichen Bedrohung der öffentlichen Ordnung durch die ‚gefährlichen Klassen‘ von der Bevölkerung nicht infrage gestellt wird.

Garland (vgl. 2008: 353) weist darauf hin, dass diese marginalisierten Bevölkerungsgruppen – vor allem junge männliche Angehörige von Minderheiten – den größten Anteil der Gefangenenpopulation ausmachen und diese Politik der punitiven Segregation dazu diene, ihren Ausschluss von sozialen und ökonomischen Teilhabechancen zu kaschieren. Dass soziale Probleme nicht mehr mit sozialstaatlichen Maßnahmen, sondern mit strafrechtlichen Mitteln bearbeitet werden, ist Garland zufolge charakteristisch für spätmoderne Gesellschaften. Paradigmatisch für diese Form der Problembearbeitung ist die massenhafte Inhaftierung, weil sie die zentralen Denkkategorien der Spätmoderne gleichzeitig berücksichtigt, indem sie dem *Vergeltungs*gedanken Rechnung trägt, aber auch *Risiko*minimierung betreibt. Solche strafrechtlichen Lösungen der Segregation und ihre Kosten werden von der Bevölkerung weitaus weniger hinterfragt und stoßen auf mehr Akzeptanz als sozialpolitische Programme zur Verbesserung der sozialen Lage von gesellschaftlichen Randgruppen.

Nach Garland ist die Kriminalpolitik der Spätmoderne also geprägt durch das Nebeneinander von zwei Strategien, die den ‚Penal Welfarism' zwar gemeinsam ablösen, sich in ihren theoretischen Annahmen und daraus abgeleiteten Handlungskonzepten jedoch grundlegend unterscheiden. Die Strategie, die auf der Verwaltungsebene dominiert, erkennt an, dass die staatlichen Ressourcen zur Kriminalitätsbearbeitung nicht ausreichen und pflegt ausgehend vom Menschenbild des ‚homo oeconomicus' einen managementorientierten Umgang mit Kriminalitätsrisiken und setzt dabei den Schwerpunkt auf Prävention und die Ausdehnung des Akteurspektrums der Kriminalitätskontrolle. Die andere Strategie, die in erster Linie auf der politischen Bühne forciert wird, will die staatliche Souveränität bei der Bekämpfung von Kriminalität dagegen um jeden Preis behaupten und betrachtet den Täter als unberechenbar, andersartig und nicht besserungsfähig. In der Konsequenz sei das Kriminalitätsproblem nur durch Intensivierung von Kontrolle, harte Bestrafung und Segregation in den Griff zu bekommen.

Beide Strategien greifen in unterschiedlicher Weise auf das Strafrecht zu. So müssen sich die adaptiven Strategien der Kriminalpolitik zumindest partiell in einer ‚Verschlankung' des Strafgesetzbuches niederschlagen – durch die Abschaffung von Straftatbeständen (Entkriminalisierung), Herabstufung von Straftatbeständen zu Ordnungswidrigkeiten (‚Defining Deviance Down') sowie Strafmilderungen. Die punitiven Strategien dagegen haben eine Expansion des Strafgesetzbuches – durch Neukriminalisierungen, Tatbestandserweiterungen (z.B. Vorverlagerungen von Strafbarkeiten) sowie Strafverschärfungen von bestehenden Tatbeständen – zur Folge. Im Strafverfahrensrecht können beide Strategien den Umfang an Rechtsnormen steigern. Neue strafprozessuale Erledigungsformen wie Diversion, Täter-Opfer-Ausgleich und Wiedergutmachung, die im Kontext der adaptiven Strategien auf eine Ressourcenschonung abzielen, führen ebenso zu einer Erweiterung der Strafprozessordnung wie die den punitiven Strategien zuzurechnende Einführung neuer Ermittlungsmethoden sowie der Abbau prozessualer Garantien. Hierdurch wird auch eine Ausdehnung des Polizei- und Ordnungsrechts herbeigeführt. Darüber hinaus bewirkt die Privatisierung die Herausbildung neuer Rechtsräume und ein Nebeneinander von öffentlichem Recht und Privatrecht.

Wie bereits einleitend erwähnt, richtet diese Arbeit das Hauptaugenmerk auf die Entwicklung des Strafgesetzbuches und muss andere Rechtsquellen, insbesondere die des formellen Strafrechts (Strafprozessordnung, Gerichtsverfassungsgesetz), notwendigerweise vernachlässigen. Insoweit wird nur ein Ausschnitt des materiellen Strafrechts, nämlich das sog. Kernstrafrecht, betrachtet, da auch nebenstrafrechtliche Bestimmungen sowie das Ordnungswidrigkeitenrecht nicht erfasst werden. Gleichwohl werden Regelungen tangiert, die die Strafprozessordnung sowie das Strafvollzugsgesetz betreffen, wenn sie mit Änderungen des Strafgesetzbuches verknüpft sind. Bevor jedoch die Inhaltsanalyse der Strafgesetzgebung dargestellt wird, geht es im folgenden Kapitel um die innerdeutsche Perspektive. Welche Resonanz auf Garlands Analyse gab es in der deutschen Kriminologie und welchen Stellenwert besitzt sie in der deutschen Punitivitätsforschung? Welche Bedeutung hat Garlands Analyse in der Strafrechtswissenschaft und welche Diagnosen stellt sie über die Entwicklung des Strafrechts? Antworten auf diese Fragen möchte das folgende Kapitel geben.

2 Deutsche Verhältnisse[18]

2.1 Die Rezeption von Garlands Analyse in der deutschen Kriminologie

In der deutschen Kriminologie hat Garlands Analyse (2001/2008) der neuen Kultur der Kontrolle relativ geringen Widerhall gefunden (Sack 2006, 2006a, 2012). Auf die Frage, inwiefern seine Diagnose auch für die deutschen Entwicklungen zutreffend ist[19], werden kaum Forschungsaktivitäten verwendet, und es scheint ein weitgehender, theoretisch herbeigeführter Konsens dahingehend zu bestehen, dass in Deutschland bestenfalls Ansätze der von Garland gezeichneten Entwicklung zu erkennen seien, bei weitem aber nicht so ausgeprägt wie in den USA und Großbritannien. Es gibt jedoch auch Stimmen, die einem deutschen Exzeptionalismus das Wort reden (vgl. Oberwittler/Höfer 2005; Peters 2009).

Sack (2006, 2006a, 2007a, 2008), der wahrscheinlich aufmerksamste Beobachter der Rezeption von Garlands Studie, hat viele Mühen darauf verwendet, den aktuellen Stand der Bedeutung von und Resonanz auf Garlands Analyse insbesondere in der deutschen Kriminologie zu dokumentieren. Dabei stellt er zunächst fest, dass das Buch „The Culture of Control" im englischsprachigen Raum eine kaum mehr überschaubare Rezensionsflut ausgelöst hat (vgl. Sack 2008: 310). In den einschlägigen kriminologischen Zeitschriften der Bundesrepublik sind jedoch nur drei Rezensionen erschienen (Hess 2001; Jung 2001; Kaiser 2003). Während Hess sich nicht näher damit beschäftigt, inwiefern Garlands Diagnose einer punitiven Wende in der Kriminalpolitik auf Deutschland zutrifft, äußern Jung und Kaiser konkrete Zweifel daran, dass auch hierzulande ein ‚Punitive Turn' stattgefunden habe. Kaiser (vgl. 2003: 239f.) räumt zwar gewisse Parallelen zwischen den deutschen und den angloamerikanischen Entwicklungen,

---

18 Dieses Kapitel beruht in überarbeiteter Form auf meiner Darstellung in Klimke/Sack/Schlepper (2013: 101-124) sowie Sack/Schlepper (2011: 247-250).

19 Garland (vgl. 2004: 178f.) selbst nimmt nur insoweit eine komparative Perspektive ein, indem er die USA und Großbritannien zwar zum Gegenstand seiner Untersuchung macht, sich aber zugunsten eines höheren Generalisierungs- und Abstraktionsvermögens auf konvergente Entwicklungen in diesen beiden Ländern konzentriert und Differenzen vernachlässigt. Diese Vorgehensweise begründet er damit, dass sein Ziel darin liege, "[to] identify some of the broad organizing principles that structure our contemporary ways of thinking and acting in crime control and criminal justice" (Garland 2001: viii). Er versteht seine Analyse nicht als komparative Studie, sondern vielmehr als Ausgangspunkt und ‚Vorarbeit' für solche Untersuchungen.

ihren Deutungsweisen und Ähnlichkeiten im kriminologischen Diskurs ein. Eine starke Bremse punitiver Tendenzen sieht er aber darin, dass nach wie vor am Resozialisierungsansatz festgehalten werde. Allerdings mehren sich in letzter Zeit Stimmen, die gerade im Strafvollzug hierzulande eine härtere Gangart[20] infolge einer zunehmenden Abkehr vom Rehabilitationsideal und einen Übergang zum bloßen Verwahr- und Sicherungsvollzug wahrnehmen (Sack 2007). Dünkel und Geng (vgl. 2007: 16) beklagen, dass der offene Vollzug sowie Resozialisierungsmaßnahmen wie Vollzugslockerungen und Hafturlaub Opfer einer ‚restaurativen' Vollzugspolitik geworden seien. Die Entwicklung der Lockerungspolitik hat auch Feest (2004) untersucht und dabei seit 1989 in vielen Bundesländern einen offensichtlichen und drastischen Rückgang von Lockerungen (Hafturlaub, Ausgang, Freigang, offener Vollzug) festgestellt, der allerdings schon Anfang der 1990er Jahre (aufgrund steigender Gefangenenzahlen) verdeckt begonnen habe. Dabei sei der Rückgang angesichts äußerst geringer (von anfänglich vier Prozent auf unter ein Prozent gesunkener) Missbrauchsquoten nicht etwa auf negative Erfahrungen mit Vollzugslockerungen zurückzuführen, sondern mit dem Wandel hin zu einem populistischen kriminalpolitischen Klima und dessen restriktive Folgen auf die Vollzugspraxis sowie justizielle Entscheidungen in Zusammenhang zu bringen. Dünkel und Schüler-Springorum (2006) sehen die Gefahr, dass sich die durch die Föderalismusreform nunmehr bedingte Länderzuständigkeit für den Strafvollzug zu einem „Wettlauf der Schäbigkeit" entwickle. Diese Einschätzung revidiert Dünkel (2010a) allerdings im Themenheft „Strafvollzug" der politiknahen Beilage zum ‚Parlament'. Dort heißt es, dass „der befürchtete ‚Wettbewerb der Schäbigkeit' [...] bislang ausgeblieben" bzw. „nicht eingetreten" (ebd.: 7 u. 14) sei. An anderer Stelle geht er sogar noch einen Schritt weiter und hält einer repressiven Trendwende in der deutschen Kriminalpolitik einen „humanen Strafvollzug" (Dünkel 2010: 10) entgegen, welcher der Rechtsprechung des Bundesverfassungsgerichts zur Resozialisierung im Strafvollzug zu verdanken sei.[21] Die verfassungsgerichtliche Rechtsprechung, die neben der Kompromisspolitik der Koalitionsregierungen „extreme Ausschläge in die eine

---

20 Diese „Neue deutsche Härte" (Plewig 2007, 2008) macht sich nicht zuletzt im Zugriff auf delinquente Jugendliche bemerkbar. Im Bereich der Jugendhilfemaßnahmen befinden sich Anti-Aggressivitäts-Trainings auf dem Vormarsch, die sich als Methode der ‚Konfrontativen Pädagogik' verstehen, welche durchaus umstritten ist (Krasmann 2000; Plewig 2007, 2008, 2010). Für den punitivitätsinduzierten Wandel in der Sozialarbeit in Deutschland insgesamt vgl. Lutz (2010).

21 In der liberalen Wochenzeitung ‚Die Zeit' vom 16. August 2012 wird dagegen ein ganz anderes Bild gezeichnet. Unter dem Titel „Die Schlechterungsanstalt" wird über eine Studie des KFN (Bieneck/Pfeiffer 2012) über die Zustände in Haftanstalten berichtet, die zu dem Ergebnis kommt, dass deutsche Gefängnisse rechtsfreie Räume seien, und es wird folgendes Resümee gezogen: „Der Staat hat sein Ziel der Resozialisierung aufgegeben".

oder andere Richtung“ verhindere, betrachtet er als „Markenzeichen deutscher Rechtspolitik“ und in Europa einzigartigen „Stabilisierungsfaktor“ (ebd.: 10).[22] Im Fazit ihres europäischen Vergleichs von Gefangenenraten resümmieren Dünkel et al. (2010: 1040), dass „[d]ie aus Aggregatdaten zu gewinnenden Indikatoren [...] die These der neuen Straflust als unwahrscheinlich erscheinen“ lassen.

Die Einschätzung von Jung bezüglich der Übertragbarkeit von Garlands Befunden und Deutungsmustern auf die deutsche Situation fällt noch verhaltener aus als Kaisers Beurteilung. Jung (2001: 19) betrachtet Garlands Analyse als „Fallstudie“, die auf die US-amerikanischen Verhältnisse zugeschnitten und daher schwerlich auf Kontinentaleuropa anwendbar sei.

Ein weiterer Beleg für die geringe Relevanz, der Garlands Analyse für Deutschland beigemessen wird, ist der Debatte um den Ersten Periodischen Sicherheitsbericht (PSB) des Bundesministeriums des Innern und des Bundesministeriums für Justiz (2001) zu entnehmen. Peters und Sack (2003: 24) werfen den Autoren des Ersten Periodischen Sicherheitsberichts eine Ignoranz ähnlich gelagerter Entwicklungen in anderen Ländern und ihrer Interpretationsweisen vor. Als symptomatisch hierfür betrachten sie die im Bericht nicht erwähnte, aber augenfällige inhaltliche Deckungsgleichheit der kriminalpolitischen Maximen in Großbritannien („tough on crime and tough on the causes of crime“) und Deutschland („Entschlossen gegen Kriminalität und entschlossen gegen ihre Ursachen“). Auch Beste (2003) kritisiert, dass der erste PSB sich einseitig auf die Struktur und Verteilung von Kriminalität konzentriere, die Augen vor den repressiven Tendenzen in der deutschen Kriminalpolitik verschließe und keinen Anschluss an anglo-amerikanische Erklärungsansätze suche, die er für durchaus fruchtbar hält. Schumann (vgl. 2003: 136), Mit-Autor des ersten PSB, kann jedoch keine Plausibilität darin entdecken, Analysen amerikanischer und britischer Entwicklungen als Deutungsmuster für Deutschland zu verwenden, da die kriminalpolitischen Situationen seiner Ansicht nach nicht vergleichbar seien. Analog argumentieren auch Jobard und Groenemeyer (2005), dass ein Vergleich nur zwischen Ländern mit ähnlichen Rechtssystemen sinnvoll sei.

Günther und Honneth (2008), die das Vorwort zur deutschen Ausgabe von „The Culture of Control“ verfasst haben, zweifeln dagegen die Sinnhaftigkeit eines solchen komparativen Vorgehens und die Übertragbarkeit von Garlands Diagnose nicht an. Sie weisen darauf hin, dass sich wesentliche Züge der britischen und US-amerikanischen Kultur der Kontrolle auch in Deutschland finden ließen und haben zahlreiche Belege zur Hand: eine auch hierzulande inzwischen stattfindende Instrumentalisierung von Kriminalität in Wahlkämpfen, eine zuneh-

[22] In eine ähnliche Richtung bewegt sich auch die Argumentation Karstedts (vgl. 2010: 938), die zum einen den Föderalismus und zum anderen das Verhältniswahlrecht, welches Koalitionsbildungen erforderlich macht, als Hemmfaktoren für ein punitives Klima anführt.

mende Opferorientierung im kriminalpolitischen Diskurs, einen schwindenden Einfluss wissenschaftlicher Expertise, eine weitgehende Abkehr von wohlfahrtsstaatlichen Resozialisierungsprogrammen und härtere Gangart im Strafvollzug, eine Aufwertung situativer Kriminalitätskontrolle und Responsibilisierung nichtstaatlicher Akteure für Kriminalitätskontrolle und Kriminalprävention (vgl. ebd. 2008: 10f.).
Zahlreiche dieser Faktoren sind auch nach von Trotha (2003, 2010, 2010a) charakteristisch für die „präventive Sicherheitsordnung" – so bezeichnet er die gegenwärtige Ordnungsform, welche die wohlfahrtsstaatliche Ordnung abgelöst habe. Für von Trotha (vgl. 2010: 34) besteht kein Zweifel daran, dass Punitivität Teil der politischen Kultur dieser präventiven Sicherheitsordnung ist. „Punitivität ist im Erfüllungsdefizit der präventiven Sicherheitsordnung eingebaut" (von Trotha 2010a: 231).

2.2 Punitivitätsforschung in Deutschland

Neben den spärlichen Rezensions- und Adaptionsbestrebungen ist auch ein Mangel an empirischen Untersuchungen zu beklagen, die sich der Frage widmen, inwiefern Garlands Ergebnisse für die Bundesrepublik Gültigkeit besitzen[23]. Zwar existieren einige Forschungsprojekte zur Punitivität (Kury 1995, 1998; Kury/Ferdinand 1999; Kury/Obergfell-Fuchs/Würger 2002; Obergfell-Fuchs/Kury 2004; Reuband 2003, 2004, 2006, 2007, 2007a, 2010). Diese orientieren sich jedoch kaum an Garlands Analysedimensionen und seinem Untersuchungsdesign, das völlig ohne Surveyforschung auskommt.

In der deutschen Kriminologie wird Punitivität als mehrdimensionales Konzept verstanden, wobei die verschiedenen Dimensionen zumeist an den ihr je eigenen, aber sich (in unterschiedlicher Intensität) wechselseitig beeinflussenden Akteuren festgemacht werden: Bevölkerung, Massenmedien und staatliche Institutionen. Dementsprechend wird zwischen Punitivität auf der individuellen, gesellschaftlichen und institutionellen Ebene unterschieden. Letztere wird gelegentlich noch weiter in justizielle und legislative Ebene differenziert.

Der Erforschung punitiver Einstellungen auf der individuellen Ebene hat sich Reuband (2003, 2004, 2006, 2007, 2007a, 2010) in verschiedenen Untersu-

23 Sack (vgl. 2008: 312f.) weist auf zwei Ausnahmen hin, die an Garlands Studie anschließen und die punitive Wende in der deutschen Kriminalpolitik zweifellos belegen, bei denen allerdings nicht die empirische, sondern die wissenschaftliche Analyse im Vordergrund stehe. Dabei handelt es sich um die Habilitationsschrift „Kriminalität der Gesellschaft" von Krasmann (2003) sowie die mittlerweile schon in der dritten Auflage erschienene Monografie „Die Sicherheitsgesellschaft" von Singelnstein und Stolle (2012).

chungen gewidmet. Dabei differenziert er punitive Einstellungen in eine „abstrakte Forderung nach härteren Strafen“, eine „deliktbezogene Forderung nach harten Strafen“ und die vertretene „Strafphilosophie“ (Reuband 2010: 102). Er kommt in seinen Befragungen zum Sanktionsverlangen der Bevölkerung zu dem Schluss, dass kein eindeutiger Trend in eine punitive Richtung feststellbar sei. Die These von einer steigenden Punitivität in der deutschen Bevölkerung bezeichnet er (2006) als „Mythos“ und bemerkt für den Zeitraum zwischen 1998 und 2006 rückläufige Tendenzen, was die Forderungen der befragten Bundesbürger nach Gesetzesverschärfungen angeht.

Auch hinsichtlich des Indikators „Befürwortung der Todesstrafe“ ist nach Reuband (2004) sowie Kury und Obergfell-Fuchs (2006) seit den 1950er Jahren ein Rückgang zu erkennen[24]. Streng (2006), der seit zwanzig Jahren regelmäßig Studienanfänger der Rechtswissenschaften befragt, konstatiert dagegen eine Zunahme punitiver Einstellungen. Diese Punitivitätssteigerung äußere sich sowohl in einem Anstieg der Einschätzung der lebenslangen Freiheitsstrafe als für manche Straftaten zu milde Sanktion, als auch darin, dass dem spezialpräventiven Zweck der Sicherung von den Befragten zunehmend der Vorrang gegeben werde.

In eine ähnliche Richtung deuten auch die Ergebnisse der Untersuchung zur Frage nach den Zielen staatlichen Strafens von Schwind et al. (2001). In dieser Studie konnte für den Zeitraum von 1975 bis 1998 festgestellt werden, dass die Bevölkerung immer weniger dem Resozialisierungszweck zustimme und stattdessen zunehmend Abschreckung und Sühne/Vergeltung als Strafzwecke angebe. Ein Vergleich der Befragungszeitpunkte 1975, 1986 und 1998 zeigt einen Rückgang des Resozialisierungszwecks von 70,2 Prozent Zustimmung, auf 51,4 Prozent bis zu 42,2 Prozent, eine Zunahme des Zwecks der Abschreckung von 16,3 Prozent, 29,0 Prozent zu 34,5 Prozent und die Zunahme des Zwecks der Sühne/Vergeltung von 13,5 Prozent, auf 19,6 Prozent bis zu 23,3 Prozent Zustimmung (vgl. ebd.: 204).

Darüber hinaus existiert eine Untersuchung von Sessar (1992) über die Einstellungen in Bevölkerung und Justiz zu bestimmten Delikten und inwieweit diese bestrafungswürdig oder ausgleichsfähig seien. Das Ziel der Studie bestand darin herauszufinden, ob und inwieweit Wiedergutmachung Bestrafung ersetzen kann. Die Ergebnisse zeigen, dass von den befragten Bürgern bei vielen Delikten (Zechbetrug, Diebstahl von Marktfrüchten, Schwarzfahren, leichtere Betrügereien, leichtere vorsätzliche Körperverletzungen, fahrlässige Körperverletzungen im Straßenverkehr) mehrheitlich die Wiedergutmachung gegenüber der Bestra-

24 Kury und Obergfell-Fuchs (vgl. 2006: 1028f.) bezweifeln allerdings, dass die Todesstrafe ein geeigneter Indikator zur Messung von Punitivität in Deutschland sei, da es sich hierzulande dabei um keine tatsächlich verhängbare Sanktion handelt.

fung vorgezogen wird (vgl. ebd.: 243). Daraus folgert Sessar (vgl. ebd.: 243), dass das Strafkonzept des Rechtssystems in weiten Bereichen der klassischen Kriminalität mit einem Ausgleichskonzept der Sozialwelt kollidiere.

Weiter wurde die Einstellung der Befragten hinsichtlich Restitutivität und Punitivität untersucht (vgl. ebd.: 244). Dabei zeigten alle befragten Gruppen auf einer fünfstufigen Skala von ‚sehr restitutiv' bis ‚sehr punitiv' Mehrheiten bei ‚sehr punitiv': 66,1 Prozent der Staatsanwälte, 56,2 Prozent der Strafrichter, 43,6 Prozent der Zivilrichter und 34,2 Prozent der Bevölkerung (vgl. ebd.: 219).

Aus dem Auseinanderklaffen der Einstellungen von (punitivem) Justizpersonal und (eher liberaler) Bevölkerung schließt Sessar (vgl. ebd.: 235), dass Zweifel an der These angebracht seien, dass die Strafjustiz einem (angeblichen) Ruf der Bevölkerung nach deutlicher Bestrafung folge und die Ergebnisse vielmehr dafür sprächen, dass dem Opfer der eigene Strafanspruch untergeschoben werde.

Oberwittler und Höfer (2005) gehen der Punitivitätsthese in ihrem „Country Survey" über „Crime and Justice in Germany" vorrangig auf der Bevölkerungsebene nach und kommen zu dem Schluss, dass es in den Einstellungen der Bevölkerung und der deutschen Strafpraxis keine Anzeichen für eine punitive Wende gebe. Einen maßgeblichen Faktor hierfür sehen sie darin, dass die Kriminalpolitik hierzulande noch immer fest in den Händen von Experten und Bürokraten sei (vgl. ebd.: 478). Sie betrachten es als schwerwiegenden Fehler anzunehmen, dass Deutschland eine ‚High Crime Society' sei (vgl. ebd.: 494). Diese Klassifizierung werde lediglich von kritischen Kriminologen vorgenommen, die allerdings ihrer Ansicht nach „a distant kind of ‚armchair' research" (ebd.: 493) betrieben[25], weil sie zu sehr in Ideen und großen Theorien verhaftet seien, welchen oft jegliche empirische Evidenz fehle. Nach Oberwittler und Höfer (vgl. ebd.: 494) zeichnen kritische Kriminologen ein maßlos übertriebenes Bild eines punitiven und repressiven Kriminaljustizsystems, das bürgerliche Freiheiten untergrabe. Eine Replikationsstudie, die die von Garland ins Feld geführten Indikatoren für eine punitive Wende aufgreift und für die Bundesrepublik überprüft, halten sie zwar für angebracht, jedoch um Garlands Thesen zu widerlegen und den kritischen Kriminologen damit den Wind aus den Segeln nehmen zu können.

Folgt man Garlands Perspektive, so geht es bei der Untersuchung von Punitivität nicht primär um die Feststellung der Strafbereitschaft in der Bevölkerung

---

[25] In dasselbe Horn bläst auch Tonry (2007: 39): „much of the armchair „theoretical" writing is useless, assuming that a „punitive turn" has occurred, which it then tries to explain without bothering to establish, whether policies and practices have changed and in what ways. David Garland's work (e.g., 2001) has inspired much armchair theorizing". Eine detaillierte Auseinandersetzung mit der Gegenposition Tonrys in Bezug auf Garlands Analyse hat Sack (2010) vorgelegt.

wie sie in der deutschen Punitivitätsforschung betrieben wird, sondern um die Erforschung der strukturellen und kulturellen Bedingungen, unter denen sich Punitivität in der Bevölkerung artikuliert. Dieser Aspekt wird in den Befragungen völlig außer Acht gelassen.

Neben der Konzentration auf die Strafeinstellungen der Bevölkerung liegt ein weiterer Schwerpunkt der deutschen Punitivitätsforschung auf der Untersuchung des Einflusses der Massenmedien bei der Entstehung punitiver Einstellungen (Pfeiffer/Windzio/Kleimann 2004; Windzio et al. 2007). Wenngleich Garland den Medien keine kausale, sondern lediglich verstärkende Bedeutung beimisst, werden die Medien in diesen Studien häufig als ursächlicher Faktor für punitive Tendenzen in der Kriminalpolitik und den Einstellungen der Bevölkerung angesehen (Sack 2006a). Pfeiffer, Windzio und Kleimann (2004) und Windzio et al. (2007) betrachten die Ergebnisse ihrer Untersuchung über den Zusammenhang zwischen Medienkonsum und Punitivität zwar durchaus vor dem Spiegel von Garlands Analyse und bezweifeln die Punitivitätsthese nicht, deuten den Einfluss der Medienberichterstattung allerdings als Ursache für einen von den befragten Bürgern angenommenen überschätzten Kriminalitätsanstieg, was zu erhöhten Strafbedürfnissen führe. Auch Dollinger (vgl. 2011: 39ff.) folgt dieser Einschätzung. Er schlägt eine Typologie vor, derzufolge zwischen institutioneller, expressiv-politischer und massenmedial-kultureller Punitivität zu unterscheiden sei. Letztere beinhalte auch die Einstellungen der Bevölkerung, da die Bürger ihr Wissen über Kriminalität in erster Linie aus den Medien und nicht aus eigenen Erfahrungen bezögen. Auf die Ergebnisse von Pfeiffer, Windzio und Kleimann (2004) rekurrierend vertritt er die Ansicht, dass „[e]ine vermehrte Berichterstattung über Kriminalität in den Medien [...] nahezu gleichbedeutend [sei] mit einem zumindest hohen Potenzial, Punitivität in der Bevölkerung zu verbreiten“ (Dollinger 2011: 61). Untersuchungen, die die Perspektive Garlands einnehmen und die Medien in einer verstärkenden Rolle sehen und daher die Frage in den Mittelpunkt rücken, welche strukturellen und kulturellen Bedingungen dazu führen, dass kriminalitätshaltige Medieninhalte in der Bevölkerung auf Interesse stoßen, gibt es in der deutschen Forschungslandschaft bislang nicht.

Neben der Bevölkerung und den Massenmedien stehen auch staatliche Institutionen auf der Agenda der Punitivitätsforschung. Dabei handelt es sich überwiegend um die Untersuchung justizieller Punitivität anhand rein deskriptiver Analysen von Rechtspflegestatistiken (Groenemeyer 2003; Kury/Obergfell-Fuchs/Würger 2002; Obergfell-Fuchs 2005; Kury/Obergfell-Fuchs 2006; Streng 2006; Köllisch 2007; Heinz 2009, 2009a). Die Ergebnisse dieser Studien unterstützen die These einer zunehmenden Punitivierung der deutschen Sanktionspraxis zumindest teilweise. Kury, Brandenstein und Obergfell-Fuchs (vgl. 2009: 73f.) stellen für den Zeitraum zwischen 1980 und 2006 einen Rückgang kurzer

Freiheitsstrafen (bis 24 Monate) und einen Anstieg von Freiheitsstrafen ab zwei Jahren fest. Im Zeitraum zwischen 1980 und 2004 habe sich die Zahl der wegen Vergewaltigung oder sexueller Nötigung verhängten Freiheitsstrafen über fünf Jahre verdreifacht (vgl. ebd.: 72). In Bezug auf Kindesmissbrauch habe sogar eine Versechsfachung stattgefunden. Kury und Obergfell-Fuchs (vgl. 2006: 1035) kommen zu dem Schluss, dass bei der gefährlichen Körperverletzung und Sexualdelikten die Sanktionen im Laufe der Zeit härter geworden seien. Als gegenläufig zu dieser punitiven Tendenz interpretieren sie ihren Befund, dass bei leichteren Delikten mit geringem Strafmaß vermehrt von der Möglichkeit Gebrauch gemacht worden sei, Freiheitsstrafen zur Bewährung auszusetzen. Legt man hier allerdings Garlands Interpretationsfolie zugrunde, ist dieses Resultat keineswegs als widersprüchlich zu einem punitiven Trend, sondern als Element des ‚Defining Deviance Down', das unter der Doktrin der Ressourcenschonung im Kontext der adaptiven Strategie steht, zu deuten (vgl. Kap. 1.1).

Auch Streng (2006) stellt einen Anstieg der Strafhöhen insbesondere bei Sexualdelikten fest. Bezugnehmend auf Garlands Analyse führt er diesen Befund auf eine gestiegene Opferorientierung zurück, nach der „das Strafrecht nicht nur den öffentlichen Strafanspruch geltend machen, sondern auch ideellen Genugtuungsbedürfnissen und Entschädigungsanliegen der Opfer gerecht werden" (ebd.: 219) soll. Heinz (vgl. 2009: 259) teilt ebenfalls den Befund einer zunehmenden Punitivität, sieht diesen jedoch auf einige Delikte (Vergewaltigung, sexueller Missbrauch von Kindern, vorsätzliche Tötungsdelikte, gefährliche Körperverletzung, Handeltreiben mit Betäubungsmitteln) begrenzt. Daraus folgert er, dass aus den amtlichen Statistiken keine durchgehende Punitivität abzuleiten sei, weil sie eine „quantitativ kleine Gruppe" betreffe.[26] Auch in Bezug auf seine Untersuchung der Praxis des Jugendkriminalrechts gelangt Heinz (vgl. 2009a: 78ff.) zu keinem klaren Ergebnis, sondern er stellt kleinteilig 14 Einzelergebnisse nebeneinander, die kein einheitliches Bild für ein Für oder Wider der Punitivitätsthese erkennen lassen.

Ein weiterer Indikator für institutionelle Punitivität, der bereits eingangs erwähnt wurde und häufig herangezogen wird, ist die Entwicklung der Gefangenenraten[27] im Zeitverlauf (Suhling/Schott/Brettfeld 2002; Suhling 2003; Tonry 2004; Streng 2006; Kury/Obergfell-Fuchs 2006). Von Beginn der 1990er Jahre bis 2005 war ein stetiges Wachstum der Gefangenenpopulation in deutschen Haftanstalten zu verzeichnen, wobei ein besonders starker Anstieg des Anteils der nichtdeutschen Gefangenen festzustellen war (Suhling/Schott/Brettfeld 2002;

[26] Auch Kury, Brandenstein und Obergfell-Fuchs (vgl. 2009: 72f.) weisen darauf hin, dass die härteren Sanktionen nur einen kleinen Teil von Straftätern betreffe.

[27] Zur Kritik an der Verwendung von Gefangenenzahlen als Indikator für Punitivität vgl. Dollinger (2011: 27f.) und Dünkel/Morgenstern (2010: 1006ff.).

Kury/Obergfell-Fuchs 2006). Suhling, Schott und Brettfeld (vgl. 2002: 171) sehen mögliche Ursachen für diese Veränderungen zum einen in steigender Kriminalität, sich qualitativ verändernder Delinquenz und unterschiedlichem Entscheidungsverhalten der Staatsanwaltschaften und Gerichte. Zum anderen nehmen sie zur Erklärung dieser Entwicklung auch auf Garlands Analyse Bezug und führen sie auf eine gestiegene Punitivität infolge makrostruktureller Veränderungsprozesse zurück. Seit 2005 verlaufen die Gefangenenzahlen rückläufig.

Kury, Brandenstein und Obergfell-Fuchs (vgl. 2009: 74) stellen für den Zeitraum von 2003 bis 2006 steigende Belegungszahlen im geschlossenen Vollzug fest, während im offenen Vollzug sinkende Zahlen zu verzeichnen seien. Sie folgern daraus, dass ersterer immer mehr die Regel zu sein scheine. In dem genannten Zeitraum befand sich weniger als ein Fünftel aller Strafgefangenen im offenen Vollzug (vgl. ebd.: 74f.).

Institutionelle Punitivität manifestiert sich nicht nur in der Art und Härte der von den Gerichten verhängten Sanktionen und der Zahl von Gefangenen, sondern auch in der Entwicklung des Strafrechts, deren Kernstück die Strafgesetzgebung ist. Seit jeher gilt das Strafrecht als ‚schärfstes Schwert' des Staates. Deshalb lässt sich seine Ausgestaltung als Gradmesser für staatliche Punitivität betrachten. In diesem Zusammenhang ist daher auch von legislativer Punitivität (Kury/Kania/Obergfell-Fuchs 2004: 54; Hilgendorf 2010: 125) die Rede. In dieser Dimension kann eine Reihe legislativer Veränderungen als Indikatoren für punitive Tendenzen herangezogen werden: die Einführung von neuen sowie Erweiterung von Straftatbeständen, Strafverschärfungen, Vorfeldverlagerungen der strafrechtlichen Kontrolle und Einführung neuer präventiver Kontroll- und Überwachungsmaßnahmen, Verschärfungen von Maßregeln der Besserung und Sicherung sowie die Höhergewichtung des Strafzwecks des Schutzes der Allgemeinheit gegenüber der Resozialisierung. In der Puntivitätsforschung findet diese Dimension allerdings kaum Berücksichtigung.

Die bislang aus sozialwissenschaftlicher Perspektive untererforschte Entwicklung der Strafgesetzgebung steht im Mittelpunkt dieser Arbeit. Das Ziel besteht darin, den Wandel des Strafrechts durch die ‚Brille' Garlands zu betrachten und festzustellen, inwiefern seine These einer punitiven Wende auch für die deutsche Strafgesetzgebung Gültigkeit beanspruchen kann. Hierzu werden die Indikatoren des kriminalpolitischen Wandels, die Garland herausgearbeitet hat, aufgegriffen, und es wird analysiert, wie sie sich in der Strafgesetzgebung der Spätmoderne niederschlagen. Da die Analyse der Entwicklung des Strafrechts originär in der Strafrechtswissenschaft beheimatet ist, wird zunächst dargestellt, welche Diagnosen über die Veränderungen ihres Gegenstandes sie stellt, inwiefern sich Parallelen zu Garlands Analyse ergeben und in welche Strafrechtsdiskurse die Deutungen der Entwicklungen münden. Vorweggenommen sei, dass die Strafrechtswissenschaft (bis auf wenige Ausnahmen) den Begriff der ‚Punitivität' noch nicht in ihr Vokabular aufgenommen hat.

2.3 Diagnosen zur Entwicklung des Strafrechts aus der Strafrechtswissenschaft

Eine „Tendenzwende in der Straf- und Strafprozessgesetzgebung" wird auf Ende der 1960er Jahre datiert (Ebert 1978) und maßgeblich an der Terrorismusgesetzgebung (Berlit/Dreier 1984) festgemacht. Die Reformgesetzgebung von 1969 bis 1975 stand noch unter der Zielsetzung ‚Resozialisierung, Entkriminalisierung und Humanisierung'[28]. Im Sinne einer rationalen Kriminalpolitik ging es vor allem um eine moralische ‚Entrümpelung' des Strafrechts, welche insbesondere das Sexualstrafrecht betraf und es von strafbewehrten moralischen Regeln des Zusammenlebens befreite (Ehebruch, Kuppelei, Verführung Minderjähriger, Unzucht, Verbreitung unzüchtiger Schriften). Nach Hilgendorf (2004: 264) lassen sich die dominierenden rechtspolitischen Forderungen dieser Zeit mit den Begriffen „Liberalisierung" und „Abschaffung" auf den Punkt bringen: „Liberalisierung des Sexualstrafrechts und des politischen Strafrechts, Lockerung oder Abschaffung der §§ 218 ff. StGB, Abschaffung des § 175 StGB." Sinnbildlich hierfür war die Umbenennung der ‚Verbrechen und Vergehen wider die Sittlichkeit' in ‚Straftaten gegen die sexuelle Selbstbestimmung'. Allerdings diagnostizierte Foucault (2003: 965f.) bereits 1979 sehr vorausschauend: „Dass die Sexualität in der zweiten Hälfte des 20. Jahrhunderts entkriminalisiert wird, aber nur um als Gefahr, als universelle Gefahr, wieder aufzutauchen, ist in der Tat eine bemerkenswerte Veränderung."

Zwischen 1969 und 1974 wurden fünf Strafrechtsreformgesetze verabschiedet, die durch zwei von der Regierung eingesetzte Kommissionen, bestehend aus Strafrechtlern und Experten, entworfen wurden. Eine erste Kommission, die ‚Große Strafrechtskommission', legte 1962 nach acht Jahren der Beratung einen Entwurf vor. Vier Jahre später erschien ein Alternativ-Entwurf von einer Gruppe liberalerer Strafrechtler, der „das Sanktionensystem weitgehend spezialpräventiv orientierte und der vor allem die Strafbarkeit unter Ausschaltung aller moralisierenden Tendenzen auf den Rechtsgüterschutz beschränkte" (Haffke 2005: 23).

Die Phase der Liberalisierung war zudem geprägt durch einen politischen und öffentlichen Diskurs um die Entkriminalisierung von Bagatell- und Massenkriminalität wie Ladendiebstahl und Schwarzfahren, wofür eigene Kommissionen eingerichtet wurden. Bezeichnend für diese kriminalpolitische Stoßrichtung,

[28] Den Humanisierungsgedanken sieht Hirsch (1999) noch am stärksten fortwirken, was er daraus ableitet, dass die Verurteilungen auf Freiheitsstrafe kontinuierlich abgenommen hätten.

die allerdings nie durchgesetzt werden konnte, war ein Buch mit dem Titel „Plädoyer für die Abschaffung des Strafrechts" von Plack, das 1974 erschien. ‚Abolitionismus' war ein Schlüsselbegriff unter (nicht nur kritischen) Kriminologen.

Der Liberalisierungstrend wurde nach der Zeit der Großen Strafrechtsreform nicht in gleicher Intensität fortgesetzt (vgl. Hirsch 1999: 146) und das Strafrecht ist seitdem einem wieder strenger werdenden kriminalpolitischen Klima ausgesetzt (vgl. Vormbaum 2011: 276). Nicht abnehmende Kriminalitätsziffern und die Terroristenprozesse der 1970er und 1980er Jahre haben in eine nachhaltige Krise der Spezialprävention geführt (vgl. Naucke 1999: 338). Der Resozialisierungsansatz ist nach Hirsch in Deutschland jedoch nicht so sehr in die Kritik geraten wie in den USA. Allerdings bemerkt er auch für die Bundesrepublik das Wirken der international umgreifenden Opferschutzbewegung, die sich Mitte der 1970er Jahre gebildet und eine Verschiebung der Aufmerksamkeit von dem Täter auf das Opfer herbeigeführt habe. Im Zuge dieser Bewegung sei der Stärkung der Opferinteressen ein größeres Gewicht verliehen und die Konzepte der Wiedergutmachung sowie des Täter-Opfer-Ausgleichs seien implementiert worden.

Auch Entkriminalisierung spielt in Kriminalpolitik und Strafgesetzgebung keine Rolle mehr und besitzt nur noch unter dem Gesichtspunkt der Entlastung der Rechtspflege Relevanz. Die noch verbleibende Tendenz einer Entkriminalisierung, die an der Zunahme von Opportunitätseinstellungen festgemacht wird, wird als „Ausdruck justizökonomisch bedingter Resignation" (Hirsch 1999: 161) betrachtet und auf die Überforderung des Strafrechts angesichts des starken Anstiegs der Kriminalität seit den 1960er Jahren zurückgeführt. In dieser Entwicklung spiegelt sich der von Garland beschriebene Mechanismus des ‚Defining Deviance Down' deutlich wider.

Infolge der Abkehr vom Resozialisierungsansatz verlagerte sich der Schwerpunkt von der Spezialprävention auf den Strafzweck der Generalprävention. Damit verschob sich auch die Akzentsetzung innerhalb der generalpräventiven Ansätze. War bis dahin Abschreckung der Inbegriff der Generalprävention, so fand nun eine Spaltung in positive und negative Generalprävention statt und der Aspekt der Stärkung des Vertrauens der Bevölkerung in die Rechtsordnung wurde zur kriminalpolitischen Maxime.

Naucke (1975) macht als Hauptentwicklungstendenz des Strafrechts seit der Strafrechtsreform einen Trend zum ungenauen Strafrecht aus, der mit der liberalen Zielrichtung nicht vereinbar sei und diese abgelöst habe. Er identifiziert eine Reihe teilweise gegenläufiger, von individueller Fürsorge bis zu vergeltungsähnlicher Zwangsanpassung reichender Einzeltrends, die unter dem Deckmantel der ‚Resozialisierung' stehe, in deren Zusammenschau es aber deutlich auf einen Fortbestand des Vergeltungsstrafrechts hinauslaufe (vgl. ebd.: 61).

Auch Lenckner (vgl. 1989: 331ff.) konstatiert, dass die Entwicklung des Strafrechts zwar grundsätzlich in Richtung einer Liberalisierung verlaufen sei, ab Mitte der 1970er Jahre jedoch eine gegenteilige Tendenz angenommen habe, die durch Neukriminalisierungen und Strafverschärfungen gekennzeichnet sei[29]. Als nicht ausschließliche, aber zum größten Teil verantwortliche Triebkraft dieser Veränderung sieht er den technischen, wissenschaftlichen und wirtschaftlichen Fortschritt. Auf die anderen Faktoren, auf welche er die Tendenzwende zurückführt, geht er jedoch nicht ein.

Diese Diagnosen lassen keinen Zweifel daran, dass das Resozialisierungsstrafrecht (Horstkotte 1973) über die Reformbemühungen der 1960er Jahre hinaus keinen Bestand hatte und die Entwicklung des Strafrechts in den letzten drei Jahrzehnten die entgegengesetzte Richtung eingeschlagen hat: neben neuen und verschärften Ermittlungsmethoden im Strafprozessrecht (vgl. Hassemer 2001a: 416f.) manifestiert sich im materiellen Strafrecht eine Tendenz zu Reformen, „[...] welche die verbotenen Bereiche ausdehnen, die Strafdrohungen erhöhen, die Nachweise der Strafbarkeit erleichtern, die Verteidigungschancen mindern und die Kontrolle der Gesetzgebung erschweren“ (Hassemer 2002: 11).

Unzweifelhaft ist eine „Expansion des Strafrechts“ (Silva Sánchez 2003) festzustellen. Über diesen Trend wird anhand verschiedener Begrifflichkeiten diskutiert: Feindstrafrecht, symbolisches Strafrecht, Risikostrafrecht, Präventionsstrafrecht, nach-präventives Strafrecht und Sicherheitsstrafrecht.

Nach Peter-Alexis Albrecht (2005) lässt sich eine Reihe von Strafrechtstypen unterscheiden, die das ‚klassische‘ Strafrecht abgelöst habe. Diese führe vom präventiven über das symbolische Risikostrafrecht zum nach-präventiven Strafrecht, wobei es sich dabei aber nicht um eine trennscharfe historische Abfolge handle.

Das klassische Strafrecht war retrospektiv orientiert, diente ausschließlich der Vergeltung[30] und als ein Mittel zur Sicherung bürgerlicher Freiheiten gegen die Willkür der Justiz und Eingriffe des Staates. Den Begriff des klassischen Strafrechts rechnet Albrecht (ebd.) Hassemer (1994) zu, der damit ein bestimmtes Ideal oder eine Zielvorstellung zum Ausdruck bringen wollte, die das klassische Strafrecht vom Naturrecht unterscheide und sich aus dem Sozialvertrag ableiten lasse: die Beschränkung auf personale Rechtsgüter, das Bestimmtheitsge-

29 Auch Hirsch (1999) stellt seit Beginn der 1960er Jahre eine fortlaufende Ausdehnung der Strafbarkeit im materiellen Recht fest. Ebenso diagnostiziert Hettinger (1997: 2) in seinem allgemeinen Überblick über die Strafgesetzgebung seit 1984 eine Tendenz zur Strafverschärfung und Ausdehnung der Strafbarkeit, die er mit dem Begriff „Normenlawine“ umschreibt.

30 Ein Hauptvertreter des Vergeltungsgedankens als einzigem Zweck der Strafe und des Strafrechts um die Wende zum zwanzigsten Jahrhundert ist der Strafrechtsgelehrte der positiven Schule Binding, welcher in der Tradition der von Kant und Hegel verfochtenen absoluten Straftheorie steht.

bot sowie strafrechtliche Prinzipien zur Begrenzung staatlicher Macht. Die Hochzeit des klassischen Strafrechts war das 19. Jahrhundert und es geriet erst zur Wende zum zwanzigsten Jahrhundert in Kritik. Diese entzündete sich an der Vergangenheitsorientierung des klassischen Strafrechts. In deren Folge entwickelte sich das ‚moderne' Strafrecht[31], das empirisch und am Rechtsgüterschutz ausgerichtet, prospektiv gewendet und damit vom Präventionsgedanken geleitet sei (vgl. ebd.). Diese Neuausrichtung bringe es mit sich, dass die strafrechtlichen Prinzipien des klassischen Strafrechts mit dem modernen Strafrecht nicht mehr kompatibel seien. So vertrage es sich nicht mit dem Bestimmtheitsgebot, da sich das moderne Strafrecht als flexibles Instrument der Krisenintervention verstehe (vgl. Hassemer 2001a: 422). „Modernes Strafrecht muss flexibel und flächendeckend sein, um auf jeweils wechselnde Störungen angemessen antworten zu können" (Hassemer 1994: 16). Gerade durch die Konzentration auf die „Prävention künftigen Unrechts" und die „Bewältigung künftiger Großstörungen" erfolge im modernen Strafrecht eine Umorientierung vom ‚ultima ratio'-Prinzip, welchem sich das klassische Strafrecht verschrieben hatte, zum ‚sola' oder ‚prima ratio'-Prinzip (vgl. ebd.: 13).

Im Mittelpunkt des modernen, präventiv geprägten Strafrechts, das zu Zeiten des Wohlfahrtsstaates vorherrschte, stehen eine effektive Strafverfolgung und wirksame Kriminalitätsbekämpfung. Die zentralen Kennzeichen eines präventiv orientierten Strafrechts sind (vgl. Naucke 1999: 340ff.): Auflösung von Tatbestandsgrenzen durch Tatbestandserweiterungen und die Ausdehnung von Strafbarkeiten, Strafrahmenerhöhungen, beschleunigte Verfahren, Erleichterung der Anwendung von Zwangsmitteln, Verschwimmung der Grenzen zwischen Straf- und Polizeirecht.

Eine andere Variante des modernen Strafrechts ist das Risikostrafrecht. Der Begriff ‚Risikostrafrecht' versteht sich als Reaktion auf die im Zuge des technischen und ökonomischen Fortschritts entstandenen Risiken und einem daraus erwachsenen gesteigerten Sicherheitsbedarf in der „Risikogesellschaft" (Beck 1986). Der Einzug des Risikogedankens in das Strafrecht wird mit einer Umorientierung vom ‚Bösen' zum ‚Gefährlichen' verbunden (Prittwitz 1993). Das Risikostrafrecht diene als „Steuerungsinstrument für gesellschaftliche und staatliche Großstörungen" (Hassemer 1989: 558) und konzentriere sich auf ‚moderne' Kriminalitätsformen wie Umwelt-, Computer- und Wirtschaftskriminalität. Im Mittelpunkt stehe die Ausdehnung des Strafrechts zum Zweck der Risikominimierung und der Sicherheitsvermittlung (Prittwitz 1993). Dies geschehe zum ei-

[31] Den Grundstein für das moderne Strafrecht legte von Liszt mit der Marburger Programmschrift „Der Zweckgedanke im Strafrecht" (1882), in welcher er für die spezialpräventive Straftheorie mit ihren Strafzwecken Sicherung, Besserung und Abschreckung eintrat und damit den sog. strafrechtlichen Schulenstreit auslöste.

nen darüber, dass neue vage und großflächig formulierte Universalrechtsgüter in das Strafrecht aufgenommen werden. Prominente Beispiele dieser Tendenz zu großflächigen Rechtsgütern sind die Umwelt und die Volksgesundheit. Zum anderen vergrößere das Risikostrafrecht seine Reichweite über die Vorverlagerung von Strafbarkeiten. Diese flächendeckende „Vorfeldkriminalisierung" (Frehsee 1999: 16) erfolgt insbesondere über die Erweiterung abstrakter Gefährdungsdelikte (als staatliche Antwort auf den Terrorismus etwa), bei denen nicht auf die Verursachung eines bereits eingetretenen Schadens, sondern lediglich auf das Risiko einer Gefahr abgestellt wird (Rzepka 2004; Hassemer 2006). Demzufolge verfährt das Risikostrafrecht nach einer präventiven Sicherheitslogik und ist prospektiv orientiert.

Sehr große Überschneidungen ergeben sich zum symbolischen Strafrecht, das mitunter auch als Teilmenge des Risikostrafrechts verstanden wird (Prittwitz 1993; Albrecht 2005). Das symbolische Strafrecht ist ebenso durch eine Präventions- und Folgenorientierung, die Tendenz zu großflächigen Universalrechtsgütern, Vorfeldkriminalisierung und die Zunahme abstrakter Gefährdungsdelikte gekennzeichnet. Nach Kunz (2008: 319) verlagert das Strafrecht sein Wirkungsziel von der instrumentellen Bekämpfung der Kriminalität zur symbolischen Exemplifizierung seiner Durchsetzungskraft. Den Schwerpunkt des Begriffs des symbolischen Strafrechts bildet seine ‚Außenwirkung', die nicht primär auf seine tatsächliche Anwendung abzielt, sondern auf seine „latenten Funktionen" (Hassemer 1989: 556). Dabei gehe es vor allem um die Demonstration von staatlicher Handlungsfähigkeit und Macht sowie die Beruhigung der Bevölkerung. Das Strafrecht sei zu einem Instrument der Politik geworden, mit dem gesellschaftliche Probleme bearbeitet werden, die vormals nicht in den Zuständigkeitsbereich des Strafrechts fielen wie etwa Umwelt und Wirtschaft. Dadurch können soziale Problemlagen individuell zugerechnet werden und auf diese Weise die politische Verantwortung zurückgewiesen werden (Voß 1993). Eine besondere Spielart des symbolischen Strafrechts stellt Jasch (2009: 87) fest, die er als „symbolisches Strafrecht 2.0" bezeichnet und als aktuelle Entwicklungstendenz des Strafrechts ausmacht. Damit meint er (ebd.: 87f.) den „Einzug der Strafnormen in den Bereich des privaten Alltagslebens der Bürger", den er beispielhaft anhand der neu geschaffenen Straftatbestände ‚Stalking' und ‚unfreiwillige Eheschließungen' belegt, deren primäres Ziel er darin sieht, als „normative ‚Leuchttürme'" (ebd.: 89; Herv. i. O.) zu fungieren. Insofern diene das symbolische Strafrecht also nicht dem effektiven Rechtsgüterschutz, sondern der politischen Lenkung gesellschaftlicher Vorstellungen (vgl. ebd.: 95).[32] Auch Husak (2009: 20) hat diese

---

32 Darin fügt sich z.B. auch der Vorstoß einiger Innenminister ein, in Veränderungen der Verabredungskultur eingreifen zu wollen, indem sie sich für ein Verbot von Partys aussprechen, zu denen über das soziale Netzwerk ‚Facebook' eingeladen wurde (Zeit Online 2011).

Tendenz im Blick und macht sie an der Einführung des Straftatbestandes der häuslichen Gewalt fest: „the criminal law now extends deeply into the home, proscribing acts of domestic violence once regarded as private.“

Das gegenwärtige Strafrecht charakterisieren Naucke (1999, 2004, 2010) und Albrecht (2005) als nach-präventives Strafrecht bzw. Sicherheitsstrafrecht, das zwar noch die Merkmale des präventiven Strafrechts besitze. Es gehe jedoch nicht mehr um Prävention um jeden Preis, sondern diese müsse ökonomischen Gesichtspunkten Rechnung tragen. Da das nach-präventive Strafrecht Prävention nicht gewährleisten könne und im Sinne einer marktförmigen Angebots- und Nachfrageorientierung funktioniere und damit offen für die Interessen unterschiedlicher Gruppen sei, verliere es seine klare Linie und verkomme zum „Medium für Wählbarkeit in der Politik“ (Albrecht 2010a: 4). Diese Entwicklung habe durch den 11. September 2001 noch einen kräftigen Schub bekommen. Das Strafrecht diene nicht mehr als Mittel zur Sicherung bürgerlicher Freiheiten, sondern habe sich einer globalen Sicherheitsorientierung verschrieben, die sogar Elemente einer „Militarisierung der inneren Sicherheit“ (ebd.: 65) zulasse.

Auch Sieber (vgl. 2007: 27) spricht von einer Entgrenzung des Strafrechts und einem neuen Sicherheitsrecht, dessen Gestalt er ganz ähnlich skizziert: das Strafrecht richte sich stärker an Prävention und Sicherheit aus und diese Entwicklung sei durch Vorverlagerungen der Strafbarkeit sowie die Erweiterung präventiver Überwachungskonzepte gekennzeichnet. Zum anderen sieht er eine Tendenz zu alternativen Maßnahmen der Kriminalprävention (vgl. ebd.: 40ff.), die aus dem Strafrecht ausgelagert seien. Hierunter fasst er einerseits proaktiv wirkende alternative Schutzmaßnahmen (z.B. Selbstschutzmaßnahmen potenzieller Opfer), aber auch alternative Kontrollsysteme jenseits des Strafrechts (z.B. Diversionsstrategien). Damit beschreibt Sieber eine Tendenz, die sich in großen Teilen mit der von Garland diagnostizierten Spaltung der Kriminalpolitik deckt, ohne sich auf diesen zu beziehen oder diese Befunde als Indikatoren für eine punitive Wende zu deuten.

Ebenso konstatieren auch Niggli und Maeder (vgl. 2010: 481), dass in den letzten 25 Jahren die Sicherheitsorientierung des Strafrechts zugenommen habe. Dies führen sie darauf zurück, dass sich der Fokus von der Freiheit auf die Sicherheit verschoben habe und das Strafrecht unter dem Druck der Forderung nach mehr Strafe durch Politik und Öffentlichkeit stehe (vgl. ebd.: 481).

Die Kritik an der Entwicklung des Strafrechts von Seiten der Strafrechtswissenschaft entzündet sich meist an der Bedrohung der Rechtsstaatlichkeit und nimmt eine wachsende Punitivität nicht in den Blick[33]. So betrachtet Albrecht

33 Als Ausnahmen, die diese Verbindung sehr wohl herstellen, den Schwerpunkt aber auf den Aspekt der Rechtsstaatlichkeit legen, sind Frehsee und Hassemer anzusehen. So fragt Frehsee (1999): „Verschwindet der Rechtsstaat?“ und Hassemer (vgl. 1994: 10) diagnostiziert, dass das

(2005) die verschiedenen Entwicklungsstufen des Strafrechts als sukzessive Erosion des rechtsstaatlichen Strafrechts, welche im Diskurs um ein neues Feindstrafrecht kulminiere. Die höchst kontroverse Diskussion um ein neues „Feindstrafrecht" wurde von Jakobs (1985, 2000, 2004, 2006) angestoßen. Danach werde der Straftäter, der die staatliche Rechtsordnung auf Dauer nicht respektiert und ihr zuwiderhandelt, zum nicht ansprechbaren Adressaten des Strafrechts erklärt, der bekämpft werden müsse. Das Mittel, welches das Feindstrafrecht hierfür einsetze, sei das der Exklusion (Jakobs 2000). Die zentralen Kennzeichen des Feindstrafrechts sind: eine Vorverlagerung der Strafbarkeit von der Begehung einer Tat auf deren Vorbereitung, keine dieser Vorverlagerung entsprechende Reduktion der Strafe, eine Bekämpfungsgesetzgebung im Hinblick auf bestimmte Delikte, die Einschränkung prozessualer Garantien (z.B. durch eine Kontaktsperre für Beschuldigte und deren Anwälte) sowie die Einführung abstrakter Gefährdungsdelikte und sog. ‚Klimaschutzdelikte' (Straftaten, die ein rechts(staats)feindliches Klima schaffen [z.B. das Aufstacheln zum Angriffskrieg oder Volksverhetzung]). Auch wenn nicht eindeutig geklärt ist, ob Jakobs mit dem Konzept des Feindstrafrechts einen deskriptiven oder normativen Anspruch verfolgt, so indiziert es deutlich die punitive Wende in der Strafrechtstheorie, im Zuge derer die Besserung und Wiedereingliederung der Straftäter keine durchgängigen und vorrangigen Ziele von Strafe mehr sind. Es weist damit deutliche Parallelen zur von Garland (1996: 461, 2001: 184ff.) beschriebenen „criminology of the other" auf, die den Täter mittels punitiver Strategien souveräner Staatlichkeit dämonisiert und exkludiert. Trotz seiner hohen theoretischen Relevanz ist das Konzept des Feindstrafrechts aufgrund seiner Vagheit und daher schwierigen Operationalisierbarkeit kaum für die Punitivitätsforschung fruchtbar zu machen.

Es gibt nur wenige Autoren, die die Veränderungen des Strafrechts vor dem Hintergrund des ‚Punitive Turns' betrachten und mit einem Punitivitätsschub in Zusammenhang bringen. Eine der wenigen Ausnahmen bildet Haffke (2005), der das aktuelle Strafrecht – wie Naucke und Albrecht – als Sicherheitsstrafrecht bezeichnet. Dieses besitze eine polizeiliche und präventive Orientierung und löse das freiheitlich orientierte Schuldstrafrecht ab. Die dem Strafrecht originär zugrunde liegende rechtsstaatliche „Freiheitslogik" werde von einer „präventiven Sicherheitslogik" ersetzt (ebd: 20). Er spricht von einer der Freiheitslogik des Schuldstrafrechts zuwider laufenden „Totalisierung der sozialen Kontrolle" und urteilt insgesamt: „Deshalb ist die Kriminalpolitik vom richtigen Kurs abgekommen und treibt in gefährliche Wasser" (ebd.: 32). Als Triebkraft dieser Entwicklung sieht Hassemer (2000) die „neue Lust am Strafen", welche sich vor-

Strafrecht seine kriminalisierenden Kapazitäten erweitere und dabei rechtsstaatlichen Ballast abwerfe, der die Erfüllung seiner neuen Aufgaben behindert.

dergründig über den Imperativ des Opferschutzes rationalisiere und vor allem das Sexualstrafrecht dominiere.[34] „Die Sexualdelinquenz ist endgültig zum Motor der Kriminalpolitik geworden. [...] Insofern hat das Sexualstrafrecht den Paradigmenwechsel vom – limitierten – Rechtsgüterschutz hin zu einem polizeirechtlichen Interventionsrecht vollzogen“, konstatieren auch Duttge, Hörnle und Renzikowski (2004: 1072). Fast wortgleich bezeichnen Klimke und Lautmann (2006: 98) die „[s]exuelle Devianz als Motor der Kriminalpolitik“. Fischer (2012: 189) spricht von einer „kriminalpolitisch bedeutende[n] Vorreiter-Funktion“ des Sexualstrafrechts. Schöch (2007: 49) macht eine „Renaissance des Punitivismus“ an der seit Mitte der 1990er Jahre feststellbaren strengeren Strafzumessungspraxis der Gerichte sowie der Verschärfung der Strafen und Maßregeln der Besserung und Sicherung fest, welche – wie auch er bemerkt – vor allem Sexual- und Gewaltdelikte sowie die Sicherungsverwahrung betreffe.

Nach Hassemer (2001a) manifestiert sich die „Straflust“ seit Jahren im prozessualen wie im materiellen Strafrecht. Diese Entwicklungen würden von Kontrollbedürfnissen der Bevölkerung und von einem punitiven, auf Prävention und Risikobeherrschung ausgerichteten Strafklima getragen (Hassemer 2002: 13) und der kriminalpolitische Diskurs werde seit den 1970er Jahren von Sicherheitsbedürfnissen und Bestrafungswünschen dominiert (vgl. Hassemer 2006: 132).

Ebenso hegt Weigend (vgl. 2001: 206) keinen Zweifel an der Punitivitätsthese. Er diagnostiziert in der deutschen Strafrechtspolitik zwei leicht identifizierbare Trends: die Diversifizierung von Sanktionen und eine bemerkenswerte Tendenz in Richtung größerer Punitivität.

Gleichwohl handelt es sich bei den soeben angeführten ‚Gewährsmännern‘ für die punitive Wende im Strafrecht nicht um empirisch beigebrachte Belege, sondern um Beobachtungen, die eine weitere empirische systematische Analyse der Strafgesetzgebung nahe legen. Welche empirischen Studien zur Entwicklung der deutschen Strafgesetzgebung bereits existieren, an die diese Untersuchung anknüpfen kann, ist Gegenstand des nächsten Abschnittes.

---

[34] Punitive Tendenzen in der Gesetzgebung sind im Sexualstrafrecht (Duttge/Hörnle/Renzikowski 2004; Haffke 2005: 22ff.; Klimke/Lautmann 2006) besonders augenfällig und werden von Strafrechtswissenschaftlern häufig exponiert. In diesem Bereich lassen sich die verschiedenen Strategien besonders deutlich identifizieren, mittels derer die rechtsstaatliche Freiheitslogik in eine präventive Sicherheitslogik überführt wird.

2.4 Empirische Untersuchungen zur Entwicklung der deutschen Strafgesetzgebung

Bislang liegen nur wenige empirische Studien zur Entwicklung der deutschen Strafgesetzgebung vor, die sich nicht auf einzelne Strafrechts- bzw. Deliktfelder beschränken (Cremer-Schäfer/Steinert 1986; Cremer-Schäfer 1988, 1988a; Hilgendorf 2004, 2007; Kubink 2002).

Eine schon etwas länger zurückliegende Untersuchung zur Geschichte von Kriminalisierungsstrategien, die zugleich die Geschichte der Strafgesetzgebung der Nachkriegszeit in international vergleichender Perspektive analysiert und dabei auch Kriminalstatistiken mit einbezieht, hat Cremer-Schäfer (Phasen der Kriminalisierungspolitik in der Bundesrepublik Deutschland seit 1953) durchgeführt. Sie identifiziert für die Bundesrepublik Deutschland insgesamt fünf Phasen, wobei sie vier Kriminalisierungsphasen und lediglich eine sehr kurze Phase mit Entkriminalisierungstendenzen ausmacht (vgl. Cremer-Schäfer 1988a: 72).

Den Zeitraum von 1953 bis 1961 bezeichnet sie als Phase der „Restaurierung und der Aktivierung des Strafrechts" (ebd.: 71). Restaurierung meint die Wiederaufnahme der Errungenschaften der Weimarer Republik wie Geldstrafengesetze und Jugendrecht, die allerdings nicht in die Praxis umgesetzt worden seien. Aktivierung bezieht sich auf die Feststellung einer „Kriminalisierungswelle" (ebd.: 71) Ende der 1950er Jahre, die sich auf der Anzeigenebene niedergeschlagen und sich in erster Linie gegen von Jugendlichen begangene „Statusdelinquenz" (ebd.: 71) gerichtet habe.

Der Zeitraum von 1962 bis 1965 sei durch „deutliche Entkriminalisierungstendenzen" (ebd.: 72) gekennzeichnet gewesen, die sich zum einen in einer Zunahme der Toleranz gegenüber der jugendlichen „Halbstarkenbewegung" ausgedrückt habe. Zum anderen habe in Bezug auf Verkehrsdelikte eine symbolische Entkriminalisierung stattgefunden, die zwar weiterhin angezeigt und strafrechtlich verfolgt, aber nicht mehr in der Polizeilichen Kriminalstatistik geführt würden. Cremer-Schäfer (ebd.: 72) merkt jedoch einschränkend an, dass es sich nicht um eine „genuin entkriminalisierende" Phase handle, da in dieser Phase ebenfalls ein Ausmaß an verhängten, wenngleich auch kurzen, Freiheitsstrafen zu verzeichnen gewesen sei, das „Gleiches in der Geschichte der Kriminalpolitik" suche.

Die Zeit von 1966 bis 1975 bezeichnet sie als „Konflikt- und Modernisierungsphase" (ebd.: 78). In dieser Phase hätten zwar sowohl symbolische als auch faktische Entkriminalisierungen stattgefunden, aber das Strafrecht sei bei Konflikten schnell neu aktiviert worden, was sich in der Kriminalisierung von Drogenabhängigen und der Ausfilterung von Intensivtätern manifestiert habe (vgl. ebd.: 78). Eine stabile Tendenz macht sie im Hinblick auf die kontinuierliche Zurückdrängung der Freiheitsstrafen sowie der Ausschöpfung der Handlungsspielräume des Jugendgerichtsgesetzes aus.

In der Phase von 1976 bis 1980 sei eine Reaktivierung der repressiven staatlichen Intervention erfolgt, die zwar von Entkriminalisierungstendenzen in Form von Diversion begleitet gewesen, jedoch im Kontext einer Effektivierung der strafrechtlichen Kontrolle zu betrachten seien (vgl. ebd.: 80f.). Dadurch, dass es sich durchgesetzt habe, dass die Strafverfolgung in dieser Weise polarisierend verfahre, seien Kriminalisierungs- und Entkriminalisierungstendenzen strukturell vereinbar geworden (vgl. ebd.: 81). Dies sieht sie „als Merkmal der neuen Kriminalpolitik" (ebd.: 80) an. Dieses Ergebnis deckt sich mit der von Garland (2008) in „Kultur der Kontrolle" aufgezeigten Spaltung der Kriminalpolitik, welche zu diesem Zeitpunkt noch nicht geschrieben war.

Eine Verstärkung dieser Tendenz stellt sie für die Zeit nach 1981 fest, in der sinkende Verurteilungszahlen im Bereich der Bagatellkriminalität einer intensivierten gerichtlichen Strafverfolgung für die übrigen Delikte und einer insgesamt repressiver werdenden Strafenpolitik gegenüberstünden (vgl. Cremer-Schäfer 1988a.: 81).

Eine weitere Untersuchung der deutschen Strafgesetzgebung, die einen späteren Zeitraum umfasst, hat Hilgendorf vorgelegt. Er (vgl. 2007: 204) stützt seine Analyse des Strafrechts von 1975 bis 2005 auf die Dokumentation sämtlicher Änderungsgesetze und Neubekanntmachungen des Strafgesetzbuches durch das Institut für juristische Zeitgeschichte (Vormbaum/Welp 2006), aus der er sich allerdings nur die „Hauptetappen" (Hilgendorf 2007) herausgreift und diese nach Strafrechtsfeldern strukturiert. Dabei identifiziert er zwei Großtrends. Erstens eine Strafrechtsausweitung (durch Neukriminalisierung und Verschärfung): „Während 1975 noch Forderungen nach Entkriminalisierung vorherrschten, hat sich der Zeitgeist heute in Richtung auf immer mehr und immer schärfere Kriminalisierung gedreht" (ebd.: 203). Den zweiten Trend bezeichnet er als eine Strafrechtsflexibilisierung. Als Ursache dieser Entwicklungsrichtung betrachtet Hilgendorf den demographischen Wandel: Strafrechtsausweitung als Anpassungsprozess an die erhöhten Sicherheitsbedürfnisse einer älter werdenden Gesellschaft (vgl. Hilgendorf 2004: 379). Darüber hinaus nimmt er als weiteren Grund eine Haltung der Bevölkerung an, nach der der Staat für die Bearbeitung aller sozialen Probleme zuständig sei, die er mit dem Begriff „Staatsorientierung" (ebd.: 379) umschreibt.

Den Trend zur Strafrechtsflexibilisierung führt er darauf zurück, dass sich die deutsche Strafrechtswissenschaft seit den 1960er Jahren zur Hauptaufgabe gemacht habe, klare Regeln und Begrifflichkeiten zu beseitigen. Als Phänomen hinter beiden Entwicklungen sieht er eine erhöhte Punitivität, die er an elf Ursachen festmacht. Dabei nennt er teilweise dieselben Indikatoren, die auch Garland für die punitive Wende identifiziert (Medien- und Öffentlichkeitswirksamkeit punitiver Strafgesetzgebung, Populismus, Einflussverlust der Experten), ohne sich allerdings auf seine Analyse zu beziehen.

Kubink (2002) hat sich in seiner Untersuchung mit dem Titel „Strafen und ihre Alternativen im zeitlichen Wandel“ einen sehr großen Zeitraum vorgenommen und analysiert die kriminalpolitischen Entwicklungen von Ende des 19. Jahrhunderts bis Anfang des zwanzigsten Jahrhunderts, wobei er besonderes Augenmerk auf die Erfassung und Interpretation der sich wandelnden Sanktionsalternativen legt. Dabei greift er (ebd.: 38; Herv. i. O.) – ähnlich wie Hilgendorf – selektiv die „*Höhepunkte* und Hauptstationen der Strafrechtsreform und fortwirkende Gesetzesentwürfe“ heraus und betrachtet diese Auswahl vor dem Hintergrund der jeweiligen soziohistorischen Rahmenbedingungen der von ihm eingeführten fünf Epochen. Für die letzte Epoche stellt er eine „Dialektik zwischen Strafrücknahme (Entkriminalisierung) und Strafubiquität“ (ebd.: 688), eine Zunahme der symbolischen Instrumentalität sowie der Präventions- und Opferorientierung im Strafrecht fest. Diese Studie erhebt allerdings keinen Anspruch auf Vollständigkeit, da sie in ihren Analysen der gesetzgeberischen Aktivitäten und Maßnahmen stark selektiv vorgegangen ist.

Neben diesen Untersuchungen, die die Entwicklung des Strafrechts insgesamt in den Blick nehmen, gibt es auch eine Reihe an Studien, die sich auf die Strafgesetzgebung in bestimmten Deliktfeldern konzentriert. Als Reaktion auf die Grundannahme der Kritischen Kriminologie, nach der Kriminalität als gesellschaftliches Konstrukt zu betrachten sei, und der damit verbundenen Aufforderung, die Entstehung von Strafrechtsnormen zu hinterfragen, etablierte sich in den 1980er Jahren der (schon eingangs erwähnte) Forschungszweig der Normgeneseforschung. Nach Scheerer (1979: 393) umfasst das Konzept der Normgenese „den Ablauf und die Bedingungen der Entstehung strafrechtlicher und strafprozessualer Normen, ihrer Verankerung im Rechtsbewußtsein der Bevölkerung und ihrer Transformation in der Rechtsanwendung.“ Beispielhaft hierfür sind Untersuchungen von Haferkamp (1980) zum Diebstahlverbot, von Scheerer (1982) zur Betäubungsmittelgesetzgebung, von Rüther (1982) zum Umweltstrafrecht, von Floerecke (1987) zum Demonstrationsstrafecht und von Savelsberg (1990) zum Wirtschaftsstrafrecht. Anders als in der in dieser Arbeit durchgeführten empirischen Untersuchung besitzen diese Studien einen akteurszentrierten Ansatz, d.h. es steht der Einfluss bestimmter gesellschaftlicher Interessengruppen auf den Normsetzungsprozess im Mittelpunkt. Der Fokus ist auf die Rekonstruktion der verborgenen Interessen der verschiedenen Akteure gerichtet. Im Unterschied dazu geht es in dieser Arbeit um die offen artikulierten Interessen, d.h. die offiziell behaupteten Ziele der legislativen Akteure.

Seit Anfang der 1990er Jahre sind die Forschungsaktivitäten im Bereich der Normgeneseforschung merklich zurückgegangen. Neuerdings scheint dieser Zweig nahezu aus der kriminologischen Forschungslandschaft verschwunden zu sein. Nach einer Meta-Analyse der Normgeneseforschung in der Bundesrepublik Deutschland seit den 1980er Jahren, die Liebl (vgl. 2008: 420) unternommen hat, ist festzustellen, dass seit 2002 keine Publikation mehr in diesem Bereich erschienen ist.

Bei den bislang vorliegenden Untersuchungen zur Strafgesetzgebung, die sich nicht auf einzelne Strafrechtsfelder konzentrieren, handelt es sich nicht um inhaltsanalytisch angelegte, systematische Studien mit klar festgelegten und operationalisierten Analysekategorien und Dimensionen. Es werden auch keine quantitativen Beschreibungen vorgenommen. Aus den Untersuchungen von Kubink und Hilgendorf ist zu schließen, dass der dominierende Trend des Strafrechts in Richtung Kriminalisierung geht, was auch den Aussagen renommierter Strafrechtsexperten zu entnehmen ist (vgl. Kap. 2.3). Das tatsächliche Ausmaß ist jedoch aufgrund der selektiven Vorgehensweise der Untersuchungen bislang nicht systematisch erhoben bzw. ausgewertet worden. Darüber hinaus steht bei den rechtswissenschaftlichen Studien lediglich der Gesetzesinhalt im Fokus, nicht aber die Begründungen der Notwendigkeit für diese Gesetze, welche jedoch für die Deutung der Entwicklung des Strafrechts sehr relevant sind. Durch den Aufschluss darüber, welche Sinnzusammenhänge von den legislativen Akteuren hergestellt werden, wie der Handlungsbedarf glaubhaft gemacht wird, also wie die Gesetzesänderungen ‚gerahmt' und argumentativ eingebettet werden, lassen sich die Entwicklungslinien und damit auch punitive Tendenzen erst sinnvoll interpretieren. An diesen Forschungsdesideraten soll in der nun folgenden empirischen Analyse der Strafgesetzgebung angesetzt werden.

3 Die empirische Analyse der Strafgesetzgebung der Spätmoderne

Ziel der empirischen Untersuchung der Gesetzgebung ist die systematische Analyse der Entwicklung der deutschen Strafgesetzgebung seit Mitte der 1970er Jahre. Dem Betrachtungszeitraum vorausgegangen war somit die Phase der Großen Strafrechtsreform (1969-1975), die maßgeblich eine Liberalisierung des Strafrechts durch seine ‚moralische Entrümpelung' herbeiführte (vgl. Kap. 2.3).

Der Analysezeitraum reicht von der 8. bis zur 15. Legislaturperiode (1976 bis 2005) und schließt damit unmittelbar an die Wende des liberalen kriminalpolitischen Klimas an, die Vormbaum auf Mitte der 1970er Jahre datiert. Begründet sieht er (2011: 254) diesen Umschwung zum einen in „schwer fassbaren mentalitäts- und strukturgeschichtlichen Vorgängen". Als Stichpunkte nennt er: „Ende des „Wirtschaftswunders", „Ölschock" von 1973, Auflösung sozialer Strukturen und Milieus, relativ hohe Sockelarbeitslosigkeit nach 20 Jahren Vollbeschäftigung, ökologische und rüstungspolitische Krisenszenarien" (ebd.: 254). Zum anderen sei „der wechselseitige Eskalationsprozess zwischen einer Welle anarchistisch-terroristischer Anschläge der sog. Roten Armee Fraktion und der bereitwilligen Reaktion konservativer Kriminalpolitiker zu Strafrechtsverschärfungen und -ausweitungen" (ebd.: 254) ursächlich für die kriminalpolitische Wende. Auch Ebert (1978) führt die „Tendenzwende in der Straf- und Strafprozessgesetzgebung" auf die Terrorismusgesetzgebung (Berlit/Dreier 1984) zurück, bestimmt diese jedoch auf Ende der 1960er Jahre. Im Kontext der Studie von Kriminalisierungswellen von Cremer-Schäfer betrachtet, knüpft der Untersuchungszeitraum an die von ihr diagnostizierte ‚Konflikt- und Modernisierungsphase' an und setzt mit der Phase der Reaktivierung repressiver staatlicher Intervention ein.

Ein früherer Beginn wäre zwar wünschenswert, aber aus Gründen des Datenzugangs nur unter sehr erschwerten Bedingungen möglich gewesen, da das Informationssystem „Stand der Gesetzgebung des Bundes (GESTA)"[35] des Deutschen Bundestages, das zur Analyse der Gesetzgebung genutzt wurde, nur bis zur 8. Wahlperiode lückenlos zurückgeht. GESTA war zum Zeitpunkt der Erhebung das einzige Informationssystem, das alle im Bundestag und Bundesrat

[35] Seit der 16. Wahlperiode wurde GESTA durch das „Dokumentations- und Informationssystem (DIP)" ersetzt.

eingebrachten Gesetzesvorhaben, deren parlamentarische Behandlung sowie den aktuellen Stand der Gesetzgebung dokumentiert.

Einen Überblick über die jeweilige parteipolitische Zusammensetzung der Bundesregierungen im Analysezeitraum gibt Tabelle 1. Der Betrachtungszeitraum umfasst demnach drei verschiedene Politikphasen: das Ende der 1969 begonnenen sozial-liberalen Koalition (1976-1982), die konservativ-liberale Koalition (1982-1998) und die rot-grüne Koalition (1998-2005). Aufgrund des Bruchs der sozial-liberalen Koalition und des vorzeitigen Koalitionswechsels der FDP in der neunten Legislaturperiode ergibt sich eine leichte Dominanz von Legislaturperioden unter konservativ-liberaler Regierung.

Tabelle 1: Parteipolitische Zusammensetzung der Bundesregierungen der 8. bis 15. Legislaturperiode

Legislaturperiode	Dauer	Regierungsparteien
8.	1976-1980	SPD, FDP
9.	1980-1983	SPD, FDP; ab 1982: CDU/CSU, FDP
10.	1983-1987	CDU/CSU, FDP
11.	1987-1990	CDU/CSU, FDP
12.	1990-1994	CDU/CSU, FDP
13.	1994-1998	CDU/CSU, FDP
14.	1998-2002	SPD, Die Grünen
15.	2002-2005	SPD, Die Grünen

Es handelt sich um eine Totalerhebung aller verkündeten, d.h. im Bundesgesetzblatt abgedruckten Gesetze, die Änderungen im StGB zur Folge hatten. Diese bilden die Untersuchungseinheiten. Eine Totalerhebung bietet den Vorteil, dass sich stichprobentheoretische Überlegungen erübrigen. Eine zufällige Auswahl von Gesetzen hätte zur Folge gehabt, dass einschneidende Änderungen unter Umständen nicht in die Analyse eingehen und ihr Einfluss nicht berücksichtigt werden könnte, woraus erhebliche Verzerrungen resultieren könnten.

Die Beschränkung auf die Gesetze, welche mit Änderungen im StGB verbunden sind, ergibt sich daraus, dass eine Gesetzesänderung oft mehrere verschiedene Gesetzbücher berührt und aus dem Titel des Gesetzes nicht eindeutig auf den Inhalt geschlossen werden kann. So wurden z.B. auch im Rahmen des Steuerbeamten-Ausbildungsgesetzes Änderungen in Einzelnormen des StGB vorgenommen. Es wäre ein kaum zu bewältigender Aufwand, die Gesetzgebungsverfahren aller Ressorts nach strafrechtlich relevanten Änderungen zu sichten. Die Entscheidung, nur Gesetze zu analysieren, die Änderungen im StGB beinhalten, hat den Vorzug, dass dabei auf die Dokumentation sämtlicher Änderungsgesetze und Neubekanntmachungen des Strafgesetzbuches durch das Institut für juristische Zeitgeschichte (Vormbaum/Welp 2004, 2006) zurückgegriffen werden kann. Durch die Zugrundelegung dieser zuverlässigen Datenquelle kann der Anspruch auf eine Totalerhebung aufrechterhalten werden. Allerdings bedeutet die Begrenzung auf das Strafgesetzbuch den Verzicht auf die systematische Analyse der Gesetzesänderungen im Nebenstrafrecht, der Strafprozessordnung und dem Strafvollzugsgesetz sowie dem Polizei- und Ordnungswidrigkeitenrecht. Diese gingen nur am Rande mit in die Analyse ein, sofern sie mit Änderungen im StGB verknüpft sind. Dennoch wird davon ausgegangen, dass trotz dieser Einschränkung des Analysegegenstandes die Hauptentwicklungstendenzen des Strafrechts eingefangen werden können. Zudem kann auf Ergebnisse des DFG-Projektes „Der überwachte Bürger zwischen Apathie und Protest – Zur Genese neuer Kontrolltechnologien und ihren Effekten auf Einstellungen und Verhalten der Bevölkerung“ Bezug genommen werden, in dessen Rahmen eine Inhaltsanalyse von StPO-Änderungsgesetzen stattfand.[36]

3.1 Die Erhebungsmethode

Erhebungsmethode der empirischen Untersuchung bildet die Inhaltsanalyse. Die Inhaltsanalyse ist eine Methode „zur Erhebung sozialer Wirklichkeit, bei der von Merkmalen eines manifesten Textes auf Merkmale eines nichtmanifesten Kontextes geschlossen wird“ (Merten 1995: 15). Zwar wird in der Literatur zumeist zwischen quantitativer und qualitativer Inhaltsanalyse unterschieden (Lamnek 2010). Bis heute ist es jedoch nicht gelungen, trennscharfe Kriterien zu benennen, nach denen qualitative von quantitativen Verfahren eindeutig abzugrenzen sind (vgl. Mayring 2001). So weist jede Inhaltsanalyse notwendigerweise qualitative Elemente auf, insofern sie sich mit der Deutung sprachlicher Äußerungen befasst. Dies weist darauf hin, dass diese Unterscheidung nicht zwingend auf-

[36] Das Projekt, in dem die Verfasserin als wissenschaftliche Mitarbeiterin tätig war, wurde von 2009 bis 2013 am Institut für Sicherheits- und Präventionsforschung (ISIP) durchgeführt. Gegenstand der Inhaltsanalyse waren die Gesetzgebungsverfahren zu biometrischen Ausweisdokumenten, zur Online-Durchsuchung, Vorratsdatenspeicherung, Passagierdatenspeicherung, zum Online-Zugriff auf digitalisierte Passbilder sowie zum Kontenabrufverfahren.

rechterhalten werden muss. Zurecht machen Rucht, Hocke und Oremus (vgl. 1995: 265) darauf aufmerksam, dass die strikte Unterscheidung zwischen qualitativen und quantitativen Verfahren in der Forschungspraxis meist keine Entsprechung finde. Für die Ziele dieser Untersuchung erschien es angebracht, Elemente beider Verfahren zu kombinieren. Zunächst wurde eine Frequenzanalyse, d.h. eine Quantifizierung der Auftrittshäufigkeiten bestimmter Merkmale, vorgenommen und diese wurden in eine Matrix übertragen. Hierdurch ließ sich feststellen, in welchem Umfang Gesetzesänderungen stattfanden, es konnten die Häufigkeiten bestimmt werden, mit denen die einzelnen Begründungen für die Änderungen der Strafgesetze herangezogen wurden und sie konnten miteinander verglichen werden. Darüber ließen sich quantitative Veränderungen der Bedeutung der verschiedenen Begründungsmuster im Untersuchungszeitraum ermitteln. Allerdings bildete diese Quantifizierung nur den Ausgangspunkt der weiteren Analyse, da nicht lediglich eine statistische Auswertung der Daten stattfand, sondern die kodierten Sequenzen in einem nächsten qualitativen Schritt inhaltlich weiter in ihrem jeweiligen spezifischen Kontext betrachtet wurden. Das Forschungsdesign entspricht weitgehend der von Mayring (vgl. 2001) beschriebenen Kombination quantitativer und qualitativer Inhaltsanalyse im Rahmen eines Vertiefungsmodells. Dabei wird im Anschluss an eine quantitative eine qualitative Inhaltsanalyse durchgeführt, um ein vertieftes Verständnis der Ergebnisse zu ermöglichen. Erst durch die Untersuchung, mit welchen konkreten Änderungen die Argumente verknüpft werden und welche Sinnzusammenhänge die legislativen Akteure herstellen, lässt sich die Entwicklung der Strafgesetzgebung nachvollziehen.

Das Kodieren der Gesetzgebungsmaterialien erfolgte anhand eines Kategorienschemas[37], jedoch weder computergestützt noch nach zuvor klar festgelegten Schlagwörtern. Diese Vorgehensweise hat zwar den Nachteil einer geringeren Reliabilität, der aber durch den Vorteil einer höheren Validität überwogen wird, da die Kontextabhängigkeit von Begriffen berücksichtigt werden kann, was Computerprogramme nicht leisten können.[38] Auch Mayring (vgl. 2003: 45) weist darauf hin, dass der Validität größere Bedeutung beizumessen ist als der Reliabilität. Um die Reliabilität zu überprüfen, wurden die Gesetzgebungsmaterialien nach Abschluss des Kodiervorgangs ein weiteres Mal kodiert und dabei wurden hohe Übereinstimmungen erzielt, so dass zumindest eine hohe Intra-Koder-Reliabilität gewährleistet ist.[39]

---

37 Das Kategorienschema wird in Kapitel 3.3 ausführlich vorgestellt.

38 Zu den damit verbundenen Problemen vgl. Mayring (2003: 14).

39 Aufgrund der Menge des Materials und fehlender Ressourcen war es leider nicht möglich, mehrere Koder einzusetzen, so dass über die Inter-Koder-Reliabilität, d.h. die Übereinstimmung von Kodierungen durch mehrere Koder, keine Aussage getroffen werden kann.

3.2 Das Erhebungsmaterial

Nach eingehender Sichtung des Materials, das zu den Gesetzgebungsverfahren verfügbar ist, haben sich folgende Dokumente für die hier verfolgte Fragestellung als geeignet erwiesen: Gesetzentwürfe, Stellungnahmen des Bundesrates, Gegenäußerungen der Bundesregierung, Plenarprotokolle der Lesungen, Beschlussempfehlungen und Berichte der Fachausschüsse, Änderungsanträge, Unterrichtungen des Vermittlungsausschusses durch den Bundesrat, Beschlussempfehlungen des Vermittlungsausschusses, Bundesgesetzblätter.

Diese Gesetzgebungsmaterialien geben Aufschluss über die offiziell postulierten Ziele der Strafgesetze (vgl. Pfeiffer/Scheerer 1979: 84). Wolff (2012: 503) macht darauf aufmerksam, dass solche Dokumente „als institutionalisierte Spuren [fungieren], das heißt, dass aus ihnen legitimerweise Schlussfolgerungen über Aktivitäten, Absichten und Erwägungen ihrer Verfasser bzw. der von ihnen repräsentierten Organisationen gezogen werden können." In ihnen wird das „*Feld des Sagbaren*" (Jäger 2011: 94; Herv. i. O.) abgesteckt. Das Parlament ist der Schauplatz, an dem die Regierung ihre Politik öffentlich legitimieren und rechtfertigen muss. Dazu wird auf Argumente, Vorstellungen, Normen und Werte Bezug genommen, von denen erwartet wird, dass sie sowohl unter den Abgeordneten als auch in der Bevölkerung auf breite Akzeptanz[40] stoßen (vgl. Wagner 2006: 175). Auch Bleses, Offe und Peter (1997: 507) weisen darauf hin, dass auf „mehrheitlich geteilte Zielsetzungen oder Werthaltungen" gesetzt werde, um die Notwendigkeit legislativer Maßnahmen zu begründen und die Zustimmung der Bürger zu gewinnen. Sie (ebd.: 507) betrachten die Parlamentsdebatte als „Wissensmarkt"[41], auf dem nur diejenigen Begründungen Bestand haben, die vom Publikum abgenommen werden. Insofern kann man vermuten, dass die Begründungen, die sich auf dem Wissensmarkt durchsetzen können und in den parlamentarischen Diskursen vorgebracht werden, hegemoniale Deutungen über die Notwendigkeit von Gesetzesänderungen darstellen.

Exkurs: Der Gang der Gesetzgebung

Hier wird zwar keine Analyse der verschiedenen Stadien des Gesetzgebungsprozesses unternommen, aber um sich ein genaueres Bild über das Zustandekommen der Textmaterialien machen zu können, die Grundlage der Inhaltsanalyse

---

40 Dies werde durch die gesellschaftliche Pluralisierung und den damit schwindenden gemeinsamen Wertekonsens zunehmend erschwert (vgl. Bleses/Offe/Peter 1997: 507).

41 Hierbei rekurrieren sie auf einen wissenspolitologischen Ansatz, der auf Nullmeier und Rüb (1993) zurückgeht.

bilden, werden im folgenden Abschnitt der Vorgang der Gesetzgebung und die daran beteiligten Akteure näher betrachtet. Dies ist insbesondere deswegen von herausragender Bedeutung, um die Inhalte der Dokumente besser einschätzen zu können. Zudem kann nachvollzogen werden, auf welcher Stufe des Gesetzgebungsverfahrens die jeweiligen Dokumente entstehen und welche Organe (Bundestag, Bundesrat, Bundesregierung, Ausschüsse) an ihrer Erstellung beteiligt sind.

Gesetzentwürfe können von der Bundesregierung, dem Bundestag oder dem Bundesrat vorgelegt werden. Am häufigsten werden neue Gesetze oder Gesetzesänderungen von der Bundesregierung angestoßen. Die Entwürfe werden in den zuständigen Ministerien erarbeitet. Meist von einem Minister beauftragt, erstellen die Referenten des Fachministeriums einen sogenannten ‚Referentenentwurf'. Dieser erste Entwurf durchläuft verschiedene Gremien. So werden auch Referate anderer Ministerien aus Bund und Ländern, Fraktionen und Abgeordnete des Bundestages, Mitglieder des Bundesrates und kommunale Verbände zur Beratung hinzugezogen und der Entwurf wird gemäß den Vorschlägen dieser verschiedenen Stellen modifiziert. Dabei ist es auch durchaus üblich, dass durch so genannte ‚Koalitionsrunden' parallel Beschlüsse verfasst werden, während die Fachreferate den Referentenentwurf konzipieren. Die Beschlüsse der Koalitionsrunden, die sich aus Vertretern von Regierung und Parlament zusammensetzen, werden dann in den Entwurf eingearbeitet.

Dem offiziellen Gesetzgebungsverfahren ist also eine Reihe von informellen Stationen vorgeschaltet, in denen bereits wesentliche Abstimmungs- und Überarbeitungsprozesse stattfinden, an denen sehr unterschiedliche Akteure beteiligt sind. Dadurch werden schon vor den parlamentarischen Beratungen etwaige Streitfragen und Meinungsverschiedenheiten ausgeräumt oder zumindest erörtert. Auf diese Weise wird die Wahrscheinlichkeit erhöht, dass der Entwurf mehrheitliche Zustimmung findet. Am Ende dieser Phase steht die Kabinettsvorlage, die dem Kabinett[42] zugeleitet wird, und über die alle an der Regierung beteiligten Minister in der Kabinettsitzung entscheiden. Hat ein Gesetzentwurf die erforderliche Mehrheit im Kabinett gefunden, wird er als Regierungsentwurf an den Bundesrat zur Stellungnahme weitergeleitet.

Der Bundesrat vertritt die Interessen der Bundesländer in Bundesangelegenheiten und besitzt ebenfalls ein Gesetzesinitiativrecht, von dem er allerdings selten Gebrauch macht. Ihm kommt also überwiegend die Funktion eines Korrektivs zu, indem er Einfluss auf die Gesetzentwürfe der Bundesregierung

42 Das Kabinett ist das offizielle Beschlussgremium der Regierung und es behandelt alle Gesetzentwürfe der Bundesregierung. Entwürfe, die von den Ministerien eingebracht werden, werden aufgrund der im Vorfeld stattfindenden vielfältigen Abstimmungsprozesse in der Regel als Kabinettsbeschlüsse verabschiedet (vgl. Heyer/Liening 2006: 18).

nimmt. Der Bundesrat hat in der Regel eine Frist von sechs Wochen, innerhalb der er Stellung zu einem Regierungsentwurf nehmen und gegebenenfalls Veränderungsvorschläge erarbeiten muss. Diese Stellungnahme des Bundesrates wird wiederum an das federführende Bundesministerium übermittelt, woraufhin gegebenenfalls eine Gegenäußerung der Bundesregierung verfasst werden kann, in der Änderungswünsche des Bundesrates kommentiert werden können. Darauf muss erst ein weiterer Kabinettsbeschluss erfolgen, bevor der Gesetzentwurf schließlich ins Parlament eingebracht wird.

Sowohl Bundestags- als auch Bundesratsmitglieder kommen also vor dem Beginn der parlamentarischen Behandlung bereits mit einem Gesetzentwurf in Kontakt und setzen sich mit ihm auseinander. Diese frühen Stadien des Gesetzgebungsverfahrens laufen vollständig im Verborgenen ab und es gibt keinerlei Dokumente, durch die diese Abstimmungs- und Überarbeitungsprozesse nachvollzogen werden könnten. So besteht kein Einblick darin, welche ursprünglichen Intentionen verfolgt wurden und welche Argumente für oder gegen einen Gesetzentwurf vorgebracht wurden. Erst nach Abschluss dieser informellen Aushandlungen mit der Übermittlung des Regierungsentwurfs an den Bundesrat gewinnt man Einsicht in die Positionen der Bundesregierung und des Bundesrates, weil der *Gesetzentwurf*, die *Stellungnahme des Bundesrates* sowie die *Gegenäußerung der Bundesregierung* öffentlich zugänglich sind. Diese sind als Drucksache verfügbar und enthalten zunächst eine Erläuterung des bestehenden Problems, welches das Gesetzesvorhaben aus der Sicht des Initiators erforderlich macht, und die damit verfolgten Ziele. Darüber hinaus führt der Gesetzentwurf für jede einzelne Vorschrift des Gesetzentwurfs eine detaillierte Begründung an, die für die Inhaltsanalyse äußerst aufschlussreich ist. In der Stellungnahme des Bundesrates werden Änderungsvorschläge für die Artikel des Gesetzentwurfs, mit denen der Bundesrat nicht einverstanden ist, dargelegt und begründet. Die Gegenäußerung der Bundesregierung kommentiert wiederum die Änderungsvorschläge des Bundesrates. Zu jedem Kritikpunkt des Bundesrates wird Stellung bezogen. Auch diese Dokumente enthalten Begründungen zur Befürwortung oder Ablehnung einzelner Vorschriften eines Gesetzentwurfs, die zentral für die Inhaltsanalyse sind.

Auch wenn der Bundesrat einen Gesetzentwurf erarbeitet und dieser in seinem Plenum die Mehrheit findet, kommt die Bundesregierung vor der parlamentarischen Behandlung in Kenntnis des Inhalts. Sie muss zu dem Entwurf Stellung nehmen, bevor er an den Bundestag weitergereicht wird. Diese Stellungnahme ist ebenfalls als Drucksache zugänglich.

Nur wenn die Gesetzesinitiative nicht von der Bundesregierung, sondern ‚aus der Mitte des Bundestages‘ ergriffen wird, werden keine (offiziellen) Stellungnahmen von Bundesrat oder Regierung im Vorfeld der parlamentarischen

Behandlung eingeholt. Diese Möglichkeit wird häufig gezielt von den an der Regierung beteiligten Fraktionen genutzt, um diese Stellungnahme zu umgehen und damit das Verfahren zu beschleunigen.[43]

Wurde ein Gesetzentwurf beim Bundestag eingebracht, beginnt das parlamentarische Hauptverfahren, welches alle Gesetzentwürfe, unabhängig davon, auf wessen Initiative sie zurückgehen, gleichermaßen durchlaufen müssen. Dieses Verfahren gliedert sich in verschiedene Stationen: in der Regel drei Beratungen bzw. Lesungen im Plenum des Bundestages, eine weitere Beratung im Bundesrat, gegebenenfalls ein Verfahren des Vermittlungsausschusses und erneute Beschlussfassungen in Bundestag und Bundesrat.

Bevor die erste Beratung bzw. Lesung im Plenum stattfindet, geht ein Gesetzentwurf in die Fraktionen. Die Fraktionen des Bundestages sind analog den Ministerien in verschiedene fachliche Ressorts unterteilt und beraten sich zunächst intern über den Gesetzentwurf. In der ersten Lesung wird entschieden, an welche zuständigen Fachausschüsse der Gesetzentwurf überwiesen wird. Eine Aussprache findet nicht obligatorisch statt, sondern nur auf Verlangen einer Fraktion oder wenn diese vom Ältestenrat beschlossen wurde. Aussprachen im Plenum dienen vornehmlich dazu, die Öffentlichkeit über das geplante Gesetz zu informieren und die unterschiedlichen Positionen der Parteien zu dem Gesetzgebungsvorhaben darzustellen. In den der Plenarsitzung vorangehenden Beratungen innerhalb der Fraktionen wurde schon genauestens festgelegt, welche Position im Hinblick auf das Gesetzgebungsvorhaben vertreten wird. Insofern ist das Plenum primär ein Forum der sozialen Konstruktion politischer Wirklichkeit (Wagner 2006) und des öffentlichkeitswirksamen Schlagabtausches der Redner der Fraktionen, wodurch die unterschiedlichen politischen Linien der Parteien besonders deutlich zum Ausdruck gebracht werden. So sieht auch Luhmann (vgl. 1978: 179f.) die Funktion der Plenarsitzungen eher in der Darstellung des politischen Kampfes als in der Herstellung von Konsens. Nach Wagner (vgl. 2006: 174) sind Parlamentsdebatten in besonderer Weise zur Erhebung von sozialen Wirklichkeitskonstruktionen geeignet. Das Parlament sei für die Regierung der Schauplatz, an dem sie ihre Politik öffentlich legitimieren müsse, weshalb in Parlamentsdebatten nicht nur gesellschaftliche Erwartungen zum Vorschein kämen, sondern auch die Ziele der Regierung (vgl. ebd.: 175). Somit ermögliche die Auswertung von Parlamentsdebatten die Analyse der Wirklichkeitskonstruktionen der politischen und gesellschaftlichen Eliten (vgl. Wagner 2002: 186).

43 Um von dem Initiativrecht aus der Mitte des Bundestages Gebrauch machen zu können, müssen mindestens fünf Prozent der Abgeordneten des Bundestages gemeinsam einen Gesetzentwurf einbringen.

In der Aussprache der ersten Lesung werden in komprimierter Form die jeweiligen Hauptargumente für oder gegen das Gesetzgebungsvorhaben der Fraktionen dargelegt. Dabei handelt es sich überwiegend nicht um ‚spontane Wortmeldungen', sondern die Reden werden schon im Vorfeld der ersten Lesung ausgearbeitet. Wenn keine Aussprache stattfindet, können sie auf Wunsch zu Protokoll gegeben und dem *Plenarprotokoll* angehängt werden. Die Reden, die im Plenum gehalten werden, werden stenographisch protokolliert und sind im Plenarprotokoll abgedruckt und gehen ebenfalls in die Inhaltsanalyse ein.

Die eigentliche inhaltliche Auseinandersetzung findet in den Fachausschüssen[44] statt, an die der Gesetzentwurf in der ersten Lesung überstellt wird. Dabei wird einem Fachausschuss die Federführung übertragen. Der federführende Ausschuss hat die Aufgabe, nach Abschluss einen Bericht über seine Beratungen zu erstellen, in dem er auch die Stellungnahmen anderer Ausschüsse aufnehmen muss, falls der Gesetzentwurf an mehrere Ausschüsse überwiesen wurde. Korte (2009), der selbst häufig als Berichterstatter im Innenausschuss für die Fraktion Die Linke tätig ist, weist darauf hin, dass sowohl die Abgeordneten als auch die Fachausschüsse oft nur über eine äußerst dürftige Informationslage verfügen und keine Auskünfte von der Bundesregierung über die tatsächliche Notwendigkeit der Gesetzgebungsverfahren erhielten, so dass keine differenzierte Entscheidungsfindung möglich sei.

Die Sitzungen der Ausschüsse sind in der Regel nicht öffentlich und werden nicht stenographisch protokolliert. Den einzigen Einblick, den man in die Beratungen in den Ausschüssen erhält, ist der Abschlussbericht der Beratungen, der als Drucksache veröffentlicht wird. Dieser *Bericht* informiert über das Ergebnis der Beratungen und gibt eine *Beschlussempfehlung* für das Plenum des Bundestages. Diese kann dem Plenum nahe legen, den Gesetzentwurf anzunehmen, abzulehnen oder Änderungsvorschläge unterbreiten. Nicht selten erfolgt in den Ausschüssen eine radikale Umgestaltung des ursprünglichen Gesetzentwurfs. Daher können in dem Bericht und der Beschlussempfehlung neue Argumente enthalten sein und Sinnzusammenhänge hergestellt werden, die in den vorhergehenden Drucksachen oder Protokollen noch nicht hervorgebracht wurden.

Der Bericht der Ausschussberatungen mit den Beschlussempfehlungen bildet die Grundlage der zweiten Beratung bzw. Lesung im Bundestag. Auch hier muss nicht zwangsläufig eine Aussprache erfolgen. Die Berichterstatter aus den

---

[44] In der Regel werden in jeder Legislaturperiode analog der Struktur der Ministerien Fachausschüsse gebildet, in denen Abgeordnete aller Parteien an den jeweiligen Fachthemen zusammenarbeiten. Ein Ausschussvorsitzender leitet die Arbeit im Ausschuss und wird dabei von den Berichterstattern, denen von den Fraktionen die Federführung für einen Gesetzentwurf übertragen wurde, unterstützt. Auch Vertreter des Bundesrates und Ministerialbeamte nehmen an den Beratungen der Ausschüsse teil und können auf die Beschlussempfehlungen Einfluss nehmen.

Ausschüssen erhalten jedoch die Möglichkeit, im Plenum des Bundestages den schriftlichen Bericht noch weiter auszuführen. Im Anschluss daran können einzelne Abgeordnete oder Fraktionen Änderungsanträge stellen. Diese Gelegenheit wird oft von der Opposition ergriffen, weil dies die einzige Möglichkeit bietet, ihre gegensätzliche Position darzustellen und die Regierungsfraktionen dazu zu zwingen, öffentlich Stellung zu ihren Alternativvorschlägen zu beziehen. Am Ende dieser Aussprache steht die Abstimmung, zu der die Abgeordneten schriftliche oder mündliche Erklärungen abgeben können, um ihr Abstimmungsverhalten zu begründen. Die Abstimmung selbst erfolgt in der Regel durch Handzeichen, wird jedoch im stenographischen Protokoll dokumentiert. Wenn Änderungsanträge angenommen werden, wird der Gesetzentwurf wieder in die Ausschüsse überwiesen. Wird er jedoch im Ganzen angenommen, schließt sich direkt die dritte Lesung[45] an, an deren Ende die Schlussabstimmung erfolgt.

Auch die Plenarsitzungen der zweiten und dritten Lesung werden stenographisch protokolliert und im Plenarprotokoll abgedruckt. Daraus lassen sich nicht nur weitere Argumente für den (inzwischen unter Umständen erheblich modifizierten) Gesetzentwurf gewinnen, sondern die Protokolle geben auch Auskunft über das Abstimmungsverhalten der Fraktionen.

Nach der dritten Lesung im Bundestag wird der Gesetzentwurf zur Abstimmung an den Bundesrat überwiesen. Wenn der Bundesrat den Gesetzentwurf ablehnt, hat das nicht unbedingt die Konsequenz, dass das Gesetz nicht zustande kommt, da zwischen Einspruchs- und Zustimmungsgesetzen unterschieden wird. Nur bei Zustimmungsgesetzen ist die ausdrückliche Zustimmung des Bundesrates[46] erforderlich, damit ein Gesetz in Kraft treten kann. Bei Einspruchsgesetzen kann der Bundesrat zwar Einspruch gegen den Gesetzentwurf einlegen. Der Bundestag muss ihm jedoch nicht stattgeben, sondern kann sich darüber hinwegsetzen und das Gesetz trotzdem erlassen.

Bevor der Bundesrat Einspruch erheben kann, muss er den Vermittlungsausschuss anrufen. Darüber wird wiederum in Ausschüssen des Bundesrates beraten, an die der Gesetzentwurf in der Fassung nach der dritten Lesung überwiesen wird. Diese Ausschüsse entwickeln Empfehlungen für die Beschlussfassung des Bundesrates. Diese vom federführenden Ausschuss verfasste *Beschlussemp-*

---

45 Werden die Beschlussempfehlungen des federführenden Ausschusses akzeptiert, so findet in der Regel in der dritten Lesung keine erneute Aussprache statt, sondern nur, wenn nach der zweiten Lesung Änderungen vorgenommen wurden.

46 Die Zustimmungsbedürftigkeit eines Gesetzes ist in der Regel daran geknüpft, dass es erhebliche Auswirkungen auf die Angelegenheiten der Länder hat. Im Bereich der Strafgesetzgebung handelt es sich dabei meist um Gesetze, in denen Hoheitsrechte auf die EU übertragen werden (z.B. bei internationalen Übereinkommen zur Korruptions- und Terrorismusbekämpfung) und solche, die die Finanzen der Länder betreffen wie z.B. Mehrausgaben im Zuge der Ausweitung von Strafverfolgungsmaßnahmen.

fehlung wird an das Plenum des Bundesrates übersandt. Dort wird daran anschließend darüber entschieden, ob dem Gesetz zugestimmt wird. Ist der Bundesrat mit dem Gesetz in seiner vorgelegten Fassung einverstanden, sieht er von der Anrufung des Vermittlungsausschusses ab. Akzeptiert der Bundesrat das Gesetz hingegen nicht, muss er den Vermittlungsausschuss anrufen, wodurch das Vermittlungsverfahren eröffnet wird.

In einem *Anrufungsbeschluss* wird dem Vermittlungsausschuss[47] mitgeteilt, in welchen Punkten Vermittlungsbedarf besteht. Bei der Suche nach einem Kompromiss kann der Vermittlungsausschuss nur auf die Änderungsanträge und Stellungnahmen des bisherigen Gesetzgebungsverfahrens zurückgreifen und keine neuen Vorschläge anbringen. Die Sitzungen des Vermittlungsausschusses sind nicht öffentlich, werden aber stenographisch protokolliert. Die Protokolle werden jedoch erst nach einem Ablauf von fünf Jahren veröffentlicht.

In der Regel formuliert der Vermittlungsausschuss nach Abschluss des Verfahrens einen *Änderungsvorschlag*, der als Drucksache öffentlich zugänglich ist und über den im Bundestag abgestimmt werden muss. In dieser vierten Lesung findet keine Aussprache statt, sondern das Vermittlungsergebnis wird von einem Mitglied des Vermittlungsausschusses präsentiert und es besteht für die Abgeordneten die Möglichkeit, Erklärungen zu ihrem Abstimmungsverhalten abzugeben. Lehnt der Bundestag den Vorschlag des Vermittlungsausschusses ab, wird der ursprüngliche Gesetzentwurf in der Fassung nach der zweiten Lesung an den Bundesrat überwiesen. Nimmt der Bundestag den Änderungsvorschlag des Vermittlungsausschusses an, wird dieser an den Bundesrat weitergeleitet. Handelt es sich um ein zustimmungspflichtiges Gesetz, so muss der Bundesrat dem Gesetz ausdrücklich zustimmen, damit es zustande kommen kann. Andernfalls können der Bundestag oder die Bundesregierung den Vermittlungsausschuss erneut anrufen, um zu versuchen, in einem zweiten (oder gegebenenfalls auch möglichen letzten dritten) Anlauf eine Einigung zu erzielen, die im Bundesrat auf Zustimmung stößt. Ist dies nicht der Fall oder findet keine wiederholte Anrufung des Vermittlungsausschusses statt, ist das Gesetzgebungsverfahren gescheitert. Ist das betreffende Gesetz jedoch ein Einspruchsgesetz, kann der Bundesrat zwar Einspruch erheben. Der Bundestag kann diesen Einspruch jedoch überstimmen und damit zurückweisen, wodurch das Gesetz trotzdem zustande kommen kann.

Auch im Zuge des Vermittlungsverfahrens werden unter Umständen neue Argumente angebracht, die dem Anrufungsbeschluss und Änderungsvorschlag des Vermittlungsausschusses entnommen werden können.

---

[47] Der Vermittlungsausschuss setzt sich zu gleichen Teilen aus Mitgliedern des Bundestages und des Bundesrates zusammen.

In einem letzten Schritt wird das Gesetz zur Gegenzeichnung an die Bundesregierung weitergeleitet. Die Ausfertigung des Gesetzes wird durch den Bundespräsidenten veranlasst und es wird im *Bundesgesetzblatt* abgedruckt und damit verkündet.

Vergleicht man den ursprünglichen Gesetzentwurf mit dem jeweiligen Bundesgesetzblatt, zeigen sich oftmals erhebliche Unterschiede. Im Laufe des Gesetzgebungsverfahrens werden häufig so zahlreiche und weitreichende Änderungen vorgenommen, dass kaum noch Ähnlichkeiten mit der Ursprungsversion des Gesetzentwurfs bestehen. Aufgrund dieses Veränderungsprozesses war es notwendig, alle verfügbaren Dokumente zu analysieren, da in jedem Stadium des Gesetzgebungsverfahrens neue Begründungen für das Gesetz hinzukommen können. Je nach Komplexität des Gesetzgebungsverfahrens variiert die zur Verfügung stehende Materialmenge der in die Analyse eingegangenen Gesetze teilweise erheblich. Da diese Unterschiede jedoch durch das Gesetzgebungsverfahren selbst bedingt und damit quasi auf ‚natürliche' Weise entstanden sind, wird davon ausgegangen, dass daraus keine Verzerrungen resultieren.

3.3 Das Kategorienschema

Bevor die Ergebnisse der Inhaltsanalyse dargestellt werden, wird im Folgenden darauf eingegangen wie das Textmaterial untersucht wurde. Im Zentrum steht die Kategorisierung der Änderungsrichtungen der Gesetzesänderungen sowie der angeführten Begründungen für die gesetzlichen Änderungen und die Beobachtung der Entwicklung der Häufigkeiten dieser Begründungen im Untersuchungszeitraum.

Ausgangspunkt der Untersuchung bildet die Frage, welchen Zielen, Leitprinzipien und Logiken die deutsche Strafgesetzgebung der Spätmoderne folgt und inwiefern sich die Indikatoren des kriminalpolitischen Wandels, die Garland (2008) in „Kultur der Kontrolle" benennt, darin widerspiegeln. Daher wurden diese Indikatoren als Kategorien in das Kategorienschema aufgenommen. Insofern handelt es sich um eine deduktive Kategorienentwicklung. Um aber den Blick für Begründungsmuster von Strafrechtsänderungen, die sich nicht in Garlands Analyse finden, nicht zu verstellen, wurde zum anderen auch induktiv vorgegangen und es wurden weitere Kategorien aufgenommen, die sich erst im Prozess des Kodierens als relevant herausstellten. Dieses „offene Kodieren" (Flick 1998: 198) führte dazu, dass das Kategorienschema mehrfach modifiziert und um einige Kategorien und Ausprägungen ergänzt wurde, bis das endgültige Kategorienschema vorlag, anhand dessen die Gesetzgebungsmaterialien analysiert wurden. Es wurde also auch während der Datenanalyse noch mehrmals in das Stadium der Konstruktion des Kategorienschemas zurückgekehrt.

Das Kategorienschema enthält zunächst einige formale Kategorien zu den Gesetzgebungsverfahren. Neben der Identifikationsnummer des Gesetzentwurfs und dem Titel des Gesetzes, die zur Strukturierung des Materials dienen, wurde für jeden Gesetzentwurf die Legislaturperiode erhoben, in der er eingebracht wurde, um die Entwicklung der Häufigkeiten verkündeter Gesetze im Untersuchungszeitraum feststellen zu können. Die übrigen Kategorien und ihre Ausprägungen sind Tabelle 2 zu entnehmen.

Tabelle 2: Kategorienschema

Umfang der Gesetzsänderungen	Initiator des eingebrachten Gesetzes	Verhalten des Bundesrates	Abstimmungsverhalten in der 3. Lesung	Änderungsrichtung(en) des Gesetzes	Begründungen der Gesetzesänderungen
▪ Anzahl geänderter Einzelnormen im StGB ▪ Anzahl eingefügter Einzelnormen im StGB ▪ Anzahl aufgehobener Einzelnormen im StGB	▪ Regierungsvorlage ▪ Bundesratsinitiative ▪ Bundestagsinitiative	▪ Anrufung des Vermittlungs.-ausschusses ▪ Einspruch des Bundesrates	▪ Gegenstimmen: Partei(en) ▪ Enthaltungen: Partei(en)	▪ Neukriminalisierung/-Tatbestandserweiterung ▪ Entkriminalisierung ▪ Strafverschärfung ▪ Strafmilderung	▪ Resozialisieung ▪ Opferorientierung ▪ Schutz der Bevölkerung ▪ öffentliche Meinung ▪ Einfluss von Experten-(wissen) ▪ Ängste der Bürger vor Kriminalität ▪ Abschreckung ▪ Effektivität ▪ Rechtsbewusstsein ▪ neue Kriminalitätsrisiken ▪ Europäisierung ▪ Bekämpfung ▪ Strafbarkeitslücke

Die Anzahl geänderter, eingefügter und aufgehobener Einzelnormen im StGB können dem chronologischen Register der Sammlung der Änderungsgesetze und Neubekanntmachungen durch das Institut für Juristische Zeitgeschichte (vgl. Vormbaum/Welp 2006: 235ff.) entnommen werden. Der Umfang der Gesetzesänderungen wurde erhoben, um die Entwicklung der legislativen Aktivität im Untersuchungszeitraum aufzeigen zu können.

Um Veränderungen in der Gesetzgebungspraxis und der (Un-)Einigkeit der Gesetzgebungsorgane zu ermitteln, wurde erhoben, auf welchem Weg das Gesetzgebungsvorhaben initiiert wurde und ob der Bundesrat den Vermittlungsausschuss angerufen oder Einspruch eingelegt hat. Diese Informationen sind in dem Informationssystem GESTA dokumentiert. Darüber hinaus wurde die (Un-)Einigkeit der Parteien durch das Abstimmungsverhalten in der dritten Lesung erhoben, welches in den Plenarprotokollen festgehalten wird.

Aufschluss über die Entwicklungstendenzen des Strafrechts gibt nicht nur der Umfang an Rechtsnormen, die eingefügt, geändert und aufgehoben werden, sondern auch die Änderungsrichtung der Gesetze. Die Änderungsrichtung eines Gesetzes lässt sich durch den Vergleich des jeweiligen Bundesgesetzblattes mit der vorherigen Version feststellen. Da im Rahmen einer Gesetzesänderung meist mehrere Einzelnormen geändert wurden, waren hierbei auch Mehrfachkodierungen möglich, d.h. dass ein Gesetz mehrere Änderungsrichtungen aufweisen kann[48]. So kann ein Gesetz beispielsweise sowohl als strafverschärfend als auch als tatbestandserweiternd kodiert werden. Die Änderungsrichtung der Gesetzentwürfe kann in dieser Untersuchung vier verschiedene Ausprägungen annehmen. Neben *Strafverschärfungen* und *Strafmilderungen*, die eine Erhöhung bzw. Verminderung sowohl von Strafrahmen der Freiheits- und der Geldstrafe als auch die Verlängerung bzw. Verkürzung von Verjährungsfristen betreffen können, kann diese Kategorie ebenfalls die Ausprägungen *Neukriminalisierung* und *Entkriminalisierung* annehmen. Bei der Neukriminalisierung[49] handelt es sich

---

48 Zuerst war das Kategorienschema so angelegt, dass die Kategorien für jeden einzelnen geänderten Paragraphen erhoben wurden. Diese Differenzierung nach Einzelnormen hat sich als zu zeitaufwendig und wenig praktikabel erwiesen. Vor allem stellte sich als problematisch heraus, dass nicht jede Einzelnorm für sich begründet wird, wodurch sich kaum ein Informationsgewinn ergab, aber ein immenser Kodieraufwand entstand, da mit jedem Gesetzentwurf eine Vielzahl von Einzelnormen geändert wurde. Darüber hinaus war ein Informationsverlust in den Fällen zu beklagen, in denen zwar Begründungen genannt, diese aber nicht konkreten Rechtsnormen zugeschrieben wurden, so dass sie nicht kodiert werden konnten. Aus diesen Gründen wurde das Kategorienschema dahingehend überarbeitet, dass die Kategorien für jeden Gesetzentwurf erhoben wurden.

49 Da die ursprüngliche Unterscheidung zwischen Neukriminalisierung und Tatbestandserweiterungen sich im Verlauf des Kodierens als nicht trennscharf erwies, wurden beide Ausprägungen zusammengefasst. Weil es sich bei Tatbestandserweiterungen um ‚partielle Neukriminalisierungen' handelt, wurde der Begriff ‚Neukriminalisierung' beibehalten.

um das Unter-Strafe-Stellen einer bisher nicht strafrechtlich verbotenen Handlung. Dadurch wird „einem neuen Verhalten die Qualität eines Symbols der Bedrohung zugeschrieben“ (Scheerer 1979: 398). Nach Scheerer (vgl. ebd.: 398) sind besonders solche Verhaltensweisen einer Kriminalisierung zugänglich, die sozial sichtbar sind und die geltende Ordnung herausfordern.

Entkriminalisierung bezieht sich auf die Aufhebung eines bisher geltenden Straftatbestandes oder die Herabstufung zu einer Ordnungswidrigkeit. Dabei indizieren die Ausprägungen Entkriminalisierung und Strafmilderung die von Garland (2001: 117ff.) beschriebene Entwicklungstendenz des „defining deviance down“, während Neukriminalisierung und Strafverschärfung für ein ‚Defining Deviance Up‘ stehen. Es fand keine Mehrfachzählung statt, d.h. wenn z.B. im Rahmen eines Gesetzentwurfs mehrere Strafrahmen erhöht wurden, wurde dies nur einfach gezählt. Eine Mehrfachzählung hätte die Auswertung unnötig kompliziert und die Gefahr mit sich gebracht, sich im ‚Klein-Klein‘ der Vielzahl an geänderten Rechtsnormen zu verlieren. Der Schwerpunkt dieser Untersuchung liegt nicht auf der Erhebung der erfolgten Gesetzesänderungen, sondern deren Begründungen. Daher erschien es für diese Zielsetzung ausreichend, die Grundtendenzen der Änderungen aufzunehmen.

Eine explizite Definition der ‚punitiven Wende‘ findet sich in Garlands Analyse nicht und es besteht noch ein erheblicher Klärungs- und Präzisierungsbedarf des Punitivitätskonzepts. Das einzig Klare an diesem Begriff ist, dass er auf eine diachrone Perspektive verweist. Damit ist diese Untersuchung ebenso vor das Problem der Vagheit des Punitivitätsbegriffs gestellt, wie es in vielen anderen Studien beklagt wird. Es lassen sich verschiedene Auffassungen darüber vertreten, ob Neukriminalisierungen, Tatbestandserweiterungen und Strafverschärfungen genuin punitive Praktiken sind. Man kann dies bejahen, wenn man eine abolitionistische Perspektive zugrunde legt oder Kontingenz unterstellt, d.h. dass ein prinzipielles Andershandeln möglich ist (vgl. Dollinger 2011: 36). Räumt man allerdings ein, dass es sich bei Maßnahmen des ‚Defining Deviance Up‘ auch um legitimen Rechtsgüterschutz handeln kann, kann man nicht von per se punitiven Praktiken sprechen. Die Frage allerdings, an welcher Stelle legitimer Rechtsgüterschutz in unangemessene Punitivität umschlägt, kann nicht eindeutig beantwortet werden (vgl. Hilgendorf 2010: 126). Hierfür lässt sich keine feste Grenze ausmachen. So hat z.B. Hörnle (2005) festgestellt, dass sich eine Orientierung am Rechtsgüterschutz zur Beurteilung der Legitimität von Strafnormen nicht eignet, da sich für jeden Tatbestand Rechtsgüter generieren ließen. Ebenso können verfassungsrechtliche Grundsätze und Prinzipien keine eindeutigen Entscheidungen hervorbringen. Hilgendorf (2010: 130) schlägt folgende „Faustregel zur Feststellung punitiver Gesetzgebung und Strafzumessung [vor]: Punitiv verfährt, wer Strafbedürfnisse befriedigt, ohne sich empirisch abzusichern." Gesetzgebung unterliegt wie jedes staatliche Handeln dem im Grundgesetz verankerten Verhältnismäßigkeitsprinzip, d.h. für jede legislative Maßnahme muss es „empirisch überprüfbare und hinreichend gesicherte Anhaltspunkte dafür geben, dass ein solcher Eingriff geeignet und erforderlich (also überhaupt wirksam und einer weniger eingriffsintensiven Alternative in der Wirkung überlegen) ist" (Heinz 2007: 496). Dass diese Belege in der Mehrzahl der hier analysierten Gesetzgebungsverfahren nicht erbracht wurden (und aufgrund der kurzen Zeit, innerhalb der Gesetze in der heutigen Zeit verabschiedet werden, auch kaum erbracht werden können), sei an dieser Stelle schon vorweggenommen.

Das Kernstück des Kategorienschemas bilden die Begründungen der Gesetzesänderungen. Diese lassen sich in verschiedene Subkategorien unterteilen, die teilweise noch weitere Ausprägungen haben. Wie bereits erwähnt, orientierte sich die Kategorienbildung an den Indikatoren des kriminalpolitischen Wandels, die Garland (2008) in seiner „Kultur der Kontrolle" zugrunde legt. Da sich die Indikatoren jedoch nicht ausschließlich auf das Strafrecht beziehen, wurden nicht alle Indikatoren übernommen, sondern nur jene, bei denen es sich um mögliche Begründungen von Gesetzesänderungen handeln kann. So wird sich beispielsweise die Kommerzialisierung der Verbrechenskontrolle nicht als Legitimation von Gesetzesänderungen finden lassen. Die Kategorisierung folgte zudem nicht strikt Garlands Einteilung, sondern griff auch Einzelaspekte auf, die Garland nicht als eigenständige Indikatoren ausweist, sondern die bei ihm nur als ‚Symptom' eines Indikators auftauchen. Für das Kodieren der Begründungen wurde ein Kodierleitfaden mit Ankerbeispielen erstellt, der Tabelle 3 zu entnehmen ist.

Konkret handelt es sich um folgende Kategorienausprägungen, die aus Garlands Analyse abgeleitet wurden:

Resozialisierung: Eine ganz zentrale Stellung für die Erklärung des kriminalpolitischen Wandels nimmt bei Garland die Abkehr vom Resozialisierungsideal ein. „Im System des wohlfahrtsstaatlichen Strafens war das Resozialisierungsideal nicht einfach ein Element unter vielen. Es bildete vielmehr ein Leitprinzip, einen intellektuellen Rahmen und ein Wertesystem, das die gesamte Struktur zusammenhielt und ihr einen Sinn gab" (ebd.: 93). Der Zusammenbruch dieses Ideals führte zur Auflösung der Annahmen, Werte und Praktiken, die das Fundament des modernen Strafsystems bildeten (vgl. ebd.: 51). Zwar wurden Resozialisierungsprogramme nicht völlig abgeschafft, aber sie wurden deutlich zurückgefahren und die Reformambitionen haben sich mehr und mehr in Richtung Weiterentwicklung genetischer Diagnose- und biochemischer Behandlungsmethoden verschoben (vgl. Haggerty 2004: 217).

Auf den ersten Blick scheinen Punitivität und Resozialisierung unvereinbare Gegensätze zu bilden. Dies trifft allerdings nur zu, wenn man ein klassisches

Verständnis von Resozialisierung zugrunde legt, in welchem diese im Mittelpunkt des Systems wohlfahrtsstaatlichen Strafens steht und in erster Linie darauf ausgerichtet ist, dem Täter zugute zu kommen. Robinson (2008: 435) hat als Merkmal von „late modern rehabilitation" herausgearbeitet, dass Resozialisierungsmaßnahmen und Punitivität eine neue diskursive Verbindung eingegangen seien, welche essenziell für den Fortbestand ihrer Legitimität sei. Damit in Zusammenhang stehe auch eine Veränderung des Kräfteverhältnisses der Strafziele, die Garland (2008: 51) aufzeigt und sich dadurch auszeichne, dass Resozialisierungsmöglichkeiten für gewöhnlich anderen Strafzielen untergeordnet würden, „insbesondere der Vergeltung, der Unschädlichmachung durch Freiheitsentzug (incapacitation) und dem Risikomanagement." Der Rekurs auf das Resozialisierungsideal muss also nicht zwangsläufig als Ausdruck wohlfahrtsstaatlichens Strafens betrachtet werden, sondern kann durchaus mit einem punitiven Strafrechtskurs in Einklang stehen. Um festzustellen, welche Bedeutung dem Resozialisierungsziel in der Strafgesetzgebung der Spätmoderne zukommt, wurde kodiert, ob es zur Begründung von Änderungsgesetzen herangezogen wurde.

Opferorientierung[50]: Garland (ebd.: 263) beschreibt die Opferorientierung als bedeutsames Merkmal der Strategie der punitiven Segregation:

> „Die Notwendigkeit, das gegenwärtige oder künftige Leid von Opfern zu verringern, fungiert heute als eine Art Allzweckrechtfertigung für strafrechtliche Repressionsmaßnahmen, und der politische Imperativ, auf die Gefühle der Opfer einzugehen, soll die retributiven Empfindungen, von denen die Strafgesetzgebung zunehmend bestimmt ist, noch verstärken."

Auch Christie (vgl. 2010: 117f.) sieht im Machtzugewinn des Opfers durch seine Beteiligung im Strafverfahren eine punitivitätsfördernde Entwicklung, die zu mehr Freiheitsstrafen und strengeren Bedingungen innerhalb der Strafanstalten sowie in eine punitivere Gesellschaft führe. Als ursächlich hierfür betrachtet er, dass ‚Law-and-Order-Politiker' Opfer und Opferbewegungen oft für ihre Zwecke einspannen. Ähnlich betrachtet Sebba (2009) die Opferorientierung als Motor einer Expansion des Strafrechts in Richtung Kriminalisierung.

In seinem Buch „A Nation of Victims" beschreibt Sykes (1992) „[t]he High Noon of Victimism" und wie immer mehr gesellschaftliche Gruppen begannen, sich selbst als Opfer darzustellen und sich in erster Linie über die Opferrolle zu definieren, um auf diese Weise einen (nun nicht mehr in Verruf stehenden) Opferstatus beanspruchen zu können. Auch in Deutschland ist von „Viktimismus"

50 Dieser Abschnitt beruht in überarbeiteter Form auf meiner Darstellung in Sack/Schlepper (2011: 250f.).

(Klimke/Lautmann 2006; Klimke 2008) bzw. „viktimistischer Politik" (Cremer-Schäfer/Steinert 1998: 210f.) die Rede, und es wird konstatiert, dass Opferorientierung und Punitivität miteinander einhergehen (Weber/Narr 1997; Jung 2000; Hassemer/Reemtsma 2002; Rzepka 2004; von Trotha 2002, 2010). Haffke (2005: 18) misst der Hinwendung des Strafrechts zum Opfer große Bedeutung bei: „Die in Reaktion auf die vermeintliche Täterorientierung der 70er Jahre hin seit etwa Mitte der 80er Jahre zu beobachtende Aufwertung der Stellung des Opfers [...] erschüttert die Struktur des modernen Strafrechts von Grund auf". Innerhalb der Kategorie ‚Opferorientierung' wurde kodiert, ob im Rahmen der Begründung der Gesetzesänderungen mit dem Verweis auf die Notwendigkeit des Opferschutzes oder der Berücksichtigung von Opferinteressen argumentiert wurde.

Schutz der Bevölkerung[51]: Der Schutz der Bevölkerung steht nach Garland (vgl. 2008: 57f.) sehr weit oben auf der Agenda der Strafrechtspolitik. Auch der Strafvollzug sehe seine Hauptaufgabe im Schutz der Bevölkerung durch sichere Verwahrung von Straftätern und erhebe nicht mehr den Anspruch, primär dem Resozialisierungsziel genüge zu tun (vgl. ebd.: 67). Nachdem sich sowohl die Abschreckungsfunktion als auch die Resozialisierungsleistung des Strafrechts empirisch delegitimiert hätten, sei es zur Aufwertung der Einsperrungsfunktion des Strafvollzuges gekommen (vgl. Scheerer 1993: 84). Dass diese Feststellung nicht nur für die USA angesichts ihrer exorbitanten Gefangenenzahlen nicht von der Hand zu weisen ist, sondern auch in Deutschland Resozialisierung und Reintegration zunehmend gegenüber Sicherheitsinteressen zurücktreten, ist nach dem Experten für Rechtspflegestatistiken Heinz (vgl. 2009: 242) unbestreitbar.

Der Schutz der Allgemeinheit zielt in erster Linie auf den Sicherungsaspekt des Strafzwecks der negativen Spezialprävention, der in § 2 des Strafvollzuggesetzes verankert ist. Um die Allgemeinheit zu schützen, soll der Täter davon abgehalten werden, weitere Straftaten zu begehen. In der Terminologie von Liszts ist damit das Unschädlichmachen des Täters durch Freiheitsentzug gemeint. Dass sich der Sicherungszweck so eindeutig aus dem Strafvollzugsgesetz ableiten lässt, ist allerdings nicht unumstritten. Callies und Müller-Dietz (vgl. 2008: 43) stellen in ihrer Kommentierung klar, dass Sicherung zum Wesen der Freiheitsstrafe gehöre, aber weder Zweck noch Ziel des Vollzuges sei.

Nach Kunz (vgl. 2008: 275) besteht die besondere Durchschlagskraft des Sicherungsarguments darin, dass der Sicherungsvollzug publikumswirksam signalisiere, dass bei der Inhaftierung Straffälliger ‚auf Nummer sicher' gegangen werde und er daher von politischen Kampagnen getragen werde, die auf mög-

51 Dieser Abschnitt beruht in überarbeiteter Form auf meiner Darstellung in Sack/Schlepper (2011: 253f.).

lichst große Strafhärte setzen. Dass es besonders auf diese Außenwirkung ankomme, betont auch Garland (2008: 246):

> „Politischen Akteuren geht es vor allem darum, entschieden zu handeln, mit unmittelbarer Wirkung auf öffentliche Empörung zu reagieren, zu demonstrieren, dass der Staat alles im Griff hat und seine Macht einsetzt, um »Recht und Ordnung« aufrechtzuerhalten und die gesetzestreue Bevölkerung zu schützen."

Die Politik der ‚Incapacitation' – so die amerikanische Bezeichnung der Sicherung durch Freiheitsentzug – fügt sich theoretisch nahtlos in das Effizienzdenken der gegenwärtigen Kriminalpolitik ein. Keine andere Maßnahme ist in der Lage, Möglichkeiten zur Begehung von Straftaten so effizient zu beschränken und damit den Schutz der Allgemeinheit zu gewährleisten. Daher befindet sie sich auch auf einer Linie mit der Strategie der situativen Kriminalprävention durch die Reduktion von Tatgelegenheiten bzw. die Erhöhung der Transaktionskosten. Aus ökonomischen Gründen kann diese äußerst kostenträchtige Strategie jedoch nur selektiv eingesetzt werden und muss sich daher auf ‚besonders gefährliche Straftäter' begrenzen. Kommt sie jedoch zum Einsatz, würden Kostenbewusstsein und Effizienzdenken ausgehebelt und es werde in den expressiven Modus umgeschaltet, in dem es darum gehe, Punitivität und Sicherheitsorientierung demonstrativ zur Schau zu stellen (vgl. ebd.: 339). Prototyp desjenigen, der in diesen Modus gerät und damit die Opferorientierung des punitiven und repressiven Strafrechts erzeugt und vorantreibt, ist der Sexualstraftäter sowie der gewalttätige Wiederholungstäter.

Da ‚Schutz der Bevölkerung' und ‚Sicherheitsinteresse der Allgemeinheit' meist in einem Atemzug zur Begründung genannt wurden und mehr oder weniger synonym verwendet zu werden scheinen, wurden in dieser Kategorie beide Begriffe sowie semantisch ähnliche Begriffe kodiert.

Öffentliche Meinung: Nach Garland (vgl. ebd.: 58) wurde der politische Entscheidungsprozess grundlegend politisiert und populistisch. Daher fungiere die öffentliche Meinung als bevorzugte Quelle politischer Vorhaben (vgl. ebd.: 59). Charakteristisch für einen populistischen Politikstil ist, dass der öffentlichen Meinung mehr Bedeutung beigemessen wird als wissenschaftlicher Expertise und Erkenntnissen empirischer Forschung. Populistische Politik ist punitiv ausgerichtet, weil sie eine vermeintlich punitiv eingestellte Bevölkerungsmeinung[52] antizipiert und zum Ausdruck bringt. In dieser Kategorie wurde kodiert, ob zur Begründung der Gesetzesänderungen auf die öffentliche Meinung, Wünsche o-

52 Dass die Bevölkerung weitaus weniger punitiv eingestellt ist als angenommen wird, wurde schon in Kapitel 2.2 erwähnt.

der Erwartungen der Bevölkerung oder bestimmter Interessengruppen abgestellt wurde.

Einfluss von Experten(wissen): Im System wohlfahrtsstaatlichen Strafens kam den Experten eine zentrale Stellung zu (ebd.; Johnson 1993). Soziale Berufsgruppen wie Bewährungshelfer, Sozialarbeiter und sozialwissenschaftliche Kriminologen, die hinter dem Rehabilitationsideal standen, bildeten einen wesentlichen Bestandteil des vormals von Juristen dominierten Strafjustizsystems. Kriminologisches Wissen und empirische Forschungsergebnisse galten als handlungsleitend. Professionelle Experten genossen hohes Vertrauen und alle großen politischen Parteien waren sich darin einig, dass Strafrechtspolitik und Verbrechenskontrolle in erster Linie technische Angelegenheiten seien, die man am besten Fachleuten und Praktikern überlasse (vgl. Garland 2008: 96). Daher lag die konkrete Ausgestaltung der Strafrechtspolitik weitgehend entpolitisiert in den Händen von Experten und sie wirkten als Bollwerk gegen den Einfluss der öffentlichen Meinung auf politische Entscheidungsprozesse. So gelang es den Sozialexperten, das Strafjustizsystem vor punitiven Bestrebungen zu schützen.

Seit den 1970er Jahren verloren die Experten an Ansehen, ihnen wurde das Vertrauen entzogen und ihr Einfluss auf die Strafjustizpraxis und die Strafrechtspolitik schwand (vgl. Cavadino/Dignan 2011: 9). Die Machtverhältnisse im Strafjustizsystem verschoben sich grundlegend und es fand eine (Re-)Politisierung der Kriminalpolitik statt. Tonangebend waren fortan politische Entscheidungsträger, die sich stark an der öffentlichen Meinung orientierten und diese über die Ansichten von Experten sowie Erkenntnisse der Forschung und kriminologisches Wissen stellten (vgl. Garland 2008: 58). An dieser Situation habe sich im Wesentlichen bis heute nichts geändert. „Politisierung und neuer Populismus" (ebd.: 58ff.) kennzeichnen die gegenwärtige Kriminalpolitik. Neue Gesetze und strafrechtliche Maßnahmen würden häufig reaktiv – in Folge spektakulärer Einzelereignisse – und ohne den Einbezug von Sachverständigen und wissenschaftlicher Expertise unter erheblichem Zeitdruck eingeführt. Die Abqualifizierung der Bedeutung empirischer Forschung und kriminologischen Wissens für den politischen Entscheidungsprozess werde damit legitimiert, dass man sich stattdessen auf „die »Erfahrung«, den »gesunden Menschenverstand« und das, »was jeder kennt und weiß«" (ebd.: 59), berufe.

Loader (2006) hat diese Entwicklung für Großbritannien treffend als „Fall of the Platonic Guardians" analysiert. Die Abwertung des Expertentums zugunsten einer politisierten und populistischen Kriminalpolitik sei insbesondere zu Wahlkampfzeiten und im Anschluss an spektakuläre Straftaten zu beobachten.

Um den Einfluss von Experten(wissen) auf die Gesetzgebung festzustellen, wurde kodiert, ob zur Begründung der Gesetzesänderungen auf wissenschaftliche Expertise wie empirische Studien und Forschungsergebnisse oder durchgeführte Sachverständigenanhörungen, die die Eignung und Erforderlichkeit der gesetzgeberischen Maßnahmen belegen, verwiesen wurde.

Ängste der Bürger vor Kriminalität: Die Angst vor Kriminalität betrachtet Garland (2008: 54) „als zentrales gesellschaftliches Problem und Kennzeichen der heutigen Kultur“. Dabei entwickle sich die Kriminalitätsfurcht scheinbar weitgehend unabhängig von der registrierten Kriminalität und Viktimisierungsraten. Dies habe zur Folge, dass sich politische Strategien etablieren, die zwar nicht die tatsächliche Kriminalität, aber das Ausmaß der Furcht vor Kriminalität reduzieren. Im Zuge dessen sei die Verringerung der Angst sogar als eigenständiges Ziel von Polizei- und Regierungsbehörden formuliert worden (vgl. ebd.: 228). Wesentlich dazu beigetragen hätten wissenschaftliche Untersuchungen, die ergeben haben, dass bestimmte polizeiliche Maßnahmen zwar nicht eine Senkung der Kriminalität, aber eine Verringerung der Furcht vor Kriminalität bewirkt haben.

In der Bevölkerung habe sich die Überzeugung von steigenden Kriminalitätsraten verfestigt und das Vertrauen in das Strafjustizsystem, dieser Entwicklung wirksam etwas entgegen setzen zu können, sei gering (vgl. ebd.: 54). Nach Garland (ebd.: 297) hat sich die Angst vor Kriminalität zum festen Bestandteil des alltäglichen Lebens entwickelt und sie erweist sich gegenüber äußeren Einflüssen als äußerst robust: „Unsere Einstellungen gegenüber der Kriminalität – unsere Ängste und Vorurteile, aber auch die gängigen »Narrative« und Erklärungen – werden zu festen kulturellen Tatbeständen, die durch kulturelle »Skripte« aufrechterhalten und reproduziert werden, nicht durch kriminologische Forschung oder offizielle Zahlen“.

Diese Ängste aufzugreifen und zum Gegenstand des kriminalpolitischen Diskurses zu machen und daraus die Forderung nach aktivem Handeln abzuleiten, liege voll im Trend der Politisierung. Da Kriminalitätsfurcht unweigerlich mit Ärger einhergehe, der dadurch entstehe, dass sich der Bürger gezwungenermaßen mit Kriminalität und deren Prävention beschäftigen müsse, fänden Forderungen, die ein repressives Vorgehen gegen Kriminalität erheben, in der Bevölkerung Gehör und Unterstützung (vgl. ebd.: 297f.). Danach lässt sich die Bezugnahme auf Ängste der Bürger vor Kriminalität ebenso wie auf die öffentliche Meinung zweifellos als Indikator und spezielle Dimension einer populistisch ausgerichteten Politik betrachten. Da sie bei Garland (vgl. ebd.: 53) prominent als Ausdruck der Veränderung der emotionalen Tonlage eingeordnet werden, wurde der Rekurs auf Kriminalitätsängste separat erhoben.

Um festzustellen, inwiefern die Ängste der Bürger vor Kriminalität im Untersuchungszeitraum als Begründung für Gesetzesänderungen herangezogen wurden, wurde innerhalb dieser Kategorienausprägung neben der Kriminalitätsfurcht oder -angst auch kodiert, ob auf das Sicherheitsgefühl der Bevölkerung abgestellt wurde, da dies dieselbe Dimension meint.

Abschreckung: Eine Folge des Wandels im kriminologischen Denken, der nach Garland (vgl. ebd.: 61ff.) die punitive Wende kennzeichnet, ist eine verstärkte Politik der Abschreckung. Bis in die 1970er Jahre noch liefen politische Strategien der Abschreckung dem wohlfahrtsstaatlich geprägten ‚kriminologischen Klima' zuwider und wurden als „Deckmäntelchen für grundlegendere retributive Bestrebungen" (ebd.: 333) betrachtet. Die Grundannahmen der Kriminologie wohlfahrtsstaatlichen Strafens sprachen gegen die Idee der Abschreckung.

Erstmals findet sich der Abschreckungsgedanke in „Über Verbrechen und Strafen": „Der Zweck der Strafe kann [...] kein anderer als der sein, den Schuldigen daran zu hindern, seinen Mitbürgern abermals Schaden zuzufügen und die anderen davon abzuhalten, das gleiche zu tun", schreibt der italienische Begründer der Kriminologie Beccaria (1766/1988: 84) und legt damit den Grundstein für den Strafzweck der Abschreckung. In ähnlicher Weise findet sich der Abschreckungsgedanke auch in den Schriften des englischen Utilitaristen Bentham. Auch nach Bentham (1789/1970) rechtfertigt sich Strafe primär durch ihren Abschreckungseffekt. Er wie auch Beccaria richtet sich allerdings gegen den Einsatz unverhältnismäßig hoher Strafen zu Abschreckungszwecken. Eine Strafe dürfe nur verhängt werden, wenn der zu erwartende Nutzen aus der Verhinderung künftiger Straftaten den Schaden, den sie selbst mit sich bringt, übersteigt.

Im deutschsprachigen Raum wurde die Idee der Abschreckung von von Feuerbach in seiner Theorie des psychologischen Zwangs zur Rechtfertigung von Strafe aufgebracht und kennzeichnet die relative Straftheorie der Generalprävention in ihrer negativen Variante. Auch in die Theorie der Spezialprävention hat der Abschreckungsgedanke Eingang gefunden und er markiert dort neben dem Aspekt der Sicherung die negative Spezialprävention (von Liszt). Die heute unter den einflussreichsten deutschen Strafrechtstheoretikern bevorzugte Variante der generellen Abschreckungstheorie ist nach Weigend (vgl. 2001: 209) die ‚affirmative Generalprävention': Zweck des Strafrechts sei danach die öffentliche Bekräftigung der Gültigkeit grundlegender sozialer Normen, die durch die Normverletzung des Straftäters in Frage gestellt wurde. In dieser Theorie spielt der individuelle Straftäter keine Rolle, seine einzige Funktion liegt darin, dass sich andere über ihn moralisch entrüsten können.

Das Paradigma der „Criminologies of Everyday Life" (Garland 2000) hat das Abschreckungskonzept wieder aufkommen lassen und liefert die theoretische Grundlage für die Wiederbelebung der Annahme, dass Abschreckung ein wirksames Mittel zur Bekämpfung kriminellen Verhaltens sei. Wie bereits in Kapitel 1.1 erwähnt, fußt diese kriminalpolitische Strategie auf der Annahme, dass Täter rationale Akteure und für ihre kriminellen Handlungen voll verantwortlich seien (vgl. Garland 2008: 63). Die zentrale These der ‚Criminologies of Everyday Life' besagt, dass Kriminalität eine ‚Routine Activity' sei, die dann erfolge, wenn die Gelegenheit und das Ziel günstig erscheinen. Hieraus ergibt sich die kriminalpolitische Folgerung, dass es „Aufgabe und Zielsetzung der Kriminalpolitik sein [muss], die Kosten-Nutzen-Relation einer Straftat aus der Sicht des potenziellen Täters in einer Weise zu verschieben, dass die zu erwartenden Kosten den etwaigen Nutzen der Straftat übersteigen" (Sack 2003: 269). Dies geschieht durch die Erhöhung der Sanktionsandrohung und des Entdeckungsrisikos ebenso wie durch die Beseitigung von Gelegenheiten und Situationen, die kriminelles Verhalten begünstigen.

In der empirischen Forschung finden diese Annahmen der ‚Criminologies of Everyday Life' allerdings nur wenig Belege und die Befunde sprechen insgesamt eher gegen eine Wirksamkeit des Abschreckungskonzeptes (vgl. Albrecht 2010: 34). In zahlreichen kriminologischen Studien hat sich herausgestellt, dass die Abschreckungswirkung nicht zunimmt, wenn härter gestraft wird (vgl. Meier 2001: 289; Doob/Webster 2003; Bottoms 2004: 63ff.; BMI/BMJ 2006: 685). In geringem Umfang wirkt ein höheres perzipiertes Entdeckungsrisiko abschreckender als härtere Strafen (vgl. Clarke 1995: 106; BMI/BMJ 2006: 685; Cavadino/Dignan 2007: 39). Kunz (vgl. 2008: 260) weist darauf hin, dass eine auch subjektiv wahrnehmbare Steigerung des Entdeckungsrisikos praktisch jedoch schwer möglich sei, da dieses Risiko generell überschätzt werde. Darüber hinaus habe sich gezeigt, dass die generalpräventive Abschreckungswirkung des Strafrechts bei den meisten Delikten äußerst gering sei. Demnach kann sich eine Politik der Abschreckung nicht auf ihre Wirksamkeit berufen. Um festzustellen, inwiefern die Strafgesetzgebung der Spätmoderne auf den Abschreckungsgedanken setzt, wurde kodiert, ob Änderungsgesetze mit dem Ziel der Abschreckung begründet wurden.

Effektivität: In der neuen Kultur der Kontrolle besteht das Ziel der Kriminalpolitik nicht darin, Kriminalität vollständig zu beseitigen, sondern Probleme der Kriminalität nach den Kriterien betriebswirtschaftlicher Rationalität zu ‚managen'. „Die neuen Leistungsindikatoren sollen Outputs und keine Ergebnisse messen, das, was die Organisation tut, und nicht das, was sie, wenn überhaupt, erreicht" (Garland 2008: 224). Dieser Managerialismus in der Kriminalpolitik (Markantonatou 2004) folgt den ‚drei Es' des „New Public Management": *„efficiency, effectiveness* and *economy"* (Crawford 1997: 88; Herv. i. O.). Das Effizienzdenken führe dazu, dass sich das Strafjustizsystem unter den Prämissen der Ressourcenschonung und Verfahrensökonomie reorganisiert. In den USA und Großbritannien hat sich diese Managementorientierung im System der Strafjustiz

Mitte der 1980er Jahre herausgebildet (vgl. Garland 2008: 217). Die Konsequenzen, die daraus resultieren, dass alle Institutionen nach Effizienzkriterien bewertet werden, betreffen den Strafvollzug in besonderer Weise und wurden schon angedeutet. So wurde das Resozialisierungsideal durch das Anlegen von Wirtschaftlichkeits- und Effizienzmaßstäben verdrängt. In diesem Sinne hat Resozialisierung ihren Strafzweckcharakter verloren, sie „wird als Investition und weniger als allgemeines Recht gesehen“ (ebd.: 316), die nur zum Zuge kommt, wenn sie rentabel erscheint. Insofern kann auch der Resozialisierungserfolg nicht mehr das Kriterium sein, an dem der Strafvollzug gemessen wird, sondern den Bewertungsmaßstab bildet seine „Effektivität als Medium reiner Bestrafung und langfristiger Neutralisierung durch Freiheitsentzug“ (ebd.: 132).

Die Vorherrschaft des Denkens in den Kategorien ‚Kosten‘ und ‚Effizienz‘ gegenüber sozialen Ansätzen, die das wohlfahrtsstaatliche Denken prägten, hat auch zur Folge, dass sich das Strafjustizsystem eher von ökonomischen Theorien zur Erklärung von Kriminalität leiten lässt und geht daher von einem rationalen Täter aus, der ebenso nach sorgfältigen Kosten-Nutzen-Erwägungen handelt. In diesen Kontext sind auch die ‚adaptiven Strategien‘ (vgl. Kap. 1.1) mit ihrem Fokus auf die Gelegenheitsstrukturen für kriminelle Handlungen, die Erweiterung des Akteursspektrums der Kriminalitätskontrolle bis hin zur Responsibilisierung der Bevölkerung einzuordnen. Durchbrochen wird der ökonomische Modus des Umgangs mit Kriminalität, wenn es darum geht, staatliche Handlungsmacht und Stärke zu demonstrieren. Die dann zum Zuge kommenden punitiven „Gesten souveräner Staatlichkeit“ (Garland 2008: 339) sind in hohem Maße expressiv und nicht der Logik der Kosteneffektivität unterworfen. Beste Chancen haben politische Maßnahmen und Strategien, die ökonomisch und expressiv zugleich erscheinen. In dieser Kategorienausprägung wurde kodiert, ob in den Begründungen der Gesetzesänderungen auf Effizienz- oder Effektivitätsgesichtspunkte verwiesen wurde.

Neben diesen Begründungen, die direkt aus den Indikatoren des kriminalpolitischen Wandels abgeleitet wurden, ergaben sich während des Kodiervorgangs noch fünf weitere relevante Begründungen, die als Ausprägungen in das Kategorienschema aufgenommen wurden:

Rechtsbewusstsein: Das Rechtsbewusstsein zählt streng genommen nicht zu den von Garland genannten Indikatoren. Er (ebd.: 52) macht in seiner Analyse der Kultur der Kontrolle eine Aufwertung des Rechtsempfindens aus: „das »Rechtsempfinden der Bevölkerung« wiegt häufig schwerer als das professionelle Urteil von Pönologen.“ Der Begriff des Rechtsempfindens scheint jedoch nicht identisch mit dem des Rechtsbewusstseins. Dieser steht im Kontext der klassischen

Straftheorien und genauer des Strafzwecks der positiven Generalprävention und zielt darauf ab, „generell das soziale Normverständnis zu verdeutlichen" (Reemtsma 1999: 21). In der Theorie der positiven Generalprävention kommt der Strafe die Aufgabe zu, die „Unverbrüchlichkeit der Rechtsordnung" (Roxin 1997: 36) zu demonstrieren und auf diese Weise die Rechtstreue der Bürger zu stärken. Im Mittelpunkt steht also die Verletzung des Rechts bzw. der Bruch der Norm und das Strafrecht wird nicht als Instrument verstanden, um potenzielle Straftäter abzuschrecken, sondern um Normstabilität zu erreichen (vgl. Hassemer 1979: 36). „Bestraft wird [...], [...] um den Geltungsanspruch der Norm einer potentiell verunsicherten Öffentlichkeit plakativ vor Augen zu führen" (Scheerer 1986: 150). Damit ist die Strafe primär an die Allgemeinheit adressiert (Jakobs 1983; Calliess 1989; Roxin 1997; Koriath 2004), die verhängt wird, um die rechtstreuen Bürger in ihrem Normvertrauen zu bestätigen. Nicht im Kontext der Theorie der positiven Generalprävention, aber in dieselbe Richtung argumentiert auch Melossi (vgl. 2009: 14), der die primäre Funktion des Strafsystems darin sieht, die Öffentlichkeit zu kontrollieren und weniger die Kriminellen.

Nach Roxin (1997: 36) lassen sich im Rahmen der Theorie der positiven Generalprävention drei verschiedene Ziele und Wirkungen der Strafe unterscheiden:

> „der sozialpädagogisch motivierte Lerneffekt, die „Einübung der Rechtstreue", die durch die Tätigkeit der Strafjustiz hervorgerufen wird; der Vertrauenseffekt, der sich ergibt, wenn der Bürger sieht, daß das Recht sich durchsetzt; und schließlich der Befriedungseffekt, der sich einstellt, wenn das allgemeine Rechtsbewusstsein sich aufgrund der Sanktion über den Rechtsbruch beruhigt und den Konflikt mit dem Täter als erledigt ansieht."

Mit der Konzentration auf die Aufrechterhaltung des Rechtsvertrauens der Bevölkerung sei das Konzept der Generalprävention gegen eine Falsifizierung geschützt, meint Hassemer (vgl. 1979: 36). Auch Scheerer (1993: 84) sieht es als „nicht zu unterschätzenden Vorteil", dass expressive Straftheorien wie die der positiven Generalprävention „der empirischen Überprüfbarkeit (und Delegitimierung) konzeptionell entrückt" seien. Mehr noch aber sei mit der Theorie der positiven Generalprävention der Wiedereinzug des Vergeltungsgedankens in das Strafrecht legitimiert, „da im Strafzweck der Normverdeutlichung eine notwendige Beziehung zwischen Tatbewertung und Strafmaß gegeben sei" (Reemtsma 1999: 23). Weil das Ziel der Strafe in der Bekräftigung der Norm liege, liefere der Strafzweck der Normverdeutlichung auch eine Begründung dafür, dass Strafe selbst dann sein muss, wenn keine abschreckende Wirkung der Strafe angenommen oder gar ausgeschlossen werden kann, dass ein Täter weitere Straftaten begeht (vgl. ebd.: 24). Auf dieser Basis lässt sich hervorragend für die Notwendigkeit von Strafe, also für Kriminalisierung, aber auch von Strafverschärfungen argumentieren. Kodiert wurde, ob in den Begründungen der Gesetzesänderungen mit dem Rechtsbewusstsein, Normvertrauen oder Rechtsgefühl der Bevölkerung argumentiert wurde.

Neue Kriminalitätsrisiken: Ein beachtlicher Teil der Begründungen von Gesetzesänderungen bezieht sich auf Wandlungsprozesse, die stattgefunden haben und vermeintlich neue Kriminalitätsrisiken hervorbringen, die eine Anpassung von Gesetzen erfordern. Dabei erwiesen sich drei verschiedene Wandlungsprozesse als häufig wiederkehrend: erstens eine qualitative und quantitative Veränderung der Kriminalität[53], zweitens der technische Fortschritt, der unzweifelhaft das Entstehen neuer Formen von Kriminalität fördere (vgl. Silva Sánchez 2003: 8) und drittens eine veränderte Kriminalitätslage oder Situation aufgrund der Öffnung von Grenzen, welche im Kontext des Zusammenbruchs der Ostblockstaaten steht. Diese drei Wandlungsprozesse wurden einzeln in das Kategorienschema aufgenommen und wurden als Ausprägungen neuer Kriminalitätsrisiken kodiert, wenn sie zur Begründung von Änderungsgesetzen angeführt wurden. Nach nur einmalig genannten Risiken wurde nicht weiter unterteilt.

Europäisierung: Eine weitere Begründung, die sich während des Kodierprozesses als relevant erwies, ist die Europäisierung der Gesetzgebung, indem Gesetzesänderungen damit begründet wurden, dass sie europäischen Impulsen folgen, die mehr oder weniger verbindlich seien. Seit 1975 findet eine zwischenstaatliche Zusammenarbeit auf der Ebene der Innen- und Justizminister der EG-Mitgliedstaaten statt. Unter der Abkürzung TREVI (Terrorism, Radicalism, Extremism, Violence International) wurde eine Arbeitsgruppe der Innenminister zur Terrorismusbekämpfung und polizeilichen Zusammenarbeit gegründet. Von dieser ging aber keine gesetzgeberische Aktivität aus. Den ‚legislativen Auftakt' bildete 1990 das *Schengener Durchführungsübereinkommen (SDÜ)*, das auf das *Schengener Abkommen* zurückgeht, in dem 1985 die Abschaffung von Kontrollen an den Binnengrenzen beschlossen wurde und dem sukzessive immer mehr Länder beitraten, so dass sich der Schengen-Raum von ursprünglich fünf auf mittlerweile 28 europäische Staaten ausgedehnt hat. Dieses Übereinkommen legte unter anderem eine enge polizeiliche und justizielle Zusammenarbeit sowie die gemeinsame Bekämpfung der Betäubungsmittelkriminalität fest. Darüber hinaus

---

53 Dieser Aspekt klingt auch bei Garland an, wenn er den kriminalpolitischen Wandel damit in Zusammenhang bringt, dass die Bevölkerung angesichts hoher Kriminalitätsraten eine neue Erfahrung mit Kriminalität gemacht hat. Später distanziert er sich aber davon und sieht nicht die registrierte Kriminalität, sondern das veränderte Kriminalitätsbewusstsein der Bürger als entscheidenden Erklärungsfaktor.

wurde als Ausgleichsmaßnahme für den Wegfall der Binnengrenzkontrollen das Schengen-Informationssystem geschaffen. Diese Datenbank wurde mit dem SDÜ implementiert und gilt als wichtigstes gemeinsames Fahndungssystem der europäischen Polizei- und Grenzschutzbehörden (vgl. BMI 2007).

Mit dem Ende des Ost-West-Konfliktes und der Gründung der Europäischen Union (EU) nahm der Einfluss sowie der Verbindlichkeitsgrad europäischer Impulse auf die Gesetzgebung sprunghaft zu (vgl. Albrecht 2007: 180f.). Dabei kam es zu einer Aufwertung des Bereichs der Inneren Sicherheit, da es sich die EU zur Aufgabe gemacht hat, einen Raum der Freiheit, der Sicherheit und des Rechts zu schaffen (vgl. Art. 29 EUV). Die polizeiliche und justizielle Zusammenarbeit in Strafsachen (PJZ) wurde als dritte Säule der EU implementiert und sukzessive wurde eine ganze Reihe supranationaler Einrichtungen geschaffen wie die Europäische Polizeibehörde (Europol), die Europäische Polizeiakademie (EPA bzw. CEPOL), das Europäische Amt für Betrugsbekämpfung (OLAF) sowie die Europäische Einheit für justizielle Zusammenarbeit (Eurojust). Diese Europäisierung von Institutionen des Gewaltmonopols lässt sich mit von Trotha (2010: 27) als „Heterarchisierung“ beschreiben: eine „Vervielfältigung nichtstaatlicher Herrschaftszentren im Kernbereich des staatlichen Gewaltmonopols“.

Folgt man dem Politikwissenschaftler Wolf (2000), so birgt die Bildung supranationaler Institutionen und Abgabe von Kompetenzen an diese Akteure nicht nur das Ziel der Effizienzsteigerung der Strafverfolgung in sich, sondern hat noch einen weitergehenden Effekt. Dieser deute auf eine „Neue Staatsräson“ (ebd.) hin, welche auf die sinkende nationalstaatliche Problembearbeitungsfähigkeit und ihre Autonomieverluste gegenüber zivilgesellschaftlichen und marktwirtschaftlichen Akteuren reagiere. Danach gehen Regierungen gezielt internationale Verpflichtungen ein, um „Autonomiespielräume gegenüber zivilgesellschaftlichen Mitwirkungsansprüchen zu behaupten oder wiederzuerlangen. Mit dem von ihnen zur Bändigung der Marktmacht geschaffenen Instrument befreien sich die Regierungen auch von der Umklammerung ihrer gesellschaftlichen Auftraggeber. Es kommt zu einer Entdemokratisierung durch intergouvernementale Selbstbindung“ (ebd.: 61).

Europäische Impulse stellen eine Begründungsmöglichkeit dar, die keiner weiteren Legitimation bedarf. Wenn ein Gesetz auf europäische Impulse zurückgeht, ist dies von dem Informationssystems GESTA dokumentiert, so dass diese Information der Kodierung dieser Ausprägung zugrunde gelegt werden konnte.

Bekämpfung: Nach Vormbaum (2011: 268) ist „‚Bekämpfung‘ [...] das kriminalpolitische Schlagwort des strafrechtlichen Zeitgeschehens.“ Frankenberg (2005, 2010) bezeichnet das gegenwärtige Strafrecht als „Bekämpfungsrecht“. Mit dem

Einzug der Bekämpfungssemantik in das Strafrecht sieht er die Errichtung eines dauerhaften Ausnahmezustandes verbunden, womit die Grenze zum Kriegsrecht schwinde.

> „Instrumente des Ausnahmerechts [werden] durch ihre Verrechtlichung und ausnahmerechtliche Argumentationsfiguren sowie durch ihre Aufnahme in die Dogmatik des Normalrechts nach und nach in den Mantel normativer Normalität gehüllt, verstetigt und veralltäglicht“ (Frankenberg 2010: 36).

Bei Garland (2008) kennzeichnet das Kriegsmotiv im Umgang mit Kriminalität die neue Kultur der Kontrolle, was als parallele Entwicklung zur Bekämpfungsmetapher gesehen werden kann. Der Staat befinde sich gegenüber der Kriminalität in „»Kriegsbereitschaft«“ (ebd.: 246). Auftakt der Kriegsführung gegen das Verbrechen in den USA bildete der ‚War on Drugs‘, inzwischen werden aber auch gegen Sexualstraftaten und Gewaltverbrechen Kriege geführt (vgl. ebd.: 310). Die Kriegserklärung an das Verbrechen dient als Taktik der Erweiterung strafrechtlicher Befugnisse und der Demonstration staatlicher Souveränität gleichermaßen. Auch die Bekämpfungssemantik sieht Frankenberg (vgl. 2010: 239f.) in dieser Funktion. Nach Garland (vgl. 2008: 328) fügt sich die Kriegsrhetorik, mit der das Verbrechen in die Sprache von Krieg und Verteidigung der Gesellschaft gekleidet wird, in den expressiven Modus ein. Entsprechend betrachtet Frankenberg (vgl. 2010: 241) das Bekämpfungsrecht als Erzeuger eines punitivistischen Klimas. Damit sei auch eine spezifische Sicherheitsmentalität verbunden, die staatliche Eingriffsbefugnisse vorauseilend, ungeachtet ihrer tatsächlichen Wirksamkeit zugunsten eines vermeintlichen Mehrs an Sicherheit gewähren lässt (vgl. ebd.: 272). Die Kodierung erfolgte in dieser Kategorienausprägung, wenn der Begriff ‚Bekämpfung‘ bzw. ‚bekämpfen‘ im Titel oder der Begründung von Änderungsgesetzen genannt wurde.

Strafbarkeitslücke: Bei der letzten Form von Begründungen, die während des Kodierprozesses in das Kategorienschema aufgenommen wurde, handelt es sich um die Behauptung von Regelungs- bzw. Strafbarkeitslücken, die geschlossen werden müssen. Die Argumentation mit der Schließung von Strafbarkeitslücken verkehrt das fragmentarisch angelegte Strafrecht in ein sicherheitsorientiertes Strafrecht. Vormbaum (vgl. 1999: 613) macht darauf aufmerksam, dass diese Argumentationsfigur negiere, dass es überhaupt keine Strafbarkeitslücken gibt, sondern nur Straflosigkeitslücken, da in einem demokratischen Rechtsstaat Erlaubtheit und damit Straflosigkeit der Normalfall seien und Verbot und Strafbarkeit die Ausnahmen. Insofern lässt sich darin zugleich ein deutliches Zeichen für die zunehmende Erosion des Rechtsstaates sehen. Der Rechtsgüterschutzgedanke, dem die Funktion zukommt, das Strafrecht zu begrenzen, und der besagt, dass nur Handlungen bestraft werden dürfen, die ein Rechtsgut verletzen, werde nun dazu verwendet, die Suche nach schützenswerten Rechtsgütern zu legitimieren und auf diese Weise die Ausdehnung des Strafrechts zu fördern (vgl. Vormbaum 2004: 486). Frehsee (2003: 260; Herv. i. O.) spricht von einer „*Inflation* kaum noch konkretisierbarer *Rechtsgüter*". In diese Richtung weist auch Scheerers (1986: 149) Diagnose einer Tendenz zur „ungebremsten Kreation immer neuer, auf Verwaltungszwecke bezogenen Schein-Rechtsgüter".

Diese Politik setzt die Schließung von Gesetzeslücken mit der Produktion von Sicherheit gleich. Frankenberg (vgl. 2010: 240) betrachtet diese als symbolischen Aktionismus, in dem sich die Parteien gegenseitig öffentlichkeitswirksam darin zu überbieten versuchen, vermeintliche Sicherheitslücken zu schließen und damit mehr Sicherheit versprechen zu können. Angebliche Gesetzeslücken werden zur Gefahrenprophylaxe geschlossen, um rechtliche Deckung für künftige politische Aktionen zu schaffen (vgl. ebd.: 212). Kodiert wurde in dieser Kategorienausprägung die Behauptung von Regelungs-, Sicherheits- oder Strafbarkeitslücken zur Begründung der Gesetzesänderungen.

Tabelle 3: Kodierleitfaden

Kategorie	Ankerbeispiele	Kodierregeln
Resozialisierung	„wichtige Ergänzung der Bemühungen um eine erfolgreiche Resozialisierung von Straftätern“	Bezugnahme auf das Ziel der Resozialisierung
Opferorientierung	„den Opfern schuldig“ „Die Verbesserung des Opferschutzes ist eines der zentralen Vorhaben“ „Genugtuung für die Opfer“	Bezugnahme auf Opferschutz, Opferinteressen oder Opferbelange
Schutz der Bevölkerung	„um den Schutz der Allgemeinheit insbesondere vor gefährlichen Sexualstraftätern zu gewährleisten“ „zum Schutze der Menschen“ „Sicherheit unserer Bevölkerung“	Bezugnahme auf Schutz, Sicherheit oder Sicherheitsinteressen der Bevölkerung
öffentliche Meinung	„Die überwältigende Mehrheit unserer Bürger fordert ein schärferes Vorgehen“	Bezugnahme auf die öffentliche Meinung, Forderungen, Wünsche oder Erwartungen der Bevölkerung oder bestimmter Interessengruppen
Einfluss von Experten-(wissen)	„belegt eine Untersuchung der Universität Göttingen zur Rückfälligkeit von exhibitionistischen Straftätern“	Bezugnahme auf empirische Forschung, wissenschaftliche Untersuchungen, Sachverständigenanhörungen
Ängste der Bürger vor Kriminalität	„Die Politik [...] ist aufgerufen, die Ängste und Sorgen der Bevölkerung aufzunehmen“	Bezugnahme auf Ängste der Bürger vor Kriminalität, Sicherheitsgefühl, Kriminalitätsfurcht
Abschreckung	„um das Abschreckungspotenzial zu erhöhen“	Bezugnahme auf das Ziel der Abschreckung, negative Generalprävention
Effektivität	„effektive Verfolgung“ „effektive Bekämpfung“ „effizientes Mittel zur Verbesserung der Bekämpfung von organisierter Kriminalität“	Bezugnahme auf Effektivität oder Effizienz

Rechtsbewusstsein	„Normen verstärkt ins Bewußtsein der Bevölkerung zu heben“ „Vertrauen der Rechtsgemeinschaft in die Unverbrüchlichkeit der Rechtsordnung“	Bezugnahme auf das Rechtsbewusstsein, Normvertrauen, Rechtsvertrauen
neue Kriminalitätsrisiken	„haben neue Kriminalitätsformen hervorgebracht“ „müsse an die veränderte technische und soziale Umwelt angepasst werden“ „organisierte Kriminalität, die durch die Öffnung der Grenzen zum Osten in ganz besonderer Weise zusätzliche Nahrung bekommen hat“	Bezugnahme auf qualitiative und quantitative Veränderungen von Kriminalität, technischen Fortschritt, Grenzöffnung
Europäisierung	„Umsetzungspflicht des Rahmenbeschlusses“ „Harmonisierung von Strafrechtsvorschriften“	Bezugnahme auf europäische Impulse
Bekämpfung	„kann künftig besser bekämpft werden“ „effektive Bekämpfung des Menschenhandels“	Bezugnahme auf das Ziel der Bekämpfung
Strafbarkeitslücke	„es existiert bei uns eine Strafbarkeitslücke“ „Regelungslücken zu schließen“	Bezugnahme auf Strafbarkeits-, Sicherheits- oder Regelungslücken

3.4 Ergebnisse

Im Mittelpunkt dieses Kapitels stehen die Ergebnisse der Inhaltsanalyse der Strafgesetzgebung der Spätmoderne. Zunächst wird die Entwicklung der legislativen Aktivität dargestellt, die sich an folgenden Fragen orientiert: Ist eine Expansion des Strafrechts festzustellen? Gibt es quantitative Veränderungen der Anzahl verkündeter Änderungsgesetze sowie der in das StGB eingefügten, geänderten und aufgehobenen Normen? In welchem Umfang wurde von den Mechanismen des ‚Defining Deviance Up‘ und ‚Defining Deviance Down‘ Gebrauch gemacht und lässt sich eine Bifurkation der Kriminalpolitik erkennen? Bestätigt sich Garlands These, dass sich die Positionen der Parteien in kriminalpolitischen Angelegenheiten einander angeglichen haben? Zeigt sich ein legislativer Konsens zwischen den Parteien über den strafrechtlichen Kurs im Abstimmungsverhalten?

Im Anschluss wird auf die einzelnen Begründungen der Gesetzesänderungen eingegangen und es werden die daraus abzuleitenden Haupttendenzen der Strafgesetzgebung in der Spätmoderne aufgezeigt. Wie oft wurden die einzelnen Begründungen zur Legitimation von Gesetzesänderungen herangezogen? In welche Sinnzusammenhänge wurden die Begründungen eingebettet? Mit welchen Änderungen und welchen Deliktfeldern wurden die Begründungen verknüpft? Lassen sich Veränderungen in der Häufigkeit der Verwendung der Begründungen im Untersuchungszeitraum feststellen? Welche Haupttendenzen der Strafgesetzgebung zeichnen sich in der Untersuchung ab?

3.4.1 Entwicklung der legislativen Aktivität

Die Grundgesamtheit der Inhaltsanalyse bilden insgesamt 96 Gesetze. 22 dieser Gesetze liegen keine materiellen Änderungen zugrunde, sondern redaktionelle Anpassungen (wie z.B. die Umstellung von DM auf Euro oder Änderungen in der Nummerierung der Einzelnormen) und Folgeänderungen, die sich aus anderen Gesetzesänderungen ergeben (z.B. Änderungen der Verweise auf Einzelnormen). Daher wurden sie von der Analyse ausgenommen.

Abbildung 2 gibt die Anzahl von Änderungsgesetzen mit materiellen Änderungen pro Legislaturperiode wieder. Es zeigt sich, dass sich die Zahl der verabschiedeten Gesetze, die nach der elften Legislaturperiode eingebracht wurden, auf einem konstant höheren Niveau bewegt als in den Legislaturperioden zuvor. Die legislative Aktivität im Bereich des Strafgesetzbuches hat also im Betrachtungszeitraum eindeutig zugenommen, wobei der Höhepunkt in der 13. Legislaturperiode mit 16 Gesetzen liegt.

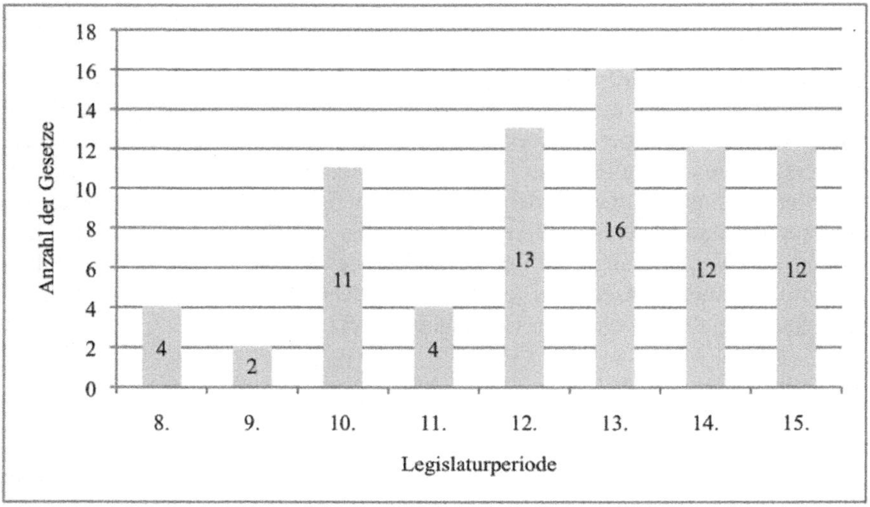

Abbildung 2: Änderungsgesetze mit materiellen Änderungen (N = 74 Gesetze)

Auskunft darüber, wie viele geänderte Einzelnormen des StGB sich hinter den in die Analyse eingegangenen Änderungsgesetzen verbergen, gibt Abbildung 3.

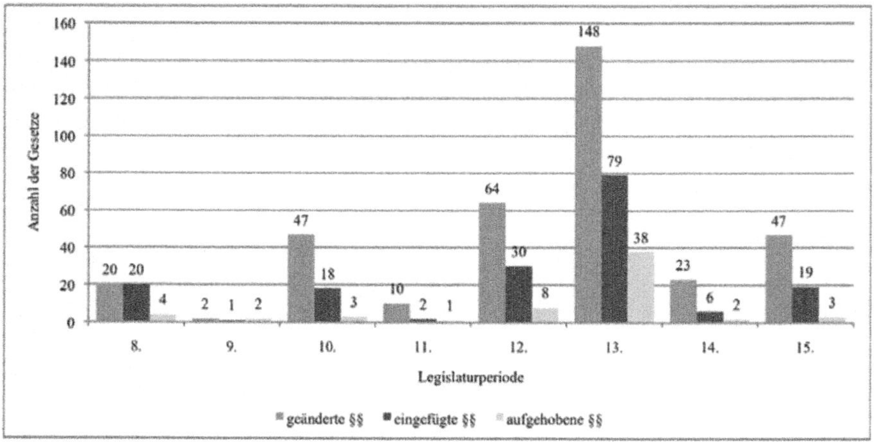

Abbildung 3: Anzahl geänderter, eingefügter und aufgehobener Rechtsnormen (N = 74 Gesetze)

Der geringste Anteil an Änderungen im StGB resultiert aus der Aufhebung von Einzelnormen. Das weist schon darauf hin, dass Entkriminalisierung keine dominante Rolle in der Strafgesetzgebung im Untersuchungszeitraum zu spielen scheint. Mit Ausnahme der achten Legislaturperiode, in der ‚Gleichstand' herrschte, wurden in jeder Legislaturperiode mehr Einzelnormen geändert als neu eingefügt oder aufgehoben. Ab der zehnten Legislaturperiode wurden auch durchgängig mehr neue Einzelnormen geschaffen als aufgehoben. Auch hier sticht besonders die 13. Legislaturperiode hervor, in welcher jeweils die meisten Änderungen, Einfügungen und Aufhebungen zu verzeichnen sind.

Um einordnen zu können, ob der Betrachtungszeitraum von hoher oder geringer legislativer Aktivität geprägt ist, erweist sich ein Blick in die bereits mehrfach erwähnte Untersuchung von Vormbaum und Welp (2006) als aufschlussreich. Wählt man zum Vergleich den ebenfalls dreißig Jahre umfassenden Zeitraum von 1946 bis 1975, so zeigt sich, dass in dieser Zeit nur 47 Gesetze erlassen wurden. Insofern kann man von einer Verdopplung der legislativen Aktivität sprechen, da das Strafgesetzbuch zwischen 1976 und 2005 um 96 Gesetze angewachsen ist. In seiner „Einführung zur modernen Strafrechtsgeschichte" greift Vormbaum (vgl. 2011: 278f.) einige markante historische Eckpunkte heraus, anhand derer er verschiedene Epochen unterscheidet und die Anzahl der Änderungsgesetze vergleicht: von der Einführung des Strafgesetzbuches im Jahr 1871 bis zum Beginn der NS-Zeit 1933 gab es 32 Gesetzesänderungen, bis zur Gründung der Bundesrepublik im Jahr 1949 kamen 27 Gesetzesänderungen hinzu und seit Bestehen der Bundesrepublik über 150 weitere Gesetzesänderungen. Auch hier zeigt sich ein sprunghaft ansteigender Verlauf, der keinerlei Zweifel daran aufkommen lässt, dass die legislative Aktivität ein rasantes Tempo angenommen hat. Dabei ist zusätzlich zu berücksichtigen – auch hierauf macht Vormbaum (vgl. ebd.: 279) aufmerksam –, dass der überwiegende Teil neuer Strafrechtsnormen in strafrechtliche Nebengesetze ausgelagert ist und sich dieselbe Entwicklung auch auf dieser Ebene abzeichnet.

Initiatoren der eingebrachten Gesetze

Wie bereits im Exkurs über den Gang der Gesetzgebung dargestellt, können Gesetzgebungsverfahren auf drei verschiedenen Wegen initiiert werden: durch die Bundesregierung, den Bundestag oder den Bundesrat. Am seltensten wurde die Initiative vom Bundesrat ergriffen. Aus Abbildung 4 wird ersichtlich, dass im gesamten Betrachtungszeitraum nur acht Gesetzentwürfe durch den Bundesrat auf den Weg gebracht wurden.

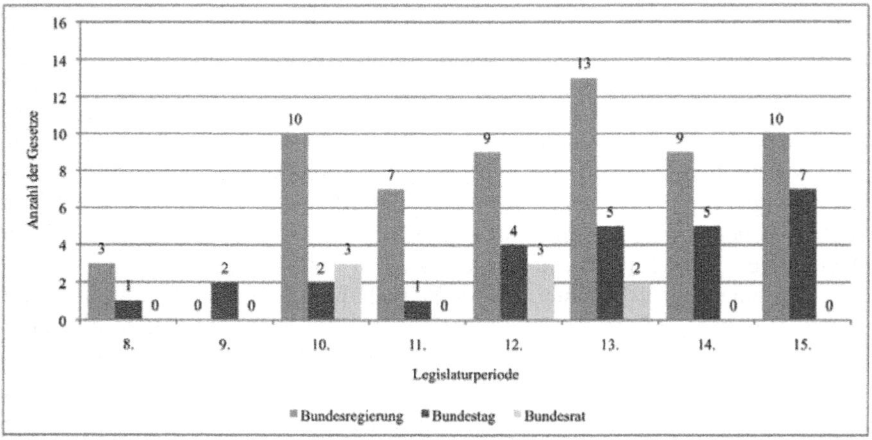

Abbildung 4: Initiatoren der eingebrachten Gesetze (N = 74 Gesetze)

Dass Gesetzesinitiativen nur zu einem geringen Teil auf den Bundesrat zurückgehen, zeigt sich auch für die Gesetzgebung des Bundes insgesamt. Nach Patzelt (vgl. 2005: 270) machten die vom Bundesrat eingebrachten Gesetzentwürfe aller Ressorts für den Zeitraum von 1949 bis 2000 ca. sieben Prozent aus und unter den verabschiedeten Gesetzen sind es nur mehr vier Prozent. Diese Tendenz setzte sich von der zwölften bis zur 15. Legislaturperiode fort. In dieser Zeit bewegte sich der Anteil der verabschiedeten Gesetze, die vom Bundesrat eingebracht wurden, zwischen 5,5 Prozent und 4,2 Prozent (vgl. Feldkamp 2011). Nahezu in allen Legislaturperioden wurden die meisten Gesetzgebungsverfahren von der Bundesregierung auf den Weg gebracht.[54] Diese Tendenz spiegelt sich ebenfalls bei Patzelt (vgl. 2005: 260) wider, der angibt, dass im Zeitraum zwischen 1949 und 1998 57 Prozent aller Gesetzentwürfe von der Bundesregierung eingebracht wurden. Der Anteil tatsächlich verabschiedeter Gesetze, die von der Bundesregierung initiiert wurden, beträgt sogar 78 Prozent. Auch in der Folgezeit liegt dieser Anteil relativ konstant bei ca. siebzig Prozent (vgl. für die 12. bis 15. Legislaturperiode Feldkamp 2011).

Wie Abbildung 4 zeigt, ist ab der zwölften Legislaturperiode eine leichte Zunahme der durch den Bundestag eingebrachten Gesetze festzustellen. Auch

54 Dabei ist zu berücksichtigen, dass hier nur die verkündeten, d.h. erfolgreich zum Abschluss gebrachten Gesetzentwürfe betrachtet werden. Daher lässt sich aufgrund der hier verwendeten Daten nicht feststellen, ob die Initiative insgesamt, d.h. auch bei den nicht Gesetz gewordenen Entwürfen, am häufigsten von der Bundesregierung ausging.

hier folgte die Strafgesetzgebung der Gesetzgebung des Bundes insgesamt, für die ein Anstieg von 18,1 Prozent in der zwölften Legislaturperiode auf 21,4 Prozent in der 15. Legislaturperiode zu verzeichnen ist (vgl. ebd.). Dies deutet darauf hin, dass häufiger von der Möglichkeit Gebrauch gemacht wurde, das Gesetzgebungsverfahren zu beschleunigen, da auf diese Weise die der eigentlichen parlamentarischen Behandlung vorgelagerten Abstimmungsprozesse umgangen werden können. In diesen Fällen handelt es sich oft um Gesetzentwürfe, die in den Ministerien erarbeitet wurden, aber über die Fraktionen in den Bundesrat eingebracht werden.

Anrufung des Vermittlungsausschusses

Als ein Indiz darüber, inwiefern ein legislativer Konsens hinsichtlich des strafrechtlichen Kurses herrscht, lässt sich betrachten, wie häufig der Bundesrat den Vermittlungsausschuss angerufen hat. Ein Vermittlungsbedarf weist auf gegensätzliche Positionen hin. Abbildung 5 zeigt, in wie vielen Fällen der Bundesrat von dieser Möglichkeit Gebrauch gemacht hat. Dabei fällt auf, dass der Bundesrat dieses Instrument in den Legislaturperioden 8 bis 13 kaum genutzt hat, woraus sich schließen lässt, dass wenig Dissens über die Gesetzentwürfe existierte. Die hohen Werte in der 14. und 15. Legislaturperiode indizieren hingegen, dass in diesen Phasen weniger Einigkeit über die Gesetzgebung bestand.

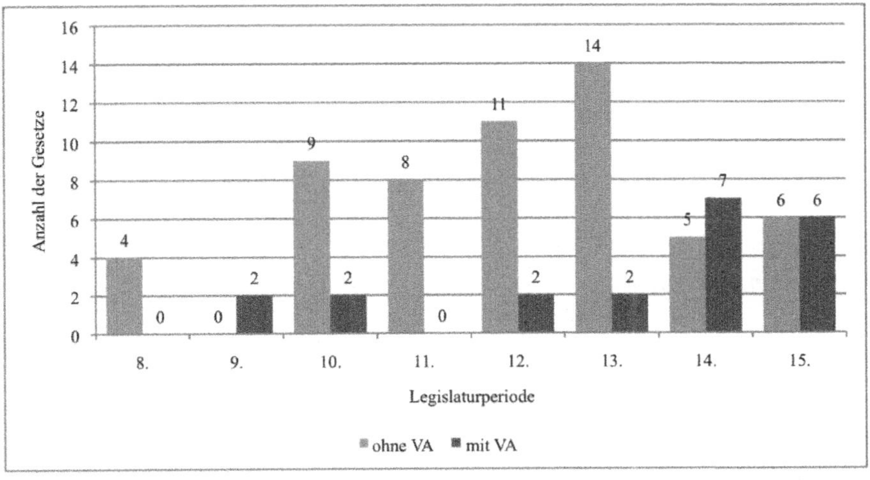

Abbildung 5: Anrufung des Vermittlungsausschusses (VA) (N = 74 Gesetze)

Einspruch des Bundesrates

Ein weiteres, etwas stärkeres Indiz für die (Un-)Einigkeit über den Kurs der Strafgesetzgebung ist das Einspruchsverhalten des Bundesrates. Abbildung 6 illustriert, dass es im Untersuchungszeitraum nur selten vorkam, dass der Bundesrat Einspruch gegen einen Gesetzentwurf eingelegt hat, also der Vermittlungsausschuss meist ein für den Bundesrat zufriedenstellendes Ergebnis erzielt hat, wenn er angerufen wurde. Die meisten Einsprüche erfolgten in der 15. Legislaturperiode. Daher ist davon auszugehen, dass die Gesetzgebung in dieser Legislaturperiode etwas umstrittener war. Ein weiter zunehmender Trend lässt sich daraus aber nicht ableiten.

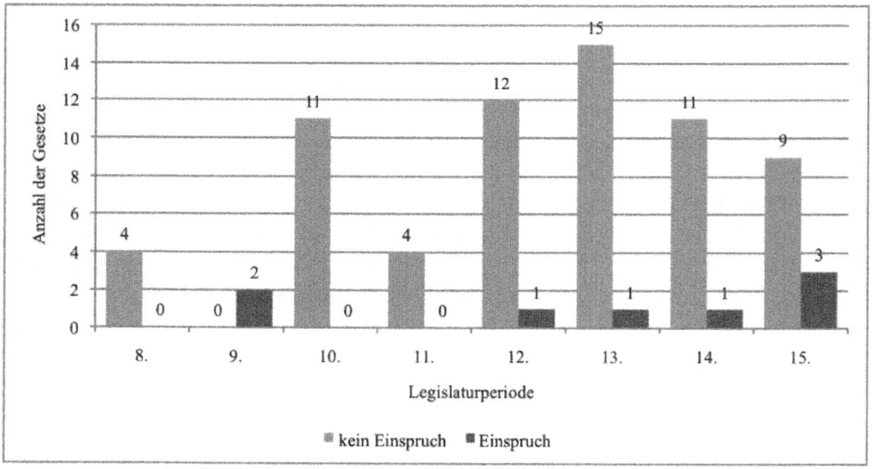

Abbildung 6: Einspruch des Bundesrates (N = 74 Gesetze)

Abstimmungsverhalten

Als Indikator dafür, ob zwischen den politischen Lagern Einigkeit im Hinblick auf die Strafgesetzgebung bestand, kann das Abstimmungsverhalten der Fraktionen in der dritten Lesung herangezogen werden. Da dieses bis zur elften Legislaturperiode nur sehr lückenhaft dokumentiert wurde, wurden die Gegenstimmen erst ab der zwölften Legislaturperiode berechnet. Es ist ein Trend dahingehend zu erkennen, dass sich der Dissens zwischen den Fraktionen im Zeitverlauf verstärkt hat, da sich die Zahl der Gegenstimmen ab der 13. Legislaturperiode auf einem deutlich höheren Niveau bewegt und die Zahl der einstimmig verabschiedeten Gesetze übersteigt (vgl. Abb. 7).

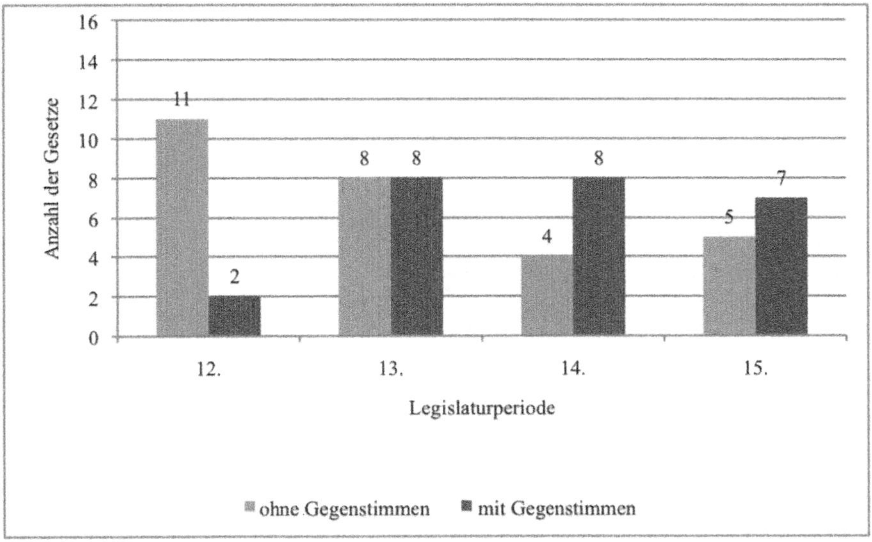

Abbildung 7: Gegenstimmen (N = 53 Gesetze)

Abbildung 8 liefert ein differenzierteres Bild des Abstimmungsverhaltens. Sie zeigt die Anzahl der Gegenstimmen, die die einzelnen Parteien pro Legislaturperiode abgegeben haben, wobei allerdings fehlende Werte auftreten. So sind in der zwölften und 13. Legislaturperiode für jeweils drei Gesetze keine Angaben über das Abstimmungsverhalten der einzelnen Parteien vorhanden. Trotz einer möglicherweise daraus resultierenden leichten Verzerrung fällt auf, dass sich die Kurven für die CDU/CSU und die FDP sowie für die SPD und Die Grünen im Betrachtungszeitraum in etwa parallel bewegen. Zueinander verhalten sich diese Kurvenpaare jedoch spiegelbildlich verkehrt. Dieser komplementäre Verlauf ergibt sich daraus, dass die meisten Gesetze von den Parteien eingebracht wurden, die die Regierung bildeten. So haben in der zwölften und 13. Legislaturperiode schwarz-gelb und in der 14. und 15. Legislaturperiode rot-grün gegen keine Gesetzgebungsvorhaben gestimmt, da sie selbst an ihrer Initiierung beteiligt waren. Allerdings ist festzustellen, dass die CDU/CSU und Die Grünen öfter Gegenstimmen abgaben, wenn sie in der Opposition waren als SPD und FDP. Der Kurvenverlauf der PDS/Die Linke[55], die zu keiner Zeit an der Regierungskoalition beteiligt war, weicht von dem der übrigen Parteien ab. Die PDS zeigte im gesamten Zeitraum und besonders deutlich ab der 13. Legislaturperiode Oppositionsverhalten.

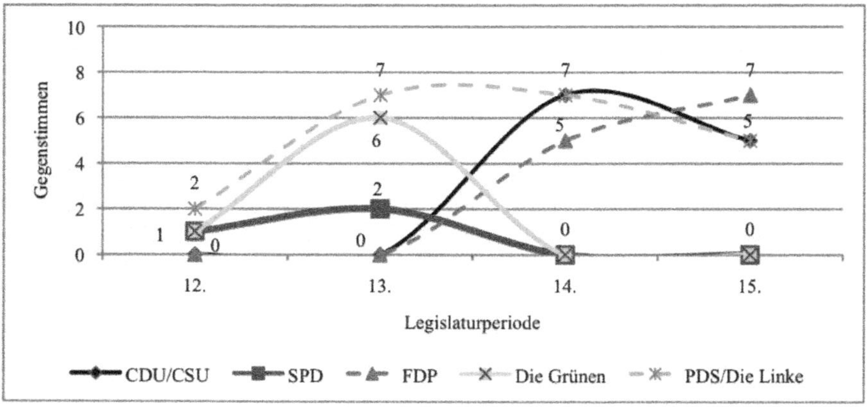

Abbildung 8: Gegenstimmen nach Parteien (N = 50 Gesetze)

Eine Angleichung aller Parteien in kriminalpolitischen Fragen lässt sich aus dem Abstimmungsverhalten nicht ableiten. Die Ergebnisse weisen nicht darauf hin, dass die Einigkeit zugenommen hat. Als wenig überraschende, dominante Tendenz zeigt sich stattdessen sehr deutlich, dass die Regierungsparteien den eigenen Gesetzentwürfen zustimmten, während die Oppositionsparteien diese ablehnten. Auf dieser Basis lassen sich jedoch keine Aussagen darüber treffen, worin die Uneinigkeit bestand, also ob die Notwendigkeit eines Gesetzes grundsätzlich in Frage gestellt oder ob einem Gesetzentwurf lediglich in Teilen widersprochen wurde. Da in Legislaturperioden, nach denen ein Regierungswechsel stattgefunden hat, kein abrupter Abfall oder Anstieg von Neukriminalisierungen, Tatbestandserweiterungen oder Strafverschärfungen feststellbar ist, und – mit Ausnahme der Kronzeugenregelung[56], die allerdings später wieder eingeführt wurde – auch keine Rücknahmen von Änderungsgesetzen im Betrachtungszeit-

[55] Im Juli 2005 änderte die PDS ihren Namen in ‚Die Linkspartei.PDS' und fusionierte im Juni 2007 mit der ‚WASG' zur ‚Die Linke'.

[56] Die in der elften Legislaturperiode unter der konservativ-liberalen Regierung eingeführte Kronzeugenregelung wurde in der 14. Legislaturperiode nach dem Regierungswechsel von der sozial-liberalen Koalition nicht verlängert. Am 1. September 2009 wurde jedoch unter der Großen Koalition eine neue Kronzeugenregelung in Kraft gesetzt.

raum stattgefunden haben, ist nicht davon auszugehen, dass ein grundlegender Dissens über den strafrechtlichen Kurs bestand, sondern vielmehr die Position (Regierung vs. Opposition) entscheidend ist.

Änderungen

Abbildung 9 zeigt die Änderungsrichtung der Gesetze für die acht analysierten Legislaturperioden. Nach dem Ende der Großen Strafrechtsreform mit der siebten Legislaturperiode brach zunächst eine Phase an, in der sehr wenige Änderungen im Strafgesetzbuch vorgenommen wurden. Ab der zehnten Legislaturperiode lag der Haupttrend der Strafgesetzgebung in der Neukriminalisierung bzw. Erweiterung von Tatbeständen, der sich in der zwölften und 13. Legislaturperiode auf dem Höhepunkt befand. Parallel dazu, aber auf einem etwas niedrigeren Niveau, verläuft die Kurve für die Gesetze, in denen Strafen verschärft oder Strafrahmen erhöht wurden. Die Zahl der Gesetze, in denen Entkriminalisierungen oder Strafmilderungen vorgenommen wurden, macht durchgängig den geringsten Anteil an Strafrechtsänderungen aus. Bereits an dieser Stelle zeigt sich also deutlich, dass die Strafgesetzgebung in erster Linie durch ein ‚Defining Deviance Up' gekennzeichnet ist und ein ‚Defining Deviance Down' nur in sehr spärlichem Umfang erfolgte.

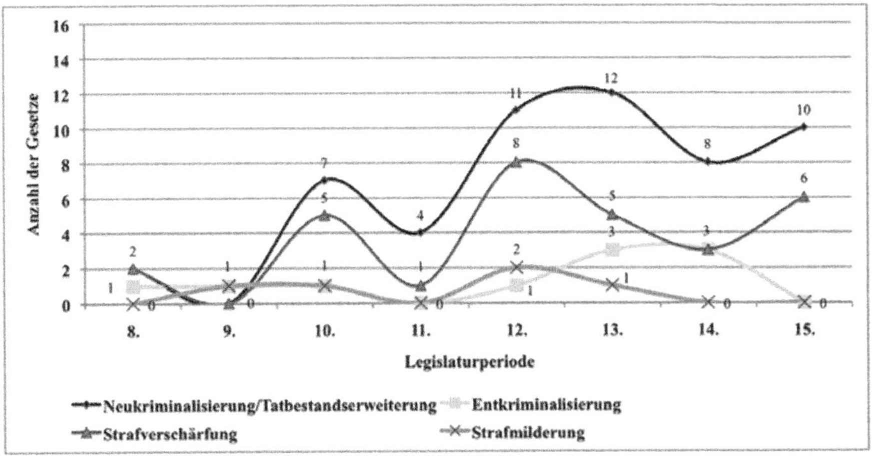

Abbildung 9: Änderungsrichtungen der Gesetze (N = 74)

Das Auseinanderklaffen von Neukriminalisierungen/Tatbestandserweiterungen und Entkriminalisierungen einerseits sowie von Strafverschärfungen und Strafmilderungen andererseits wird noch augenfälliger, wenn man Abbildung 10 betrachtet, die die absoluten Häufigkeiten für den gesamten Untersuchungszeitraum darstellt.

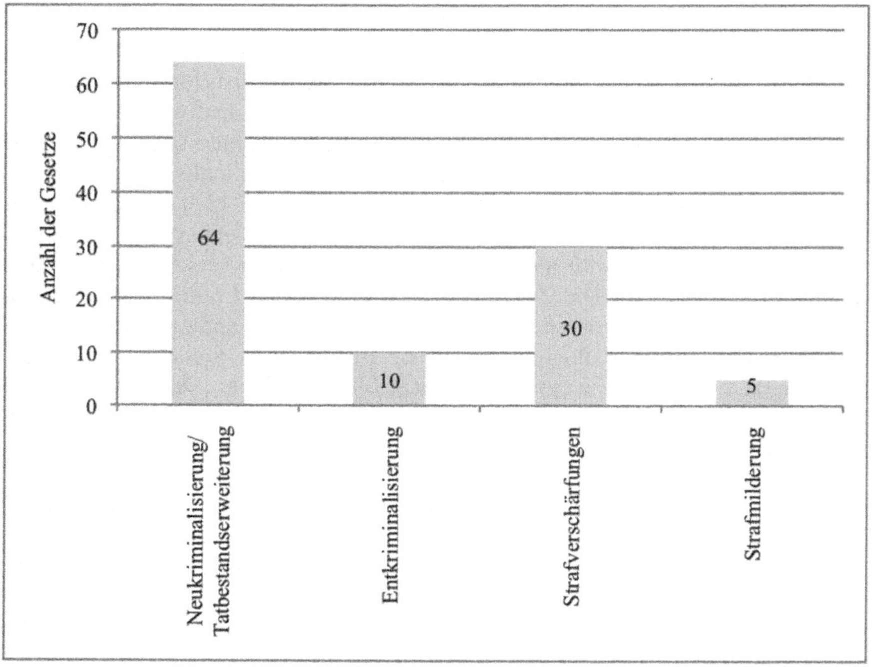

Abbildung 10: Änderungsrichtungen insgesamt

In insgesamt 64 Gesetzen wurden Neukriminalisierungen oder Tatbestandserweiterungen vorgenommen. Dagegen fanden nur in zehn Gesetzen Entkriminalisierungen statt. Dreißig Änderungsgesetze enthalten Strafverschärfungen, während lediglich in fünf Gesetzen Strafmilderungen erfolgten. Ein ‚Defining Deviance Up' kommt im untersuchten Zeitraum also sechsmal häufiger vor als ein ‚Defining Deviance Down'. Somit zeigt sich in den analysierten Änderungsgesetzen durchaus eine Bifurkation kriminalpolitischer Strategien im Garland'schen Sinne – mit deutlicher Schlagseite für die strafrechtsverschärfende Richtung.

Die Tabellen 4 und 5 geben Auskunft darüber, in welchen Abschnitten des StGB Änderungen stattgefunden haben. Wenn sich die Gesetzesänderungen über mehrere Abschnitte erstreckten, wurde jeder Abschnitt einfach gezählt, d.h. auch wenn im Rahmen eines Gesetzes mehrere Strafvorschriften innerhalb eines Abschnittes des StGB geändert wurden, wurde nur eine Änderung gezählt. Auf diese Weise erklärt sich die Differenz gegenüber der Zahl der Änderungsgesetze, und es zeigt sich, dass durchschnittlich ca. zwei verschiedene Abschnitte des StGB von einem Änderungsgesetz betroffen sind.

Da die Strafvorschriften im Hinblick auf Völkermord (Völkermord, Verbrechen gegen die Menschlichkeit und Kriegsverbrechen) im Rahmen des Gesetzes zur Einführung des Völkerstrafgesetzbuches vom 26. Juni 2002 in ein eigenes Strafgesetzbuch ausgelagert wurden und daher trotz Abschaffung der Strafnormen im Strafgesetzbuch aber keine Entkriminalisierung im eigentlichen Sinne stattfand, wurden die Änderungen dieses Gesetzes in den Tabellen 4 und 5 nicht berücksichtigt.

Tabelle 4 gibt die Anzahl der Änderungen in den Abschnitten im Allgemeinen Teil des StGB wieder. Als am häufigsten erweist sich die Erweiterung des Geltungsbereichs von Strafvorschriften. Darauf folgen die Ausdehnung der Vorschriften bezüglich der Verfolgungsverjährung und diverse Änderungen im Abschnitt über die Rechtsfolgen der Tat.

In Tabelle 5 findet sich die Anzahl der Änderungen in den Abschnitten im Besonderen Teil des StGB. Hier zeigt sich, dass die meisten Änderungen in den Abschnitt über Straftaten gegen die öffentliche Ordnung fallen. Am zweithäufigsten sind Änderungen im Abschnitt über Straftaten gegen die sexuelle Selbstbestimmung. An dritter Stelle liegen Änderungen der Strafvorschriften in Bezug auf Begünstigung und Hehlerei, die zumeist im Kontext der Organisierten Kriminalität stehen. Nach Stangl (vgl. 1985: 22), der die Annahme vertritt, dass es nicht in erster Linie um den Gebrauchswert gehe, sondern den politischen Tauschwert von Gesetzesänderungen, um Macht zu erzielen, ließe sich folgern, dass auf diesen drei Strafrechtsfeldern der politische Tauschwert am höchsten ist.

Tabelle 4: Änderungen im Allgemeinen Teil des StGB nach Legislaturperioden

	8	9	10	11	12	13	14	15	**Summe**
Das Strafgesetz / Geltungsbereich	1		1	1	1	5		2	**11**
Verjährung / Verfolgungsverjährung	1		2		2			1	**6**
Rechtsfolgen der Tat / Verfall und Einziehung			1		3	1	1		**6**
Rechtsfolgen der Tat / Strafaussetzung zur Bewährung		1	1		1	1			**4**
Rechtsfolgen der Tat / Maßregeln der Besserung und Sicherung / Freiheitsentziehende Maßregeln						1	1	1	**3**
Das Strafgesetz / Sprachgebrauch						2			**2**
Rechtsfolgen der Tat / Strafbemessung			1		1				**2**
Rechtsfolgen der Tat / Maßregeln der Besserung und Sicherung / Führungsaufsicht						1			**1**
Die Tat / Grundlagen der Strafbarkeit			1						**1**
Rechtsfolgen der Tat / Strafen / Geldstrafe					1				**1**
Rechtsfolgen der Tat / Strafen / Vermögensstrafe					1				**1**
Rechtsfolgen der Tat / Strafbemessung bei mehreren Gesetzesverletzungen					1				**1**

Rechtsfolgen der Tat / Verwarnung mit Strafvorbehalt / Absehen von Strafe					1				**1**
Rechtsfolgen der Tat / Strafe / Nebenstrafe						1			**1**
Rechtsfolgen der Tat / Maßregeln der Besserung und Sicherung / Entziehung der Fahrerlaubnis						1			**1**
Summe	**2**	**1**	**7**	**1**	**12**	**13**	**2**	**4**	**42**

Tabelle 5: Änderungen im Besonderen Teil des StGB nach Legislaturperioden

	8	9	10	11	12	13	14	15	**Summe**
Straftaten gegen die öffentliche Ordnung		1	4		1	1	2	6	**15**
Straftaten gegen die sexuelle Selbstbestimmung			1		4	4	1	1	**11**
Begünstigung und Hehlerei					4	1	3		**8**
Gemeingefährliche Straftaten			1	3	1	2			**7**
Betrug und Untreue			1			2	1	2	**6**
Straftaten gegen die Umwelt	1				2	2			**5**
Friedensverrat, Hochverrat und Gefährdung des demokratischen Rechtsstaates		1	1		1	2			**5**
Geld- und Wertzeichenfälschung			1		1	1	1	1	**5**
Verletzung des persönlichen Lebens- und Geheimbereichs			1	1		1	1	1	**5**

Straftaten gegen die persönliche Freiheit				1		2		2	**5**
Sachbeschädigung			3					1	**4**
Straftaten gegen Verfassungsorgane sowie bei Wahlen und Abstimmungen	1				1		1		**3**
Straftaten im Amt	1					2			**3**
Urkundenfälschung			1		1	1			**3**
Diebstahl und Unterschlagung				1	1	1			**3**
Strafbarer Eigennutz			1			1			**2**
Straftaten, welche sich auf Religion und Weltanschauung beziehen			1			1			**2**
Straftaten gegen die körperliche Unversehrtheit					1	1			**2**
Raub und Erpressung					1	1			**2**
Straftaten gegen das Leben						2			**2**
Straftaten gegen den Wettbewerb							1	1	**2**
Beleidigung			1						**1**
Straftaten gegen den Personenstand, die Ehe und die Familie						1			**1**
Falsche uneidliche Aussage und Meineid							1		**1**
Summe	**3**	**2**	**17**	**6**	**19**	**29**	**12**	**15**	**103**

Im Vergleich der beiden Tabellen fällt auf, dass die Änderungsgesetze die beiden Teile des StGB nicht gleichermaßen tangieren. Mehr als doppelt so viele Änderungen erfolgten im Besonderen Teil des StGB. Gegenstand der Änderungen waren also bei weitem mehr die Strafvorschriften in Bezug auf einzelne Straftatbestände als die Modalitäten des Strafens.

Abbildung 11 zeigt die Entwicklung der Häufigkeiten von Änderungen in den Abschnitten der beiden Teile des StGB im Zeitverlauf. Während sich die Anzahl der Änderungen in beiden Teilen des StGB in der achten und neunten Legislaturperiode noch annähernd gleichmäßig auf niedrigem Niveau befand, stiegen ab der zehnten Legislaturperiode die Änderungen im Besonderen Teil überproportional an. Seitdem bewegt sich die Zahl der Änderungen im Besonderen Teil auf konstant höherem Niveau als die Zahl der Änderungen im Allgemeinen Teil des StGB, wobei die Entwicklung wellenförmig und parallel verläuft. Diese Kluft ist allerdings nicht verwunderlich, da der Umfang des Besonderen Teils das Dreieinhalbfache des Allgemeinen Teils beträgt.

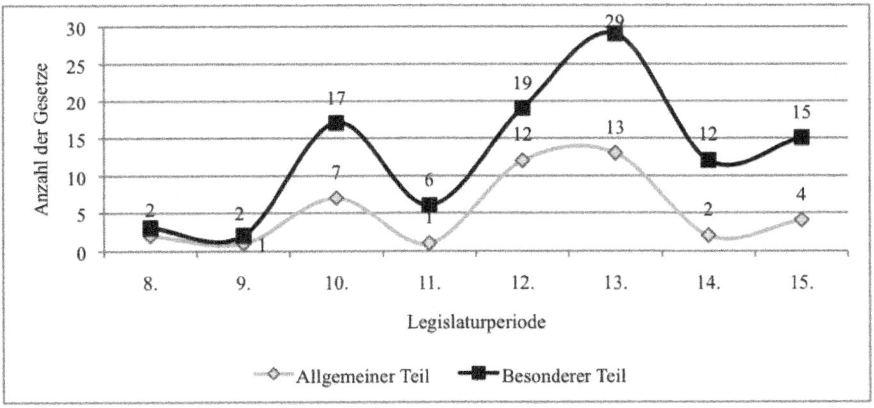

Abbildung 11: Anzahl der Änderungen in den Hauptabschnitten des StGB (N = 74 Gesetze)

Neben diesen quantitativen Dimensionen der legislativen Aktivität und der nur groben inhaltlichen Informationen über die betroffenen Abschnitte des StGB ist natürlich auch und zuvörderst von Interesse, worin diese Aktivitäten bestanden. Da eine chronologische Aufzählung aller inhaltlichen Änderungen der einzelnen Gesetze[57] an dieser Stelle nicht zielführend ist, weil sie zu Doppelungen führen würde, da sie auch Gegenstand der folgenden Kapitel sind, wird an dieser Stelle nur ein kurzer Überblick darüber erfolgen, welche Strafrechtsfelder im Betrachtungszeitraum besonders von den legislativen Aktivitäten betroffen waren. Sieht

57 Im Anhang findet sich eine chronologische Auflistung der Titel aller in die Analyse eingegangenen StGB-Änderungsgesetze. Eine chronologische Abhandlung der Inhalte aller StGB-Änderungsgesetze von 1871 bis 2005 kann bei Vormbaum/Welp (2006) nachgelesen werden.

man von der Systematik des StGB ab, die nicht der alltagssprachlich gebräuchlichen Unterscheidung verschiedener Strafrechts- bzw. Deliktfelder entspricht – und daher für den Nichtjuristen teilweise wenig aufschlussreich ist, welche Straftaten sich hinter den Abschnitten verbergen –, lassen sich die Hauptentwicklungslinien vornehmlich in einer Expansion des Sexual-, Terrorismus-, Umwelt- und Wirtschaftsstrafrechts ausmachen. Daneben sind eine kontinuierliche Ausdehnung des Geltungsbereichs des StGB sowie eine Verlängerung von Verjährungsfristen als dominante Entwicklungsrichtungen festzustellen.

Die Untersuchung beginnt mit der achten Legislaturperiode (1976-1980), welche unter der Regierung von SPD und FDP stand, die bereits seit der sechsten Legislaturperiode (1969) gemeinsam regierten. Im Mittelpunkt der achten Legislaturperiode stand die Schaffung eines Umweltstrafrechts als eigenes Gebiet des Strafrechts sowie die Einführung der Unverjährbarkeit des Mordes.

In der neunten Legislaturperiode (1980-1983), innerhalb derer sich ein Regierungswechsel von der sozial-liberalen zur konservativ-liberalen Koalition vollzog (Oktober 1982), lässt sich erstmalig für den Betrachtungszeitraum der Mechanismus des ‚Defining Deviance Down' beobachten. Die Strafvorschriften zur Verhinderung der verfassungsfeindlichen Befürwortung sowie Anleitung von Straftaten wurden (noch unter der sozial-liberalen Regierung) aufgehoben, da sie sich in der Praxis als nicht relevant herausstellten. Ebenfalls noch von der sozialliberalen Koalition eingeführt wurde die Möglichkeit zur Aussetzung des Strafrestes nach der Verbüßung von 15 Jahren für zu einer lebenslangen Freiheitsstrafe Verurteilte. Dieser mildere Strafrechtskurs wurde nach dem Regierungswechsel nicht beibehalten.

Wesentliche Änderungen der zehnten Legislaturperiode (1983-1987), in welcher sich die konservativ-liberale Regierung fortsetzte, betrafen Verschärfungen des Jugendschutzes sowie des Demonstrations-, Wirtschafts- und Terrorismusstrafrechts. Die Möglichkeit zur Strafaussetzung zur Bewährung wurde dahingehend erweitert, dass nunmehr nach der Gesamtwürdigung von Tat und Persönlichkeit des Verurteilten besondere Umstände vorliegen müssen. Zuvor war die Strafaussetzung zur Bewährung an besondere Umstände der Tat und der Persönlichkeit des Täters gebunden. Eine weitere bemerkenswerte Neuerung besteht in der Einführung, das Bemühen des Täters, einen Ausgleich mit dem Verletzten zu erreichen, als Strafzumessungserwägung zu berücksichtigen.

In der elften Legislaturperiode (1987-1990), welche ebenfalls unter schwarz-gelber Regierung stand, wurde die Verschärfung des Terrorismusstrafrechts weitergeführt. Danach diversifizierten sich die Expansionsbestrebungen des Strafrechts erneut. Am stärksten betroffen war in der zwölften Legislaturperiode (1990-1994), die weiterhin von der konservativ-liberalen Koalition regiert wurde, das Sexualstrafrecht. Aber auch die Strafvorschriften gegen Organisierte

Kriminalität sowie das Umweltstrafrecht wurden weiter ausgebaut. Letzteres ist in erheblichem Maße darauf zurückzuführen, dass sich Die Grünen nach ihrem Eintritt in den Bundestag, der 1983 erfolgte, allmählich dort etablierten, und damit die Umweltpolitik weiter nach oben auf der politischen Agenda beförderten. Abweichend vom Kurs des ‚Defining Deviance Up' wurde in der zwölften Legislaturperiode mit dem *Verbrechensbekämpfungsgesetz vom 28. Oktober 1994* der Täter-Opfer-Ausgleich in § 46a StGB als fakultativer Strafmilderungsgrund aufgenommen.

Auch in der 13. Legislaturperiode (1994-1998), die ebenfalls unter die Regierung von CDU/CSU und FDP fiel, standen das Sexual- und Umweltstrafrecht sowie die Strafvorschriften gegen die Organisierte Kriminalität im Fokus der Gesetzgebung. Darüber hinaus sind besonders Änderungen der Strafvorschriften in Bezug auf Wirtschaftsdelikte zu bemerken.

In den folgenden Legislaturperioden lässt sich nicht mehr wie in den vorangegangenen eine Konzentration auf bestimmte Strafrechtsfelder feststellen, sondern die legislativen Aktivitäten erstreckten sich nahezu auf alle Bereiche. Besonders herauszustellen ist für die 14. Legislaturperiode (1998-2002), mit der CDU/CSU und FDP durch SPD und Grüne von der Regierung abgelöst wurden, das *Gesetz zur Bekämpfung gefährlicher Hunde vom 12. April 2001*. Damit wurde der Umgang mit gefährlichen Hunden pönalisiert. Auch dem *Gesetz zur Regelung der Rechtsverhältnisse der Prostituierten vom 20. Dezember 2001* gebührt besondere Erwähnung. In dessen Folge wurde die Sittenwidrigkeit der Prostitution aufgehoben und der Tatbestand der Förderung der Prostitution wurde auf die Ausbeutung von Prostituierten beschränkt. Ebenfalls in die 14. Legislaturperiode fällt die Schaffung eines eigenständigen Völkerstrafgesetzbuches. Zudem wurde die Sicherungsverwahrung verschärft. Wie in der vorherigen Legislaturperiode stand wieder die Bekämpfung der Organisierten Kriminalität auf der legislativen Agenda. Auch das Wirtschaftsstrafrecht (v.a. Strafvorschriften gegen Schwarzarbeit) wurde weiter ausgebaut. Ebenso trat das Terrorismusstrafrecht wieder in den Fokus der Legislative.

Die Erweiterung des Terrorismus- und des Sexualstrafrechts wurde in der 15. Legislaturperiode (2002-2005), die weiterhin unter rot-grüner Regierung stand, fortgeführt. Auch die Vorschriften zur Sicherungsverwahrung wurden weiter ausgebaut. Gleichermaßen stand die Schwarzarbeit wieder im Zentrum der legislativen Aktivität. Den Abschluss der 15. Legislaturperiode bildete das *Neununddreißigste Strafrechtsänderungsgesetz vom 1. September 2005*, welches die Kriminalisierung von Graffiti beschloss.

Insgesamt zeigt sich also, dass der Betrachtungszeitraum mit einer Phase beginnt, in der nur wenige Gesetzesänderungen stattfanden. Ab der zehnten Legislaturperiode richtete sich die Strafgesetzgebung gezielt auf einzelne Deliktfelder. Mit der Steigerung der legislativen Aktivität löst sich diese Konzentration auf spezifische Strafrechtsfelder zunehmend auf und dehnt sich ab der 14. Legislaturperiode auf nahezu alle strafrechtlichen Bereiche aus, so dass sich von einer umfassenden Expansion sprechen lässt. Grundlegend unterscheidet sich die Gesetzgebung der einzelnen Politikphasen nicht. Der legislative Aktionismus scheint weitgehend unabhängig von der parteipolitischen Zusammensetzung der Regierung immer mehr an Fahrt aufzunehmen. Garlands These einer Annäherung der Parteien in kriminalpolitischen Angelegenheiten ist daher auch vor diesem Hintergrund nicht zu widersprechen.

Nach dieser Beschreibung der Entwicklung der legislativen Aktivität im untersuchten Ausschnitt der Strafgesetzgebung, welche deren Umfang und die Richtung deutlich gemacht hat, wird im nächsten Abschnitt auf die Begründungen eingegangen, die für die Gesetzesänderungen herangezogen wurden.

3.4.2 Begründungen der Gesetzesänderungen

Abbildung 12 zeigt in aufsteigender Abfolge die Zahl der Änderungsgesetze, in denen die einzelnen Begründungen zur Legitimation der Änderungen herangezogen wurden. Wurde im Rahmen eines Gesetzgebungsverfahrens mehrmals dieselbe Begründung angebracht, wurde diese nur einmal gezählt. Es können jedoch mehrere Begründungen für eine Gesetzesänderung angeführt werden. Daher übersteigt die Anzahl der in Abbildung 12 ausgewiesenen Änderungsgesetze die Zahl der in die Analyse eingegangenen Änderungsgesetze. Durchschnittlich wurden 3,7 verschiedene Begründungen pro Änderungsgesetz angeführt. Bei der Interpretation dieser sowie aller folgenden Abbildungen ist zu berücksichtigen, dass bei einer kleinen Grundgesamtheit von 74 Gesetzen die Fallzahlen teilweise sehr niedrig sind und auch die Unterschiede teilweise gering ausfallen, so dass keine Signifikanz behauptet, sondern lediglich Tendenzen aufgezeigt werden können.[58]

[58] Es wäre z.B. zu überprüfen, ob die hier vorgefundenen Tendenzen auch im Nebenstrafrecht, Strafprozessrecht oder Polizeirecht zu finden sind, um die Aussagekraft der Ergebnisse zu untermauern bzw. zu relativieren.

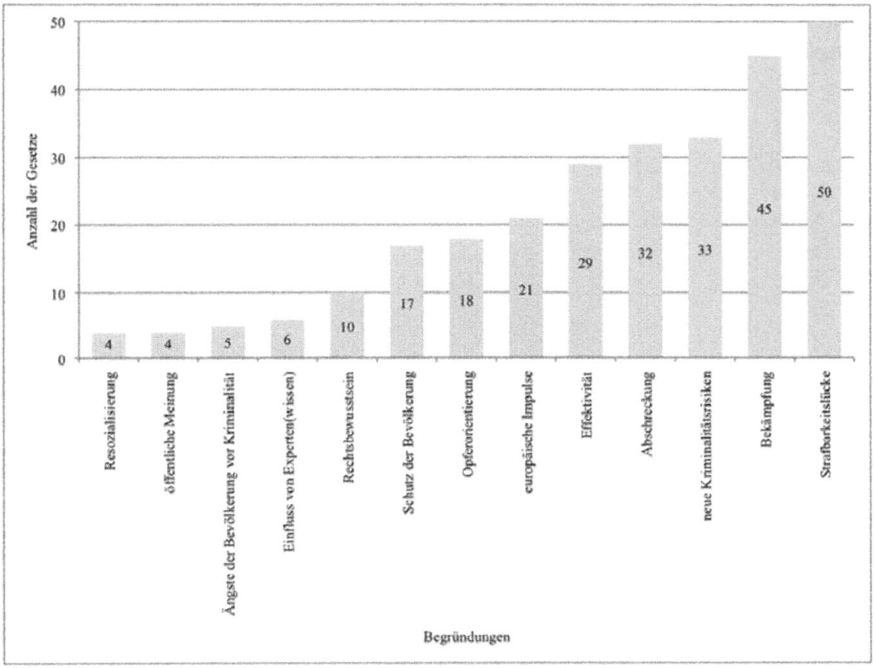

Abbildung 12: Häufigkeiten der Begründungen der Gesetzesänderungen

Die Abfolge, in der im Folgenden auf die einzelnen Begründungen eingegangen wird, richtet sich nach der Chronologie in Abbildung 12.

3.4.2.1 Resozialisierung

Abbildung 13[59] zeigt die Anzahl der Gesetze pro Legislaturperiode, in deren Begründungen auf das Ziel der Resozialisierung Bezug genommen wurde. Darin schlägt sich sehr deutlich nieder, dass dem Resozialisierungspostulat im gesamten Betrachtungszeitraum kaum Bedeutung zukommt. Lediglich in vier Gesetzen

[59] Hier werden nur die absoluten Häufigkeiten dargestellt. Aufgrund der teilweise sehr geringen Anzahl von Gesetzen pro Legislaturperiode würde die Berechnung von relativen Häufigkeiten zu sehr starken Verzerrungen führen. Daher wird an dieser Stelle darauf verzichtet. Die grauen Balken im Hintergrund stellen die Anzahl der in den einzelnen Legislaturperioden erlassenen Änderungsgesetze dar, die in die Analyse eingegangen sind (vgl. Abb. 2).

wurde Resozialisierung als Argument zur Begründung der gesetzlichen Änderungen herangezogen.

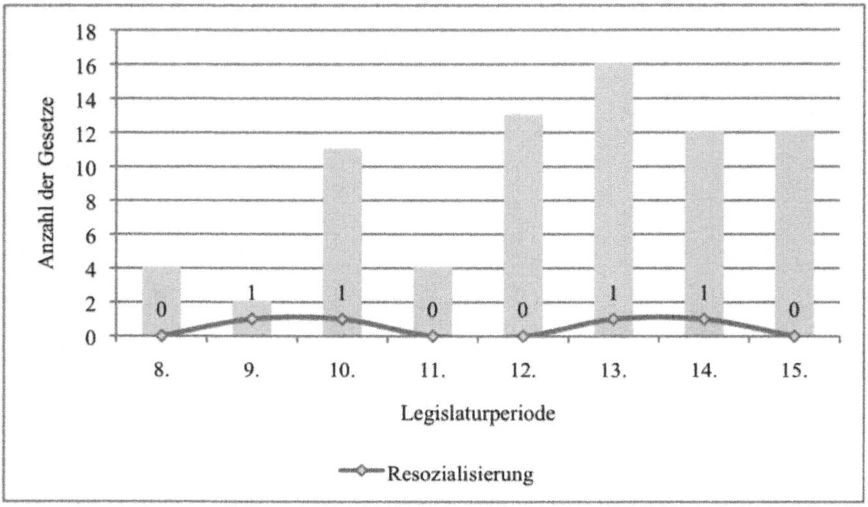

Abbildung 13: Resozialisierung als Begründung

Mit dem *Zwanzigsten Strafrechtsänderungsgesetz*[60] *vom 8. Dezember 1981* wurde die Einführung der fünfjährigen Bewährung auch bei lebenslanger Freiheitsstrafe und der Möglichkeit der Strafrestaussetzung nach 15 Jahren beschlossen, wenn eine positive gutachterliche Sozialprognose vorliegt. Das Gesetz geht auf eine Entscheidung des Bundesverfassungsgerichts vom 21. Juni 1977 (1 BvL 14/76) zurück, in der dem Gesetzgeber auferlegt wurde, die Voraussetzungen sowie das anzuwendende Verfahren bei der Strafrestaussetzung der lebenslangen Freiheitsstrafe gesetzlich zu regeln. Dieser Entscheidung war ein Vorlagebeschluss vorangegangen, der unter anderem in Zweifel zog, dass das Fehlen dieser gesetzlichen Regelung mit dem Resozialisierungsziel vereinbar sei. Da dem zu lebenslanger Freiheitsstrafe Verurteilten die Chance verbleiben müsse, je wieder der Freiheit teilhaftig zu werden, reiche die Hoffnung auf Begnadigung nicht aus. Daher forderte das Bundesverfassungsgericht eine Präzisierung der Voraussetzungen, unter denen die Vollstreckung einer lebenslangen Freiheitsstrafe ausgesetzt werden kann. Die daraufhin festgelegte Mindestverbüßungsdauer von 15

60 Eine genaue Analyse dieses Gesetzgebungsprozesses hat Lüdemann (1986) vorgelegt.

Jahren wurde in der Beschlussempfehlung und dem Bericht des Rechtsausschusses (BT-Drs. 9/450: 8) damit begründet, dass es sich dabei um eine „für den Verurteilten gerade noch überschaubare Frist" handle, die eine Resozialisierung noch zulasse.

Das *Dreiundzwanzigste Strafrechtsänderungsgesetz vom 13. April 1986* erweiterte mit Verweis auf das Resozialisierungsgebot die Vorschriften zur Strafaussetzung zur Bewährung. In der Begründung des Gesetzentwurfs (vgl. BT-Drs. 10/2720: 11) heißt es, dass sich der Entwurf von der Erfahrung leiten lasse, dass die Chancen einer erfolgreichen Resozialisierung des Verurteilten während des Strafvollzugs mit zunehmender Zahl der Verbüßungen von Freiheitsstrafen abnehme. So wurde festgelegt, dass eine Freiheitsstrafe bis zu zwei Jahren auch nach Halbzeitverbüßung ausgesetzt werden kann, wenn eine positive Sozialprognose vorliegt und der Verurteilte sich erstmalig im Strafvollzug befindet. Darüber hinaus wurde die Vorschrift über die obligatorische Strafverschärfung bei Rückfall aufgehoben, was als „[...] wichtige Ergänzung der Bemühungen um eine erfolgreiche Resozialisierung von Straftätern" (BT-Protokoll 10/120: 8928) gewertet wurde. Zudem wurde die Möglichkeit der Gesamtstrafenbildung auch bei lebenslanger Freiheitsstrafe geschaffen.

Ein Rekurs auf den Resozialisierungsgedanken taucht erst wieder im *Gesetz zur Bekämpfung von Sexualstraftaten und anderen gefährlichen Straftaten vom 26. Januar 1998* auf. Mit diesem Gesetz wurden die Voraussetzungen für die Aussetzung des Strafrestes zur Bewährung verschärft, Möglichkeiten zur Zwangstherapie für Sexualstraftäter neu eingeführt und die Anordnung von Sicherungsverwahrung erleichtert. Dabei fand eine fragwürdige Verknüpfung strafrechtlicher Änderungen mit dem Resozialisierungsgebot statt. Die Verwendung scheint hier eher als Feigenblatt für die Schwerpunktverlagerung vom wohlfahrtsstaatlichen in den Strafrechtsmodus (vgl. Garland 2008: 314) zu dienen. Die Beibehaltung der Erprobungsklausel wurde zwar mit ihrer ausschlaggebenden Bedeutung für die Resozialisierung des Verurteilten begründet (vgl. BT-Drs. 13/8586: 11). Allerdings unterliegt die Aussetzung der Strafvollstreckung nicht länger der Erprobungsklausel, sondern muss nunmehr zusätzlich das Sicherheitsinteresse der Allgemeinheit[61] wahren. Die ausdrückliche Aufnahme des Sicherheitsinteresses der Allgemeinheit im Gesetzestext indiziert, so Haffke (vgl. 2005: 26), einen Wandel im kriminalpolitischen Klima hin zu einer Logik des Sicherheitsdenkens, nach der den Sicherheitsinteressen gegenüber den Resozialisierungsinteressen des Verurteilten größeres Gewicht beigemessen werde. Ähnlich argumentiert der Strafrechtsprofessor Rengier (2003: 23) in seiner Beurteilung der gesetzlichen Änderungen und bemerkt, dass die „Resozialisierungsidee nicht

[61] Genauer wird auf diesen Begriff in Kapitel 3.4.2.6 eingegangen.

mehr im Vordergrund steht" und „[d]as Sicherheitsinteresse der Allgemeinheit [...] zu einem Leitmotiv" werde. Auch Heinz (vgl. 2009: 236) konstatiert, dass eine Aufwertung des Sicherheits- und Sicherungsgedankens gegenüber Resozialisierungs- und Behandlungsgesichtspunkten unbestreitbar sei. Diese Tendenz der Unterordnung des Resozialisierungspostulats unter die Sicherheitsdoktrin hat auch Garland (2008: 315) im Blick, wenn er schreibt, dass die Praxis der Resozialisierung heutzutage vornehmlich im Rahmen des Risikodenkens als dem der Wohlfahrt stattfinde: „Straftäter können nur insoweit »behandelt« werden [...], als eine solche Behandlung die Bevölkerung schützt, das Risiko vermindert und kostenwirksamer ist als eine simple, umstandslose Bestrafung." Damit gehe einher, dass Resozialisierung nicht mehr in erster Linie auf den Täter gerichtet sei, sondern auf den Schutz zukünftiger Opfer, und darüber hinaus als Investition gesehen werde, die sich lohnen müsse und daher genau zu prüfen sei (vgl. ebd.: 316). Robinson (vgl. 2008: 433f.) spricht in diesem Zusammenhang von „managerial rehabilitation", in deren Kontext resozialisierende Maßnahmen zu effektiven Mitteln des Risikomanagements geworden seien.

In diesen Trend fügt sich eine weitere bedenkliche Verwendung des Resozialisierungsarguments im *Gesetz zur Bekämpfung von Sexualstraftaten und anderen gefährlichen Straftaten* ein. Dieses findet sich in der Legitimation der Einführung einer zwingenden Verlegung in eine sozialtherapeutische Anstalt von behandlungsfähigen und behandlungsbedürftigen Sexualstraftätern bei Verurteilungen zu mehr als zwei Jahren Freiheitsstrafe. Die Prüfung der Behandlungsfähigkeit und Behandlungsbedürftigkeit sei gleich zu Beginn des Vollzuges vorzunehmen und bei negativer Entscheidung in regelmäßigen Abständen zu wiederholen (vgl. BT-Drs. 13/8586: 2). Diese gesetzliche Änderung geschah mit Verweis auf die positiven Wirkungen therapeutischer Behandlungsmaßnahmen auf die zukünftige Legalbewährung bei Sexualstraftätern, die sich in Rückfalluntersuchungen herausgestellt hätten. Aus dieser Maßnahme die Einführung einer Zwangstherapie abzuleiten, ist zwar naheliegend, aber dennoch umstritten (vgl. Haffke 2005: 26f.). Zweifellos ist jedoch, dass Sexualstraftäter, die eine Therapie verweigern, mit negativen Konsequenzen zu rechnen haben (vgl. ebd.: 27). Inwiefern diese gesetzlichen Änderungen tatsächlich resozialisierungsförderlichen Charakter besitzen, ist daher entschieden in Frage zu stellen.

Eine ähnlich zweifelhafte Verwendung des Resozialisierungsarguments zeigt sich im *Gesetz zur Einführung der vorbehaltenen Sicherungsverwahrung vom 21. August 2002.*[62] Danach kann der Richter im Urteil vorbehalten, dass zu einem späteren Zeitpunkt darüber entschieden werden soll, ob Sicherungsverwahrung verhängt wird. In der ersten Beratung des Gesetzentwurfs wurden posi-

62 Mit dem Urteil des Bundesverfassungsgerichts vom 4. Mai 2011 wurde die vorbehaltene Sicherungsverwahrung für verfassungswidrig erklärt.

tive Effekte der vorbehaltenen Sicherungsverwahrung auf die Resozialisierung postuliert (vgl. BT-Protokoll 14/228: 22699). Das Wissen, unter dem Vorbehalt der Sicherungsverwahrung zu stehen, möge bei den Verurteilten auch die Bereitschaft wecken, an seiner Resozialisierung aktiv mitzuarbeiten. Diese Bereitschaft sei gerade bei vielen Sexualstraftätern nicht vorhanden. Dafür, dass aus dem Vorbehalt der Sicherungsverwahrung eine resozialisierungsfördernde Wirkung ausgeht, gibt es keinerlei empirische Evidenz, und ein derartiger Zusammenhang ist schwer vorstellbar.

Insgesamt zeigt sich, dass dem Resozialisierungsargument in dem hier betrachteten Ausschnitt der Strafgesetzgebung rein quantitativ kaum Bedeutung zukommt. Eine Analyse der Änderungen des Strafvollzugsgesetzes, dessen oberstes Gebot das Resozialisierungsziel nach wie vor – zumindest noch auf dem Papier – ist, würde eventuell zu anderen Ergebnissen kommen. Dass Garland (vgl. 2008: 50) aber darin zuzustimmen ist, dass das Resozialisierungsziel kaum Relevanz besitzt und die Strafgesetzgebung nicht von Besserungserwägungen bestimmt ist, sondern andere Strafziele höher gewichtet werden, wird auch anhand dieser wenigen Änderungen des Strafgesetzbuches deutlich. Die Gesetzesänderungen, die seit dem *Gesetz zur Bekämpfung von Sexualstraftaten und anderen gefährlichen Straftaten vom 26. Januar 1998* mit dem Resozialisierungsgedanken begründet werden, stehen nur vorgeblich in dessen Ziel, weil sich diese Änderungen nach wissenschaftlichen Erkenntnissen kaum als resozialisierungsförderlich erweisen können. Daher handelt es sich hier um eine völlig unangemessene Verwendung des Resozialisierungsgedankens, um Verschärfungen des Strafrechts zu legitimieren.

3.4.2.2 Öffentliche Meinung

Gleichermaßen selten wie das Resozialisierungsargument taucht in den Gesetzgebungsmaterialien die Begründung auf, dass die Änderungen des Strafgesetzbuches durch gesellschaftliche Partikularinteressen motiviert seien und mit den neuen gesetzlichen Regelungen ‚externen Zwängen' nachgegeben werde. Dass der Meinung der Bevölkerung in der Gesetzgebungspraxis vermehrt Beachtung geschenkt wird, wie es ein populistischer Politikstil impliziert, schlägt sich nicht in den hier analysierten Gesetzgebungsverfahren nieder. Im gesamten Betrachtungszeitraum kommt es nur viermal vor, dass Gesetzentwürfe damit begründet wurden, dass sie dem Wunsch der Öffentlichkeit oder bestimmter Interessengruppen folgen (vgl. Abb. 14).

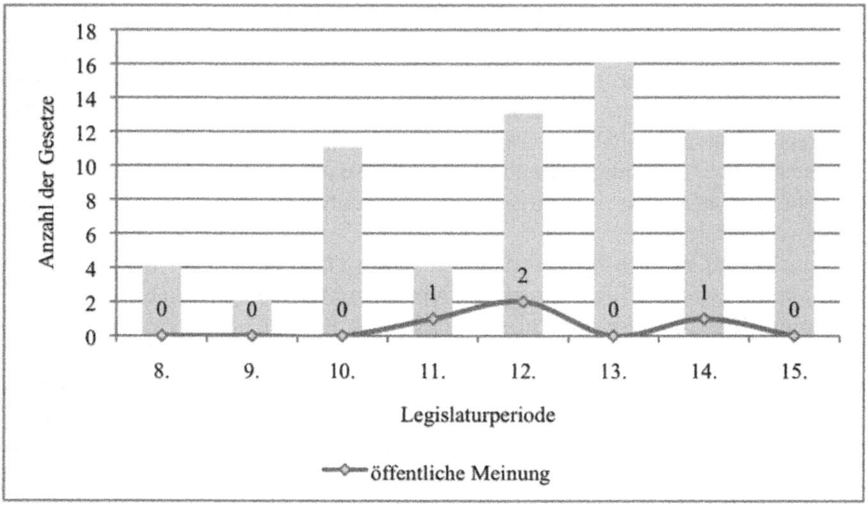

Abbildung 14: Öffentliche Meinung als Begründung

Besonders vehement wurde in der ersten Beratung zum *Gesetz zur Änderung des Strafgesetzbuches, der Strafprozessordnung und des Versammlungsgesetzes und zur Einführung einer Kronzeugenregelung bei terroristischen Straftaten vom 9. Juni 1989* auf die Bevölkerungsmeinung rekurriert. Damit wurde die Kronzeugenregelung eingeführt, das Vermummungsverbot[63] verschärft sowie die Mindeststrafen für die Straftatbestände erpresserischer Menschenraub und Geiselnahme von drei auf fünf Jahre erhöht. Der Bundesinnenminister Zimmermann (CSU) untermauerte die Notwendigkeit der Verschärfung des Vermummungsverbots in der ersten Beratung des Gesetzentwurfs folgendermaßen:

> „Die überwältigende Mehrheit unserer Bürger fordert ein schärferes Vorgehen insbesondere gegen vermummte Gewalttäter. Das weisen auch die Ergebnisse einer im Auftrag der Bundesregierung [...] durchgeführten Umfrage aus“ (BT-Protokoll 11/95: 6526).

Hier wird der Anschein erweckt, als werde die Gesetzgebung von Meinungsumfragen bestimmt. Darin offenbart sich die ‚Democracy-at-Work‘-

63 Eingeführt wurde das Vermummungsverbot als Reaktion auf neonazistische Kundgebungen und linksradikale Gegendemonstrationen mit dem *Gesetz zur Änderung des Strafgesetzbuches und des Versammlungsgesetzes vom 18. Juli 1985.*

Hypothese (Beckett 1997; Cullen/Clark/Wozniak 1985) in Reinform. Diese unterstellt, dass punitive Einstellungen in der Bevölkerung die staatliche Kriminalpolitik (mit)bestimmen. Dabei spiele besonders die Zunahme der Kriminalitätsfurcht in der Bevölkerung eine entscheidende Rolle und führe zu Forderungen nach einem härteren Vorgehen gegen Kriminalität. Die Politik folge somit einer gestiegenen Repressionsneigung der Bevölkerung und reagiere mit restriktiven Gesetzen auf ein punitiviertes öffentliches Klima. In ihrem Buch „Making Crime Pay" hat Beckett (1997) die ‚Democracy-at-Work'-Hypothese allerdings erfolgreich widerlegen können. Sie zeigt anhand einer empirischen Zeitreihenanalyse der einschlägigen Kriminalstatistiken, demoskopischer Befunde, medialer Inhaltsanalysen sowie politischer und legislativer Aktivitäten eine Kausalsequenz auf, die die umgekehrte Abfolge offenbart. Die Kriminalpolitik erfährt ihre Impulse zu allererst von der Politik selbst, von wo aus sie Eingang in die Medien findet, bei ihren Lesern und Nutzern ankommt, um von dort – u.a. mittels veränderter Anzeigebereitschaft und Verfolgungsintensität – auf die sichtbar gemachte, offizielle Kriminalität zurückzuwirken.

In zwei Gesetzgebungsverfahren wurde zur Bekräftigung auf die Erwartungen der Bürger abgestellt. Das *Gesetz zur Änderung des Strafgesetzbuches, der Strafprozeßordnung und anderer Gesetze (Verbrechensbekämpfungsgesetz) vom 28. Oktober 1994* begründete der Abgeordnete Marschewski (CDU/CSU) damit, dass „der Bürger zu Recht erwartet, daß der Staat alles daran setzt, Gewalt noch nachhaltiger zu bekämpfen" (BT-Protokoll 12/210: 18179). Durch dieses Gesetz wurde der Geldwäschetatbestand weiter verschärft sowie auch der Tatbestand gewerbs- und bandenmäßig begangener Vermögensdelikte. Zudem wurde der Tatbestand des Verschaffens von falschen amtlichen Ausweisen, aufenthaltsrechtlichen Papieren und Fahrzeugpapieren eingeführt. Im Mittelpunkt des Gesetzes stand die Verschärfung der Strafrahmen für Körperverletzungsdelikte, welche allerdings nicht im Kontext der Organisierten Kriminalität, sondern rechtsextremistischer Ausschreitungen erfolgte, welche auch zum Anlass genommen wurden, den Tatbestand der Volksverhetzung zu verschärfen und den Tatbestand der Anstachelung zum Rassenhass in den allgemeineren Tatbestand der Gewaltdarstellung umzubenennen. Ebenso wurde mit ausländerfeindlichen Ausschreitungen in Zusammenhang stehend der Tatbestand des Verwendens von Kennzeichen verfassungswidriger Organisationen erweitert.

Das zweite Gesetz, mit dem auf Erwartungen der Bürger rekurriert wurde, ist das *Steuerverkürzungsbekämpfungsgesetz vom 19. Dezember 2001.* Damit wurde die Strafbarkeit gewerbs- oder bandenmäßiger Steuerhinterziehung eingeführt und der Geldwäschetatbestand erneut erweitert. In der Begründung des Gesetzentwurfs heißt es: „Auch die steuerehrlichen Unternehmer erwarteten eine aktive Bekämpfung des Umsatzsteuerbetrugs, damit es nicht weiterhin zu ihren Lasten zu Wettbewerbsverzerrungen komme" (BT-Drs. 14/7471: 4).

Es erscheint plausibel anzunehmen, dass ein Grund dafür, dass in den hier untersuchten Gesetzgebungsverfahren kaum mit dem Verweis auf die öffentliche Meinung argumentiert wurde, darin zu sehen ist, dass Politiker in der Regel darum bemüht sind, sich als unbeeinflussbar darzustellen und es eher als Zeichen mangelnder Professionalität und Durchsetzungskraft angesehen wird, wenn sie externem Druck nachgeben. Gerade in den Beratungen der Gesetzentwürfe im Plenum geht es um die Demonstration von Handlungsfähigkeit, persönlichem Sachverstand und der eigenen Überzeugung von der Richtigkeit der zur Debatte stehenden gesetzgeberischen Maßnahmen. Beratungen im Plenum sind nicht der Ort, um preiszugeben, dass populistischen Forderungen Folge geleistet wird. Dass man sich von der Meinung der Bevölkerung leiten lässt und daran orientiert, käme einem Eingeständnis von Schwäche gleich. Gesetzesvorhaben, die in Verdacht stehen, dass sie populistisch motivert sind, wird ihre Sinnhaftigkeit abgesprochen. Ein Beispiel dafür, dass Abgeordnete den Populismusvorwurf selbst nutzen, um einen Gesetzentwurf aus dem anderen politischen Lager abzuqualifizieren, ist der Diskussion um das *Achtundzwanzigste Strafrechtsänderungsgesetz vom 13. Januar 1994* zu entnehmen, in welchem es um die Einführung des Tatbestandes der Abgeordnetenbestechung geht. In der zweiten Beratung äußerte sich der Abgeordnete Müller (CDU/CSU) dazu folgendermaßen: „Ich glaube, mit diesem Gesetz verhält es sich so, wie es zur Zeit üblich ist: Es ist eine Antwort auf populistische Forderungen, die in bestimmten Boulevardzeitungen erhoben werden" (BT-Protokoll 12/190: 16427). Eine mögliche Erklärung dafür, dass in der parlamentarischen Behandlung so selten Bezug auf die öffentliche Meinung genommen wird, kann demnach darin bestehen zu vermeiden, eine Grundlage für solche Angriffe zu bieten. Insofern lässt sich vermuten, dass ein Rekurs auf die öffentliche Meinung ein Argument ist, das auf dem Wissensmarkt ‚Parlamentsdebatte' keinen Bestand hat und nicht zum ‚Feld des Sagbaren' gehört.

3.4.2.3 Ängste der Bürger vor Kriminalität

Abbildung 15 zeigt die Anzahl der Gesetze pro Legislaturperiode, in denen auf das subjektive Sicherheitsgefühl bzw. die Kriminalitätsfurcht der Bürger abgestellt wurde. Dabei fällt auf, dass die Ängste der Bürger, Opfer einer Straftat zu werden, erstmalig in der zwölften Legislaturperiode aufgegriffen wurden und sich die Zahl der Nennungen auf einem sehr geringen Niveau bewegt.

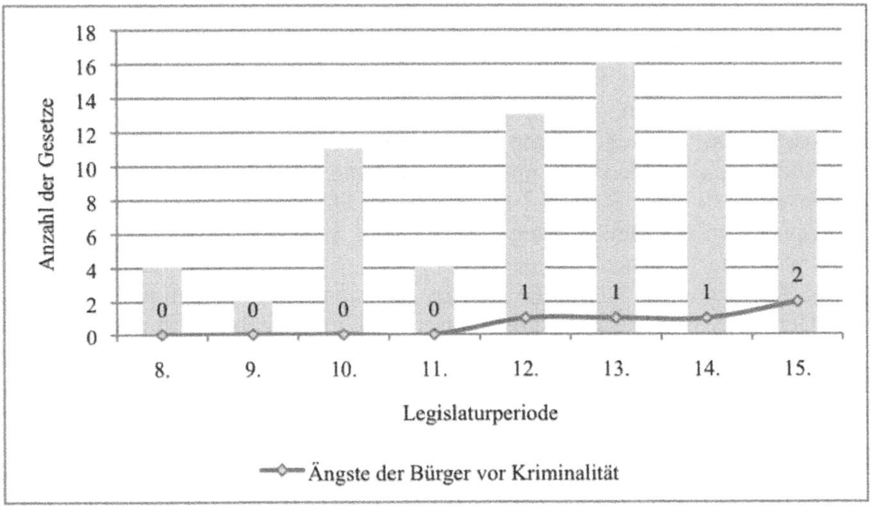

Abbildung 15: Ängste der Bürger vor Kriminalität als Begründung

Der selbstauferlegte Imperativ der Politik, sich des Sicherheitsgefühls der Bevölkerung anzunehmen, wie er von Garland als charakteristisch für den kriminalpolitischen Wandel angesehen wird, findet sich also nur marginal in den hier untersuchten Gesetzentwürfen wieder. Exemplarisch für den Rekurs auf die Ängste der Bürger vor Kriminalität stehen die Äußerungen des Bundesinnenministers Kanther in der zweiten Beratung des Gesetzentwurfs zum *Verbrechensbekämpfungsgesetz vom 28. Oktober 1994*: „Die Bürger der Bundesrepublik Deutschland haben Angst vor Verbrechern, und die Politik ist gehalten, ihnen diese Angst nach Kräften zu nehmen“ (BT-Protokoll 12/210: 19892).

Dieser Appell zeigt sich auch in der zweiten Beratung zum *Gesetz zur Bekämpfung von Sexualdelikten und anderen gefährlichen Straftaten vom 26. Januar 1998* in folgender Äußerung des bayerischen Staatsministers Leeb: „Wir alle kennen die Ängste und Sorgen unserer Mitbürgerinnen und Mitbürger. Die Politik [...] ist aufgerufen, die Ängste und Sorgen der Bevölkerung aufzunehmen“ (BT-Protokoll 13/204: 18457).

Gegen die Triftigkeit der Annahme, die der Aussage Leebs zugrunde liegt, ließe sich wiederum die bereits erwähnte Untersuchung von Beckett (1997) und ihre Widerlegung der ‚Democracy-at-Work‘-Hypothese ins Feld führen (vgl. im Folgenden Sack/Schlepper 2011: 260f.). An dieser Stelle lohnt sich aber auch ein Blick auf die Entwicklung der registrierten Kriminalität im Bereich der Sexualstraftaten, um dem Einwand zu begegnen, der legislative Aktionismus auf dem Feld des Sexualstrafrechts und die gesellschaftsweite Beunruhigung über die Sexualstraftaten seien als eine Reaktion auf einen Anstieg der schweren Sexualkriminalität zu begreifen. Nach Duttge, Hörnle und Renzikowski (2004) ist dies auszuschließen. Die registrierten Fallzahlen sind seit Jahren rückläufig.[64] Wurden 1987 noch 41 Mordfälle im Zusammenhang mit Sexualdelikten registriert, waren es 2010 nur 13 Fälle (vgl. BKA 2011). Wahrgenommen wird dieser Rückgang von der Bevölkerung jedoch nicht. Vielmehr ist das Gegenteil der Fall, wie eine Untersuchung des KFN ergab (vgl. Pfeiffer/Windzio/Kleimann 2004; Windzio et al. 2007). Die größten Diskrepanzen zwischen realer und von den Befragten vermuteter Kriminalitätsentwicklung ergeben sich für besonders schwere Straftaten wie vollendeter Mord, vollendeter Sexualmord und vollendete vorsätzliche Kindstötung. Das Auftreten dieser Delikte wird gegenüber den tatsächlich registrierten Fällen um mehr als das Doppelte überschätzt (vgl. Windzio et al. 2007: 20). Innes und Fielding (2002) betrachten diese Delikte als „signal crimes", die in einer Weise medial aufbereitet werden, dass sie in den Köpfen bestimmter Bevölkerungsgruppen als Spiegel für den Zustand der Gesellschaft und das Versagen des Kriminaljustizsystems fungieren, wodurch Ängste und Sicherheitsbedürfnisse geschürt werden.

Verwunderlich ist diese Fehleinschätzung also nicht, da die mediale Berichterstattung eine gegenteilige Entwicklung suggeriert, wie sich exemplarisch für das Delikt des Kindesmissbrauchs leicht zeigen lässt (vgl. im Folgenden Sack/Schlepper 2011). Erinnert sei an die eingangs dargestellte Grafik aus dem Magazin der Süddeutschen Zeitung aus dem Jahr 1998. Während 1981 knapp hundert Fälle von Kindesmissbrauch verzeichnet sind, aber keine Berichterstattung in der Bildzeitung erfolgte, weist die Grafik für das Jahr 1998 etwas mehr als hundert Fälle verurteilten Kindesmissbrauchs und ca. 350 Berichterstattungen über dieses Delikt aus. Schlagender lässt sich der Beweis nicht erbringen, dass es nicht die objektiv messbare, sondern die kommunizierte ‚Wirklichkeit' ist, die zählt. Allenfalls können sich die Gesetzesverschärfungen im Sexualstrafrecht daher auf einen gefühlten Anstieg der Kriminalität in diesem Bereich und damit einhergehende zunehmende Unsicherheitsgefühle berufen.

Beispielhaft für den Rekurs auf das Sicherheitsgefühl kann auch auf die Ende der 1980er Jahre auf einen Kabinettsbeschluss der konservativ-liberalen Re-

---

64 Zwar zeigt sich für den Bereich der allgemeinen Sexualkriminalität eine Zunahme der registrierten Fälle. Diese erweist sich bei näherem Hinsehen jedoch als überwiegend ‚hausgemacht', da ein Anstieg just bei Delikten zu verzeichnen ist, für die die Strafbarkeit erweitert wurde (z.B. durch die Einführung der geschlechtsneutralen Formulierung in den Tatbeständen Vergewaltigung und sexuelle Nötigung) oder die als neue kriminalisierbare Handlungen in das StGB (z.B. Vergewaltigung in der Ehe) eingeführt wurden (vgl. Stolle 2011: 18).

gierung zurückgehende ‚Unabhängige Regierungskommission zur Verhinderung und Bekämpfung von Gewalt‘ verwiesen werden, die einfach „ein Bedrohtheitsgefühl zum (mit)maßgeblichen Kriterium“ (Schwind/Baumann et al. 1990: 44) der Kriminalpolitik erklärte, als sich wider Erwarten anhand der Daten keine Besorgnis erregende Entwicklung der Gewaltkriminalität nachweisen ließ (vgl. Sack 2006a: 158, ausführlicher 2011: 63ff.).

Die durchaus vorhandene Bedeutung, die die Kriminalitätsfurcht der Bevölkerung für die Kriminalpolitik bekommen hat, wird auch durch folgende Äußerung Hassemers (2006: 140) unterstützt:

> „Und nicht die reale Bedrohung durch das Verbrechen, sondern die ‚gefühlte‘ Bedrohung, die Verbrechensfurcht der Wählerinnen und Wähler, wird am Ende über die reale Kriminalpolitik entscheiden – und das, im demokratischen Staat, mit Recht.“

Hieran zeichnet sich sehr deutlich „eine Hinwendung zu inner-subjektiven Maßstäben“ ab, die Kötter (2004: 373) seit Mitte der 1990er Jahre in verschiedenen Bereichen ausmacht. Er (ebd.: 379) betrachtet es als politische Strategie, dass dem Bedrohungsgefühl der Bürger symbolische Handlungen entgegengesetzt würden, womit politische Handlungsfähigkeit bewiesen und das Vertrauen in den Staat gestärkt werden soll. Auch Dinges und Sack (2000: 41) konstatieren, dass „Akteure aus Politik und Medien einen politischen und ideologischen Mehrwert“ daraus erzielen, dass „subjektive Indikatoren kriminalpolitische und kriminologische Relevanz gewinnen“.

Die Argumentation mit der Kriminalitätsfurcht der Bevölkerung lässt sich (ebenso wie der Bezug auf die öffentliche Meinung) zweifellos als Erscheinungsform eines populistischen Politikstils betrachten. Besonders deutlich offenbart sich dies im Redebeitrag der Abgeordneten Fuchs (SPD) zur Begründung des *Verbrechensbekämpfungsgesetzes vom 28. Oktober 1994*, in dem sie auf die Bedeutungsmächtigkeit der Ängste der Bürger hinwies:

> „wir [müssen] alle Sorge haben [...], daß die Mitbürgerinnen und Mitbürger den Verbrechensanstieg als Hauptsorge begreifen. Viele Menschen sagen uns [...]: ich wage mich nicht mehr in die Parkanlagen; ich gehe abends nicht mehr raus; ich verhalte mich anders, als ich mich verhalten würde, wenn für öffentliche Sicherheit und Ordnung gesorgt werden könnte. Ich glaube, diese Sorgen müssen wir ernst nehmen, [...] denn Sicherheit ist ein Bürgerrecht“ (BT-Protokoll 12/210: 18158).

Auch von der Bundesjustizministerin Leutheusser-Schnarrenberger wurde der Gesetzentwurf in dieser Weise begründet: „[W]ir haben diesen Entwurf aus

Verantwortung erarbeitet, weil wir die **Ängste der Bürger vor Kriminalität** ernst nehmen" (ebd.: 18182; Herv. i. O.).

Nicht nur in Verbindung mit Organisierter Kriminalität, die im Mittelpunkt des *Verbrechensbekämpfungsgesetzes* steht, sondern auch im Zusammenhang mit dem *Gesetz zur Bekämpfung gefährlicher Hunde vom 12. April 2001* wurde auf das Sicherheitsgefühl Bezug genommen. Damit wurde das Verbringen gefährlicher Hunde in das Inland verboten oder es darf nur mit Genehmigung erfolgen. Die Möglichkeiten zum Erlass eines Zuchtverbotes für gefährliche Hunde wurden erweitert und Verstöße gegen bestimmte landesrechtliche Verbote wurden mit Strafe bewehrt (vgl. BT-Drs. 14/4451: 1). Der Abgeordnete Bahr (SPD) begründete den Gesetzentwurf folgendermaßen: „wir nehmen die zunehmende Angst in der Bevölkerung vor gefährlichen Kampfhunden sehr ernst" (BT-Protokoll 14/141: 13871).

Dass die Kriminalitätsfurcht der Bürger von der Politik instrumentalisiert wird, um von anderen Problembereichen und Unsicherheitsgefühlen abzulenken, wurde von dem Abgeordneten Gysi (PDS) – wiederum im Zusammenhang mit dem *Verbrechensbekämpfungsgesetz* – thematisiert:

> „Natürlich: Immer mehr Bürgerinnen und Bürger in Ost und West haben **Angst**. Das sind ganz verschiedene Ängste. Es ist z.B. die Angst vor Kriminalität, aber es ist auch die Angst vor Arbeitslosigkeit, vor dem Abbau des Sozialstaates, vor einer möglicherweise nicht mehr gegebenen Sicherheit der Renten und vieles andere mehr. Ängste kann man abbauen, aber man baut sie meines Erachtens nicht dadurch ab, dass man die eine Existenzsorge durch die andere ersetzt und meint, statt sozialer Sicherheit nunmehr innere Sicherheit bieten zu können" (BT-Protokoll 12/210: 18165; Herv. i. O.).

Damit spricht Gysi einen ganz zentralen Aspekt an, der innerhalb der Kriminalitätsfurchtforschung als Generalisierungsthese (Sessar 1998; Hirtenlehner 2006, 2009) diskutiert wird. Es wird angenommen, dass die Angst vor Kriminalität nicht isoliert auftrete, sondern nicht klar von anderen Ängsten abgrenzbar sei und mit sozialen und existenziellen Ängsten einhergehe. Kriminalitätsfurcht gehöre zu einem Komplex diffuser Unsicherheitsgefühle, der zu einer generalisierten Bedrohungsperzeption führe und sich aus verschiedenen gesellschaftlichen Problemen speise. Auf diese Weise werde die Angst vor Kriminalität ihrem eigentlichen Zusammenhang enthoben und in den breiteren Kontext gesellschaftlicher und sozialer Problemlagen gestellt. Ängste, die ihren Ursprung in existenziellen, sozialen, ökonomischen Unsicherheiten haben, würden auf Kriminalität projiziert:

> „Die vorrangige Beschäftigung mit einer persönlichen Sicherheit [...], die aufgeblasen wird und zusätzlich Bedeutungen aufgebürdet bekommt, die eigentlich der existentiellen Unsicherheit [...] und der psychologischen Unsicherheit zuzurechnen sind, überragt nun alle anderen Besorgnisse und stellt alle anderen Ängste in den Schatten“ (Bauman 1998: 16).

Vor diesem Hintergrund versteht sich Kriminalitätsfurcht als Anpassungsreaktion an die spätmodernen Lebensbedingungen, und aus dem Ausmaß der Angst vor Kriminalität lassen sich Rückschlüsse auf die Fähigkeit ableiten, die neuen Anforderungen zu bewältigen. Dabei gilt: je höher die Kriminalitätsfurcht, desto größer die Probleme, mit den aus den gesellschaftlichen Umbrüchen erwachsenden Unsicherheiten zurecht zu kommen.

Folgt man Bauman, so kann die Übertragung diffuser Ängste auf Kriminalität für die Politik durchaus gewinnbringend sein, und Politiker haben ein großes Interesse daran, allgemeine Ängste auf das persönliche Sicherheitsgefühl zu lenken.

> „Die Verwandlung unlenksamer und unheilbarer Sorgen über die *individuelle Sicherheit* in das dringende Bedürfnis, tatsächliche oder potentielle Verbrechen zu bekämpfen und so die *öffentliche Sicherheit* zu verteidigen, ist ein wirksamer politischer Kunstgriff, der sich bei Wahlen merklich auszahlen kann“ (Bauman 2000: 81; Herv. i. O.).

Nicht nur lässt sich die Angst, Opfer einer Straftat zu werden, klar bestimmen, sondern es lassen sich auch einfacher Rezepte beibringen, um diese zu bekämpfen. An dieser Stelle kann die Politik einhaken und „durch die Demonstration ihrer Tatkraft und Entschlossenheit“ (ebd.: 79), z.B. durch die Verschärfung von Strafgesetzen, den Bau neuer Gefängnisse oder den Einsatz von mehr Polizeikräften, „zumindest einen Teil der akkumulierten Ängste abbauen (und bei Wahlen sogar profitieren)“ (ebd.: 79). Gleichzeitig wird dadurch die Unfähigkeit der Regierung kaschiert, den sozialen und existenziellen Unsicherheiten mit wirksamen Handlungskonzepten begegnen zu können.

Eine weitere Verwendung des Kriminalitätsfurchtarguments zur Begründung von Gesetzesänderungen steht in Verbindung mit der bereits in Kapitel 1.2 erwähnten ‚Broken Windows‘-Theorie, welche auch Einfluss auf die deutsche Kriminalpolitik genommen hat. Bei der darauf fußenden Polizeistrategie handelt es sich um den Import des vermeintlichen Erfolgsrezepts aus den USA, das für den starken Rückgang der Kriminalität in New York in den 1990er Jahren verantwortlich gemacht wird.

Kritische Stimmen bezeichnen den ‚Broken Windows‘-Ansatz als „theoretischen Nullpunkt“ (Nogala 2001: 191), da der von Wilson und Kelling (vgl.

1982: 31) postulierte kausale Zusammenhang zwischen Unordnung und Kriminalität bislang in keiner empirischen Untersuchung bestätigt werden konnte. So kann z.B. Matthews (vgl. 1992: 42) in seiner Sekundäranalyse der Daten des British Crime Survey von 1984 nur einen schwachen Zusammenhang zwischen ‚Incivilities' und Kriminalität feststellen. Sampson und Raudenbush (vgl. 1999: 603) kommen in ihrer Untersuchung zu dem Ergebnis, dass der unterstellte Zusammenhang von Unordnung und Kriminalität nicht existiert. Auch die am Institut für Sicherheits- und Präventionsforschung im Jahr 2004 durchgeführte Untersuchung zur empirischen Überprüfung der ‚Broken Windows'-Theorie ergab nur den erwartbaren Befund eines hochsignifikanten positiven Zusammenhangs zwischen subjektiv wahrgenommenen ‚Incivilities' und Kriminalitätsfurcht (Häfele/Lüdemann 2006). Ein kausaler Zusammenhang zwischen objektiv vorhandenen ‚Incivilities' und Kriminalitätsfurcht konnte jedoch nicht nachgewiesen werden.

Dennoch wird seit Mitte der 1990er Jahre auch in der deutschen Kriminalpolitik auf die ‚Broken Windows'-Theorie Bezug genommen. Exemplarisch hierfür steht die Begründung für die Kriminalisierung von Graffiti-Sprayern, die mit dem *Neununddreißigsten Strafrechtsänderungsgesetz vom 1. September 2005* erfolgte. Der parlamentarische Staatssekretär der Bundesministerin der Justiz Hartenbach rekurrierte in der zweiten Beratung auf den Grundgedanken des ‚Broken Windows'-Ansatzes:

> „Wenn in einem Viertel vermehrt Graffiti angebracht und nicht gleich beseitigt werden, befürchten viele Menschen, Staat, Justiz und Polizei hätten es aufgegeben, für ihre **Sicherheit** sowie für Recht und Ordnung zu sorgen" (BT-Protokoll 15/182: 17189; Herv. i. O.).

Auch die Argumentation der Abgeordneten Raab (CDU/CSU) lehnte sich an die ‚Broken Windows'-Theorie an, nämlich dass „eine gehäufte Ansammlung von Graffiti-Tags an den Häuserwänden bei den Bürgern den Eindruck der **Verwahrlosung** hinterlässt und auch zu einem Gefühl der Bedrohung führt. Auch diesen Aspekt dürfen wir natürlich nicht vernachlässigen. Ganze Viertel verlieren an Attraktivität und vor allem auch an Wohnwert" (ebd.: 17187; Herv. i. O.).

Wie diese Beispiele zeigen, findet sich die Argumentation mit der Kriminalitätsfurcht bzw. dem Sicherheitsgefühl der Bevölkerung in den Gesetzesbegründungen zwar, sie kommt allerdings nicht besonders häufig vor. Die wenigen Nennungen illustrieren allerdings sehr deutlich, dass der Einsatz dieser Begründung ganz in der von Garland aufgezeigten Art und Weise erfolgt. Dass der Rekurs auf die Ängste der Bürger vor Kriminalität nur selten stattfindet, mag auch damit zu tun haben, dass man sich damit in der Plenardebatte ebenso schnell den Populismus-Vorwurf aus den gegnerischen Reihen zuziehen kann.

3.4.2.4 Einfluss von Experten(wissen)

Die Geringschätzung wissenschaftlicher Expertise und empirischer Forschung spiegelt sich sehr deutlich darin wider, dass ihr in den analysierten Gesetzgebungsprozessen ebenfalls kaum Bedeutung zukommt. Wie Abbildung 16 zeigt, wurden im Betrachtungszeitraum nie mehr als zwei Gesetzesänderungen pro Legislaturperiode damit begründet, dass sie durch wissenschaftliche Erkenntnisse oder Ergebnisse empirischer Forschung nahe gelegt würden. Selten handelt es sich dabei einfach um Hinweise auf erfolgte Sachverständigen- oder Expertenanhörungen (z.B. im *Gesetz zur Änderung des Strafgesetzbuches, der Strafprozessordnung und des Versammlungsgesetzes und zur Einführung einer Kronzeugenregelung bei terroristischen Straftaten vom 9. Juni 1989*; BT-Protokoll 11/95: 6516).

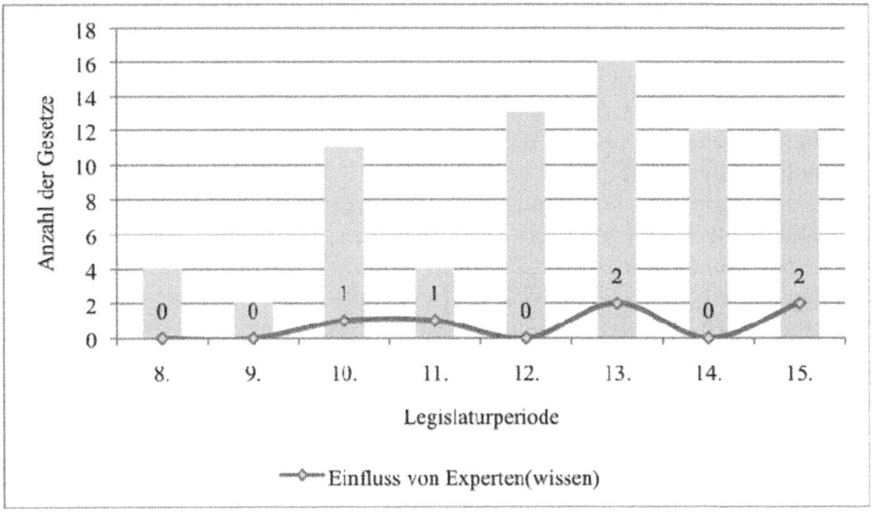

Abbildung 16: Einfluss von Experten(wissen) als Begründung

Darüber hinaus lässt sich der Eindruck gewinnen, dass, wenn es überhaupt geschieht, sehr selektiv auf Ergebnisse empirischer Forschung zurückgegriffen wird. So wurde beispielsweise die Aufnahme weiterer Tatbestände in das *Zweite Wirtschaftskriminalitätsbekämpfungsgesetz vom 15. Mai 1986* damit begründet, dass die generalpräventive Abschreckungswirkung gerade bei potenziellen Wirtschaftsstraftätern nach den einschlägigen kriminologischen Untersuchungen sehr groß sei (vgl. BT-Drs. 10/318: 16). Mit diesem Gesetz wurde technischen Entwicklungen Rechnung getragen, und es wurden ein neues Computerstrafrecht (u.a. Ausspähen von Daten, Datenveränderung, Computersabotage, Ausweitung der Urkundenstrafbarkeit auf Daten) sowie Regelungen für den bargeldlosen Zahlungsverkehr (Strafbarkeit der Fälschung von Vordrucken für Euroschecks und Euroscheckkarten sowie des Missbrauchs von Scheck- und Kreditkarten) und den besonderen Schutz der Sozialversicherungsträger und Arbeitnehmer (Einführung des Tatbestandes des Vorenthaltens und Veruntreuens von Arbeitsentgelt) geschaffen. Zudem wurden der strafrechtliche Vermögensschutz sowie die Möglichkeiten zur Bekämpfung von Betriebsspionage und schneeballartigen Betriebssystemen erweitert.

Zwar ist in Bezug auf rational begangene Straftaten wie Umwelt- und Wirtschaftsdelikte eine bedingte Abschreckungswirkung zu vermuten (vgl. Kunz 2008: 260). Dass die Abschreckungswirkung allerdings durch das bekanntermaßen geringe Entdeckungsrisiko in diesen Deliktsbereichen erheblich geschmälert wird, was eine allzu hohe Abschreckungswirkung unwahrscheinlich macht (vgl. ebd.: 260), findet keine Erwähnung. Aufgrund dieser Ergebnisse der kriminologischen Forschung ist die Wirksamkeit strafrechtlicher Drohungen jedoch in Zweifel zu ziehen. Doob und Webster (2003: 191) folgern daraus: „It is time to accept the null hypothesis".

Dass empirische Forschungsergebnisse instrumentalisiert werden, um Gesetzesänderungen zu legitimieren, zeigt sich auch im *Gesetz zur Bekämpfung von Sexualdelikten und anderen gefährlichen Straftaten vom 26. Januar 1998.* Darin wurden – wie bereits in Kapitel 3.4.2.1 erwähnt – die Ergebnisse von Rückfalluntersuchungen herangezogen, um die Sinnhaftigkeit einer Art ‚Zwangstherapie' für Sexualstraftäter zu untermauern. Da sich in Rückfalluntersuchungen herausgestellt habe, dass therapeutische Behandlungsmaßnahmen bei Sexualstraftätern die Chancen für eine zukünftige Legalbewährung erhöhen, sollen Sexualstraftäter auch ohne Zustimmung in eine sozialtherapeutische Anstalt verlegt werden können (vgl. BT-Drs. 13/8989: 3). Dass Freiwilligkeit aber als Grundvoraussetzung für Therapieerfolg gilt, wird völlig außen vor gelassen.

Neben den Ergebnissen der Inhaltsanalyse der Gesetzgebungsverfahren gibt es noch weitere Hinweise dafür, dass der Einfluss von Experten(wissen) auf die Kriminalpolitik als niedrig einzuschätzen ist. So schlägt sich der insgesamt sehr geringe Stellenwert wissenschaftlicher Expertise und empirischer Forschungsergebnisse im Gesetzgebungsprozess auch auf der Ebene der Ministerialbürokratie nieder. In einem Interview im Bundesministerium des Innern mit Ministerialbeamten[65], die an der Entwicklung von Gesetzentwürfen beteiligt sind, antworte-

65 Die im Folgenden erwähnten Experten-Interviews mit Ministerialbeamten, Abgeordneten und Vertretern von Bürgerrechtsorganisationen wurden ebenfalls im Rahmen des DFG-Projekts

ten diese auf die Frage, was sie von einer Evaluation von Gesetzen hielten, dass sie dafür eigentlich keine Notwendigkeit sähen, weil Gesetzesfolgenabschätzung ihr Alltagsgeschäft sei. Außerdem seien für sie praktische Erfahrungen wichtiger als wissenschaftliche Auswertung und Evaluation. Der Einbezug von Sachverständigen in den Gesetzgebungsprozess und Expertenanhörungen haben oftmals den Charakter einer Alibi-Veranstaltung, bestätigte eine Reihe von Abgeordneten und bereits schon als Sachverständige geladene Vertreter von Bürgerrechtsorganisationen im Interview. So würden die verschiedenen Fraktionen zum einen nur Sachverständige einladen, die ihren jeweiligen Standpunkt vertreten. Zum anderen könnten kaum Änderungen an einem Gesetzentwurf erreicht werden, da sich die Abgeordneten oftmals nicht von widersprechenden Informationen beeindrucken ließen und an den im Vorfeld des Gesetzgebungsverfahrens bereits getroffenen Entscheidungen festhielten.

Dass der Einfluss von Experten jedoch nicht zwangsläufig in eine rationalere Kriminalpolitik mündet, illustriert das Beispiel der im vorigen Kapitel bereits erwähnten Gewaltkommission, die maßgeblich dazu beitrug, dass sich die Kriminalpolitik nicht nur auf die Aufgabe der Prävention von Kriminalität, sondern auch der Reduktion von Kriminalitätsfurcht berufen kann. Blickt man hingegen weiter zurück in die Vergangenheit, zeigt sich, dass die Reformvorschläge der Alternativ-Professoren großen Einfluss auf die Strafrechtsreformgesetze hatten und „die Phase der Entkriminalisierung [...] wesentlich mittrugen" (Scheerer 1979: 395).

3.4.2.5 Rechtsbewusstsein

Inwieweit von der Argumentationsfigur ‚Rechtsbewusstsein' in den hier untersuchten Gesetzgebungsverfahren Gebrauch gemacht wurde, zeigt Abbildung 17. Am Verlauf der Kurve wird deutlich, dass in den Gesetzesbegründungen nicht allzu häufig auf das Rechtsbewusstsein der Bevölkerung abgestellt wurde. Daher lässt sich nur schwer eine eindeutige Zu- oder Abnahme ausmachen.

„Der überwachte Bürger zwischen Apathie und Protest – Zur Genese neuer staatlicher Kontrolltechnologien und ihren Effekten auf Einstellungen und Verhalten der Bevölkerung" geführt. Dabei stand ihre Sicht als Experte auf neue staatliche Kontroll- und Überwachungsmaßnahmen im Mittelpunkt.

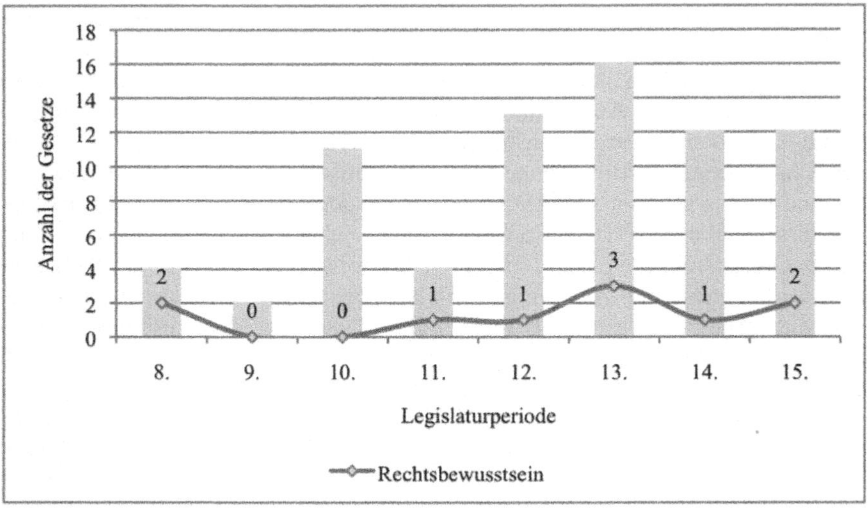

Abbildung 17: Rechtsbewusstsein als Begründung

Dass ‚Strafe sein muss', findet sich deutlich in den Gesetzen zur Verjährung. So betonte der Abgeordnete Kleinert (FDP) in der ersten Beratung des *Sechzehnten Strafrechtsänderungsgesetzes vom 16. Juli 1979*, dass das Institut der Verjährung materielle Wirkung für das Rechtsbewusstsein der Bevölkerung im Ganzen habe (vgl. BT-Protokoll 8/145: 11575). Auf die möglichen negativen Auswirkungen von Straffreiheit wurde im Rahmen des *Achtunddreißigsten Strafrechtsänderungsgesetzes vom 4. August 2005* (Ruhen der Verjährung) hingewiesen. Der Eintritt der Verfolgungsverjährung könne zu „dem Rechtsbewusstsein der Bevölkerung abträglichen Ergebnissen führen" (BT-Drs. 15/5653: 6). Im Rahmen des Gesetzes wurde eine Unterbrechung der Verfolgungsverjährung für den Fall eingeführt, dass sich ein Täter im Ausland aufhält und ein Auslieferungsersuchen an einen ausländischen Staat vorliegt.

Auch zur Begründung der Eingliederung von Umweltstrafvorschriften in das Strafgesetzbuch mit dem *Gesetz zur Bekämpfung der Umweltkriminalität (Achtzehntes Strafrechtsänderungsgesetz) vom 28. März 1980* wurde auf die Wirkung der bloßen Strafbarkeit verwiesen. Durch die Einstellung von Umweltstrafvorschriften in das Strafgesetzbuch werde „das Bestreben erleichtert, diese Normen verstärkt ins Bewußtsein der Bevölkerung zu heben und in der Praxis durchzusetzen" (BT-Drs. 8/2382: 10).

Es hat sich durchaus empirisch bestätigt, dass die prinzipielle Strafbarkeit generalpräventive Wirkung hat (Schöch 1985). Dass dabei die Höhe der Strafe Relevanz besitzt und damit anzunehmen ist, dass Strafverschärfungen diesen Effekt noch verstärken, hat sich in empirischen Untersuchungen allerdings nicht gezeigt (vgl. ebd.: 1104). Dennoch findet sich diese Argumentation in den Gesetzesbegründungen und wird zur Durchsetzung von Strafverschärfungen verwendet. Ein Beispiel hierfür liefert die Begründung der Strafverschärfungen im *Sechsten Gesetz zur Reform des Strafrechts vom 26. Januar 1998*:

> „Hohe Bedeutung gerade bei Straftaten nach § 176 StGB kommt ferner dem Strafzweck der positiven Generalprävention zu. Das Vertrauen der Rechtsgemeinschaft in die Unverbrüchlichkeit der Rechtsordnung wird in besonderem Maße erschüttert, wenn Fälle des Kindesmißbrauchs mit einer Strafe geahndet werden, die von deutlicher Milde geprägt ist" (BT-Drs. 13/8587: 58).

Mit dem Gesetz wurden die Strafen für Kindesmissbrauch verschärft, der sexuelle Missbrauch von Kindern mit Todesfolge wurde zu einem eigenen Tatbestand erhoben und der Strafrahmen erhöht. Zudem wurde der Tatbestand des sexuellen Missbrauchs unter Ausnutzung eines Beratungs-, Behandlungs- oder Betreuungsverhältnisses eingeführt. Bemerkenswert ist das *Sechste Strafrechtsreformgesetz* auch deshalb, weil mit diesem Gesetz der Terminus ‚Strafrechtsreformgesetz' wieder aufgenommen und damit die Tradition gebrochen wurde, diesen Begriff nur für Gesetze zu verwenden, die „den Bestand des Strafrechts kritisch überprüfen" (Vormbaum 2011: 273). Das *Sechste Strafrechtsreformgesetz* enthält jedoch überwiegend strafrechtsverschärfende Vorschriften.[66]

Der empirisch nicht nachgewiesene Zusammenhang zwischen Strafschwere und Rechtsbewusstsein wurde auch im Rahmen der ersten Beratung des *Strafrechtsänderungsgesetzes zur Kinderpornographie vom 23. Juli 1993* – gleichsam als Binsenweisheit, deren empirischer Überprüfung es gar nicht mehr bedürfe –

---

[66] Ziel des Gesetzes war erstens die Harmonisierung von Strafrahmen, zweitens die Änderung, Ergänzung und Neufassung von Strafvorschriften, um den Strafschutz zu verbessern und die Rechtsanwendung zu erleichtern, und drittens die Aufhebung nicht mehr zeitgemäßer oder entbehrlicher Strafvorschriften (vgl. BT-Drs. 13/8587: 1). Um das Ziel der Harmonisierung von Strafrahmen zu erreichen, wurden Wertungswidersprüche zwischen den Strafen bezüglich Delikten zum Schutz höchstpersönlicher Rechtsgüter und Delikten zum Schutz materieller Rechtsgüter beseitigt, was dadurch geschah, dass die Strafrahmen für Delikte gegen höchstpersönliche Rechtsgüter durchgehend verschärft wurden (vgl. Hilgendorf 2004: 339). Aufgehoben wurden durch das *Sechste Strafrechtsreformgesetz* der Tatbestand der Kindstötung, welcher aufgrund seiner Beschränkung auf nichteheliche Kinder als nicht mehr zeitgemäß erachtet wurde. Ebenfalls wurden der Auswanderungsbetrug, Vergiftung und Entführung mit Willen des Entführten gestrichen. Dies bedeutet natürlich nicht, dass diese Handlungen nun straffrei begangen werden können, sondern nunmehr in anderen Tatbeständen aufgefangen werden.

behauptet. Mit dem Gesetz wurde der bisher straflose Besitz und die Besitzverschaffung kinderpornographischer Darstellungen kriminalisiert (vgl. BT-Drs. 12/3001: 1) und die Strafrahmen für die Verbreitung und das gewerbsmäßige Verbreiten von Kinderpornographie wurden erhöht. Letzteres begründete die Abgeordnete Eymer (CDU/CSU) folgendermaßen: „Wir alle wissen: Im Strafmaß kommt zum Ausdruck, welche Verwerflichkeit einem Handeln beigemessen wird. Die Strafbarkeit hat auch maßgeblichen Einfluß auf die Bewußtseinsbildung in der Bevölkerung“ (BT-Protokoll 12/111: 9475).

Diese Argumentationsweise erinnert an die These von „der überaus großen sittenbildenden Kraft des Strafrechts“, die von dem ehemaligen Kieler Strafrechtsprofessor Mayer (1977: 107) stammt. Damit leistet sich die Politik offensichtlich „[...] eine naive Überschätzung der Möglichkeiten der Rechtsordnung“ (Renzikowski 2002: 185), die in erster Linie politisch bequem ist. Auf großen Widerhall stößt diese These unter Strafrechtlern allerdings nicht, da sie Renzikowski (ebd.: 185) überwiegend darin beipflichten, dass „dem Strafrecht keine sittenbildende Kraft zu[komme]“.

Einen Zusammenhang zwischen dem Ausmaß der Zustimmung innerhalb der Fraktion zum Gesetzentwurf und dem generalpräventiven Effekt des Gesetzes formulierte der Abgeordnete Eylmann (CDU/CSU) in der ersten Beratung des *Dreiunddreißigsten Strafrechtsänderungsgesetzes vom 1. Juli 1997*: „Je breiter die Mehrheit, [...] desto größer ist die Signalwirkung des Gesetzes im Sinne einer positiven Generalprävention“ (BT-Protokoll 13/172: 15787). Ob ein derartiger Zusammenhang tatsächlich existiert, ist höchst zweifelhaft. Das Gesetz erweiterte die Strafvorschriften für sexuelle Nötigung und Vergewaltigung. Wesentliche Neuerungen bildeten die Kriminalisierung von Vergewaltigung in der Ehe und von Taten gegenüber männlichen Personen.

Wenngleich eine Dominanz im Sexualstrafrecht festzustellen ist, so findet sich die Begründung von Gesetzesänderungen mit dem Rechtsbewusstsein auch in anderen Bereichen wie der Ausdehnung und Verschärfung von Strafbarkeiten im Terrorismus- und Wirtschaftsstrafrecht. So legitimierte der Abgeordnete Stark (CDU/CSU) das *Gesetz zur Änderung des Strafgesetzbuches, der Strafprozessordnung und des Versammlungsgesetzes und zur Einführung einer Kronzeugenregelung bei terroristischen Straftaten vom 9. Juni 1989* mit „dem Interesse der Erhaltung des Rechtsfriedens, des Rechtsgefühls und der Verfolgung der Terroristen sowie der Gewalttäter in unserem Lande” (BT-Protokoll 11/95: 6522). Im Kontext des Wirtschaftsstrafrechts wurde im Zusammenhang mit dem *Gesetz zur Intensivierung der Bekämpfung von Schwarzarbeit und damit zusammenhängender Steuerhinterziehung vom 23. Juli 2004* mit dem Rechtsbewusstsein argumentiert. Damit wurde der Tatbestand des Vorenthaltens und Veruntreuens von Arbeitsentgelt erweitert.

3.4.2.6 Schutz der Bevölkerung[67]

Für die Zahl der Gesetze, die mit dem Verweis auf den Schutz der Bevölkerung geändert wurde, ist insgesamt ein Anstieg zu verzeichnen (vgl. Abb. 18).

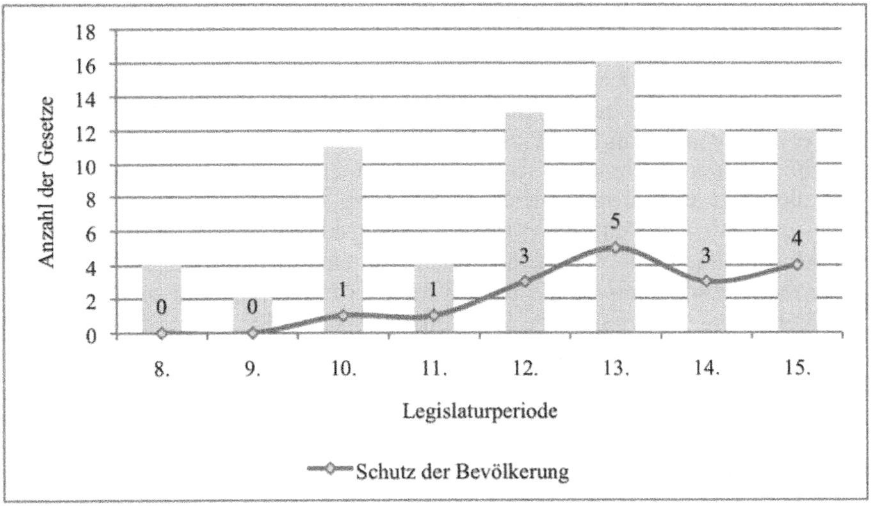

Abbildung 18: Schutz der Bevölkerung als Begründung

Wurden mit dem *Einführungsgesetz zum Strafgesetzbuch (EGStGB) vom 2. März 1974* die Maßregeln der Sicherung und Besserung in Maßregeln der Besserung und Sicherung umbenannt (vgl. BT-Drs. 7/550: 191), und damit ein Signal gesetzt, dass dem Ziel der Besserung der Vorrang zu geben sei, deutet Vieles darauf hin, dass sich diese Rangfolge inzwischen wieder in ihr Gegenteil verkehrt hat.

Am häufigsten findet sich diese Begründung von Gesetzesänderungen im Bereich des Sexualstrafrechts. Dort werden Sanktionen verschärft, „um den Schutz der Allgemeinheit insbesondere vor gefährlichen Sexualstraftätern zu gewährleisten“ (BT-Drs. 13/8586: 1), heißt es beispielsweise im Entwurf des *Gesetzes zur Bekämpfung von Sexualdelikten und anderen gefährlichen Straftaten vom 26. Januar 1998*.

[67] Dieses Kapitel beruht in überarbeiteter Form auf meiner Darstellung in Sack/Schlepper (2011: 254-257).

Im Rahmen dieses Gesetzes wurde auch der Begriff ‚Sicherheitsinteresse der Allgemeinheit', der bereits in Kapitel 3.4.2.1 erwähnt wurde, erstmalig in das StGB aufgenommen: nach § 57 Abs. 1 S. 1 Nr. 2 StGB erfolgt eine Aussetzung des Strafrestes nunmehr, wenn „dies unter Berücksichtigung des Sicherheitsinteresses der Allgemeinheit verantwortet werden kann". Was sich hinter diesem Terminus verbirgt, bleibt ebenso unklar wie die Frage, inwiefern er sich von dem Sicher*ungs*interesse und Sicherheitsbedürfnis unterscheidet (Feuerhelm 1999). Feuerhelm (ebd.: 472) weist darauf hin, dass Sicherheit mehr impliziere als Sicherung und vermutet bei der Begriffswahl eine Nähe zum Polizeirecht, das für die Abwehr von Gefahren für die öffentliche *Sicherheit* zuständig ist und den Begriff damit in Richtung einer umfassenden Freiheit von Straftaten rücke[68], was allerdings auch nicht zur Klärung des Begriffs beiträgt. Unbestreitbar ist jedoch, dass mit der Neufassung der Erprobungsklausel das Sicherheitsinteresse der Allgemeinheit eine Aufwertung erfährt, da eine bedingte Entlassung vor der Gesetzesänderung voraussetzte, dass „verantwortet werden kann zu erproben, ob der Verurteilte außerhalb des Strafvollzuges keine Straftaten mehr begehen wird" (§ 57 Abs. 1 S. 1 Nr. 2 StGB a.F.). Diese Gesetzesänderung ist ein Beispiel dafür, dass das Strafrecht mehr und mehr generalpräventiv auf die Allgemeinheit und weniger spezialpräventiv auf den Täter gerichtet ist[69]. Darauf, dass die Änderung der Erprobungsklausel in erster Linie an das Publikum gerichtet ist, wird auch explizit in der Gesetzesbegründung hingewiesen: weil § 57 Abs. 1 S. 1 Nr. 2 StGB in seiner ursprünglichen Fassung in der Öffentlichkeit den unzutreffenden Eindruck erweckt habe, als sei eine vorzeitige Entlassung von gefährlichen Tätern, die z.B. gewaltsame Sexualstraftaten gegen Kinder begangen haben, auch ohne günstige Sozialprognose zu Lasten der öffentlichen Sicherheit möglich, bedürfe es der Klarstellung, dass eine Abwägung zwischen dem Resozialisierungsinteresse des Verurteilten und dem Sicherheitsinteresse der Allgemeinheit vorzunehmen sei (vgl. BT-Drs. 13/9062: 9).

---

68 Plausibilität gewinnt Feuerhelms Annahme dadurch, dass das Sicherheitsinteresse der Allgemeinheit in semantisch ähnlicher Weise auch Einzug in die Strafprozessordnung gehalten hat. So wurde die Neuregelung des Instruments der akustischen Wohnraumüberwachung mit dem *Gesetz zur Umsetzung des Urteils des Bundesverfassungsgerichts vom 3. März 2004 vom 24. Juni 2005* unter anderem damit begründet, dass für die Sicherheit im Interesse der Menschen in diesem Lande alle Handlungsspielräume konsequent und intensiv auszunutzen seien (vgl. BT-Protokoll 15/175: 16456). Durch das Gesetz wurde der Katalog der Anlassstraftaten auf besonders schwere Fälle reduziert, jedoch um die gewerbs- und bandenmäßige Fälschung von Zahlungskarten, Schecks und Wechseln erweitert.

69 Dies fügt sich nahtlos in den von Garland (2008: 265; Herv. i. O.) beschriebenen Trend ein: „Waren das Kernstück des *penal welfarism* der individuelle Täter (beziehungsweise dessen fachliche Projektion) und seine Bedürfnisse, so stehen im Mittelpunkt des gegenwärtigen Strafrechtsdiskurses das individuelle Opfer (beziehungsweise dessen politische Projektion) und seine Gefühle."

Im Zusammenhang mit den Änderungen im Sexualstrafrecht wird Frauen eine besondere Schutzbedürftigkeit zugeschrieben. So wurde im *Sechsundzwanzigsten Strafrechtsänderungsgesetz vom 14. Juli 1992* (Menschenhandel)[70], im *Dreiunddreißigsten Strafrechtsänderungsgesetz vom 1. Juli 1997* (Vergewaltigung in der Ehe) sowie im *Siebenunddreißigsten Strafrechtsänderungsgesetz vom 11. Februar 2005* (Menschenhandel)[71] die besondere Schutzbedürftigkeit von Frauen durch die Rechtsordnung hervorgehoben. Dies deckt sich mit Garlands (vgl. 2008: 294) Feststellung, dass Frauen in der neuen Politik der Verbrechenskontrolle eine zentrale Rolle zukomme. Es ist anzunehmen, dass es sich durchaus legitimationsfördernd auswirkt, dass diese gemeinhin als besonders vulnerabel eingeschätzte Bevölkerungsgruppe noch einmal gesondert herausgestellt wird, um zu demonstrieren, dass feministischen Forderungen Gehör geschenkt wird.

Wie schnörkellos die Argumentationsweise mit dem Sicherungszweck daherkommt, lässt sich treffend an folgender Äußerung des Justizministers von Baden-Württemberg Goll in der zweiten Beratung des *Gesetzes zur Bekämpfung von Sexualdelikten und anderen gefährlichen Straftaten vom 26. Januar 1998* demonstrieren: „Durch Strafverschärfungen besteht schlicht und einfach die Möglichkeit, manchen Täter länger festzuhalten. In manchen Fällen ist das einfach richtig; so wird die Bevölkerung, die Allgemeinheit geschützt" (BT-Protokoll 13/204: 18455).

Dass es sich dabei lediglich um symbolische Politik handelt, die jenseits ihrer Signalwirkung an die Bevölkerung keine weiteren Folgen hat – ein häufig hervorgebrachtes Argument, um die punitive Wende in der deutschen Kriminalpolitik zu relativieren oder gar zu verneinen – widerlegen die Zunahmen des Anteils der längerfristigen Freiheitsstrafen von mehr als zwei Jahren. Diese gehen Heinz (vgl. 2009: 258f.) zufolge auf eine Neubewertung von Sexual-, Gewalt- und Drogendelikten zurück, wobei er dem Anschein nach einschränkend darauf hinweist, dass diese Verschärfung eine sehr kleine Gruppe betreffe – als ob eine derartige Quantifizierung ein entscheidendes Kriterium für die Diagnose einer punitiven Trendwende sei.

Auch für ein härteres Vorgehen gegen Betäubungsmittelkriminalität wird mit dem Schutz der Allgemeinheit argumentiert. Von der Abgeordneten Limbach (CDU/CSU) wurde das *Grundstoffüberwachungsgesetz vom 7. Oktober*

---

70 Mit diesem Gesetz wurde der Straftatbestand des Menschenhandels und des schweren Menschenhandels geschaffen.

71 Mit diesem Gesetz wurden die Strafvorschriften gegen Menschenhandel neu gefasst und die Differenzierung zwischen Menschenhandel zum Zweck der sexuellen Ausbeutung und Menschenhandel zum Zweck der Ausbeutung der Arbeitskraft eingeführt. Trotz dieser Unterscheidung wurden beide Tatbestände mit einem Strafrahmen von sechs Monaten bis zehn Jahren versehen.

1994, welches sich die Bekämpfung des Drogenhandels zum Ziel gesetzt hat, folgendermaßen begründet:

> „Wir wollen unnachsichtig und mit aller Strenge gegen diejenigen vorgehen, die mit Drogen handeln und dadurch anderen schaden. [...] [E]s ist ganz wichtig, daß wir uns gemeinsam anstrengen, alle möglichen Schritte zu tun, um zum Schutze der Menschen, die betroffen sein könnten oder betroffen sind, voranzukommen“ (BT-Protokoll 12/230: 20037).

Im Entwurf des *Verbrechensbekämpfungsgesetzes vom 28. Oktober 1994* heißt es:

> „Die besondere Bedrohungslage im Bereich der Betäubungsmittelkriminalität in ihrer derzeitigen Ausprägung verlangt insbesondere ihre Bekämpfung zum Schutz von Kindern und Jugendlichen und zum Schutz der Allgemeinheit vor bewaffneten Tätern“ (BT-Drs. 12/6853: 41).

Ebenso wurden Gesetzesverschärfungen gegen Organisierte Kriminalität (*Gesetz zur Verbesserung der Bekämpfung der Organisierten Kriminalität vom 4. Mai 1998*) mit dem Schutz der Allgemeinheit legitimiert. Aufgabe der Politik sei, die Bürger vor dieser Kriminalität (OK) zu schützen (vgl. BT-Protokoll 13/214: 19549). Mit diesem Gesetz wurde neben der erneuten Erweiterung des Geldwäschetatbestands auch die akustische Wohnraumüberwachung – der sog. ‚Große Lauschangriff‘ – eingeführt, bei der es „um nichts anderes [geht] als um die Sicherheit unserer Bevölkerung“ (ebd.: 19519), betonte der Abgeordnete Norbert Geis (CDU/CSU). In diesen Gesetzgebungsverfahren wird in aller Deutlichkeit ein Schutzauftrag des Staates gegenüber der Bevölkerung artikuliert und zur Begründung der Gesetzesänderungen herangezogen.

Änderungen von Strafvorschriften, die sich auf den Schutz und das Sicherheitsinteresse der Allgemeinheit berufen, finden sich auch im Zusammenhang mit der Sicherungsverwahrung, die unter dem Nationalsozialismus als neues Instrument der staatlichen Sozialkontrolle ins Strafrecht eingeführt wurde. Sowohl die Einführung der vorbehaltenen (vgl. BT-Drs. 13/8586: 7) als auch der nachträglichen Sicherungsverwahrung[72] (vgl. BT-Drs. 15/2887: 10) wurde mit der Notwendigkeit des Schutzes der Bevölkerung und dem Sicherheitsinteresse der Allgemeinheit begründet.

Tolksdorf, der Präsident des Bundesgerichtshofes (BGH), bezeichnete die Gesetzgebung zur Sicherungsverwahrung in der Süddeutschen Zeitung vom 7.

---

72 Mit dem *Gesetz zur Einführung der nachträglichen Sicherungsverwahrung vom 23. Juli 2004* wurde die Möglichkeit der nachträglichen Anordnung der Unterbringung in der Sicherungsverwahrung geschaffen.

Februar 2010 als von einer unangemessenen Sicherheitshysterie angetrieben und brachte sie auf die Formel: „Leichter rein, länger drin, schwerer raus“ (Janisch 2010).

Besonders umstritten ist die Möglichkeit der nachträglichen Anordnung von Sicherungsverwahrung[73], weil es unzumutbar sei, eine Person bis kurz vor Ablauf der zu verbüßenden Freiheitsstrafe darüber im Unklaren zu lassen, ob sich daran noch eine zeitlich unbestimmte Sicherungsverwahrung anschließt (vgl. Puschke 2010: 2). Trotz der Streichung der zeitlichen Begrenzung der Sicherungsverwahrung wurde die Zulässigkeit jedoch 2004 und 2006 vom Bundesverfassungsgericht, aber auch neuerdings vom Bundesgerichtshof, für das Jugendstrafrecht bestätigt. Dies wurde in der ‚tageszeitung‘ vom 9. März 2010 unter der Überschrift „Urteil gegen die Resozialisierung“ mit den folgenden Worten kommentiert:

> „Mit seinem gestrigen Urteil zum Jugendstrafrecht liegt der Bundesgerichtshof ganz im politischen Trend – und der geht seit Jahren weg vom Gedanken der Resozialisierung und hin zu einer härteren Gangart auch im Umgang mit jugendlichen Straftätern“ (Steinke 2010).

In einem Urteil des Europäischen Gerichtshofs für Menschenrechte (EGMR) wurde die nachträgliche Sicherungsverwahrung inzwischen allerdings für rechtswidrig erklärt, da sie die Europäische Menschenrechtskonvention verletze (vgl. Kinzig 2010). Anders als das Bundesverfassungsgericht vertritt der EGMR die Ansicht, dass es sich bei der Sicherungsverwahrung um eine Strafe und nicht um eine Maßregel handle und die nachträgliche Verlängerung der Sicherungsverwahrung daher gegen das Rückwirkungsverbot verstoße. Auch der Leiter des KFN, Pfeiffer, äußerte sich in der Süddeutschen Zeitung vom 12. Juli 2010 kritisch zur nachträglichen Sicherungsverwahrung und bezeichnete sie „als ‚Volksberuhigungsgesetz‘, das nur ‚die Illusion von mehr Sicherheit‘ wecken solle“ (Käppner 2010).

Die Zielgruppe des Instituts der Sicherungsverwahrung sind in erster Linie Sexualstraftäter und gewalttätige Wiederholungstäter. Die Entwicklung zeigt Kinzig (2010a: 53) treffend auf: „Im Einklang mit der Fokussierung der Kriminalpolitik auf die Sexualstraftäter hat sich [...] die absolute Zahl der wegen Sexualstraftaten Sicherungsverwahrten im Zeitraum der Jahre 1990 und 2008 mehr als verdreifacht (von 74 auf 232).“ Innerhalb des Spektrums der Sexualstraftaten nimmt das Delikt des sexuellen Kindesmissbrauchs und damit der ‚Kinderschänder‘ eine herausragende Stellung ein. Nach Bauman ist dies nicht zufällig, son-

[73] Diese ist seit dem 12. Juli 2008 auch bei nach Jugendstrafrecht verurteilten Straftätern anwendbar.

dern diese gesellschaftliche und staatliche Umgangsweise mit Pädophilie ist vielmehr als charakteristisch für die Gesellschaft zu betrachten. Ein pädophiler Täter bietet „[...] die seltene Gelegenheit, jemanden wirklich zu hassen, laut, öffentlich und absolut ungestraft. [...] Es gibt nur noch wenige Gruppen von Menschen, die man auf ehrenhafte Weise hassen darf. Pädophile sind genau das richtige“ (Bauman 2000: 20).

Wie ist nun aber die tatsächliche Wirksamkeit des Schutzes der Allgemeinheit durch die Strategie der ‚Selective Incapacitation‘ zu bewerten? Mit dieser Frage hat sich Kunz (vgl. 2008: 280ff.) auseinandergesetzt und kommt zu dem Schluss, dass sie sich kaum dazu eignet, die Kriminalitätsrate in der Gesellschaft insgesamt zu senken. Zum einen erfasse der Strafvollzug nur einen Teil als gefährlich einzustufender Straftäter und sperre umgekehrt viele ein, von denen keine Gefahr ausgeht. Zumal habe die Sicherung durch Freiheitsentzug eine Gefährdungsverlagerung in den Strafvollzug zur Folge. Zum anderen verhindere das Fehlen zuverlässiger Prognoseinstrumente die Effektivität der Strategie. Hauptkriterium des Bewertungsmaßstabes, der an das Gefängnis angelegt wird, sei jedoch gar nicht seine Wirksamkeit im Hinblick auf die Reduktion von Kriminalität oder etwa den Resozialisierungserfolg. Es werde vielmehr „als Mittel des Freiheitsentzugs und der Bestrafung, das populäre politische Forderungen nach öffentlicher Sicherheit und harter Vergeltung befriedigt“ (Garland 2008: 61), betrachtet. Auf dieser Dimension schneidet es gut ab.

Weshalb die Strategie der ‚Selective Incapacitation‘ erfolgreich ist, lässt sich durch die Ambivalenz erklären, die durch das Zusammenspiel neoliberaler und neokonservativer Elemente der Politik erzeugt wird. Aus ökonomischen Erwägungen erscheinen hohe Inhaftierungsraten zwar als Ressourcenverschwendung, aus der Warte des Neokonservatismus gelten viele Strafgefangene jedoch als „positives Symbol der staatlichen Bereitschaft, mit Gewalt gegen seine Feinde vorzugehen, dem Empfinden in der Bevölkerung Ausdruck zu verleihen und die Öffentlichkeit mit den dafür erforderlichen Mitteln zu schützen“ (ebd.: 254).

Die Verwendung des Arguments ‚Schutz der Bevölkerung‘ in den untersuchten Änderungsgesetzen zeigt, dass zwar andere Deliktfelder nicht davon ausgenommen sind, die Schutz-Rhetorik aber besonders intensiv zur Begründung der gesetzlichen Änderungen im Sexualstrafrecht sowie dem eng damit assoziierten Instrument der Sicherungsverwahrung eingesetzt wird.

3.4.2.7 Opferorientierung[74]

Abbildung 19 zeigt die Anzahl der Gesetze pro Legislaturperiode, die unter Bezugnahme auf Opferschutz oder Opferinteressen erlassen wurden. Insgesamt lässt sich eine Zunahme der opferorientierten Gesetzesbegründungen feststellen, die in der 15. Legislaturperiode ihren Höchststand erreichte.

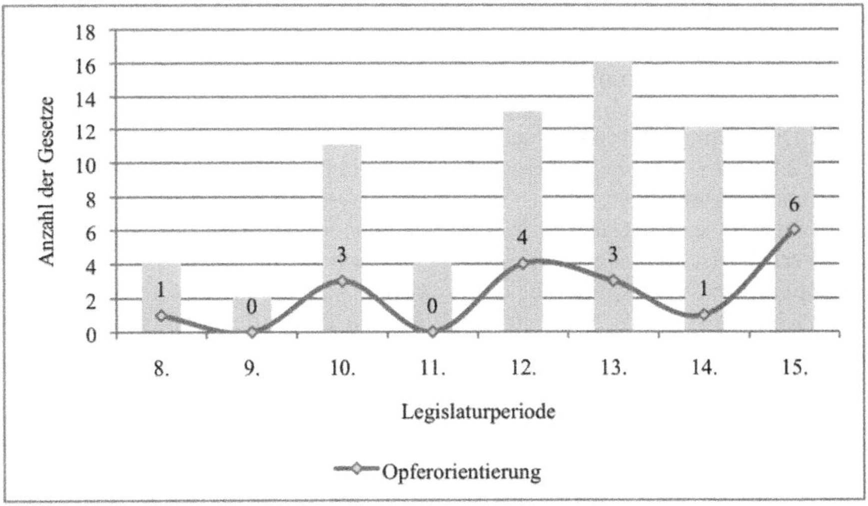

Abbildung 19: Opferorientierung als Begründung

Im Betrachtungszeitraum taucht die Opferorientierung erstmals im *Sechzehnten Strafrechtsänderungsgesetz vom 16. Juli 1979* auf, welches vorsah, die Verfolgungsverjährung bei Verbrechen nach § 211 StGB (Mord) aufzuheben. Aus SPD-Kreisen wurde dieses Gesetzesvorhaben damit begründet, dass allein durch den richterlichen Ausspruch, dass es sich um Mord gehandelt habe, das Vertrauen der Opfer wiederhergestellt werde. Dem Abgeordneten Weber (SPD) zufolge sei man diese Feststellung dem Opfer schuldig, und daher sei die Verjährung abzuschaffen, um die Möglichkeit dieser richterlichen Feststellung aufrechtzuerhalten (vgl. BT-Protokoll 8/166: 13278f.). Diese Begründung macht sehr deutlich, dass die Gesetzesänderung symbolische Funktion hat.

74 Dieses Kapitel beruht in überarbeiteter Form auf meiner Darstellung in Sack/Schlepper (2011: 251-253).

Im *Einundzwanzigsten Strafrechtsänderungsgesetz vom 13. Juni 1985* wurden erneut die Opferinteressen zur Begründung des Gesetzentwurfs herangezogen. Darin wurde festgelegt, dass die Beleidigung oder Verunglimpfung von Personen, die unter der nationalsozialistischen oder einer anderen Gewalt- und Willkürherrschaft verfolgt wurden, auch ohne Strafantrag verfolgt werden kann. Der Justizminister Engelhard (FDP) verwendete die gleiche Formulierung wie zuvor Weber und vertrat in der ersten Beratung des Gesetzentwurfs die Auffassung, dass man dies den Opfern schuldig sei (vgl. BT-Protokoll 10/67: 4753).

Wie diese Gesetze zeigen, wurde und wird davon ausgegangen, dass Opferinteressen mit dem Strafanspruch des Staates bzw. dem Strafzweck der Normverdeutlichung identisch seien (vgl. Kunz 2008: 324; Hassemer/Reemtsma 2002: 137). Die viktimologische Forschung hat diese Annahme widerlegt (vgl. Kunz 2008: 246). Die Ergebnisse werden von der Kriminalpolitik jedoch nur teilweise zur Kenntnis genommen.

Mit dem ersten Gesetz zur Verbesserung der Stellung des Verletzten im Strafverfahren – dem sog. *Opferschutzgesetz vom 18. Dezember 1986* – gerieten die Opferinteressen explizit auf die politische Agenda: „Die Verbesserung des Opferschutzes ist eines der zentralen Vorhaben der in der Rechtspolitik so erfolgreichen Bundesregierung“ (BT-Protokoll 10/213: 16443), betonte der Abgeordnete Marschewski (CDU/CSU) in der ersten Beratung des Gesetzentwurfs. Er kritisierte, dass den Verbrechensopfern in der Vergangenheit zu wenig Aufmerksamkeit gewidmet worden sei und die einseitige Darstellung in den Medien zur Verdrängung der Opferschicksale geführt habe.

Durch das *Opferschutzgesetz* bekam das Opfer mehr Möglichkeiten und Rechte, aktiv in den Verlauf der Gerichtsverhandlung einzugreifen – u.a. das Recht auf anwaltlichen Beistand sowie Akteneinsicht und erweiterte Möglichkeiten, als Nebenkläger aufzutreten. Diese strafrechtlichen Veränderungen sind als Reflex auf die Opferbewegung zu betrachten, die eine intensivere Beachtung und Stärkung des Opfers im Strafprozess[75] fordert und seit den 1980er Jahren zunächst in den USA, dann aber auch in Deutschland eine zunehmend größere Aufmerksamkeit in der politischen Öffentlichkeit erlangte[76]. Eine maßgebliche Triebkraft dieser Entwicklung besteht nach Haggerty (vgl. 2004: 222) darin, dass die Führer der Opferrechtsbewegung Expertenstatus erlangt haben und dadurch

75 Weitere Gesetze, die zur Verbesserung der Stellung des Opfers beigetragen haben, sind das *Opferentschädigungsgesetz vom 11. Mai 1976* sowie das *Zeugenschutzgesetz vom 1. Dezember 1998*. Da diese Gesetze aber keine Änderungen im Strafgesetzbuch zur Folge hatten, werden sie hier nicht berücksichtigt (vgl. stattdessen die Chronologie der gesetzgeberischen Entwicklung in Bezug auf die zunehmende Opferorientierung bei Jung 2000: 160f.).

76 Haffke (vgl. 2005: 18) datiert die Aufwertung der Stellung des Opfers für Deutschland auf Mitte der 1980er Jahre. Nach Boutellier (vgl. 1996: 16) spielte die Frauenbewegung eine entscheidende Rolle dabei, das Opfer ins Rampenlicht zu stellen.

vergeltenden und restorativen Maßnahmen auf die kriminalpolitische Agenda verhalfen, die oft eher auf der Basis subjektiver Erfahrungen und persönlicher Viktimisierung gerechtfertigt werden als durch wissenschaftliche Evaluation. Im Zuge dessen wurde das Opfer zu einer bevorzugten Zielgruppe der Kriminalpolitik und das Bild des Kriminaljustizsystems, das es nach außen transportieren will, hat sich von einer Institution der Rechtsdurchsetzung in eine Dienstleistungsorganisation für individuelle Opfer gewandelt (vgl. Garland 2008: 227). Das Opfer wurde von einem ‚vergessenen Akteur' zu einer ‚Schlüsselfigur' im Strafjustizprozess (vgl. Zedner 2002: 419). Der Staat suggeriert eine Solidarität mit dem Opfer und geriert sich damit als „Buddy State" (Simon 2001: 137).

Kunz (vgl. 2008: 325) sieht in dieser Transformation des Opfers aus seiner vormals passiven Rolle zu einem aktiven Verfahrensbeteiligten einen grundsätzlichen Wandel, der dem Trend der Responsibilisierung folge. Das Opfer gerate unter Druck, die ihm nunmehr zugestandenen Rechte auch wahrzunehmen und für den Ausgleich des Unrechts, das ihm widerfahren ist, zu sorgen, anstatt lediglich Opferhilfe zu ‚empfangen'. Insofern trägt die Beteiligung des Opfers ein Stück weit zur Entlastung des Staates von der alleinigen Verantwortung der Rechtswiederherstellung bei. In dieser Linie ist auch die Verankerung des Täter-Opfer-Ausgleichs sowie der Schadenswiedergutmachung zu sehen, die mit dem *Verbrechensbekämpfungsgesetz vom 28. Oktober 1994* im allgemeinen Teil des Strafgesetzbuches vollzogen wurde und dadurch auch im Erwachsenenstrafrecht zu einer stärkeren Anwendung führen soll. In der Begründung des Gesetzentwurfs heißt es, dass dadurch die Belange des Opfers stärker in den Mittelpunkt des Interesses rücken, da diese Instrumente auf der Seite des Opfers zur Schadenskompensation und zum Abbau von Ängsten beitragen können sowie den Täter besser zu Einsicht und Verantwortungsübernahme veranlassen können als eine bloße Bestrafung (vgl. BT-Drs. 12/6853: 21). Weil dem Strafjustizsystem durch dieses „Outsourcing staatlicher Strafrechtspflege" (Hassemer/Reemtsma 2002: 91) Arbeit abgenommen wird, könne es seine Kapazitäten steigern. Die Auslagerung bzw. Abgabe vormals hoheitlicher Befugnisse liege darüber hinaus voll im Trend von Entstaatlichung und Deregulierung (vgl. ebd.: 91). Diese Entwicklung steht mit dem ultima-ratio-Prinzip des Strafrechts im Einklang, das auf diese Weise „in die Maximen ökonomischer Regulierung des Rechts integrierbar" (Albrecht 2000: 45) ist. Albrecht (vgl. ebd.: 45) zufolge beruht die Stärkung des Opfers im Strafverfahren auf einem Verständnis von Strafrecht, wonach sich dessen Einsatz als ökonomisch sinnwidrig erweist. Wenngleich die Einbindung des Opfers also von der Politik als sozial motiviert vermarktet wird, sind die Argumente dafür, dass hier vielmehr die „Ökonomisierung des Sozialen" (Bröckling/Krasmann/Lemke 2000) zu Tage tritt, nicht von der Hand zu weisen. Darüber hinaus sieht Albrecht (vgl. 2000: 49f.) in den Informalisierungstendenzen des Strafrechts, wie sie z.B. der Täter-Opfer-Ausgleich darstellt, die Gefahr der Auflösung rechtsstaatlicher Prinzipien, welche wiederum zu einem Machtgewinn des Staates führe. Mit Informalisierungsstrategien wie der offiziellen Einführung von informellen Absprachen im Strafprozess habe der Gesetzgeber „aus belegten verfahrensökonomischen Nöten der Strafjustiz eine gesetzliche Tugend" (Albrecht 2010a: 264) und damit „das Mauscheln oder Dealen [...] [zur] Methode gesetzgeberischer Wahl" (ebd.: 265) gemacht.

Wurde mit dem *Opferschutzgesetz* und der Implementation des Täter-Opfer-Ausgleichs im Rahmen des *Verbrechensbekämpfungsgesetzes* den Opferinteressen dennoch in gewissem Maße wirklich Rechnung getragen, so wird allerdings ein weiterer bedeutsamer Befund der Viktimologie ignoriert – nämlich, dass das Interesse ‚tatsächlicher' Opfer in der Feststellung des ihnen widerfahrenen Unrechts und der Wiedergutmachung liegt und nicht in der Bestrafung des Täters (vgl. Kunz 2008: 326). Stattdessen wird weiterhin unter Berufung auf die angeblichen Interessen der Opfer eine härtere Bestrafung der Täter gefordert (vgl. Weber/Narr 1997: 14; Hörnle 2006: 952; Kunz 2008: 326; Heinz 2009: 260).

> „Es hat sich die Vorstellung verfestigt, dass der immaterielle Schaden eines Opfers [...] symbolisch durch die Bestrafung des Täters und die hierin zum Ausdruck gebrachte Solidarisierung des Sozialverbandes ausgeglichen werde" (Reemtsma 1999: 24).

Durch harte Strafen will der Staat den Eindruck erwecken, dass er viel für die Opfer tue (vgl. Weber/Narr 1997: 14).

Der Staat spielt sich mit seiner Opferpolitik als stellvertretender Rächer auf (vgl. Hassemer/Reemtsma 2002: 126), der sich aber nicht in den Dienst tatsächlicher, sondern virtueller Opfer[77] stellt:

> „Anders als die Viktimologie konzentriert sich die Kriminalpolitik auf Konzepte der virtuellen Opfer, also auf die von Verbrechensfurcht irritierte Bevölkerung. Dieser Opfertyp nährt die kriminalpolitischen Forderungen eines opferorientierten Strafrechts, er greift dankbar nach einem Grundrecht auf Sicherheit [...] und besteht nachdrücklich auf dem Ende einer Empathie mit Straftätern. Hier werden (virtuelle) Opfer gegen (virtuelle) Täter in Stellung gebracht, und das Opfer tritt auf als puniti-

[77] Ähnlich charakterisiert Garland (vgl. 2004: 42) das Opfer als repräsentatives Individuum, dessen Erfahrung als allgemein und kollektiv betrachtet wird. Die Viktimisierung wird nicht länger als individuelles Ereignis mit Ausnahmecharakter angesehen, sondern es wird davon ausgegangen, dass sie jeden hätte treffen können. In dieser Weise sieht auch Prittwitz (2007) eine zunehmende Orientierung des Strafrechts an den ‚Opfern von morgen' und von Trotha (2010: 33) stellt eine „Verallgemeinerung des Opferstatus" fest.

ver Motor von Verschärfungen in den Bereichen der inneren Sicherheit und des Strafrechts" (ebd.: 103).

Damit wird dem Opfer in der politischen Auseinandersetzung und Argumentation eine Rolle zugewiesen, die häufig weder seinem eigenen Standpunkt noch den Forderungen der organisierten Opferbewegung entspricht (vgl. Garland 2008: 56), in denen die Bestrafung des Täters überhaupt nicht vorkommt[78]. Es hat sich eine politische Logik etabliert, die einem Nullsummenspiel gleicht und in der eine Parteinahme für das Opfer unweigerlich ein hartes Vorgehen gegen den Täter bedeutet (vgl. ebd.: 55; Garland 2004: 41f.; Hassemer/Reemtsma 2002: 62f.; Simon 2007: 100).

Dieser Abwägungsgedanke zwischen Täter und Opfer einerseits und die Bezugnahme auf virtuelle anstatt konkrete Opfer andererseits wird z.B. in der zweiten Beratung über das *Gesetz zur Verbesserung der Bekämpfung der Organisierten Kriminalität vom 4. Mai 1998* deutlich, in der betont wurde, dass es um die Interessen ‚potenzieller' Opfer gehe und die Frage aufgeworfen wurde, ob die Rechte von Opfern geringer zu bewerten seien als die von Tatverdächtigen, um schließlich zu folgern, dass der Staat gut daran täte, wenn er in einer solchen Debatte den Fragen der Opfer ebenfalls den notwendigen Raum gebe (vgl. BT-Protokoll 13/214: 19552).

Das strafrechtliche Feld, auf dem sich die Politik mit dem virtuellen Opfer am dominantesten zeigt, ist das Sexualstrafrecht[79]. Hier wurden unter dem Deckmantel einer vermeintlichen Opferorientierung Straftatbestände erweitert, Strafrahmen erhöht und neue Straftatbestände eingeführt. Allein im Betrachtungszeitraum lässt sich diese Verknüpfung von Strafverschärfung und Opferorientierung in sechs Gesetzen feststellen. So wurde unter Verweis auf Opferschutzgesichtspunkte im *Neunundzwanzigsten Strafrechtsänderungsgesetz vom 31. Mai 1994*[80] die Strafbarkeit des sexuellen Missbrauchs ausländischer Kinder

[78] Allerdings gab es in den USA auch seit den 1960er und 1970er Jahren eine konservative rechte Opferbewegung, die neben einer Stärkung von Opferrechten auch härtere Sanktionen für Straftäter forderte und in manchen Staaten sogar für die Beibehaltung und Wiedereinführung der Todesstrafe votierte (vgl. Zedner 2002: 432). Auch Gottschalk (vgl. 2006: 77) weist darauf hin, dass in den USA in den 1970er Jahren eine Opferbewegung entstanden ist, die in hohem Maße vergeltend und punitiv eingestellt war. Der US-amerikanische Rechtssoziologe Sarat (1997) sah schon Ende der 1990er Jahre die Identität des Rechts durch die Opferbewegung in den USA und den westeuropäischen Staaten bedroht.

[79] Eine detaillierte Analyse der Sexualstrafrechtsreform seit den 1990er Jahren findet sich bei Albrecht (1999) und Haffke (2005).

[80] Gegenstand des Gesetzes war ebenfalls die Abschaffung des Straftatbestandes der Homosexualität (§ 175 StGB: Unzucht zwischen Männern), die in einem ersten Schritt schon 1969, endgültig aber erst nach der Wiedervereinigung mit der Aufhebung des § 175 StGB im Jahre 1994 erfolgte. Noch bis Mitte der 1960er Jahre wurden Homosexuelle gerichtlich verfolgt und auch

durch Deutsche im Ausland eingeführt. Das Ruhen der Verjährung von Sexualstraftaten an Kindern und Jugendlichen bis zur Vollendung des 18. Lebensjahres des Opfers wurde im *Dreißigsten Strafrechtsänderungsgesetz vom 23. Juni 1994* beschlossen, weil dies dazu beitrage, das Opfer stärker in den Mittelpunkt auch der Entscheidungen des Gesetzgebers im Bereich des Strafrechts und des Strafprozessrechts zu stellen (vgl. BT-Drs. 12/6980: 5). Darüber hinaus wurde positiv hervorgehoben, dass diese Regelung eine gewisse Genugtuung für die Opfer beinhalte (vgl. BT-Drs. 12/7438: 3). Auch in der zweiten Beratung des *Gesetzes zur Bekämpfung von Sexualdelikten und anderen gefährlichen Straftaten vom 26. Januar 1998* sowie des *Sechsten Gesetzes zur Reform des Strafrechts vom 26. Januar 1998* kam die Opferorientierung zum Ausdruck. Nach dem Abgeordneten Norbert Geis (CDU/CSU) zeigen diese Gesetzgebungsvorhaben, dass eine Umorientierung im Strafrecht stattgefunden hat: „Wir gehen weg von dem Versuch, immer nur den Täter in den Mittelpunkt zu stellen, hin zu dem Versuch mehr das Opfer zu sehen" (BT-Protokoll 13/204: 18433). In gleicher Weise betonte der bayerische Staatsminister Leeb (CSU), dass dieser Gesetzentwurf Ausdruck dafür sei, dass im Mittelpunkt einer verantwortungsvollen Kriminalpolitik das Opfer stehen müsse (vgl. ebd.: 18457).

Auch dem *Gesetz zur Änderung der Vorschriften über die Straftaten gegen die sexuelle Selbstbestimmung und zur Änderung anderer Vorschriften vom 27. Dezember 2003* wurde dieses Etikett aufgedrückt: „Die Überschrift des Paketes, das wir Ihnen hier vorlegen, lautet [...] Opferschutz" (BT-Protokoll 15/22: 1732), betonte der Abgeordnete Stünker (SPD) in der ersten Beratung des Gesetzentwurfs[81]. Im Rahmen des Gesetzes wurden unter anderem die Strafvorschriften gegen den sexuellen Missbrauch von Kindern, Jugendlichen und widerstandsunfähigen Personen und gegen die Verbreitung von Kinderpornographie erweitert, es wurde der Straftatbestand des sexuellen Missbrauchs ohne körperlichen Kontakt eingeführt und es wurden Strafrahmen erhöht sowie die Möglichkeit des Vorbehalts der Sicherungsverwahrung bei Heranwachsenden geschaffen.

Schließlich wurden auch unter dem Topos ‚Opferschutz' im *Siebenunddreißigsten Strafrechtsänderungsgesetz vom 11. Februar 2005* neue Straftatbestände eingeführt, bestehende Straftatbestände erweitert und Mindeststrafen erhöht. Damit „verbessern wir den strafrechtlichen **Schutz der Opfer** von Menschenhandel" (BT-Protokoll 15/135: 12371; Herv. i. O.), lautete die Begründung der Abgeordneten Schewe-Gerigk (Grüne) in der zweiten Beratung des Gesetzentwurfs.

verurteilt. Zum Schutz von Jugendlichen vor sexuellem Missbrauch wurde eine geschlechtsneutrale Strafvorschrift eingeführt (§ 182 StGB).

81 Eine detaillierte Analyse der einzelnen Bestimmungen des Gesetzes haben Duttge, Hörnle und Renzikowski (2004) vorgelegt.

Auch die Sicherungsverwahrung ist ein strafrechtliches Feld, auf dem mit opferorientierter Politik gearbeitet wird. Sowohl die Notwendigkeit des *Gesetzes zur Einführung der vorbehaltenen Sicherungsverwahrung vom 21. August 2002* sowie des *Gesetzes zur Einführung der nachträglichen Sicherungsverwahrung vom 23. Juli 2004* wurden mit dem Schutz potenzieller künftiger bzw. weiterer Opfer begründet (vgl. BT-Drs. 14/9530: 1; BR-Protokoll 15/798: 143).

Neben tatsächlichen und virtuellen Opfern, die man vor einer (erneuten) Viktimisierung schützen will, kommt in der Gesetzgebung noch eine dritte Kategorie von Opfern zum Ausdruck, die durch das Strafrecht geschützt werden soll: die Würde der Opfer des Nationalsozialismus (vgl. BT-Protokoll 15/164: 15350). So wurden im *Gesetz zur Änderung des Versammlungsgesetzes und des Strafgesetzbuches vom 24. März 2005* Versammlungen und Aufzüge an bestimmten Orten, die an die Opfer organisierter menschenunwürdiger Behandlung erinnern, verboten oder beschränkt und der Straftatbestand der Volksverhetzung wurde erweitert.

Gesetze wie dieses, das in die Kategorie der sog. ‚Hate Laws' passt, die individuelles Gedankengut unter Strafe stellen, das vulnerable Gruppen verletzen könnte, werden vornehmlich als Akte symbolischer Politik angesehen und ihnen wird geringe praktische Relevanz zugeschrieben, da bereits eine Reihe gesetzlicher Mittel existiert, um solche Handlungen strafrechtlich zu verfolgen. Nach Furedi (vgl. 2005: 156) erfüllen solche Gesetze die wichtige symbolische Funktion anzuzeigen, welche Gedanken und Gefühle zulässig und welche jenseits der Grenzen des Erlaubten sind. Er verwendet dafür den treffenden Begriff des „policing of thought" (ebd.: 156), das in solchen Gesetzen zum Vorschein komme.

Betrachtet man die Deliktsbereiche, in denen strafrechtliche Verschärfungen unter Verweis auf den Schutz und die Interessen der Opfer erfolgten, so zeigt sich eine erstaunliche Parallelität auf der Ebene internationaler Menschenrechte. Auch hier vollzog sich – wie Sebba (2009) analysiert – eine „victim-driven criminalisation" in ganz ähnlichen Deliktfeldern (Sexualstraftaten, Kindesmissbrauch, Holocaustleugnung, Menschenhandel) – ein Beleg für die Zunahme der Europäisierung des Strafrechts und dafür, dass von einem deutschen Exzeptionalismus keine Rede sein kann.

3.4.2.8 Europäisierung

Die Anzahl der Gesetze, die pro Legislaturperiode auf eine zunehmende Europäisierung zurückgehen, ist in Abbildung 20 dargestellt.

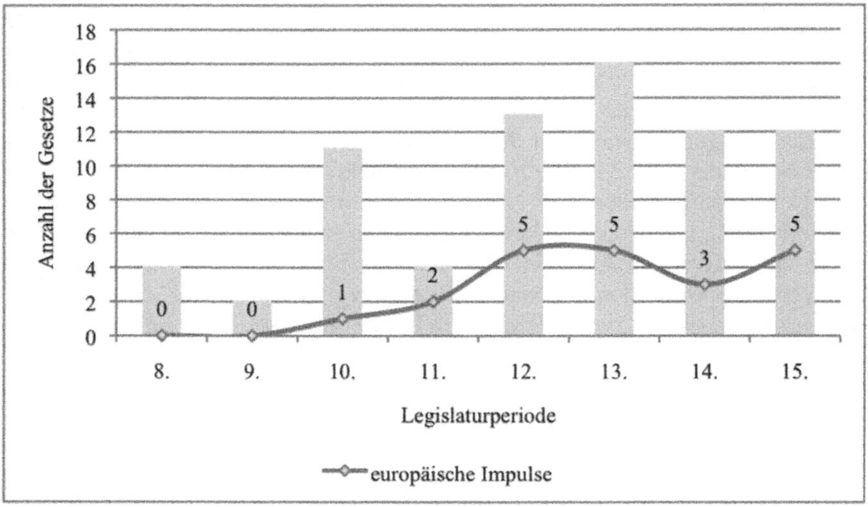

Abbildung 20: Europäisierung als Begründung

Diese Begründung, die mit dem Einfluss europäischer Impulse auf nationale gesetzliche Vorschriften argumentiert, hat seit dem Zusammenbruch der Ostblockstaaten Konjunktur. Bis zur zwölften Legislaturperiode spielten europäische Impulse kaum eine Rolle in der Rechtsetzung im Bereich des materiellen Strafrechts in Deutschland. Seitdem gestaltet sich der europäische Einfluss unter dem Deckmantel von Harmonisierungsbestrebungen in erster Linie einseitig als Schaffung eines europaweit geltenden Mindeststrafrechts durch die Angleichung von Straftatbeständen sowie die Einführung von Mindesthöchststrafen (vgl. Schünemann 2004: 196ff.). Auch Pratt (2007: 170) stellt diese Tendenz fest: „The method so far chosen in sanction harmonization has been to set minimum levels for maximum penalties." Dabei durchziehen die auf europäischer Ebene beschlossenen Vorgaben vor allem jene Strafrechtsfelder, die am stärksten von Neukriminalisierungen, Tatbestandserweiterungen sowie Strafverschärfungen betroffen sind: das Umwelt-, Wirtschafts-, Terrorismus- und Sexualstrafrecht.

Zunächst wirkte in der zwölften Legislaturperiode der europäische Einfluss in Form einer EWG-Verordnung auf das Gebiet des Umweltstrafrechts ein und bezog sich auf den Umgang mit gefährlichen Abfällen. Mit dem *Ausführungsgesetz zu dem Basler Übereinkommen vom 22. März 1989 über die Kontrolle der grenzüberschreitenden Verbringung gefährlicher Abfälle und ihrer Entsorgung (Ausführungsgesetz zum Basler Übereinkommen) vom 30. September 1994* wurde das Umweltstrafrecht um die Strafbarkeit der grenzüberschreitenden Verbringung gefährlicher Abfälle ergänzt. Die EWG-Verordnung spielte in der Begründung und Legitimation des Gesetzgebungsverfahrens jedoch kaum eine Rolle. Vielmehr kam es neben der Regelung des Im- und Exports gefährlicher Abfälle zur Einführung einer Reihe neuer Straftatbestände und zur Erweiterung bereits bestehender Tatbestände im Hinblick auf u.a. Bodenschutz, Luftverunreinigung und den Umgang mit gefährlichen Gütern. In konservativen Kreisen wurden diese strafrechtlichen Verschärfungen dahingehend gerühmt, dass sie der Bundesrepublik Deutschland das Prädikat „das schärfste Umweltstrafrecht in der gesamten Welt“ (BT-Protokoll 12/222: 19167) verliehen.

In der 13. und 14. Legislaturperiode verlagerten sich die europäischen Impulse auf das Wirtschaftsstrafrecht (vor allem Korruption). Zum einen wurde ein Übereinkommen zum Schutz der finanziellen Interessen der Europäischen Gemeinschaften im sog. *EG-Finanzschutzgesetz (EGFinSchG) vom 10. September 1998* in innerstaatliches Recht umgesetzt. Im Kern geht es in diesem Gesetz um die Erweiterung der Strafvorschrift des Subventionsbetrugs mit dem Ziel, die Effizienz der Bekämpfung des Betrugs zu Lasten der Haushalte der Europäischen Gemeinschaften zu steigern. Zum anderen wurde zeitgleich das *EU-Bestechungsgesetz (EUBestG)* erlassen, welches auf ein Protokoll zurückgeht, das das Übereinkommen zum Schutz der finanziellen Interessen der Europäischen Gemeinschaften durch eine verstärkte Bekämpfung der Bestechung und Bestechlichkeit von Beamten oder Amtsträgern der Mitgliedstaaten der Europäischen Union ergänzen soll. Im Zuge dessen wurden die Strafvorschriften über Bestechung und Bestechlichkeit ausgedehnt. Darüber hinaus wurden in einem weiteren Protokoll zu dem Übereinkommen Maßnahmen zur Verstärkung des Schutzes gegen Geldfälschung im Hinblick auf die Einführung des Euro beschlossen, die einer innerstaatlichen Umsetzung bedurften. In diesem *Ausführungsgesetz* wurden nicht nur Tatbestände erweitert, sondern auch Höchstgrenzen für Geldbußen angehoben. Ebenso wurden Harmonisierungsbestrebungen im Sinne der Europäischen Kommission im *Gesetz gegen den unlauteren Wettbewerb vom 3. Juli 2004* aufgenommen, die allerdings keine strafrechtlichen Implikationen haben.

Durch die terroristischen Anschläge in New York im September 2001 rückte das Terrorismusstrafrecht in das Zentrum der Aufmerksamkeit der europäischen Strafrechtspolitik. So wurde zunächst die Strafbarkeit der Beteiligung an einer kriminellen Vereinigung auf das außereuropäische Ausland erweitert. Diese Gesetzesänderung ging allerdings auf eine bereits Ende 1998 beschlossene Gemeinsame Maßnahme der EU zurück, wurde dennoch in der Begründung als Impuls für das Gesetzgebungsvorhaben angeführt. Jedoch wurden auch auf europäischer Ebene unmittelbar nach dem 11. September 2001 Maßnahmen gegen den Terrorismus mit dem Ziel der Vereinheitlichung der strafrechtlichen Vorschriften zur Terrorismusbekämpfung beschlossen, die von den EU-Mitgliedstaaten in innerstaatliches Recht umgesetzt werden mussten. So wurden im *Rahmenbeschluss des Rates vom 13. Juni 2002* zur Terrorismusbekämpfung eine EU-weite Definition terroristischer Straftaten und terroristischer Vereinigungen sowie Strafsanktionen für bestimmte Delikte festgelegt, welche Tatbestandserweiterungen und Strafrahmenerhöhungen im StGB erforderlich machten. In der Begründung des Gesetzentwurfs (vgl. BT-Drs. 15/813) wurde die Notwendigkeit dieser Änderungen ausschließlich mit der Umsetzungspflicht des Rahmenbeschlusses legitimiert.

Der Trend zur Europäisierung des Strafrechts wird auch innerhalb der Strafrechtswissenschaft registriert (Hilgendorf 2004, 2007). Begründet wird diese Entwicklung mit der Zielsetzung einer europaweiten Harmonisierung von Strafrechtsvorschriften (z.B. des materiellen Rechts der terroristischen Straftaten durch das *Gesetz zur Umsetzung des Rahmenbeschlusses des Rates vom 13. Juni 2002 zur Terrorismusbekämpfung und zur Änderung anderer Gesetze vom 22.12.2003*), deren Sinnhaftigkeit kaum angezweifelt wird (vgl. Hilgendorf 2007: 201). Die Hauptkritik an dieser Tendenz entzündet sich an der fehlenden demokratischen Legitimation europäischer Vorschriften, da das Parlament nur unzureichend beteiligt werde. Darüber hinaus wird kritisiert, dass dem nationalen Gesetzgeber bei der Umsetzung der europäischen Vorgaben kaum mehr Handlungs- und Gestaltungsspielräume offen stünden.

Vormbaum (vgl. 2011: 272) merkt an, dass das von der EU initiierte Strafrecht die Mitgliedstaaten durchweg zu Neukriminalisierung verpflichte und nicht etwa zur einheitlichen Anhebung rechtsstaatlicher Standards im Strafrecht. Schünemann (2004: 202) bezeichnet diese Strategie der Rechtsdurchsetzung durch europäische Vorgaben, wie sie beispielsweise mittels Rahmenbeschlüssen erfolgt, als „trojanisches Pferd, mit dem sich die Staatsgewalten der Mitgliedstaaten mühelos durch die in anderen Staaten errichteten rechtlichen Schutzmauern in das Weichbild der bürgerlichen Freiheiten einschleichen können“ und sieht die Gefahr der „Exekutierbarkeit der jeweils punitivsten Strafrechts- und Strafverfahrensordnung eines Mitgliedstaates auf dem gesamten EU-Territorium.“ Ähnliche Befürchtungen äußert Albrecht (vgl. 2007: 190).

Auch auf dem Gebiet des Sexualstrafrechts ist diese Praktik der Strafverschärfung qua Rahmenbeschluss beobachtbar. So wurde unter Verweis auf den *Rahmenbeschluss des Rates der Europäischen Union zur Bekämpfung der sexuellen Ausbeutung von Kindern und der Kinderpornographie* das Höchstmaß der Freiheitsstrafe für den Erwerb oder Besitz kinderpornographischer Schriften von einem Jahr auf zwei Jahre angehoben (vgl. BT-Drs. 15/350: 21). Die Neufassung der Strafvorschriften gegen den Menschenhandel geht ebenfalls auf einen *Rahmenbeschluss der Europäischen Union zur Bekämpfung des Menschenhandels* zurück, in deren Folge neue Straftatbestände eingeführt, bestehende Straftatbestände erweitert und Mindeststrafen erhöht wurden.

Auch wenn Änderungen der Strafprozessordnung nicht Gegenstand der Analyse waren, sei an dieser Stelle ein Exkurs unternommen, da der ‚Umweg über Europa' (Bukow 2005; Engling 2008; Kurz 2008) nicht nur zur Schaffung eines Mindeststrafrechts, sondern zunehmend auch als Strategie zur Legitimation restriktiver Sicherheitsgesetze im strafprozessualen Bereich genutzt wird (vgl. im Folgenden Schlepper 2011: 203ff.). Die Europäische Union erweise sich immer wieder als Garant für die Absicherung wie als Ansporn einer aus Freiheitssicht restriktiven nationalen Sicherheitspolitik (vgl. Weichert 2009). Durch eine Europäisierung der inneren Sicherheit (Glaeßner/Lorenz 2005) lassen sich Gesetzesvorhaben, die auf nationaler Ebene auf Widerstand stoßen, leichter durchsetzen. Jelpke (2007), die innenpolitische Sprecherin der Fraktion ‚Die Linke' im Bundestag, beschreibt diese Strategie folgendermaßen:

> „Was macht die Bundesregierung, wenn sie etwas durchsetzen will, wofür sie im Bundestag keine Mehrheit hat? Oder wenn sie eine Parlamentsdebatte vermeiden möchte, die in der Öffentlichkeit Unruhe auslösen könnte? Dann geht sie den europäischen Weg. Sehr bequem. Und zielführend."

Das gängige Argumentationsmuster, das hierfür bedient wird, lautet, dass man sich den europäischen Vorgaben nicht entziehen könne, da bei Nichteinhaltung Sanktionen drohen. Auf diese Weise wird nicht nur die Verantwortung für unpopuläre Entscheidungen auf die supranationale Ebene geschoben, sondern obendrein die EU als Sündenbock missbraucht (vgl. Karras 2008: 249). Der nationale Gesetzgeber ist zwar tatsächlichen Beschränkungen unterworfen – dies ist aber mitunter gewollt und wird gezielt als Durchsetzungs- und Legitimationsstrategie eingesetzt. Außen vor gelassen wird bei dieser Argumentationsfigur, dass Deutschland oftmals als treibende Kraft bei der Entwicklung europäischer Vorgaben agiert. So geht z.B. die Einführung des biometrischen Reisepasses auf eine EG-Verordnung zurück, die vom ehemaligen Bundesinnenminister Schily initiiert wurde (vgl. Selbmann 2008: 13), nachdem sich die biometrische Erfassung von Reisenden auf nationaler Ebene nicht durchsetzen ließ (vgl. Busch 2006: 29f.; Kurz 2008: 102). Der Weg über eine EG-Verordnung erwies sich als attraktive Hintertür, weil diese unmittelbar in jedem Mitgliedstaat gilt und nicht erst in nationales Recht umgesetzt werden muss. Darüber hinaus ist sie in allen Teilen verbindlich und lässt den EG-Mitgliedsstaaten keinerlei Gestaltungsspielraum.

Europäische Impulse können nicht nur über EG-Verordnungen erfolgen, sondern auch in Form von EG-Richtlinien oder Rahmenbeschlüssen[82] auf die innerstaatliche Gesetzgebung Einfluss ausüben. Im Unterschied zu EG-Verordnungen sind diese nicht unmittelbar wirksam, sondern müssen in nationales Recht umgesetzt werden. Beispiele dafür, dass EG-Richtlinien als Strategie zur Durchsetzung einer restriktiven Sicherheitspolitik genutzt wurden, sind die Gesetzgebungsverfahren zur Fluggastdatenübermittlung in die USA (das sog. *PNR-Abkommen*) sowie zur Vorratsdatenspeicherung von Telekommunikations- und Internetdaten (vgl. Leopold 2006: 117), welche ebenfalls zunächst auf nationaler Ebene nicht die erforderliche Zustimmung fanden. Beiden Maßnahmen wurde auf diese Weise der Weg in die deutsche Gesetzgebung geebnet.[83] Die Vorratsdatenspeicherung wurde durch das Urteil des Bundesverfassungsgerichts vom 2. März 2010 für verfassungswidrig erklärt.

Die Konformität Deutschlands mit den restriktiven Gesetzgebungsvorhaben auf europäischer Ebene spiegelt sich auch im ‚überschießenden Umsetzungseifer' europäischer Vorgaben wider. So wurden die Speicherpflichten für Email- und Internetzugangsanbieter nicht nur weit vor Ablauf der in der EG-Richtlinie zur Vorratsdatenspeicherung vorgegebenen Frist eingeführt, sondern auch inhaltlich wurde bei der Umsetzung der EG-Richtlinie weit über die darin vorgesehenen Maßnahmen hinaus gegangen (vgl. Arbeitskreis Vorratsdatenspeicherung et al. 2007: 6f.). Dies zeigt sich besonders deutlich daran, in welchen Fällen auf die Verkehrsdaten zugegriffen werden durfte. Während die EG-Richtlinie die Maß-

82 Seit dem Inkrafttreten des Vertrages von Lissabon am 1. Dezember 2009, durch welchen das Drei-Säulen-Modell weitgehend aufgelöst wurde, wurde die Kompetenz zum Erlass von Rahmenbeschlüssen zu Gunsten von Richtlinien abgeschafft, wobei frühere Rahmenbeschlüsse ihre Gültigkeit behalten.

83 Streng genommen handelt es sich dabei nicht nur um einen Umweg über Europa, sondern auch über den Binnenmarkt. Richtlinien beruhen auf der Rechtsgrundlage der ersten Säule der EU (Europäische Gemeinschaften). Rechtsakte der ersten Säule dienen der Sicherstellung des Funktionierens des Binnenmarktes. Die Fluggastdatenübermittlung und Vorratsdatenspeicherung von Telekommunikations- und Internetdaten zielen jedoch auf die Erleichterung der Strafverfolgung ab, welche in die Zuständigkeit der dritten Säule der EU (polizeiliche und justizielle Zusammenarbeit in Strafsachen) fällt, deren Rechtsgrundlage Rahmenbeschlüsse bilden. Dass bei der Regelung zur Vorratsdatenspeicherung der Weg über eine Richtlinie gewählt wurde, erklärt sich dadurch, dass sie sich zuvor per Rahmenbeschluss nicht durchsetzen ließ (vgl. Alvaro 2006). Ähnliches mag auch für die Fluggastdatenübermittlung in die USA zutreffen. Diese wurde vom Europäischen Gerichtshof für nichtig erklärt, da sie nicht in den Zuständigkeitsbereich der Europäischen Gemeinschaften falle, weil sie Strafverfolgungszwecken diene (vgl. EuGH, Urteil vom 30. Mai 2006, Az. C-317/04 und C-318/04) und für das Funktionieren des Binnenmarktes nicht erforderlich sei. Auch die Verfassungsbeschwerde gegen den biometrischen Reisepass stützt sich auf diese Argumentation und erklärt die Verordnung für rechtswidrig, da dieser zum Ziel der Terrorismusbekämpfung eingeführt worden sei und damit nicht in den Kompetenzbereich der ersten Säule der EU falle (vgl. Selbmann 2008).

nahme nur bei schweren Straftaten vorsieht, wurde die Zulässigkeit in § 100g StPO auf erhebliche Straftaten und mittels Telekommunikation begangene Straftaten erweitert. Ebenfalls als überschießende Umsetzung wird kritisiert, dass auch Anonymisierungsdienste, die nicht explizit in der Richtlinie genannt wurden, der Speicherpflicht unterlagen. Weitere Beispiele zur überschießenden Umsetzung von EU-Vorgaben finden sich im Zuwanderungs- und Staatsangehörigkeits- sowie Sexualstrafrecht (Jelpke 2007).

Insgesamt lässt sich also feststellen, dass der zunehmende Einfluss europäischer Impulse auf die nationale Gesetzgebung nahezu auf alle strafrechtlichen Felder wirkt und auch den strafprozessualen Bereich in erheblichem Maße betrifft. Rzepka (vgl. 2003: 236) sieht in dieser Tendenz, dass straf(verfahrens-)rechtlicher Änderungsbedarf mit vorhandenen europäischen Vorgaben legitimiert wird, ein gebrochenes Demokratieverständnis.

3.4.2.9 Effektivität

Abbildung 21 zeigt, dass die Anzahl der Gesetze, die mit dem Ziel der Steigerung der Effektivität begründet wurden, im Betrachtungszeitraum zugenommen hat. Dabei zieht sich der Topos einer ‚effektiven' Kriminalitätsbekämpfung durch alle Deliktsbereiche.

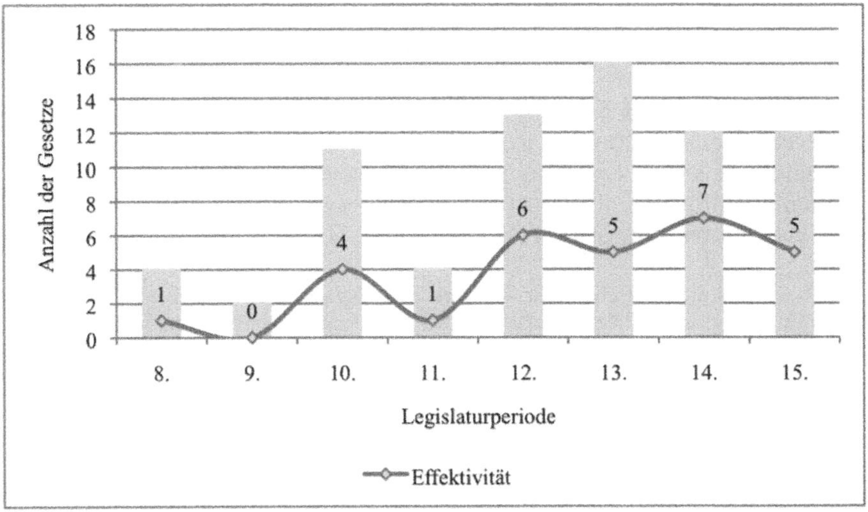

Abbildung 21: Effektivität als Begründung

Am häufigsten findet sich diese Begründung im Bereich der Wirtschaftskriminalität. Insgesamt acht Gesetze aus diesem Strafrechtsgebiet wurden mit dem Verweis auf eine ‚effektivere Kriminalitätsbekämpfung' geändert. So wurden die Bestimmungen der Exportkontrolle im Rahmen des *Gesetzes zur Änderung des Außenwirtschaftsgesetzes, des Strafgesetzbuches und anderer Gesetze vom 28. Februar 1992* verschärft, da diese „effektiv und effizient erfolgen" (BT-Protokoll 12/73: 6090) müsse. Mit dem *Gesetz zur Bekämpfung der Korruption vom 13. August 1997* wurden unter anderem Vorschriften gegen die Korruption im öffentlichen Bereich ausgedehnt und verschärft, der Tatbestand der Vorteilsnahme wurde erweitert, ein neuer Abschnitt über Straftaten gegen den Wettbewerb wurde in das StGB eingefügt und der Straftatbestand der wettbewerbsbeschränkenden Absprachen bei Ausschreibungen wurde geschaffen. Die Strafdrohungen wurden verschärft und Straftatbestände erweitert, weil dies für eine „effektive Verfolgung der Wirtschaftskorruption" (BT-Drs. 13/5584: 16) erforderlich sei. Eine „effektive Strafverfolgung im Bereich der Korruption" (BT-Drs. 14/9258: 1) steht auch im Mittelpunkt des *Gesetzes zur Ausführung des Zweiten Protokolls vom 19. Juni 1997 zum Übereinkommen über den Schutz der finanziellen Interessen der Europäischen Gemeinschaften, der Gemeinsamen Maßnahme betreffend die Bestechung im privaten Sektor vom 22. Dezember 1998 und des Rahmenbeschlusses vom 29. Mai 2000 über die Verstärkung des mit strafrechtlichen und anderen Sanktionen bewehrten Schutzes gegen Geldfälschung im Hinblick auf die Einführung des Euro vom 22. August 2002*. Das *EG-Finanzschutzgesetz vom 10. September 1998* soll die „Effizienz der Bekämpfung von Straftaten zu Lasten der finanziellen Interessen der Gemeinschaften stärken" (BT-Drs. 13/10425: 1).

Das *Gesetz zur Bekämpfung von Steuerverkürzungen bei der Umsatzsteuer und zur Änderung anderer Steuergesetze vom 19. Dezember 2001* wurde damit legitimiert, dass die Verwaltung neue Möglichkeiten benötige, um die Betrugsbekämpfung effektiver durchführen zu können (vgl. BT-Drs. 14/7471: 4). Von der Abgeordneten Westrich (SPD) wurde dies folgendermaßen untermauert:

> „Wenn die Deutsche Steuer-Gewerkschaft sagt, dass es wesentlich einfacher und mit geringerem Aufwand verbunden sei, sich beim Finanzamt durch Vorsteuerbetrug Geld zu beschaffen, als eine Bank zu überfallen, und niemand widerspricht, ist es höchste Zeit, effektive Kontrollbestimmungen durchzusetzen" (BT-Protokoll 14/203: 19961).

Die Möglichkeit, Verträge mit Unternehmen aufzulösen, die illegale Beschäftigung betreiben, wurde im Rahmen des *Gesetzes zur Erleichterung der Bekämpfung von illegaler Beschäftigung und Schwarzarbeit vom 23. Juli 2002* geschaffen, weil es im Sinne der effektiven Bekämpfung der illegalen Beschäftigung notwendig sei, dass sofort nach Bekanntwerden der illegalen Beschäftigung Konsequenzen folgen (vgl. BT-Drs. 14/8221: 19). Auch das *Gesetz zur Intensivierung der Bekämpfung der Schwarzarbeit und damit zusammenhängender Steuerhinterziehung vom 23. Juli 2004* zielte auf eine „effektive Bekämpfung der Schwarzarbeit" (BT-Drs. 15/2948: 12) ab. Durch die Erweiterung der Prüfungs- und Ermittlungsrechte der Zollverwaltung zur Bekämpfung der gewerbsmäßigen Schwarzarbeit soll die Verfolgung noch effektiver und effizienter durchgeführt werden können (vgl. BT-Drs. 15/3077: 1).

Am zweithäufigsten findet sich der Verweis auf einen Änderungsbedarf aufgrund von Effektivitätsgesichtspunkten im Bereich des strafrechtlichen Zugriffs auf die Organisierte Kriminalität. Die Strafverschärfungen und Tatbestandserweiterungen im Rahmen des *Gesetzes zur Bekämpfung des illegalen Rauschgifthandels und anderer Erscheinungsformen der Organisierten Kriminalität vom 15. Juli 1992* sollten der „effektiven Bekämpfung des illegalen Rauschgifthandels" (BT-Drs. 12/989: 29) dienen. Damit wurden neben der Schaffung zahlreicher neuer Ermittlungsmaßnahmen, die in den Regelungsbereich der StPO fallen, die Strafen für Straftaten verschärft, die der Organisierten Kriminalität zugerechnet werden (schwerer Bandendiebstahl, gewerbsmäßige Bandenhehlerei, Geldwäsche). Zudem wurden die Vermögensstrafe und die Erweiterung des Verfalls von Vermögensgegenständen eingeführt. Der Bundesjustizminister Kinkel begründete die Erforderlichkeit des Gesetzes damit, „daß die Effektivität der Strafverfolgung gerade bei den modernen, besonders bedrohlichen Kriminalitätsbereichen wie der Rauschgiftkriminalität und der Organisierten Kriminalität gewährleistet sein muß" (BT-Protokoll 12/42: 3511). Das *Verbrechensbekämpfungsgesetz vom 28. Oktober 1994* wurde damit legitimiert, dass zur effektiveren Bekämpfung des Organisierten Verbrechens eine Verbesserung der Gewinnabschöpfung bei der sog. Schutzgelderpressung und eine Erweiterung des Katalogs der Vortaten einer Geldwäsche[84] notwendig sei (vgl. BT-Drs. 12/7585: 1). Ähnlich zielten auch die Änderungen durch das *Gesetz zur Verbesserung der Bekämpfung der Organisierten Kriminalität vom 4. Mai 1998* darauf ab, „die Vorschriften des Geldwäschegesetzes [...] effizienter zu gestalten und zugleich Unsicherheiten bei deren Handhabung zu beseitigen" (BT-Drs. 13/8651: 1). Auch die akustische Wohnraumüberwachung, welche im Rahmen des *Gesetzes zur Umsetzung des Urteils des Bundesverfassungsgerichts vom 3. März 2004 vom 24. Juni 2005* modifiziert werden musste, soll „als ein effizientes Mittel zur Verbesserung der Bekämpfung von organisierter Kriminalität, Terrorismus und anderen Formen besonders schwerer Kriminalität erhalten bleiben"

---

84 Eine erneute Erweiterung des Geldwäschetatbestandes erfolgte mit dem *Fünften Gesetz zur Änderung des Steuerbeamten-Ausbildungsgesetzes und zur Änderung von Steuergesetzen vom 23. Juli 2002*.

(BT-Drs. 15/4533: 10). Der Abgeordnete Krings (CDU/CSU) bekräftigte den Gesetzentwurf mit dem Verweis darauf, dass damit der Wille des Volkes ausgeführt werde: „Die Menschen in diesem Land wünschen und wollen eben eine effektive und wirksame Bekämpfung von Straftaten" (BT-Protokoll 15/175: 16455).

Darüber hinaus wurden die Änderungen durch das *Strafrechtsänderungsgesetz zur Kinderpornographie vom 23. Juli 1993* in die Nähe zur Organisierten Kriminalität gerückt. Die Abgeordnete Simm (SPD) erklärte dazu: „Es geht [...] darum, einen neuen Typ von Straftaten, der zum Teil mit Methoden des organisierten Verbrechens begangen wird, effektiver zu bekämpfen" (BT-Protokoll 12/163: 14061). Als wichtigen Schritt zur effektiveren Bekämpfung eines wahrhaft abscheulichen Tatbestandes wurde die Strafrechtsänderung zur Kinderpornographie von der Abgeordneten Eymer (CDU/CSU) kommentiert (vgl. ebd.: 14063).

Damit ist auch bereits ein drittes strafrechtliches Feld betreten, auf dem mit einer Effektivierung argumentiert wird – das Sexualstrafrecht. So wurde die Ausweitung der Möglichkeiten der DNA-Analyse durch das *Gesetz zur Änderung der Vorschriften über die Straftaten gegen die sexuelle Selbstbestimmung und zur Änderung anderer Vorschriften vom 27. Dezember 2003* damit begründet, eine „effektive Strafverfolgung" (BT-Drs. 15/350: 12) zu ermöglichen. Die im Rahmen des *Siebenunddreißigsten Strafrechtsänderungsgesetzes vom 11. Februar 2005* erfolgte Erhöhung der Mindeststrafen sei für eine „effektive Bekämpfung des Menschenhandels" (BT-Protokoll 15/109: 9949) erforderlich.

Ein weiterer strafrechtlicher Bereich, in dem das Effektivitätsdenken Einzug gehalten hat, ist das Umweltstrafrecht. Von den Vorschriften des *Gesetzes zur Bekämpfung der Umweltkriminalität vom 28. März 1980*, durch das die zuvor in Nebengesetzen verankerten Straftaten gegen die Umwelt zusammengefasst und in einen besonderen Abschnitt eingestellt wurden, verspreche sich die Mehrheit einen „effektiveren Strafrechtsschutz" (BT-Drs. 8/3633: 21), heißt es in der Begründung des Gesetzentwurfs. Auch die neuen Straftatbestände und Tatbestandserweiterungen, die durch das *Zweite Gesetz zur Bekämpfung der Umweltkriminalität vom 27. Juni 1994* erfolgten, seien für ein „effektiveres Umweltstrafrecht" (BT-Protokoll 12/21: 1373) notwendig. Das Übereinkommen über die Kontrolle der grenzüberschreitenden Verbringung gefährlicher Abfälle und ihrer Entsorgung vom 30. September 1994 diene dazu, eine „effektive Überwachung der Vorgänge und die Ahndung illegaler grenzüberschreitender Abfallverbringungen zu gewährleisten" (BT-Drs. 12/6351: 17). Darüber hinaus sei es erforderlich, „um gegebenenfalls effektive Maßnahmen gegen umweltgefährdende grenzüberschreitende Abfall- oder Reststoffexporte [...] treffen zu können" (BT-Drs. 12/6351: 18).

Schließlich findet sich die Verwendung des Effektivitätsarguments auch im Terrorismusstrafrecht. Die Erweiterung der Zuständigkeit der Oberlandesgerichte auf Katalogtaten nach § 129a StGB durch das *Gesetz zur Bekämpfung des Terrorismus vom 19. Dezember 1986* sei notwendig, um „eine effektive Strafverfolgung terroristischer Gewalttaten zu gewährleisten" (BT-Drs. 10/6286: 6). Mit diesem Gesetz wurden die Straftatbestände zur Bildung terroristischer Vereinigungen und zur Belohnung und Billigung von Straftaten ausgedehnt, der Tatbestand der Anleitung zu Straftaten wurde in modifizierter Weise wieder eingeführt und die Strafvorschrift der Zerstörung wichtiger Arbeitsmittel geschaffen.

Durch die im Rahmen des *Gesetzes zur Änderung des Strafgesetzbuches, der Strafprozessordnung und des Versammlungsgesetzes und zur Einführung einer Kronzeugenregelung bei terroristischen Straftaten vom 9. Juni 1989* geschaffene Möglichkeit der vorläufigen Festnahme (§ 127 StPO) werde „der Polizei ein effektives Einschreiten erleichtert" (BT-Drs. 11/2834: 12). Zum Anlass für die im Zuge des *Vierunddreißigsten Strafrechtsänderungsgesetzes vom 22. August 2002* erfolgte Erweiterung des Anwendungsbereiches der §§ 129 und 129a StGB auf im Ausland gebildete kriminelle oder terroristische Vereinigungen wurden die Terroranschläge vom 11. September 2001 genommen. Begründet wurde diese Ausdehnung damit, dass sie zur effektiven Bekämpfung des internationalen Terrorismus notwendig sei (vgl. BT-Drs. 14/7025: 1).

Der zunehmend häufigere Gebrauch und die vielseitige Verwendung des Effektivitätsarguments zeigt, dass es universell auf nahezu allen Strafrechtsgebieten eingesetzt wird und dabei vor allem dem Zweck dient, die Erweiterung von Ermittlungsbefugnissen zu legitimieren. Das Effektivitätsdenken hat seit der zwölften Legislaturperiode deutlich Einzug in die Strafgesetzgebung gehalten und ist zu einer dominanten Begründungsfigur strafrechtlicher Änderungen geworden. Dafür, dass die gesetzlichen Maßnahmen tatsächlich zu einer Effektivitätssteigerung führen, wird jedoch nur selten ein Nachweis erbracht. Auch wird die Möglichkeit, Gesetze mit einer Evaluations- und Befristungsklausel[85] zu ver-

[85] Dass selbst Evaluation und Befristung keine kritische Überprüfung garantieren, zeigt das Beispiel des *Terrorismusbekämpfungsgesetzes vom 9. Januar 2002*, das innerhalb weniger Monate verabschiedet wurde und eine Evaluierungs- und Befristungsklausel enthält. Weinzierl (vgl. 2005: 95f.) weist daraufhin, dass die erforderliche Mehrheit für das Terrorismusbekämpfungsgesetz erst erzielt werden konnte, nachdem die Befristung besonders grundrechtsinvasiver Regelungen aufgenommen wurde. Die Instrumente ‚Evaluation' und ‚Befristung' sollten „als Korrektiv zum sehr beschleunigten Gesetzgebungsverfahren, gleichsam als Übereilungsschutz" [...] [dienen]. Als generelle Maßgaben zu gesetzlichen Neuregelungen erscheinen sie dagegen nicht veranlasst", heißt es dazu im 54-seitigen Evaluierungsbericht der Bundesregierung (2005: 53), der im Wesentlichen eine Aufbereitung von Statistiken darstellt. Im Zuge dieser Evaluierung wurde das Kontenabrufverfahren (wie auch die meisten anderen Regelungen) mit der Begründung entfristet, dass es aufgabendienliche Erkenntnisse erbracht habe, ohne dass damit unangemessen breite Überwachungsfolgen verbunden gewesen seien (vgl. ebd.: 10). Darüber

sehen, um nach einer gewissen Zeit eine Wirksamkeitskontrolle vorzunehmen, kaum ergriffen.

3.4.2.10 Abschreckung

Der Abschreckungsgedanke zählt zu den vier am häufigsten genannten Argumenten, mit denen die strafrechtlichen Änderungen in den untersuchten Gesetzen begründet wurden (Abb. 22).

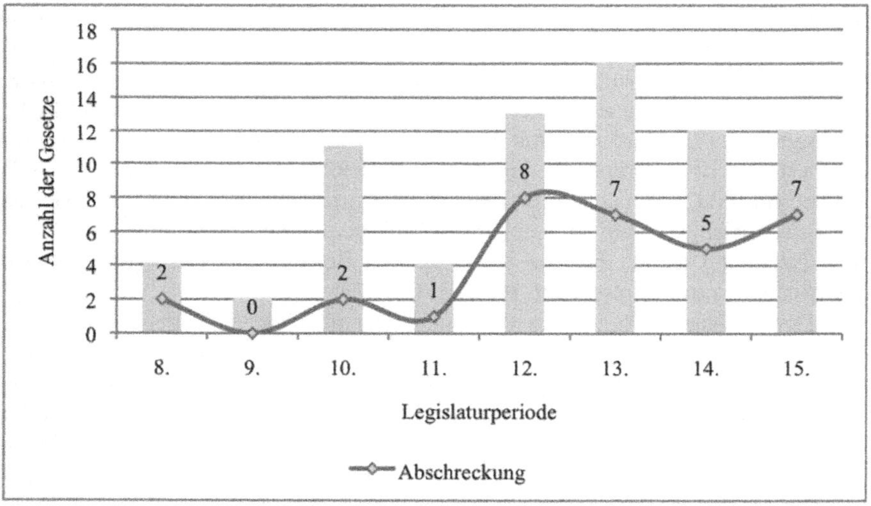

Abbildung 22: Abschreckung als Begründung

Die vermeintlich hinter dem Abschreckungskonzept stehende Logik wurde von dem Abgeordneten Norbert Geis in der zweiten Beratung des *Gesetzes zur Bekämpfung von Sexualdelikten und anderen gefährlichen Straftaten vom 26. Januar 1998* folgendermaßen ausgeführt:

hinaus wurden auch Regelungen beibehalten, von denen noch gar kein Gebrauch gemacht wurde. Angesichts dessen sind die zugrunde gelegten Evaluationskriterien, die im übrigen nicht transparent gemacht werden, durchaus in Zweifel zu ziehen. Ebenfalls in höchstem Maße kritisch zu betrachten ist, dass die Bundesregierung die Evaluation in Eigenregie durchgeführt hat und damit die Unabhängigkeit der Ergebnisse in Frage zu stellen ist.

> „Nach unserer Auffassung kann Kriminalität aber auch dadurch bekämpft werden, dass wir dem Täter sagen: Wir haben eine gut funktionierende Polizei; du musst damit rechnen, dass du entdeckt wirst; wenn du entdeckt wirst, wirst du hart verurteilt; wenn du verurteilt wirst, dann wird die verhängte Strafe auch vollstreckt. Diese ganz simple Abschreckung mit Hilfe des Strafrechts haben wir in der Vergangenheit vielleicht etwas zu sehr vernachlässigt“ (BT-Protokoll 13/204: 18433).

Am häufigsten wird der Abschreckungsgedanke in der Variante gebraucht, die der kriminologischen Forschung zufolge besonders wenig Erfolg verspricht: die Erhöhung der angedrohten Sanktion. Diese Strategie findet sich in ganz unterschiedlichen Deliktsbereichen.

Im Sexualstrafrecht wurde der Strafrahmen für die Verbreitung und den Besitz kinderpornographischer Schriften angehoben, weil sich dadurch die generalpräventive Wirkung gegenüber potenziellen Tätern verschärfe (vgl. BT-Drs. 12/3001: 5). So äußerte die Bundesjustizministerin Leutheusser-Schnarrenberger, dass hier im Sinne einer wirkungsvollen Abschreckung deutliche Freiheitsstrafen drohen müssen (vgl. BT-Protokoll 12/163: 14065). Die in der 15. Wahlperiode erfolgte erneute Anhebung des Höchstmaßes der Freiheitsstrafe für den Erwerb und Besitz kinderpornographischer Schriften wurde ebenfalls damit begründet, die generalpräventive Wirkung gegenüber potenziellen Tätern zu erhöhen (vgl. BT-Drs. 15/350: 21). Auch in Bezug auf die Strafvorschriften gegen Menschenhandel galt es, die „Strafrahmen in abschreckendem Maße heraufzusetzen“ (BT-Protokoll 15/109: 9947), nachdem schon in der zwölften Wahlperiode eine Gesetzesverschärfung stattgefunden hatte, nach der ein hoher Strafrahmen mit Freiheitsstrafe von sechs Monaten bis zu zehn Jahren für Menschenhandel eine erhebliche Abschreckungswirkung haben sollte (vgl. BT-Protokoll 12/79: 6584). In Bezug auf häusliche Gewalt wurde ebenfalls mit dem Abschreckungsgedanken argumentiert. So wurde in der ersten Beratung des Gesetzentwurfs zum *Dreiunddreißigsten Strafrechtsänderungsgesetz vom 1. Juli 1997* behauptet, dass eine „gewisse Abschreckung auf potentielle Täter“ (BT-Protokoll 13/172: 15502) dadurch entstehe, dass nunmehr auch Vergewaltigung und sexuelle Nötigung innerhalb der Ehe unter Strafe gestellt werden.

Ebenfalls in diesem Deliktfeld wird die Strategie der Abschreckung durch die Aufrechterhaltung der Strafbarkeit, etwa durch das Schrauben an Verjährungsfristen, verfolgt. Für Sexualstraftaten an Minderjährigen wurde in der zwölften Wahlperiode ein Ruhen der Verjährung eingeführt. Wenn die Verjährungsfrist erst mit Vollendung des 18. Lebensjahres zu laufen beginnt und damit die Tat länger verfolgt werden kann, dann entstehe ein Abschreckungseffekt, weil der Täter damit rechnen muss, dass er noch nach Jahren zur Verantwortung gezogen werden kann (vgl. BT-Drs. 12/6980: 5). Es ist jedoch kaum vorstellbar, dass durch die Verlängerung der Strafbarkeit tatsächlich Sexualstraftaten an

Minderjährigen verhindert werden. Gleiches gilt für die in der achten Wahlperiode erfolgte Aufhebung der Verjährung für Mord, was von Seiten des Abgeordneten Gradl (CDU/CSU) folgendermaßen begründet wurde: „Auf die Zukunft hin ist die Aufhebung, d.h. die unbegrenzte Strafverfolgung, eine vorbeugende Abschreckung für jeden, der auch nur mit dem Gedanken eines mörderischen Verbrechens spielt" (BT-Protokoll 8/145: 11565).

Daneben wird die Abschreckungsstrategie auch gegenüber weiteren Tätergruppen eingesetzt, die mindestens ebenso wenig durch strafrechtliche Drohungen beeindruckbar sind wie Sexualstraftäter. So zielte das *Gesetz zur Umsetzung des Rahmenbeschlusses des Rates vom 13. Juni 2002 zur Terrorismusbekämpfung und zur Änderung anderer Gesetze vom 22. Dezember 2003* auf Terroristen. „Ein weiteres Ziel des EU-Rahmenbeschlusses sei eine härtere Bestrafung von Terroristen, [...] um das Abschreckungspotenzial zu erhöhen" (BT-Protokoll 15/41: 3417f.), betonte der Abgeordnete Schröder (CDU/CSU) in der ersten Beratung des Gesetzentwurfs.

Im Wirtschaftsstrafrecht findet der Abschreckungsgedanke ebenfalls Anwendung. Wie bereits in Kapitel 3.4.2.4 erwähnt, wurde die Aufnahme weiterer Tatbestände in das *Zweite Wirtschaftskriminalitätsbekämpfungsgesetz vom 15. Mai 1986* mit einer großen generalpräventiven Abschreckungswirkung begründet (vgl. BT-Drs. 10/318: 16), welcher allerdings der Befund eines geringen Entdeckungsrisikos entgegen zu halten ist, der die Abschreckungswirkung schmälert.

Auch zur Bekämpfung illegaler Beschäftigung und Schwarzarbeit wird auf den Abschreckungsmechanismus gesetzt. Hierfür wurden in der 14. Legislaturperiode die Sanktionen erheblich mit dem Ziel verschärft, die Abschreckungswirkung zu erhöhen (vgl. BT-Drs. 14/8221: 1). Die Wirksamkeit dieser Strategie wurde in der Plenardebatte jedoch durchaus in Frage gestellt. Im Einklang mit den Ergebnissen kriminologischer Forschung konstatierte der Abgeordnete Romer (CDU/CSU) in der ersten Beratung des Gesetzentwurfs: „Höhere Strafen schrecken nur dann ab, wenn sie mit verschärften Kontrollen einhergehen" (BT-Protokoll 14/219: 21716). Diese Feststellung hatte jedoch keinen Effekt. Weitere Strafmaßerhöhungen erfolgten in der 15. Legislaturperiode mit dem Fokus auf die Abschreckung von der Organisation gewerblicher Schwarzarbeit (vgl. BT-Protokoll 15/109: 9740). Ebenso wurde im Bereich der Organisierten Kriminalität damit operiert, die Abschreckungswirkung durch schärfere Strafen für Straftaten zu erhöhen (vgl. BT-Drs. 12/989: 1). Schließlich schlägt sie sich auch im Umweltstrafrecht nieder, in dem sich durch höhere Strafdrohungen eine stärkere Abschreckungswirkung versprochen wurde.

Darüber hinaus ist der Einsatz des Abschreckungskonzepts mit der Einführung neuer oder der Erweiterung bestehender Straftatbestände sowie dem Heraufdefinieren von Verboten zu Straftatbeständen verbunden. Letzteres zeigt sich beispielsweise in den Strafvorschriften zum Vermummungsverbot und Verbot der passiven Bewaffnung, die im Rahmen des *Gesetzes zur Änderung des Strafgesetzbuches, der Strafprozessordnung und des Versammlungsgesetzes und zur Einführung einer Kronzeugenregelung bei terroristischen Straftaten vom 9. Juni 1989* vorgenommen wurden. Aus Abschreckungsgründen seien Verstöße gegen diese Verbote als Straftatbestände auszugestalten (vgl. BT-Drs. 11/4359: 14). Zuvor war noch konstatiert worden, dass sich der betroffene Personenkreis durch die vormals angedrohte Geldbuße nicht beeindrucken lasse und diese keine ausreichend abschreckende Wirkung entfaltet habe (vgl. BT-Drs. 11/2834: 12). Gleichermaßen wurden auch die bandenmäßige Begehung von Diebstählen unter erschwerten Umständen und gewerbs- und bandenmäßig verübte Hehlerei zu Verbrechenstatbeständen angehoben. Hierdurch werde aus der Sicht des Bundesrates erreicht, dass diese Delikte von den Gerichten in einer schuldangemessenen, den Bedürfnissen der individuellen und allgemeinen Abschreckung genügenden Weise bestraft werden können (vgl. BT-Drs. 12/989: 25).

Der Straftatbestand der Abgeordnetenbestechung wurde eingeführt, weil die Strafdrohung sowohl auf den Außenstehenden als auch auf den Mandatsträger abschreckende Wirkung entfalten könne (vgl. BT-Drs. 12/5927). Ist bei einer Bestechung von Abgeordneten durchaus zu unterstellen, dass dabei Rationalitätserwägungen getroffen werden und daher bei diesem Delikt auch noch am ehesten eine gewisse Abschreckbarkeit zu vermuten ist, kann bezweifelt werden, dass die Erweiterung der Strafvorschriften gegen Volksverhetzung (§ 130 StGB) und Aufstachelung zum Rassenhass (§ 131 StGB) die generalpräventive Wirkung der Strafvorschriften tatsächlich erhöhen, wie es im Entwurf des *Verbrechensbekämpfungsgesetzes vom 28. Oktober 1994* heißt (vgl. BT-Drs. 12/6853: 23f.).

Bemerkenswert ist schließlich auch die Annahme, dass allein die Existenz des Internationalen Strafgerichtshofs eine symbolische Abschreckungswirkung entfalte. Dessen wichtigste Funktion sei die Abschreckung (vgl. BT-Protokoll 14/233: 23269). Damit offenbart sich sehr deutlich, dass mit diesem Gesetz zuvörderst ein Akt symbolischer Politik vollzogen wurde.

Insgesamt zeigt sich also, dass das Abschreckungsargument in beliebigen Kontexten eingesetzt wird. Es findet auf nahezu allen strafrechtlichen Feldern Anwendung, um Strafverschärfungen sowie die Einführung neuer und Erweiterung bestehender Straftatbestände zu legitimieren. Kriminologische Befunde, die das Abschreckungskonzept widerlegt haben, scheinen in der gesetzgeberischen Praxis nicht zur Kenntnis genommen zu werden, und es macht nicht den Eindruck, dass es dadurch an Popularität eingebüßt hat.

3.4.2.11 Neue Kriminalitätsrisiken

Die Anzahl der Gesetze, die mit neuen Kriminalitätsrisiken begründet wurden, ist Abbildung 23 zu entnehmen. Dabei ist insgesamt eine Zunahme festzustellen, wobei in der zwölften Legislaturperiode der höchste Wert erreicht wird, der auf den Zusammenbruch der Ostblockstaaten zurückzuführen ist.

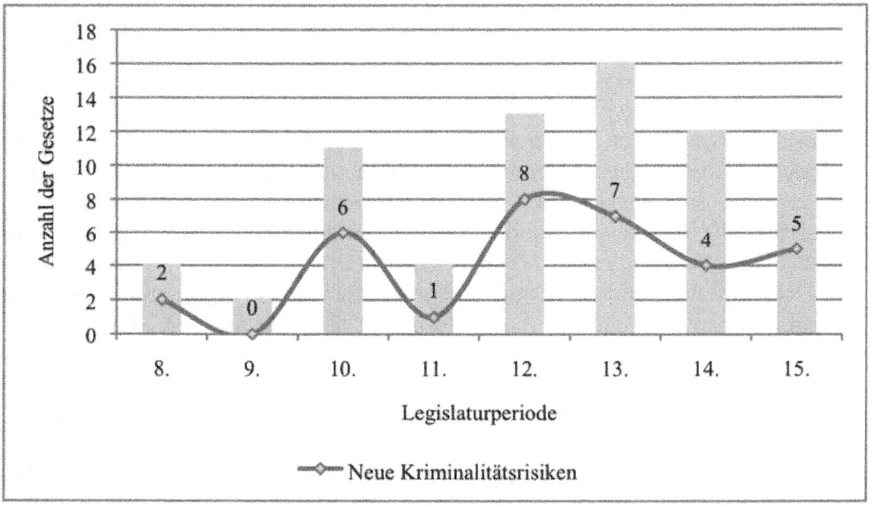

Abbildung 23: Neue Kriminalitätsrisiken als Begründung

Abbildung 24 liefert ein differenzierteres Bild der drei häufigsten[86] in den Gesetzesbegründungen genannten Ursachen der neuen Kriminalitätsrisiken. Daraus wird ersichtlich, dass die meisten Gesetze (N = 19) mit Risiken begründet wurden, die aus qualitativen und quantitativen Veränderungen der Kriminalität resultieren. In sieben Gesetzen wurde die Notwendigkeit der Änderungen auf den technischen Fortschritt zurückgeführt und in vier Gesetzen wurde zur Begründung der Änderungen auf neue Kriminalitätsrisiken infolge der Öffnung von Grenzen verwiesen.

---

86 Nur vereinzelt vorkommende Ursachen wurden in Abbildung 24 vernachlässigt, sind aber in Abbildung 23 enthalten. Zudem waren Mehrfachzählungen möglich, d.h. wenn ein Gesetz z.B. mit dem technischen Fortschritt und einem Anstieg der Kriminalität begründet wurde, wurden beide Begründungen gezählt. Daher sind die Fallzahlen in den Abbildungen 23 und 24 nicht identisch.

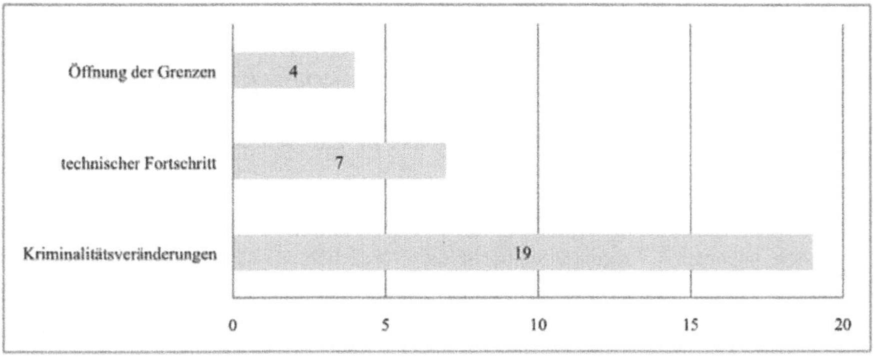

Abbildung 24: Häufigkeiten der Begründungen ‚Öffnung der Grenzen', ‚technischer Fortschritt' und ‚Kriminalitätsveränderungen'

Qualitative und quantitative Veränderungen der Kriminalität: Qualitative und quantitative Veränderungen der Kriminalität betrafen nahezu alle Deliktfelder, wenn man der Aussage des Abgeordneten Marschewski (CDU/CSU) in der zweiten Beratung des *Verbrechensbekämpfungsgesetzes vom 28. Oktober 1994* Glauben schenkt:

> „In nur wenigen Bereichen der Politik bestand in den letzten Jahren so viel Novellierungsbedarf wie im Bereich der Kriminalpolitik. Die Ursache sind quantitative und qualitative **Veränderungen des Kriminalitätsgeschehens**" (BT-Protokoll 12/229: 19883; Herv. i. O.).

> „Das Verbrechen wechselt seine Maßnahmen, seine Erscheinungsformen und seine Methoden ständig und leider sehr schnell, so daß wir ohnehin nicht mehr in der Situation sein werden, mit einem einmal gefassten Gesetzesbeschluß á la 1871 dauerhaft und ständig mit den gleichen Methoden wirksame Verbrechensbekämpfung betreiben zu können. Wir werden vielmehr immer neue Antworten geben müssen, aber viele und differenzierte, keine monokausalen, sondern auf das jeweilige Gefährdungspotential der inneren Sicherheit eingerichtete. Das ist die Politik der Bundesregierung" (ebd.: 19895).

Diese qualitativen und quantitativen Veränderungen werden besonders bei Gesetzesänderungen hervorgehoben, die die Organisierte Kriminalität betreffen. Dabei wurden zum einen „neue Erscheinungsformen der internationalen organisierten Kriminalität" (BT-Protokoll 12/79: 6581) behauptet. Zum anderen wurden besorgniserregende Zunahmen von Erscheinungsformen der Organisierten

Kriminalität – wie etwa der Rauschgiftkriminalität – angeführt, die ein rasches Handeln des Gesetzgebers notwendig machten (vgl. BT-Drs. 12/989: 23).

So wurde z.B. durch das *Gesetz zur Verbesserung der Bekämpfung der Organisierten Kriminalität vom 4. Mai 1998* die akustische Wohnraumüberwachung mit der Begründung eingeführt, dass sie zur Bekämpfung der steigenden Organisierten Kriminalität nötig sei:

> „Die zunehmende Bedrohung des einzelnen und der Gemeinschaft durch organisiert begangene Kriminalität macht es erforderlich, das Instrumentarium zur Bekämpfung des organisierten Verbrechens durch Eröffnung der Möglichkeit des Abhörens des nichtöffentlich gesprochenen Wortes auch in Wohnungen zu verbessern" (BT-Drs. 13/8651: 13).

Auch die mit dem *Verbrechensbekämpfungsgesetz vom 28. Oktober 1994* erfolgte Verlängerung der Geltungsdauer der Kronzeugenregelung wurde mit den „enormen Gefahren, die inzwischen weltweit von der Organisierten Kriminalität ausgehen" (BT-Drs. 12/6853: 39), begründet.

Der Abgeordnete Heuer (PDS) vertrat allerdings die Ansicht, dass „die neue „Dimension der Bedrohung" erfolgreich herbeigeredet" (BT-Protokoll 13/197: 17692) wurde. Dass sich gerade die Organisierte Kriminalität in besonderem Maße dazu eigne, führte er auf die Unklarheit darüber zurück, was sich hinter dem Begriff überhaupt verbirgt:

> „OK ist „ein „schillernder, kein definierbarer Begriff", der „alles und nichts" umfasse und wohl gerade deshalb als tauglich angesehen werde, die herrschende Kriminalpolitik des Law and order in besonderem Maße zu rechtfertigen" (ebd.: 17692).

Neben der Organisierten Kriminalität wurde auch eine qualitative und quantitative Veränderung der Gewaltkriminalität zur Begründung von Gesetzesänderungen herangezogen. In der ersten Beratung des *Sechzehnten Strafrechtsänderungsgesetzes vom 16. Juli 1979* konstatierte der Abgeordnete Gradl (CDU/CSU), dass sich „ganz neue Arten von Gewalt [...] in den letzten Jahren entfaltet" (BT-Protokoll 8/145: 11563) hätten. „Gegen diese neue kriminelle Herausforderung genügen nicht Traditionen und Systematiken aus einer anderen, vergangenen Zeit" (BT-Protokoll 8/166: 13301). Auch in der ersten Beratung des *Zweiundzwanzigsten Strafrechtsänderungsgesetzes vom 18. Juli 1985* beklagte Justizminister Engelhart eine besorgniserregende Zunahme der Gewalt (vgl. BT-Protokoll 10/57: 4052), die die Möglichkeit zur Strafverfolgung ohne Antrag bei besonderem öffentlichen Interesse notwendig mache. Wie auch in der Begründung des *Gesetzes zur Änderung des Strafgesetzbuches und des Versammlungs-*

gesetzes vom 18. Juli 1985 standen dabei gewalttätige Ausschreitungen bei Demonstrationen im Mittelpunkt. Dem hielt der Abgeordnete Vogel (SPD) jedoch entgegen, dass „der Anteil der unfriedlich verlaufenden Demonstrationen nicht gestiegen, sondern gesunken" (ebd.: 4055) sei. Vier Jahre später wurde erneut auf „eine zunehmende Bereitschaft radikaler Gruppierungen, zur Durchsetzung ihrer auf demokratischem Wege nicht erreichbaren Ziele Gewalt anzuwenden" (BT-Drs. 11/2834: 7), und ein „zunehmend brutaleres Vorgehen" (ebd.: 7) verwiesen, um das *Gesetz zur Änderung des Strafgesetzbuches, der Strafprozessordnung und des Versammlungsgesetzes und zur Einführung einer Kronzeugenregelung bei terroristischen Straftaten vom 9. Juni 1989* zu begründen. „Die Propagierung von Gewalt zur Erreichung politischer Ziele hat nach den Erkenntnissen der Sicherheitsbehörden in den letzten Jahren ein bisher nicht gekanntes Ausmaß angenommen" (ebd.: 8).

In der Begründung des *Einundzwanzigsten Strafrechtsänderungsgesetzes vom 13. Juni 1985*, mit dem die Strafbarkeit des Verbreitens und Verwendens von Gegenständen mit Kennzeichen nationalsozialistischer Organisationen auf bestimmte Vorbereitungshandlungen ausgedehnt wurde, wurde ebenfalls ein Anstieg behauptet: „Die Anzahl rechtsextremistischer, insbesondere neonazistischer Aktivitäten hat in jüngster Zeit deutlich zugenommen" (BT-Drs. 10/1286: 1). Von dem Abgeordneten Lowack (CDU/CSU) wurde dieser Anstieg allerdings vehement bestritten: „Ich möchte warnen, daß hier ein Popanz aufgebaut wird, mit dem von anderen größeren Problemen abgelenkt wird" (BT-Protokoll 10/135: 10086). Ebenso wurde das *Gesetz zur Änderung des Versammlungsgesetzes und des Strafgesetzbuches vom 24. März 2005* erneut mit einem vermeintlichen Anstieg begründet.

> „In den vergangenen Jahren ist eine kontinuierliche Zunahme rechtsextremistischer Versammlungen zu verzeichnen, die sich in Themenwahl, Veranstaltungsort und Ausgestaltung immer stärker an das Gepräge historischer Aufmärsche des NS-Regimes angleichen, die nationalsozialistische Gewalt- und Willkürherrschaft verherrlichen oder verharmlosen und durch bewusste Provokationen das Gedenken an die Opfer des Nationalsozialismus in unerträglicher Weise missachten und das Gefühl der Bevölkerung, insbesondere der Nachkommen der Opfer, hier in Frieden leben zu können, erschüttern" (BT-Drs. 15/4832: 1).

Häufig wurde die Argumentation mit einer qualitativen und quantitativen Veränderung bestimmter Straftaten auch bei Gesetzesänderungen im Wirtschaftsstrafrecht verwendet. „Neue Entwicklungen im Wirtschaftsleben, wie z.B. der verstärkte Einsatz der Datenverarbeitung, haben neue Kriminalitätsformen hervorgebracht, denen mit dem bisherigen Strafrecht nicht ausreichend begegnet werden kann" (BT-Drs. 10/5058: 1), heißt es in der Begründung des *Zweiten Ge-*

setzes zur Bekämpfung der Wirtschaftskriminalität vom 15. Mai 1986, das sich überwiegend der Computerkriminalität widmet. Ein Anstieg wurde für kriminelle Handlungen zu Lasten der Haushalte der Europäischen Gemeinschaften, für Steuerbetrug, illegale Beschäftigung und Schwarzarbeit behauptet, um die entsprechenden Gesetzesverschärfungen zu legitimieren.

Auch für den Bereich der Umweltkriminalität wurde mit einem Anstieg argumentiert. Zum einen sei „in jüngster Zeit auch die Ökologie der Meere" (BT-Drs. 8/2382: 11) zunehmend bedroht, weshalb die Einführung eines eigenen Abschnitts für Straftaten gegen die Umwelt sowie die Erweiterung von Tatbeständen erforderlich sei und mit dem *Achtzehnten Strafrechtsänderungsgesetz vom 28. März 1980* durchgesetzt wurde. Zum anderen wurde eine Steigerung illegal verbrachter Giftstoffe ins Feld geführt, um die Verschärfung der Kontrolle der grenzüberschreitenden Verbringung gefährlicher Abfälle und ihrer Entsorgung zu rechtfertigen (vgl. BT-Protokoll 12/216: 18706).

Eine Verschärfung des Sexualstrafrechts wurde mit dem Verweis auf in den Monaten zuvor an Kindern begangene, schwere Sexualdelikte begründet (vgl. BT-Drs. 13/8586: 1 u. 13). Darüber hinaus wurde eine „zunehmende Verbreitung kinderpornographischer Schriften" (BT-Drs. 15/350: 1) angemerkt, die es notwendig mache, bei der Strafbarkeit von Kinderpornographie im Internet nachzurüsten.

Nach Auffassung der legislativen Akteure waren qualitative und quantitative Veränderungen auch im Bereich des Terrorismus festzustellen. „Wer die Augen nicht vor der Realität verschließt, weiß, daß die Bedrohung durch den nationalen und internationalen Terrorismus eine neue, mehrfach gesteigerte Gefährlichkeit erreicht hat" (BT-Protokoll 10/243: 18822), erklärte der Abgeordnete Seiters (CDU/CSU) in der ersten Beratung des *Gesetzes zur Bekämpfung des Terrorismus vom 19. Dezember 1986*. In der Begründung des Gesetzentwurfs heißt es:

> „Nach Auffassung der Mehrheit des Ausschusses haben insbesondere die Anschläge auf Strommasten in erschreckender Weise zugenommen und neue Verhaltensweisen der die staatliche Ordnung bekämpfenden Terroristen offenbart. Dem müsse der Gesetzgeber durch entsprechende gesetzgeberische Maßnahmen Rechnung tragen" (BT-Drs. 10/6635: 11).

Es wurde darin noch ein weiterer Anstieg angeführt:

> „Die Verbreitung von Handbüchern, Flugblättern und anderen Schriften, die zu verschiedenen Methoden der Gewaltanwendung detaillierte Anweisungen enthalten, hat in den Jahren seit dem Erlaß des 19. StrÄndG in besorgniserregendem Maße zugenommen" (ebd.: 12).

Die Ausdehnung der Strafbarkeit der Bildung einer terroristischen Vereinigung auf das Ausland im Rahmen des *Vierunddreißigsten Strafrechtsänderungsgesetzes vom 22. August 2002* wurde – wie bereits erwähnt – mit den Terroranschlägen vom 11. September 2001 begründet:

> „Die jüngsten terroristischen Anschläge in den Vereinigten Staaten lassen eine Erstreckung der [...] Vorschriften über die EU hinaus generell auf im Ausland tätige kriminelle oder terroristische Vereinigungen erforderlich erscheinen, um den internationalen Terrorismus effektiv zu bekämpfen“ (BT-Drs. 14/7025: 1).

Die Möglichkeit der Einziehung einer ausländischen Fahrerlaubnis bzw. der Anordnung eines Fahrverbots bei ausländischen Fahrerlaubnisinhabern für Straftaten, die im Zusammenhang mit dem Führen eines Kraftfahrzeugs begangen wurden, wurde mit dem *Zweiunddreißigsten Strafrechtsänderungsgesetz vom 1. Juni 1995* geschaffen und mit einer Zunahme der mobilen und grenzüberschreitenden Kriminalität begründet:

> „Im Zuge einer zunehmenden mobilen und grenzüberschreitenden Kriminalität ist zu beobachten, dass Kraftfahrzeugführer, die im Besitz einer ausländischen Fahrerlaubnis sind, häufig die Fahrerlaubnis zu schwerwiegenden kriminellen Handlungen – z.B. zur Einfuhr von Betäubungsmitteln und zur Begehung von Einbruchsdiebstählen – missbrauchen und sich hierdurch als ungeeignet zum Führen von Kraftfahrzeugen erweisen“ (BT-Drs. 13/198: 1).

Mit einer Zunahme von Angriffen von gefährlichen Hunden (Kampfhunden) (vgl. BT-Drs. 14/4451: 1) auf Menschen wurde das *Gesetz zur Bekämpfung gefährlicher Hunde vom 12. April 2001* begründet. Schließlich wurde auch die Kriminalisierung von Graffiti mit dem *Neununddreißigsten Strafrechtsänderungsgesetz vom 12. September 2005* auf einen Anstieg zurückgeführt. Der Abgeordnete Gewalt (CDU/CSU) erklärt in der ersten Beratung, dass „in den letzten Jahren in Berlin im Bereich der Zuständigkeit des Bundesgrenzschutzes – an Eisenbahnzügen und an S-Bahn-Zügen – die Zahl der Graffitischmierereien deutlich zugenommen hat: im letzten Jahr um 17 Prozent“ (BT-Protokoll 15/173: 16281).

Technischer Fortschritt: Weitaus weniger, aber immerhin sieben Gesetzentwürfe wurden mit dem technischen Fortschritt begründet. Schulze-Fielitz (1988: 6) merkt an, dass ein breiter Konsens dahingehend bestehe, dass „[d]ie Komplizierung der Verhältnisse durch den naturwissenschaftlich-technischen Fortschritt [...] als wesentlicher Grund für die Gesetzesflut“ anzusehen sei. Auch bei den Gesetzesänderungen, die mit dem technischen Fortschritt begründet wurden, ist eine Vielzahl verschiedener Deliktfelder betroffen. So werde das alte Jugendschutzgesetz der heutigen Situation nicht mehr gerecht und müsse an die veränderte technische und soziale Umwelt angepasst werden (vgl. BT-Protokoll 10/47: 3396). Einer Jugendgefährdung sollte durch die Einführung von Strafvorschriften gegen Videoprogramme mit Horror-, kriegsverherrlichenden und pornographischen Filmen auf dem neu entstandenen Video-Markt Einhalt geboten werden (*Gesetz zur Neuregelung des Jugendschutzes in der Öffentlichkeit vom 25. Februar 1985*).

Mit dem *Zweiten Gesetz zur Bekämpfung der Wirtschaftskriminalität vom 15. Mai 1986* „sollen im Strafgesetzbuch Lücken geschlossen werden, die dadurch entstanden sind, dass der Gesetzgeber des vorigen Jahrhunderts die Entwicklung der modernen Technik, insbesondere der elektronischen Datenverarbeitung, natürlich nicht voraussehen konnte“ (BT-Protokoll 10/25: 1668), betonte der Justizminister Engelhard.

Ebenso wurde in Bezug auf das *Gesetz zur Regelung der Rahmenbedingungen für Informations- und Kommunikationsdienste vom 22. Juli 1997* damit argumentiert, dass es dem tiefgreifenden Wandel der Informations- und Kommunikationstechnologie Rechnung trage (vgl. BT-Drs. 13/7385: 1).

Das *Sechsunddreißigste Strafrechtsänderungsgesetz vom 30. Juli 2004*, mit dem die Strafbarkeit der Verletzung des höchstpersönlichen Lebensbereichs durch Bildaufnahmen eingeführt wurde, wurde von der Abgeordneten Raab (CDU/CSU) folgendermaßen begründet: „In unserer hoch technisierten und immer globaler werdenden Medienwelt gewinnen Bildaufnahmen immer mehr an Bedeutung“ (BT-Protokoll 15/105: 9539).

Der technische Fortschritt im Bereich Video und Internet mache auch Anpassungen der Strafvorschriften gegen Kinderpornographie erforderlich. „Durch neue Vertriebsnetze und Kommunikationstechniken, vor allem die Videotechnik, ist in dem bisherigen Gesetz eine Lücke entstanden, und dadurch hat die Kinderpornographie immer mehr zugenommen. Es ist zu einer explosionsartigen Verbreitung dieser Machwerke gekommen, immer mehr Pornos mit immer jüngeren Opfern“ (BT-Protokoll 12/163: 14063), gab der Abgeordnete Eimer (FDP) zur Begründung des *Siebenundzwanzigsten Strafrechtsänderungsgesetzes vom 23. Juli 1993* zu Protokoll. Zur Rechtfertigung des *Gesetzes zur Änderung der Vorschriften über die Straftaten gegen die sexuelle Selbstbestimmung und zur Änderung anderer Vorschriften vom 27. Dezember 2003* und der damit verbundenen Strafbarkeit von Kinderpornographie im Internet wurde ebenfalls auf die technische Entwicklung sowie die „zunehmende Verbreitung kinderpornographischer Schriften in Datennetzen“ (BT-Drs. 15/350: 1) verwiesen.

Öffnung der Grenzen: Wie bereits erwähnt, konzentriert sich die Argumentation mit neuen Kriminalitätsrisiken infolge von Grenzöffnungen auf die Zeit unmittelbar nach dem Ende des Kalten Krieges und dem Zusammenbruch der Ostblockstaaten. Die daraus resultierenden Veränderungen erforderten es nach Ansicht des Gesetzgebers, Gesetze an die veränderte Grenzsituation anpassen zu müssen. Beispielhaft hierfür ist die Begründung des *Gesetzes zur Bekämpfung des illegalen Rauschgifthandels und anderer Erscheinungsformen der Organisierten Kriminalität vom 15. Juli 1992*, die der Staatsminister Stoiber in der ersten Beratung vorbrachte: „Die zunehmende **Öffnung der Grenzen** und die damit einhergehende allgemeine Internationalisierung des Lebens erleichtern es leider [...] den Verbrechern, international ihr Unwesen zu treiben" (BT-Protokoll 12/42: 3501; Herv. i. O.).

Auch das *Verbrechensbekämpfungsgesetz vom 28. Oktober 1994* wurde vom damaligen Bundesinnenminister Kanther in dieser Weise untermauert: „Die **Öffnung der Grenzen** hat neben mehr Freiheit und Freizügigkeit auch eine Reihe von problematischen Begleiterscheinungen mit sich gebracht. Straftätern sind neue Operationsräume eröffnet" (BT-Protokoll 12/210: 18170; Herv. i. O.). Kanther (BT-Protokoll 12/229: 19894) sah die Regierung durch diese Entwicklung vor eine grundlegend veränderte Situation gestellt:

> „Wenn wir mit grenzüberschreitender Kriminalität zu tun haben – [...] haben wir ein völlig neues Phänomen vor uns. Auf dieses Phänomen müssen wir Antworten geben." „Grenzsicherheit ist eine neue Dimension für die Verbrechensbekämpfung an der Grenze und im Inland. Das sind neue Bezüge".

Straftatbestände, die im Zentrum dieser Gesetzesänderungen stehen, betreffen nahezu ausschließlich Rauschgiftkriminalität und Organisierte Kriminalität. So wurden das *Gesetz zur Ausführung des Übereinkommens der Vereinten Nationen vom 20. Dezember 1988 gegen den unerlaubten Verkehr mit Suchtstoffen und psychotropen Stoffen vom 2. August 1993* sowie das *Grundstoffüberwachungsgesetz vom 7. Oktober 1994* mit „offene[n] Grenzen" (BT-Protokoll 12/230: 20039; vgl. BT-Drs. 12/3533: 20) begründet. Die Organisierte Kriminalität wurde in der zweiten Beratung des *Gesetzes zur Verbesserung der Bekämpfung der Organisierten Kriminalität vom 4. Mai 1998* von Minister Glogowski folgendermaßen charakterisiert: „Wir haben also eine organisierte Kriminalität, die durch die Öffnung der Grenzen zum Osten in ganz besonderer Weise zusätzliche Nahrung bekommen hat und die darüber hinaus internationalisiert ist" (BT-Protokoll 13/214: 19551).

Der legislative Aktionismus, der sich an der Öffnung von Grenzen entzündet, wird jedoch nicht von allen Abgeordneten für notwendig gehalten. Der Abgeordnete Briefs (fraktionslos) äußerte in der zweiten Beratung des *Verbrechensbekämpfungsgesetzes vom 28. Oktober 1994* deutliche Kritik:

> „Was hier als differenzierte Antwort auf Verbrechen und Verbrecher bezeichnet wird, ist in Wirklichkeit Bestandteil eines repressiven kriminalpolitischen Konzepts, das nicht an den sozialen und wirtschaftlichen, sozialpsychologischen und historischen Wurzeln des Verbrechens ansetzt, sondern von einem starren Freund-Feind-Schema ausgeht und alles auszugrenzen oder zu kriminalisieren sucht, was außerhalb der Freund-Zone angesiedelt ist. In bestimmten Aspekten ist dieses Konzept Politik gewordene Paranoia" (BT-Protokoll 12/229: 19905).

Eine Erklärung dafür, dass die Öffnung der Grenzen den legislativen Aktionismus in dieser Weise befördert hat, liegt in der maßgeblichen Bedeutung, die Grenzen für die Herstellung gesellschaftlichen Zusammenhalts zukommt, auf die schon Simmel (1992: 694) aufmerksam gemacht hat:

> „So ist eine Gesellschaft dadurch, daß ihr Existenzraum von scharf bewußten Grenzen eingefaßt ist, als eine auch innerlich zusammengehörige charakterisiert, und umgekehrt: die wechselwirkende Einheit, die funktionelle Beziehung jedes Elementes zu jedem gewinnt ihren räumlichen Ausdruck in der einrahmenden Grenze".

Politische Macht steht in engem Zusammenhang mit nationalstaatlichen Grenzen. Sie bezieht sich auf ein spezifisches Territorium, das von Staatsgrenzen umschlossen ist. Erst die Herausbildung von Staatsgrenzen machte die Durchsetzung des staatlichen Gewaltmonopols und damit die Kontrollhoheit über ein bestimmtes Gebiet möglich (Kaufmann/Bröckling/Horn 2002). Eine Hauptfunktion nationalstaatlicher Grenzen besteht darin, die Bevölkerung durch die territorialen Grenzbarrieren vor potenziellen Gefahren zu schützen, die von außen in das Staatsgebiet eindringen könnten (Mau et al. 2008). Darüber hinaus markieren territorialstaatliche Grenzen, welche Rechtsnormen gelten (Schimank 2005) und symbolisieren den staatlichen Kontrollanspruch von Grenzübertritten (Schroer 2007). Der Verlust dieser Kontrollfähigkeit wird zugleich als Verlust an staatlicher Souveränität betrachtet (vgl. ebd.) und steht im Kontext der sukzessiven Abschaffung nationalstaatlicher Grenzen seit Mitte der 1980er Jahre. „Die Selbstverständlichkeit, mit der man die nationalen Grenzen als Grundlage genommen hat, um Zuständigkeiten zu klären und die Reichweite politischer Entscheidungen festzulegen, löst sich zunehmend auf" (ebd.: 187). Dieser Souveränitätsverlust des Staates wird als Begleiterscheinung von Globalisierungsprozessen gesehen.

Allerdings findet nicht eine generelle Öffnung von Grenzen, sondern vielmehr nur eine selektive Grenzöffnung statt. Nach Kaufmann, Bröckling und

Horn (vgl. 2002: 21) ist es als charakteristisch für Zeiten der Globalisierung zu betrachten, dass Exklusions- und Inklusionsfilter der Grenzregime permanent neu justiert werden. Grenzen werden nur für bestimmte Personengruppen durchlässiger, während sie sich vor anderen Gruppen zunehmend verschließen (vgl. Mau et al. 2008: 129). Bosworth (vgl. 2008: 200) weist darauf hin, dass Fremde gerade dann zur Zielscheibe staatlicher Interventionen wurden, als die meisten Regierungen ihre Fähigkeit verloren, ihre Grenzen zu sichern.

Zusammenfassend lässt sich feststellen, dass vermeintlich neue Kriminalitätsrisiken einen zunehmenden Einfluss auf die Strafgesetzgebung nehmen. Diese werden in nahezu allen strafrechtlichen Feldern ausgemacht. Vorrangig handelt es sich dabei um einen behaupteten Anstieg der registrierten Kriminalität oder neue Erscheinungsformen von Kriminalität. Darauf folgen neu entstandene Kriminalitätsrisiken im Zuge des technischen Fortschritts sowie der Öffnung der Grenzen.

3.4.2.12 Bekämpfung

Abbildung 25 zeigt, dass die Anzahl der Gesetze, die mit dem ‚Ziel der Bekämpfung' erlassen wurde, seit der elften Legislaturperiode deutlich gestiegen ist und sich bis zum Ende des Betrachtungszeitraums auf einem hohen Niveau eingependelt hat. Insofern spiegelt sich die mit dem Bekämpfungsmotiv verbundene Tendenz einer zunehmenden Kriegsführung gegen Kriminalität und damit einhergehenden Normalisierung des Ausnahmezustandes in den Ergebnissen der Analyse wider. Der Kampfauftrag gilt in erster Linie der Sexual- und Wirtschaftskriminalität – jeweils acht Gesetze wurden mit dem Ziel der Bekämpfung dieser Deliktsformen erlassen –, aber auch dem Terrorismus (fünf Gesetze) und der Organisierten Kriminalität (drei Gesetze).

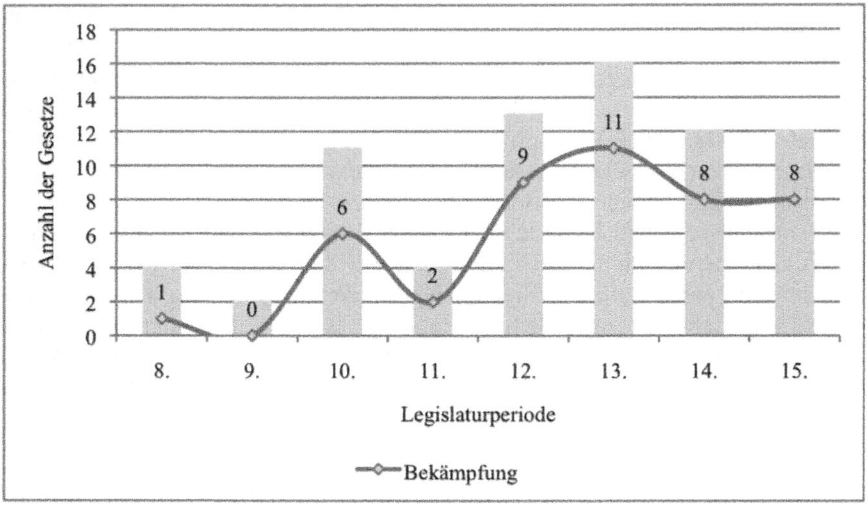

Abbildung 25: Bekämpfung als Begründung

Auch Vormbaum (vgl. 2004: 482f.) hat sich mit der Zunahme des Bekämpfungsmotivs in der deutschen Strafgesetzgebung beschäftigt und die Titel aller StGB-Änderungsgesetze zwischen 1870 und 2000 auf die Begriffe ‚Bekämpfung' oder ‚gegen' untersucht. Nimmt man das Jahr 1990 als Zäsur, so kommen die Begriffe in den 120 davor liegenden Jahren nur zwölfmal, allein in den zehn Folgejahren jedoch siebenmal in den Gesetzestiteln vor. Auf diese Weise belegt auch Vormbaums Analyse die Zunahme der Strafgesetze, die sich einem Kampfauftrag verschrieben haben (vgl. ebd.: 483), und damit der Bekämpfungssemantik in der Gesetzgebung.

3.4.2.13 Strafbarkeitslücke

Die mit Abstand am häufigsten vorkommende Begründung von Gesetzesänderungen lautet, dass der Gesetzentwurf zur Schließung von Strafbarkeitslücken notwendig sei (vgl. Abb. 26). Singelnstein und Stolle (2012: 73) bringen diese Begründung strafrechtlicher Änderungen treffend auf den Punkt: „Wann immer ein Sachverhalt als nicht mehr hinnehmbar definiert wird, wird weiterhin die Forderung nach Schließung vermeintlicher „Strafbarkeitslücken" und der Verschärfung bestehender Straftatbestände erhoben." Auch Albrecht (2011: 125) konstatiert, dass „der rechtspolitische Prozess [...] durch Debatten über Sicherheitslücken sowie deren Schließung im Bereich des materiellen Strafrechts bestimmt" sei. Daran zeichnet sich der Abschied vom fragmentarischen Charakter des Strafrechts (Hefendehl 2011) hin zu möglichst hoher Flächendeckung ab. Mit dieser Begründung lässt sich problemlos eine Ausdehnung des Strafrechts vorantreiben, die den Charakter des Strafrechts nachhaltig verändert.

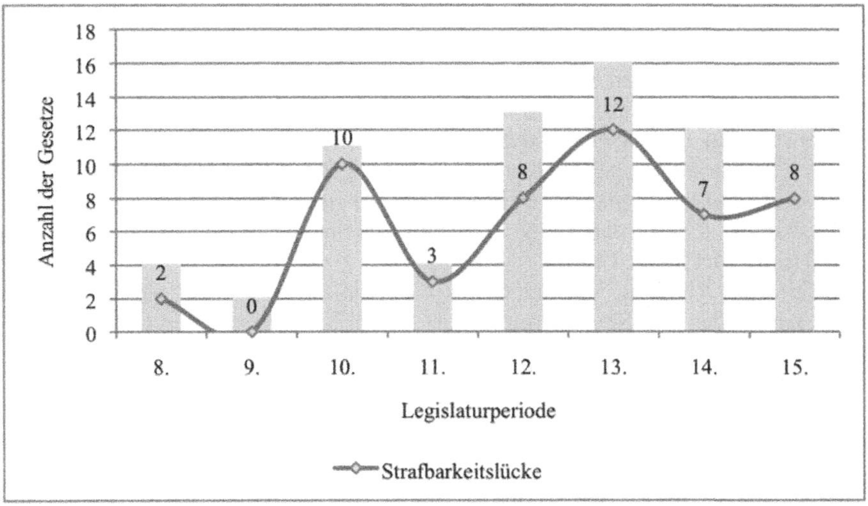

Abbildung 26: Strafbarkeitslücke als Begründung

Albrecht (vgl. 2006: 191) sieht in der Politik des Lückenschließens eine Reaktion auf Einzelfälle[87], die überwiegend aus dem Bereich schwerer Sexualstraftaten stammen (vgl. im Folgenden Sack/Schlepper 2011: 257f.). Hinzu komme, dass sich die Zuschreibung der Verantwortlichkeit für Sexualstraftaten verändert habe. Diese werde nicht nur im Täter selbst, sondern auch in Kontrolldefiziten verortet, die wiederum in Gesetzeslücken und fehlerhaften Entscheidungen, etwa von Richtern oder Sachverständigen, ausgemacht würden (vgl. ebd.: 200). Ursächlich für diese Suche nach Schuldigen und dem daraus resultierenden zunehmenden Druck auf die Politik und den Justizapparat seien Medienkampagnen in der zweiten Hälfte der 1990er Jahre, welche die Suche nach Sicherheitslücken in

[87] Dazu passt auch Kinzigs (2010: 51) Diagnose über die Entwicklung der Sicherungsverwahrung: „Die Gesetzgebung der letzten zehn Jahre hat zu einer Ausweitung und Entgrenzung der Sicherungsverwahrung durch eine am Einzelfall orientierte Gesetzgebung geführt."

der Gesetzgebung forciert hätten (vgl. ebd.: 200). Während Albrecht hierin Ausdruck einer punitiven Tendenz sieht, bringt Hilgendorf (vgl. 2004: 375, 2010: 125) die Politik des Lückenschließens mit dem technischen Fortschritt und daraus erwachsenden neuen legitimen Schutz- und Strafbedürfnissen in Zusammenhang, die er vor allem im Bereich der Umwelt-, Computer- sowie Finanzmarktkriminalität verortet. Für Hilgendorf steht dies allerdings nicht in Widerspruch zu punitiven Tendenzen in der Strafgesetzgebung und er möchte diese dadurch nicht in Abrede stellen. Es ist unbestreitbar, dass durch den technischen Fortschritt im Lauf der Zeit Strafbarkeitslücken entstehen. Allerdings lässt sich nur ein Teil der Gesetzesänderungen, die mit der Notwendigkeit, Lücken im Strafrecht zu schließen, begründet werden, damit erklären, und sie beschränken sich keineswegs auf diese Deliktfelder. Dass der Gesetzgeber Verhaltensweisen mitunter sehr vorausschauend pönalisiert, zeigt z.B. das *Embryonenschutzgesetz vom 13. Dezember 1990*, mit welchem Techniken des Klonens unter Strafe gestellt wurden, die zur damaligen Zeit noch überhaupt nicht durchführbar waren (vgl. Hilgendorf 2010: 125).

Die von Albrecht (vgl. 2006: 196) konstatierte Dominanz der Politik des Lückenschließens im Sexualstrafrecht ist in den hier analysierten Gesetzesänderungen so nicht feststellbar. Die Argumentation durchzieht nahezu alle Deliktfelder und findet sich nicht weniger häufig in Gesetzentwürfen, die Wirtschaftskriminalität betreffen. Auch in Gesetzentwürfen, die sich gegen Terrorismus und Organisierte Kriminalität richten, handelt es sich bei der Lücke im Strafrecht um eine gern verwendete Begründung. Oftmals wird dabei lediglich auf Regelungslücken verwiesen, die es zu schließen gelte, ohne dass erklärt wird, worin diese Lücken überhaupt bestehen. Diese Begründung wird also mitunter völlig kontextunabhängig eingesetzt. Aufgrunddessen wird an dieser Stelle darauf verzichtet, auf den Argumentationszusammenhang in Bezug auf die einzelnen hier analysierten Gesetze einzugehen.

3.4.3 Hauptentwicklungstendenzen der Strafgesetzgebung in der Spätmoderne

Die vorangegangene Analyse hat gezeigt, dass sich die Indikatoren des kriminalpolitischen Wandels, die Garland herausgearbeitet hat, größtenteils auch in der deutschen Strafgesetzgebung in dem untersuchten Zeitraum niederschlagen. So wurde deutlich, dass das Ziel der Resozialisierung sowie wissenschaftliche Expertise und Ergebnisse empirischer Forschung kaum Relevanz besitzen. Auch eine Aufwertung des Sicherungsgedankens gegenüber dem Resozialisierungsziel zeichnet sich in der Strafgesetzgebung der Spätmoderne ab. Besonders dominant erweist sich die Begründung ‚Schutz der Bevölkerung' für gesetzliche Änderungen im Sexualstrafrecht.

Ebenso hat der Strafzweck der Abschreckung eine Aufwertung erfahren, während der Appell an das Rechtsbewusstsein der Bevölkerung eine weniger bedeutende Rolle spielt. Wird der Abschreckungsgedanke auf nahezu allen strafrechtlichen Feldern zur Begründung von gesetzlichen Änderungen herangezogen, so steht der Rekurs auf das Rechtsbewusstsein meist im Zusammenhang mit Änderungen des Sexualstrafrechts.

Auch das Ziel einer zunehmenden Effektivierung des Strafrechts findet sich deutlich in den strafrechtlichen Änderungen wieder. Es steht besonders häufig im Kontext von Wirtschafts- und Organisierter Kriminalität, wird aber auch in anderen Deliktfeldern als Argument verwendet.

Dass die Strafgesetzgebung populistisch geprägt ist, lässt sich vor allem an der Opfer- und Bekämpfungsrhetorik ablesen, die die strafrechtlichen Änderungen begleitet. Diese Begründungen dominieren im Sexualstrafrecht, wobei sich der ‚Bekämpfungsauftrag' auch auf nahezu alle übrigen Strafrechtsfelder erstreckt. Populistische Tendenzen innerhalb des parlamentarischen Diskurses in Form eines Rekurrierens auf die Gefolgschaft der öffentlichen Meinung oder die Zuständigkeit für das Sicherheitsgefühl der Bevölkerung haben sich nur in geringem Umfang gezeigt.

Darüber hinaus ist eine zunehmende Europäisierung des Strafrechts festzustellen, die mit dem Argument vorangebracht wird, eine Harmonisierung von Strafrechtsvorschriften anzustreben. Die in wachsendem Maße die Ausgestaltung des nationalen Strafrechts beeinflussende Europäisierung verstärkt die Punitivierung der Strafgesetzgebung. Das deutsche Strafrecht gerät immer mehr in den Sog europäischer Kriminalpolitik, die ebenfalls einen punitiven Kurs eingeschlagen hat, der eine Strafrechtsexpansion und -verschärfung verfolgt. Es ist zu vermuten, dass sich diese Tendenz zukünftig noch weiter verstärken wird. Die Argumentation mit europäischen Vorgaben ist so attraktiv, weil sie wenig voraussetzungsvoll ist, da auf Verantwortliche an anderer Stelle verwiesen werden kann.

Überdies werden strafrechtliche Änderungen als ‚zwangsläufige Notwendigkeiten' begründet, weil sie neuen Kriminalitätsrisiken geschuldet seien. So werden (vermeintlich) quantitative Veränderungen und neue Erscheinungsformen von Kriminalität ausgemacht, die zumeist im Zusammenhang mit dem technischen Fortschritt oder der Öffnung von Grenzen gesehen werden. Dies wird für fast alle Deliktfelder behauptet, in besonderem Maße für Rauschgift- und Organisierte Kriminalität. Oftmals ließ sich den Beratungen der Gesetzentwürfe im Plenum entnehmen, dass darüber, dass diese Veränderungen tatsächlich stattgefunden haben, keineswegs Konsens zwischen den politischen Lagern besteht.

Am häufigsten findet sich schließlich der Verweis auf Strafbarkeits- bzw. Regelungslücken zur Begründung von gesetzlichen Änderungen. Dieses Argument erweist sich als in allen strafrechtlichen Bereichen einsetzbar, da es den geringsten Legitimierungsaufwand erfordert.

Um die quantitative Bedeutung der einzelnen Strafrechtsbegründungen und auch Zu- oder Abnahmen besser einschätzen zu können, bietet es sich an, größere Zeiträume als Legislaturperioden zu betrachten, da hierdurch die Entwicklungstrends deutlicher zu erkennen sind. Auch wenn Zäsuren zumeist ein gewisses Maß an Willkür anhaftet, erscheint es aus mehreren Gründen sinnvoll, das Jahr 1990 als Zäsur anzusetzen. Erstens bildet das Jahr 1990 genau die Mitte des Analysezeitraumes, so dass zwei gleich große Zeiträume entstehen. Zweitens fand 1990 die deutsche Wiedervereinigung statt, was zu einschneidenden gesellschaftlichen Veränderungen[88] führte und die „neoliberale Modernisierung" (Butterwegge/Klundt/Belke-Zeng 2008: 49) auch in Deutschland in Gang brachte. Auch Ptak (vgl. 2007: 85) datiert einen Aufschwung des Neoliberalismus auf Anfang der 1990er Jahre infolge des Niedergangs des Sozialismus. Drittens findet sich auch bei Vormbaum (vgl. 2011: 276) eine Grenzziehung zum Zeitpunkt der Wiedervereinigung, der für den Zeitraum danach beobachtet, dass das Strafrecht erneut verschärft worden sei, was sich nicht mit einer Zunahme der Kriminalität legitimieren lasse, da in dieser Zeit kein Anstieg der Kriminalität zu registrieren gewesen sei.

In der Zeit von 1990 bis 2005 (8. bis 11. Legislaturperiode: 53 Gesetze) wurden mehr als doppelt so viele Strafrechtsänderungsgesetze erlassen wie von 1976 bis 1990 (12. bis 15. Legislaturperiode: 21 Gesetze). In diesem zeitlichen Vergleich ist also ein beschleunigtes Wachstum an Änderungsgesetzen und damit eine deutliche Expansion des Strafrechts festzustellen.

[88] Hierauf wird noch ausführlich in Kapitel 4 eingegangen.

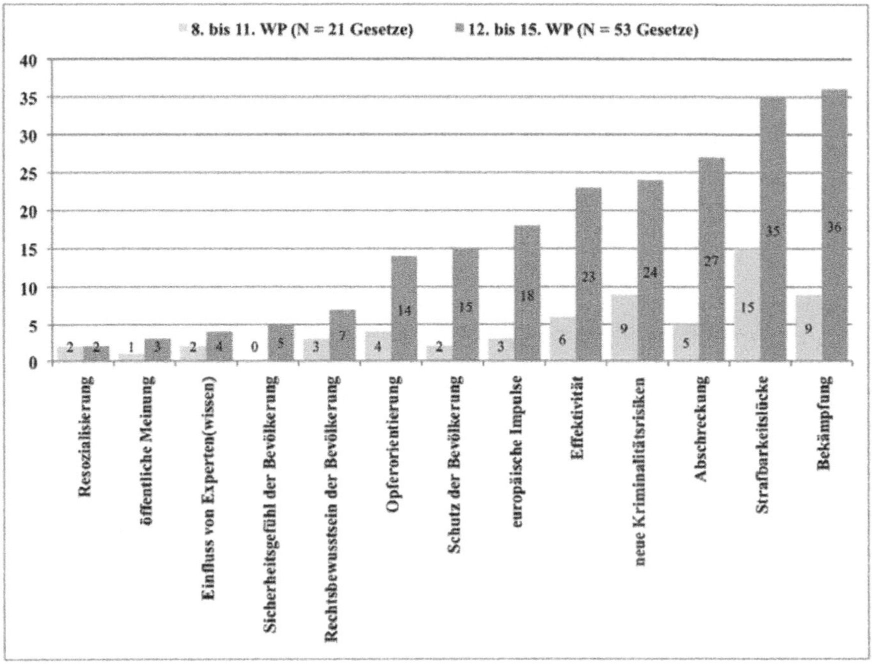

Abbildung 27: Begründungen im zeitlichen Vergleich – absolute Häufigkeiten

In Abbildung 27 sind die absoluten Häufigkeiten der Begründungen für beide Zeiträume[89] einander gegenüber gestellt. Diese illustriert sehr deutlich, dass das Bekämpfungsmotiv sowie der Hinweis auf Strafbarkeits- oder Regelungslücken in beiden Zeiträumen zu den häufigsten Begründungen der Gesetzesänderungen gehören und große Zunahmen zu verzeichnen haben. Betrachtet man allerdings die relativen Häufigkeiten in Abbildung 28, so zeigt sich, dass von 1976 bis 1990 über siebzig Prozent der Änderungsgesetze mit dem Hinweis auf eine Strafbarkeitslücke erfolgten, während von 1990 bis 2005 ‚nur' zwei Drittel der Gesetze damit begründet wurden. Damit war die Argumentation mit der Politik des Lückenschließens im ersten Zeitraum sogar stärker vertreten als in den späteren Legislaturperioden. Der Rekurs auf das Bekämpfungsmotiv hat hingegen um ein

[89] Alle Gesetze, die vor dem 20. Dezember 1990 (Beginn der zwölften Legislaturperiode) erlassen wurden, fallen in den ersten Zeitraum. Alle Gesetze, die nach diesem Datum erlassen wurden, wurden dem zweiten Zeitraum zugerechnet.

Viertel zugenommen und sich damit sowohl absolut als auch relativ betrachtet zur häufigsten Gesetzesbegründung entwickelt.

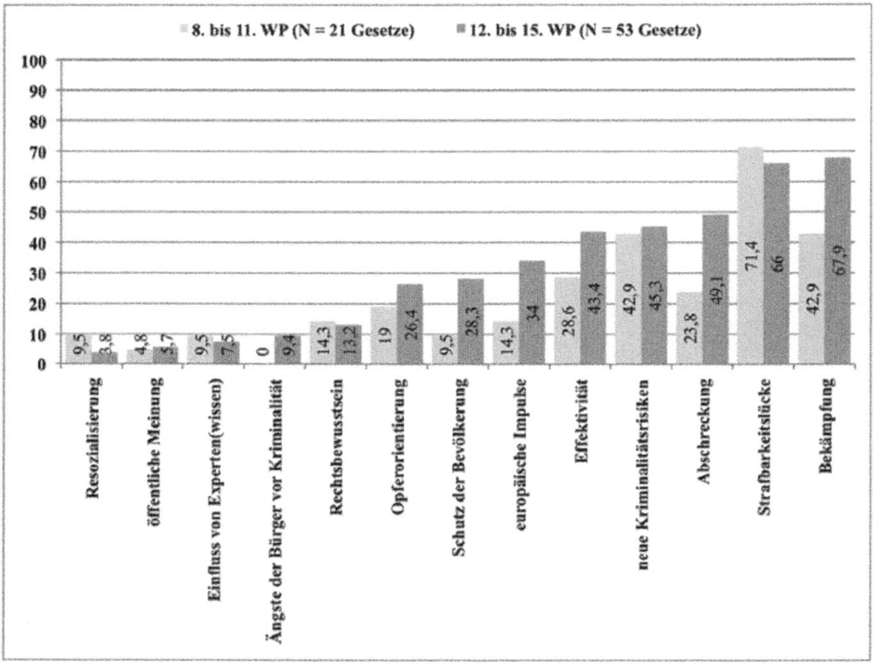

Abbildung 28: Begründungen im zeitlichen Vergleich – relative Häufigkeiten

Unter den Strafzwecken kommt der Abschreckung die größte Bedeutung zu. Traten der Resozialisierungsgedanke und der Schutz der Bevölkerung als Gesetzesbegründungen vor 1990 noch gleich häufig bzw. selten auf, hat sich im zweiten Zeitraum der Schwerpunkt eindeutig in Richtung des Schutzes der Bevölkerung verlagert. Auch ein Blick in das Grundsatzprogramm der CDU (2007: 93) mit dem Titel „Freiheit und Sicherheit" offenbart diese Höhergewichtung der Sicherheit gegenüber dem Resozialisierungsziel:

> „Eine Wiedereingliederung ehemaliger Straftäter in die Gesellschaft ist unser Ziel, aber vor dauerhaft gefährlichen Straftätern müssen die Bürger auch dauerhaft geschützt werden. Sicherheit und Resozialisierung stehen nicht im Widerspruch zueinander. Auch Resozialisierung hat sich dem Ziel unterzuordnen, die Bürger vor Kriminalität zu schützen. Opferschutz geht vor Täterschutz."

Noch augenfälliger wird diese Tendenz, wenn man wiederum die relativen Häufigkeiten der Begründungen (Abb. 28) betrachtet. Wurde zwischen 1976 und 1990 noch fast jedes zehnte Strafrechtsänderungsgesetz mit dem Resozialisierungsansatz begründet, waren es zwischen 1990 und 2005 nur mehr knapp vier Prozent[90]. Dem stehen eine Verdreifachung der Häufigkeit der Begründung ‚Schutz der Bevölkerung' sowie eine Verdopplung der Bezugnahme auf den Abschreckungsgedanken gegenüber. Wurden also im Zeitraum von 1976 bis 1990 nur knapp ein Viertel aller Änderungsgesetze mit dem Ziel der Abschreckung begründet, stieg dieser Anteil im Zeitraum von 1990 bis 2005 auf fast die Hälfte. Damit bestätigt sich in dieser Untersuchung Garlands These, dass eine Verschiebung des Kräfteverhältnisses innerhalb der Strafziele stattgefunden hat.

Auch die von Garland behauptete Zunahme des Effizienzdenkens zeichnet sich in den Ergebnissen ab. Während in den früheren Legislaturperioden knapp jedes dritte Gesetz mit dem Verweis auf Effektivitäts- bzw. Effizienzgesichtspunkte begründet wurde, waren es in der Zeit nach der Wiedervereinigung über vierzig Prozent. Hier fällt der Anstieg also durchaus deutlich aus.

Ebenso findet sich in den Ergebnissen der von Garland beschriebene geringe Einfluss von Experten, ihrem Fachwissen und empirischer Forschung auf die Strafgesetzgebung wieder. Allerdings befand sich dieser schon im Zeitraum von 1976 bis 1990 auf niedrigem Niveau, so dass die Abnahme von 9,5 Prozent auf 7,5 Prozent in der Zeit von 1990 bis 2005 schwach ausfällt. Daraus lässt sich schließen, dass die Geringschätzung wissenschaftlicher Expertise schon sehr früh einsetzte.

Gleichfalls zeigt sich in diachroner Perspektive die postulierte zunehmende Opferorientierung in der Strafgesetzgebung. Mehr als jedes vierte Gesetz zwischen 1990 und 2005 wurde mit dem Rekurs auf Belange des Opfers begründet. Auch in den früheren Legislaturperioden tauchte die Opferorientierung bereits in nahezu jedem fünften Gesetz auf. Damit war das Ausgangsniveau schon relativ hoch und es ist nur ein sehr moderater Anstieg festzustellen.

Die Zunahme der Berücksichtigung der Ängste der Bürger vor Kriminalität in der Strafgesetzgebung fällt ähnlich aus, allerdings bewegt sich das Vorkommen dieser Begründung insgesamt auf geringem Niveau. Spielte das Sicherheitsgefühl bzw. die Kriminalitätsfurcht im ersten Zeitraum in keiner Gesetzesbegründung eine Rolle, wurde es in den späteren Legislaturperioden in fast zehn Prozent der Gesetze angeführt. Auch hier ist jedoch nicht auszuschließen, dass sich in dem analysierten Material der Einfluss des Sicherheitsgefühls der Bevöl-

[90] Wie in Kapitel 3.4.2.1 bereits erwähnt, erscheint das Resozialisierungsargument in den Gesetzesbegründungen der späteren Legislaturperioden, also in diesen vier Prozent, nur mehr vorgeschoben, weil sich die vorgenommenen Änderungen nach wissenschaftlichen Erkenntnissen kaum als resozialisierungsförderlich erweisen können.

kerung auf die Strafrechtssetzung nicht so explizit wiederfindet, da er in den Plenarsitzungen möglicherweise gerade nicht offenbart wird, weil die Legitimität dafür, Kriminalitätsängste der Bürger zur Richtschnur gesetzgeberischen Handelns zu machen, umstritten ist.

Dass der Appell an das Rechtsbewusstsein der Bevölkerung bzw. das Rechtsempfinden der Bürger in den Gesetzesänderungen steigt, zeigt der zeitliche Vergleich nicht. Hier ist ein leichter Rückgang festzustellen und die Begründung findet sich in beiden Zeiträumen in etwas mehr als jedem zehnten Gesetz.

Neben einer zunehmenden Europäisierung der Gesetzgebung, die sich mehr als verdoppelt hat und von 1990 bis 2005 jedes dritte Gesetz betrifft[91], offenbart die diachrone Perspektive, dass sich der Verweis auf neue Kriminalitätsrisiken in beiden Zeiträumen auf hohem Niveau bewegt. So wurden jeweils über vierzig Prozent der Gesetze mit dem Auftreten neuer Kriminalitätsrisiken begründet.

Von einer zunehmenden Orientierung der Strafgesetzgebung an der öffentlichen Meinung lässt sich hingegen aufgrund der Befunde kaum sprechen. In Kapitel 3.5.2.2 wurde schon auf mögliche Ursachen eingegangen, weshalb diese Begründung in den Gesetzgebungsmaterialien so wenig vertreten ist. Es ist nur ein geringfügiger Anstieg von 4,8 Prozent im Zeitraum von 1976 bis 1990 auf 5,7 Prozent zwischen 1990 und 2005 zu verzeichnen.

Wählt man dieselben Betrachtungszeiträume, um die verschiedenen möglichen Änderungsrichtungen der Gesetze miteinander zu vergleichen, zeigt sich, dass die Hauptentwicklungstendenz der Strafgesetzgebung in Richtung Neukriminalisierungen und Tatbestandserweiterungen weist (vgl. Abb. 29). Diese Änderungsrichtung wurde in beiden Zeiträumen am häufigsten eingeschlagen. Begründungen von Gesetzesänderungen stellen also überwiegend und zunehmend Begründungen von einem Mehr an Strafe dar.

[91] Auch nach Angaben des Datenhandbuchs zur Geschichte des Deutschen Bundestages von 1994 bis 2003 (vgl. Feldkamp/Ströbel 2005: 601f.) ist der Anteil europäischer Impulse an der Gesetzgebung des Bundestages insgesamt im Zeitraum von der zwölften (1990-1994) bis zur 14. Legislaturperiode (1998-2002) von 24 Prozent auf 35,3 Prozent gestiegen. Im Bereich Inneres zeigt sich ein Anstieg von 13,8 Prozent auf 18,9 Prozent und im Bereich Justiz von 22,1 Prozent auf 35,9 Prozent. Geringfügig niedrigere Prozentwerte weist die Auszählung von Töller (vgl. 2004: 33) aus.

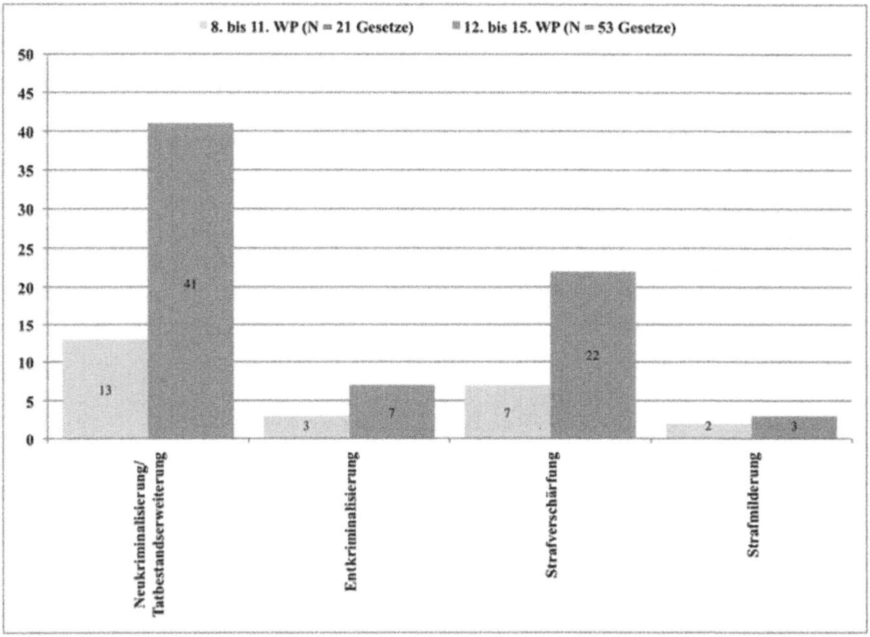

Abbildung 29: Änderungsrichtungen im zeitlichen Vergleich – absolute Häufigkeiten

Die absoluten und relativen Häufigkeiten sind Abbildungen 29 und 30 zu entnehmen[92]. In der Zeit von 1976 bis 1990 fanden in mehr als sechzig Prozent der geänderten Gesetze Neukriminalisierungen und Tatbestandserweiterungen statt. Von 1990 bis 2005 wurden sogar mit mehr als drei Viertel aller Änderungsgesetze Neukriminalisierungen und Tatbestandserweiterungen eingeführt. Ebenfalls gestiegen ist die Zahl der Gesetze, die Strafverschärfungen vorgenommen haben. Hier zeigt sich eine Zunahme von knapp einem Drittel im ersten Betrachtungszeitraum auf über vierzig Prozent in den späteren Legislaturperioden. Ein Nachweis der besseren Wirksamkeit der härteren Sanktionen, der nach dem Verhältnismäßigkeitsprinzip erforderlich ist (vgl. Heinz 2007a: 9), wird dafür nicht erbracht.

92 Da ein Gesetz mehrere Änderungsrichtungen zugleich einschlagen kann, waren Mehrfachzählungen möglich. Aus diesem Grund addieren sich die relativen Häufigkeiten nicht zu hundert Prozent auf.

Eine gegenläufige Entwicklung zeichnet sich für Entkriminalisierungen und Strafmilderungen ab. Zwar weist der Vergleich der absoluten Zahlen zunächst auf einen Anstieg von Entkriminalisierungen hin. Nimmt man allerdings die relativen Häufigkeiten in den Blick, offenbart sich eine leicht rückläufige Tendenz. Der Anteil der Gesetze, der Entkriminalisierungen zum Gegenstand hatte, sank von 14,3 Prozent im Zeitraum von 1976 bis 1990 auf 13,2 Prozent in der Zeit von 1990 bis 2005. Strafmilderungen spielen sowohl in den drei früheren als auch den drei späteren Legislaturperioden die geringste Rolle und auch hier ist eine abnehmende Tendenz auszumachen. Von knapp zehn Prozent im ersten Betrachtungszeitraum ist der Anteil der Gesetze, in denen Strafmilderungen stattgefunden haben, auf etwas mehr als fünf Prozent im zweiten Betrachtungszeitraum gesunken.

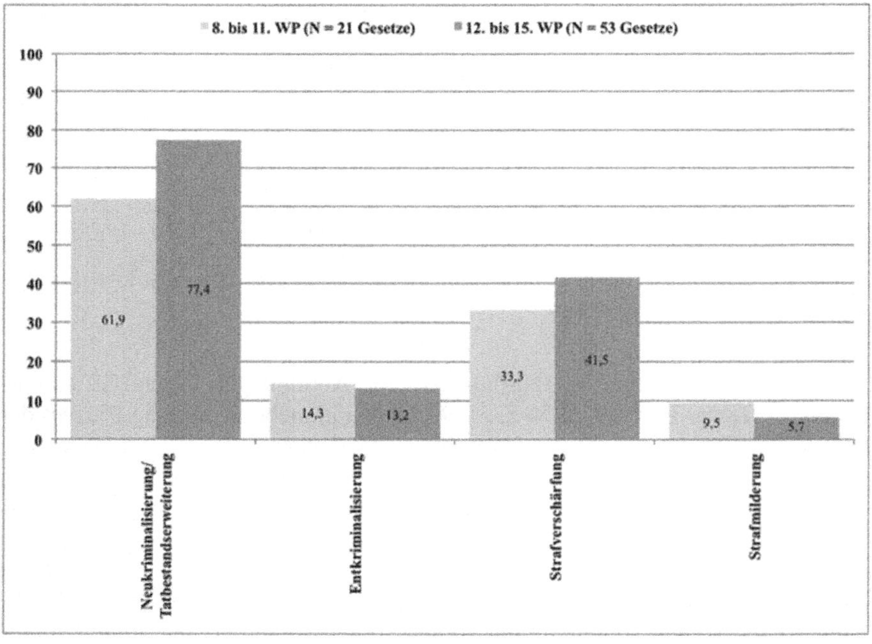

Abbildung 30: Änderungsrichtungen im zeitlichen Vergleich – relative Häufigkeiten

Diese Ergebnisse bestätigen, dass Garlands Diagnose eines kriminalpolitischen Wandels auch für die Entwicklung der deutschen Strafgesetzgebung seit Mitte der 1970er Jahre zutreffend ist. Dem Generalisierungsvorwurf, der Garland etwa von Tonry (2004: 1188) entgegengebracht wird, dass seine These nicht über die USA und Großbritannien hinaus Gültigkeit beanspruchen kann und Deutschland bislang „is not among Garland's ‚and elsewhere, too'", widersprechen die festgestellten Tendenzen in der deutschen Strafgesetzgebung. Darin zeichnen sich die Indikatoren, anhand derer Garland seine These des kriminalpolitischen Wandels exemplifiziert, zu einem großen Teil deutlich ab. Ebenso lässt sich eine Expansion des Strafrechts belegen, die fast ausschließlich darin besteht, dass Straftatbestände verschärft, erweitert und neue Straftatbestände geschaffen werden. Strafmilderungen und Entkriminalisierung stellen dagegen seltene Ausnahmen dar. Aber auch hier lässt sich punktuell feststellen, dass diese Gesetzesänderungen im Kontext der Ressourcenschonung und Verfahrensökonomie stehen (z.B. Täter-Opfer-Ausgleich), wie es Garland für die Strategie des ‚Defining Deviance Down' beschreibt. Damit bestätigt sich ebenfalls Cremer-Schäfers (1988a) Befund einer zunehmend auf Effektivierung gerichteten strafrechtlichen Kontrolle und es ergeben sich für die von Garland aufgezeigte Bifurkation der Kriminalpolitik klare Anhaltspunkte.

Die Strafgesetzgebung der Spätmoderne hat in erster Linie eine „Renaissance des repressiven Strafrechts" (Sack 2004: 39) herbeigeführt. Die Befunde lassen keinen Zweifel daran, dass sich auch im deutschen Strafrecht eine Punitivierung[93] vollzogen hat. Daran anschließend drängt sich die Frage auf, welche strukturellen und kulturellen Wandlungsprozesse – jenseits der im ersten Kapitel geschilderten internen Probleme des Kriminaljustizsystems – und daraus resultierende gesellschaftliche Veränderungen dazu geführt haben. Diese Hintergründe in einigen Facetten auszuleuchten, ist Gegenstand des folgenden Kapitels. Es werden verschiedene Deutungsansätze für die punitive Wende herangezogen und diskutiert, inwiefern sie auch für die festgestellte Punitivierung der deutschen Strafgesetzgebung Erklärungskraft besitzen.

---

[93] Da sich im Untersuchungszeitraum keine tatsächliche Umkehrung der Entwicklung, sondern vielmehr eine starke Intensivierung zeigt, erscheint es treffender, von einer Punitivierung als von einer punitiven Wende zu sprechen.

4 Deutungsansätze für die Punitivierung der Strafgesetzgebung

Der räumliche Bezug von Deutungsansätzen der punitiven Wende erstreckt sich zumeist auf die USA und Großbritannien oder westliche Länder. Zuweilen wird der Geltungsbereich nicht geographisch, sondern an der Gesellschaftsform festgemacht und für spätmoderne oder neoliberale Gesellschaften angegeben. Solch große Reichweiten lassen nur sehr globale Aussagen zu und lokale Besonderheiten finden keine Berücksichtigung. Ansätze, die sich explizit auf Deutschland beziehen, gibt es bislang nicht; zumal eine punitive Wende hierzulande – wie eingangs aufgezeigt – sowohl in der Außenansicht durch die angelsächsische Kriminologie als auch innerhalb der deutschsprachigen ‚Mainstream'-Kriminologie mehrheitlich verneint wird. Die Anstrengungen werden vielmehr darauf verwendet, Indizien für eine punitive Wende wegzudifferenzieren als sich mit ihren Ursachen und Hintergründen zu beschäftigen.

Die meisten Deutungskonzepte erheben eher den Anspruch einer umfassenden Erklärung der punitiven Wende und unterscheiden nicht zwischen individueller, gesellschaftlicher und justizieller bzw. legislativer Ebene. Zwar nimmt das Strafrecht eine prominente Rolle ein, wird aber zumeist im Kontext des gesamten Strafjustizsystems betrachtet. Zudem wird die Gesamtentwicklung des Strafrechts und nicht die Entwicklungen in den verschiedenen Strafrechtsfeldern im Detail fokussiert, wodurch die Erklärungsansätze notwendigerweise eher an der Oberfläche und etwas abstrakt bleiben.

In der angelsächsischen Kriminologie gibt es inzwischen eine kaum mehr überschaubare Menge an Deutungsansätzen für die punitive Wende. Zum Teil unterscheiden sich diese nur in Nuancen. Im Folgenden werden drei Deutungsansätze aufgegriffen, die in der aktuellen kriminologischen Diskussion besonders prominent sind. Diese schließen sich nicht gegenseitig aus, aber sie betrachten die punitive Wende aus unterschiedlichen Perspektiven und stellen unterschiedliche Erklärungsfaktoren in den Mittelpunkt. Sodann wird zu zeigen versucht, dass diese Erklärungsfaktoren in einem Konzept zusammengeführt werden können, das in der Kriminologie bislang wenig Beachtung findet, aber ein hohes analytisches Potential für die Erklärung der Punitivierung der Strafgesetzgebung besitzt.

4.1 Die ‚Victimalization' der Moral

Aus modernisierungstheoretischer Sicht wird die punitive Wende mit dem Wandel der Moral in Zusammenhang gebracht. Den Beginn des moralischen Wandels datiert Garland (2008: 173) auf das Ende des Zweiten Weltkrieges, als „moralische Absoluta und fraglos gültige Verbote" an Verbindlichkeit und Bedeutung einbüßten. Hassemer (2001: 1006) spricht in diesem Kontext von der „Stunde von Kontrollbedürfnissen und Rechtszwang. Strafrecht und Polizeirecht sind die bevorzugten Orte, wo Ersatz für schwindende soziale Normen produziert werden soll."

Diese Entwicklung ist eng mit dem Prozess der Individualisierung verknüpft, der sich mit Beck (1983: 58f.) folgendermaßen charakterisieren lässt:

> „Individualisierung bedeutet [...], dass die Biographie den Menschen aus vorgegebenen Fixierungen herausgelöst, offen, entscheidungsabhängig und als Aufgabe in das individuelle Handeln jedes einzelnen gelegt wird. Die Anteile der prinzipiell entscheidungsverschlossenen Lebensmöglichkeiten nehmen ab und die Anteile der entscheidungsoffenen, selbst herzustellenden Biographien nehmen zu."

Der Prozess der Individualisierung führt zum Verschwinden der Normalbiographie und damit zum Wegfall einer bedeutsamen Orientierungsgröße. Nach Hitzler und Honer (1994: 307) hat diese Entwicklung ein ambivalentes Ergebnis zur Folge:

> „Diese biographischen Freisetzungen zeigen sowohl einen Gewinn an – den Gewinn an Entscheidungschancen, an individuell wählbaren (Stilisierungs-)Optionen – als auch einen Verlust – den Verlust eines schützenden, das Dasein überwölbenden, kollektiv und individuell verbindlichen Sinn-Daches."

Demzufolge kann der Einzelne bei der Konstruktion seiner Biographie keinem Leitbild mehr folgen, sondern ist dazu gezwungen, seinen individuellen Lebenslauf eigenständig zu planen. Hitzler und Honer (ebd. 1994: 311) bezeichnen das Resultat treffend als „Bastelexistenz". Zwar ist die Optionsvielfalt der möglichen einzuschlagenden Lebenswege angestiegen und die Anzahl der zu treffenden Entscheidungen hat zugenommen, jedoch existieren keine Garantien, die den Erfolg der individuellen Biographie versprechen. Es werden immer mehr biographische Entscheidungen unter der Gewissheit der Unsicherheit ihres Ausgangs getroffen.

Der Prozess der Individualisierung erstreckt sich auch auf die Individualisierung von Werten in dem Sinne, dass kein allgemeingültiges Wertesystem für jeden Einzelnen verbindlich ist, sondern frei, situationsbezogen und reversibel zwischen einer Vielzahl von zum Teil konkurrierenden Wertesystemen gewählt werden kann. Dieser Wertepluralismus trägt ebenfalls zu Gefühlen der Verunsicherung bei.

Darüber hinaus bewirkt Individualisierung die Auflösung von traditionellen Bindungen und Sicherheiten. „Wir leben in einer Ära der Bindungslosigkeit", konstatiert Bauman (2009: 154), der in der wachsenden Fragilität sozialer Bindungen ebenfalls eine maßgebliche Ursache für das Schwinden alter Sicherheiten sieht (vgl. Bauman 2003: 200). Dies muss zwar nicht zwingend zu sozialer Isolation führen, denn durch Individualisierung entstehen auch neue Arten von sozialer Einbindung. Diese sozialen Bindungen werden jedoch wie Konsumgüter behandelt (vgl. ebd.: 193) und haben nichts mit den traditionellen Formen von sozialer Einbindung gemein, die sich auf der Gleichheit von sozialdemographischen Merkmalen wie Alter, Bildung oder Religionszugehörigkeit gründeten. Die neue Form der Vergemeinschaftung beruht nach Hitzler, Bucher und Niederbacher (2001: 18) „auf der – typischerweise nicht-exkludierten – Verführung hochgradig individualitätsbedachter Einzelner zur (grundsätzlich partiellen) habituellen, intellektuellen, affektuellen und vor allem ästhetischen Gesinnungsgenossenschaft." Diese „posttraditionale Form der Vergemeinschaftung" (Hitzler/Pfadenhauer 1998: 83) wird vom Individuum bewusst gewählt. Das Entscheidende aber ist die neue Qualität dieser Form der sozialen Einbindung. „Posttraditionale Vergemeinschaftungsangebote belassen [...] die Chancen ebenso wie die Risiken der ‚existentiellen Sorge', d. h. der Lebensführung, der Sinngebung und – vor allem – der materiellen ‚Ausstattung' beim einzelnen Akteur [...]" (Hitzler/Bucher/Niederbacher 2001: 18). Zudem erweisen sie sich aufgrund ihrer Unverbindlichkeit und der Freiwilligkeit der Mitgliedschaft als äußerst instabil. Insofern bestehen die Sicherheitsnetze, die sich durch traditionelle Bindungen knüpften, kaum noch fort (vgl. Bauman 1999: 46f.). Auch Garland (vgl. 2008: 175) sieht in den neuen Formen der Vergemeinschaftung nicht dieselben Bindekräfte wirken wie sie sich vormals in Nachbarschaft und Familie ganz selbstverständlich entfalteten und betrachtet posttraditionale Gemeinschaften daher eher als von partieller und brüchiger Natur als von allumfassendem Charakter. Der Modernisierungstheoretiker Zapf (vgl. 1994: 301) weist darauf hin, dass gerade diese Begleiterscheinungen der Individualisierung zu einem steigenden Sicherheitsbedürfnis führen, das sich sowohl an staatliche Institutionen als auch soziale Bindungen richte. Individualisierung und Sicherheit seien komplementäre Grunderfordernisse der modernen Gesellschaft (vgl. ebd.: 303).

Diese Entwicklungen, die sich mit Beck (1983: 206; Herv. i. O.) unter folgende drei analytische Dimensionen von Individualisierung subsumieren lassen – „*Herauslösung* aus historisch vorgegebenen Sozialformen und -bindungen im Sinne traditionaler Herrschafts- und Versorgungszusammenhänge (»Freisetzungsdimension«), *Verlust von traditionalen Sicherheiten* im Hinblick auf Handlungswissen, Glauben und leitende Normen (»Entzauberungsdimension«) und [...] eine *neue Art der sozialen Einbindung* (»Kontroll- bzw. Reintegrationsdimension«)" – haben eine pluralistischere Politik zur Folge. Diese mündet sowohl nach Garland (2008: 173) als auch nach Žižek (2003: 56) in einer „Identitätspolitik". Während Garland darin das Moment der Diversifizierung der öffentlichen Meinung betont sowie Zweifel an der Möglichkeit anbringt, moralischen Konsens zu bewirken, hebt Žižek (2003: 56) hervor, dass durch die Identitätspolitik partikularen Gruppen ein je eigener „(Opfer)Status" und damit Anerkennung verliehen werde. „[D]ie postmoderne multikulturalistische „Identitätspolitik" [...] [setzt] auf die tolerante Koexistenz von ewig sich wandelnden „hybriden" *Life-Style*-Gruppen [...], die in endlose Untergruppen aufgespaltet werden können" (ebd.: 58; Herv. i. O.). Garland (2008: 174) zufolge gelten in diesen „Wahlgemeinschaften", die an die Stelle der „Schicksalsgemeinschaften" rückten, neue soziale Normen, durch die sie nur mehr einer schwächeren sozialen Kontrolle ausgesetzt sind. Hieraus sei ein neues „Gefühl der Unordnung und gefährlich unzureichender Kontrolle" entstanden und das daraus resultierende Unbehagen habe „eine reaktionäre Politik genutzt, um ein wirkungsvolles Narrativ des moralischen Verfalls zu entwerfen, in dem die *Kriminalität* – zusammen mit Teenagerschwangerschaften, Alleinerziehenden, Abhängigkeit von Sozialleistungen und Drogenmissbrauch – als Hauptsymptom der angeblichen Malaise fungiert" (ebd.: 346). Insofern erscheint die Zunahme strafrechtlicher Kontrolle als logische Konsequenz dieser Entwicklung, wobei die neuen Disziplinarmechanismen und Kontrollen in erster Linie auf sozial schwache Gruppen gerichtet sind. Es handelt sich gewissermaßen um eine Rückkehr der „gefährliche[n] Klassen" (Castel 2005: 65ff.), doch im Gegensatz zu den früheren stellen die neuen ‚gefährlichen Klassen' keine ernstzunehmende Gefahr für den Bestand der politischen und gesellschaftlichen Ordnung dar.

> „Sie sind Abfallprodukte einer sozialen Entwicklung, die für sie keinen Platz vorsieht. Im Zuge wachsender Arbeitslosigkeit und flexiblerer Produktionsweisen sind sie überflüssig geworden, dem politischen und ökonomischen Tod geweiht" (Krasmann/de Marinis 1997: 177).

Wacquant (2009: 298) zufolge werden Wohlfahrtsempfänger wie Straßenkriminelle „zu den Zwillingskategorien der Abgehängten und Diffamierten" hochstilisiert, „die die soziale Ordnung durch ihre lockere Moral und ihr zügelloses Verhalten untergraben und deshalb unter strenge Vormundschaft gestellt werden müssen." Auch Melossi (2009: 24; Herv. i. O.) betont, dass der um sich greifende Kriminalisierungsprozess in erster Linie auf die „*Underclass*" abziele.

Nach Bauman (vgl. 1999: 33) kommt in solchen, von der Gesellschaft selbst produzierten Problemen und der sich zunehmend verschärfenden Tendenz, diese zu kriminalisieren, die Sorge um die Reinheit postmodernen Vergnügens zum Ausdruck. Dies fügt sich in den schon früher von Scheerer (1985: 251) ausgemachten „[Trend] zur Moralgesetzgebung" ein, der in den 1970er Jahren seinen Ausgang genommen hat und den er (1979: 401) als „Wandel des Rechts vom bloßen Spiegelbild zum Gestalter der Moral und der öffentlichen Meinung" beschreibt. Dieser Funktionswandel sei dadurch entstanden, dass die neuen sozialen Bewegungen das Strafrecht als „Mittel der symbolischen Festschreibung der neuen Wertordnung" (Scheerer 1985: 245) für sich entdeckt haben. Als Aufgabe dieser neuen Strafgesetzgebung sieht Scheerer (ebd.: 246) „[w]eniger die Konfliktregelung als die Statusdarstellung". In dieselbe Richtung weisend beschreibt Baur (2012: 175) „Strafnormen [...] als symbolische[n] Kristallisationspunkt gesellschaftlicher Werte".

Auch Vormbaum (vgl. 2011: 254) sieht in den neuen sozialen Bewegungen eine die Expansion und Verschärfung des Strafrechts vorantreibende Kraft.

> „Beginnend mit den 70er Jahren fand geradezu ein Wettbewerb aller politischen Richtungen um neue Straftatbestände statt. Staats-, Wirtschafts-, Frauen-, Kinder- und Tierschützer sahen offenbar erst mit der Durchsetzung von einschlägigen Strafdrohungen und mit harten Urteilen ihre politische Programmatik als rechtlich akkreditiert an" (ebd.: 254).

Unter den Teilgruppen der neuen sozialen Bewegungen sind besonders die Ökologiebewegung und die Frauenbewegung herauszustellen, weshalb die durch sie evozierte Expansion des Strafrechts in erster Linie das Umwelt- und das Sexualstrafrecht zu erklären vermag. Ein aktuelles Beispiel kann der öffentlichen Debatte um die Zoophilie entnommen werden (vgl. Theile 2012). Tierschützer führen schon seit einigen Jahren einen moralischen Kreuzzug gegen die (1969 mit dem Straftatbestand der Sodomie abgeschaffte) Zoophilie und fordern deren (Re-)Kriminalisierung. Sie propagieren eine massive Verbreitung des sexuellen Missbrauchs von Tieren und sprechen von einer gewerbsmäßig organisierten Zoophilie in Tierbordellen, deren Existenz allerdings nicht bewiesen werden kann. Obwohl die Tierschützer keine belastbaren Beweise für ihre Behauptungen erbringen können, hat der Bundestag nun beschlossen, das Tierschutzgesetz zu novellieren und sexuelle Handlungen an Tieren mit einem Bußgeld von bis zu 25.000 Euro zu bestrafen. Bezeichnend daran ist, dass der Gesetzgeber sich gerade dieses moralisch aufgeladenen sozialen Problems annimmt, während es das ebenso seit Jahren vehement von Tierschützern geforderte Wildtierverbot in Zoos und Zirkussen nicht auf die politische Agenda schafft. In einem SZ-Interview vom 13. Dezember 2012 kommentierte Hassemer das Gesetzesvorhaben folgendermaßen: „Nicht alles Widerliche verdient staatliche Strafe“ und er beklagt „einen problematischen Trend, Moral vermehrt durch Gesetze zu regeln“ (Theile 2012a).

Melossi (2009: 14) vertritt die These, „dass die Sphäre des Strafsystems in seiner quantitativen und qualitativen Variabilität, eine Art ‚Moralanzeiger‘ konstituiert“. Boutellier (vgl. 2000: 15) sieht in der moralischen Fragmentierung der Gesellschaft die Ursache dafür, dass das Strafrecht fortwährend neue moralische Abweichungen (er)finden müsse. Dabei bezieht er sich auf Durkheim (1999), der schon in „Über soziale Arbeitsteilung“ darauf aufmerksam gemacht hat, dass das Strafrecht ein zentraler Indikator für das Kollektivbewusstsein der Gesellschaft sei und zur Stabilisierung moralischer Ordnung diene. Auf Durkheims Argumentation aufbauend geht Boutellier davon aus, dass in einer Gesellschaft, in der der Gemeinschaftssinn verloren gegangen sei, der Strafjustiz eine stärkere normative Bedeutung und soziale sowie moralische Ordnungsfunktion zugeschrieben werde. Heitmeyers (2001: 525; Herv. i. O.) These, dass sich „*Kontrollverdichtungen* [...] als ein Kompensationsansatz nachlassender Integrationskraft kapitalistischer Gesellschaften interpretieren lassen“, weist gleichermaßen in diese Richtung. Auch Melossi (2009: 13), der wie Boutellier auf Durkheim rekurriert, sieht eine wesentliche Aufgabe, die dem Strafrecht und dem Justizsystem zugesprochen wird, darin, „durch die Überwindung der Fragmentierung und Anarchie die Einheit der Gesellschaft wiederherzustellen.“ Der Wandel der Moral von einer Pflichtethik zu einer Gesinnungsmoral finde seinen Höhepunkt in den strafrechtlich kodifizierten Verboten (vgl. Boutellier 2004: 111). Das Strafjustizsystem sei die letzte stabile ‚normative Festung‘ in einer ansonsten ‚freien‘ Welt. Das im Strafgesetzbuch vorgeschriebene Verhalten bilde eine solide Grundlage für die postmoderne Moral, die darüber hinaus nur in sehr geringem Ausmaß weiter verhandelbar sei. In den Handlungen, die der Staat unter Strafe stellt, stoße der moralische Relativismus an seine Grenzen. Der Ruf nach mehr und einer härteren Strafjustiz rühre aus dem Bedürfnis nach einer normativen Struktur, innerhalb derer die neue Freiheit auf sichere Weise ausgelebt werden kann. Die neuen Strafmodalitäten böten neue Möglichkeiten, um die normativen Grenzen einer Gesellschaft zu vermitteln. Heutzutage müsse das Strafjustizsystem die Allgemeingültigkeit seiner Regeln bekräftigen, um pluralistische Moralvorstellungen zu bündeln (vgl. Boutellier 2000: 41). Ähnlich argumentiert Groenemeyer (vgl. 2003: 23f.), dass Verschärfungen des Strafrechts infolge moralischer Paniken – wie sie zweifellos gerade durch Sexualstraftaten erzeugt werden – der Stabilisierung der moralischen Ordnung dienen und Strafe sowie soziale Kontrolle auf die allgemeine Öffentlichkeit gerichtet seien und die Funktion haben, Konsens zu schaffen und zu stabilisieren. In diese Richtung deuten auch die Ergebnisse des DFG-Projektes „Sanktionieren als Moralisieren“, in welchem eine Inhaltsanalyse von Printmedien gezeigt hat, dass das Strafrecht als normativer Bezugspunkt ab Mitte der 1970er Jahre eine Aufwertung erfahren hat (vgl. Cremer-Schäfer/Stehr 1990: 94). Die Forscher vertreten die These, dass die Modernisierung des Strafrechts zur Intensivierung seiner Funktion der Moraldarstellung geführt habe (vgl. ebd.: 99), und sie konstatieren, dass moralische Empörung nur noch über strafrechtliche Relevanz mobilisierbar sei, wobei „nicht Normklärung oder Sanktionsforderung, sondern Veröffentlichung von Normbrüchen und der Appell zur Normerfüllung" (ebd.: 94) im Vordergrund stehe. Hierin sehen sie die Ursache dafür, dass „andere soziale Handlungsbereiche wie Medizin/Gesundheitssystem, Wirtschaft, staatliche Fürsorge und Politik selbst in den Relevanzbereich von Sanktion hineingezogen" (ebd.: 94) werden, womit sie zugleich auch eine Erklärung für die Ausdehnung des Strafrechts liefern.

Boutellier (2000: 16) spricht von einer „victimalization of morality". Damit meint er, dass Solidarität in der heutigen Gesellschaft nicht mehr an Gott oder ein Kollektiv gebunden sei, sondern an die Position des Opfers: „the victim has come to function as a new focal point for the moral magnetism of criminal law" (ebd.: 17). Auch Garland (2008: 355) sieht das Opfer in dieser Rolle: „Die neue Bedeutung, die der Gestalt des »Opfers« zukommt, ergibt sich [...] aus der neuen Signifikanz intuitiver emotionaler Identifikation in einem Kontext, in dem es kaum noch Quellen der Gegenseitigkeit gibt." Das Verbrechensopfer ist zum Hüter der öffentlichen Moral geworden. „[T]he victim plays a *solidarizing* role in the moral design of post-modern culture" (Boutellier 2004: 71; Herv. i. O.). Weil es die Vulnerabilität des Subjektes verkörpere, werde das Opfer in postmodernen Gesellschaften zur moralstiftenden Instanz (vgl. Boutellier 1996: 15, 2000: 46). „The vulnerabilities and needs of victims define the appropriate conditions for government intervention" (Simon 2007: 76). Für das Strafrecht und die Kriminalpolitik spielt das Opfer heute die Rolle, die bis in die 1960er Jahre die Religion ausfüllte.

Das Opfer biete die Möglichkeit, einen moralischen Konsens in einer Gesellschaft zu schaffen, in der ansonsten keine einheitlichen moralischen Vorstellungen existent seien (vgl. Boutellier 2004: 75). Der Glaube daran sei weit verbreitet, dass es wahrscheinlicher sei, Solidarität über den Kampf gegen ‚das Schlechte' als durch das Streben nach ‚dem Guten' erreichen zu können (vgl. Furedi 2005: 136). Beck (vgl. 1986: 65) sieht diese Entwicklung eng damit verknüpft, dass in der Risikogesellschaft das Ideal der Sicherheit über allem stehe und es nicht mehr darum gehe, ‚Gutes' zu erreichen, sondern nur mehr darum, Schlimmes zu verhindern. Diese Vorstellung findet sich auch bei Boutellier (2004: 8; Herv. i. O.): „In a postmodern, vital culture that has lost the illusion of coherence, all the imagination can focus on is what we reject. The utopian desire is the result of the reversal of this notion: *safety unites*." Der gesellschaftliche

Minimalkonsens bestehe lediglich in der Ablehnung von Grausamkeit, Leid und Demütigung. Hierfür fungiere das Strafrecht als institutionalisiertes Mittel. Boutellier (1996: 16) spricht in diesem Zusammenhang auch von einem „'victimological' turn in criminal law". Besonders augenfällig wurde diese Tendenz im Sexualstrafrecht, dessen Änderungen am häufigsten mit dem Opferschutz begründet wurden (vgl. Kap. 3.4.2.7). Ein plakatives Beispiel lieferte auch die Ausdehnung des Versammlungsverbotes sowie des Tatbestandes der Volksverhetzung zum Schutz der Würde der Opfer des Nationalsozialismus (vgl. ebd.).

Ähnlich bemerkt Furedi (2005: 135), dass die Vermeidung von Terror und Grausamkeit als Basis einer allgemeinen (sittlich-moralischen) Grundhaltung diene, die weitverbreitete Unterstützung finde und gesellschaftliche Spaltungen und Spannungen überlagere: „Whatever issues that divide society, our dislike of terror, cruelty, genocide and suffering appears as the foundation around which a sense of common purpose can be crafted." So können z.B. die immer weiter um sich greifende Terrorismusgesetzgebung sowie die Einführung des Völkerstrafgesetzbuches als Reflex darauf gesehen werden, womit darauf abgezielt wird, den Gemeinschaftssinn zu stärken.

Die ‚Victimalization' der Moral bildet den Nährboden für eine ängstliche und besorgte Bevölkerung (vgl. Boutellier 2002: 24). Dies wird jedoch nicht als ausschließlich negative Entwicklung betrachtet, sondern Angst wird als Ressource gesehen, um Solidarität, sozialen Zusammenhalt und moralische Erneuerung zu fördern (vgl. Furedi 2005: 136f.). Beck (1986: 66; Herv. i. O.) sieht dies als charakteristisch für die Risikogesellschaft an: „Der Typus der Risikogesellschaft markiert [...] eine gesellschaftliche Epoche, in der die *Solidarität aus Angst* entsteht und zu einer politischen Kraft wird". Anders als in der Klassengesellschaft, in der die „*Gemeinsamkeit der Not*" als soziales Bindemittel diente, wirkt in der Risikogesellschaft die „*Gemeinsamkeit der Angst*" (ebd.: 66; Herv. i. O.). An anderer Stelle schreibt er (2002: 46): „[I]n an age where trust and faith in God, class, nation and progress have largely disappeared, humanity's common fear has proved the last – ambivalent – resource for making new bonds." Ähnlich konstatiert Bauman (2000: 27), dass sich Gemeinschaft nur noch auf der Grundlage von „Angst, Argwohn und Haß" bilden lasse. Danach bedarf es an „gemeinsamen »Aufhängern« für [...] individuell erfahrene Ängste und Sorgen [...], um mit anderen, ebenso verängstigten und besorgten Individuen gleichsam spiritistisch den »Geist der Gemeinschaft« heraufzubeschwören" (Bauman 2009: 24). Gemeinschaften, die auf diese Weise entstehen, bezeichnet Bauman (ebd.: 24) als „Anlaß-Gemeinschaften". Solidarität werde in erster Linie darüber erreicht, „sich einen gemeinsamen Feind herauszugreifen und die Kräfte in einem Akt gemeinschaftlicher, auf ein gemeinsames Ziel gerichteter Grausamkeit zu vereinen" (Bauman 2000: 28f.).

Ein aktuelles Beispiel für eine ‚Anlass-Gemeinschaft' im Bauman'schen Sinne bilden die seit September 2011 stattfindenden Demonstrationen gegen den Zuzug von zwei aus der Sicherungsverwahrung entlassenen Sexualstraftätern in dem Dorf Insel in Sachsen-Anhalt. Es wurde eine Bürgerinitiative gegründet, die die Demonstrationen vor dem Wohnhaus der beiden ehemaligen Sicherungsverwahrten organisiert und ihren Wegzug fordert. Teilweise kommt es im Zuge der Demonstrationen zu gewalttätigen Ausschreitungen, denen nur durch ein großes Polizeiaufgebot begegnet werden kann. Bei den Demonstranten handelt es sich zum einen um Bewohner des Dorfes, aber auch um nicht direkt ortsansässige Mitglieder der rechten Szene, die die Proteste durch ihre vermeintliche Unterstützung zur Sympathisantenjagd nutzen.[94]

Auch Sennett (1983: 254) stellt die Bedeutung der Feindbildkonstruktion zur Mobilisierung von kollektivem Handeln heraus: „Die einzigen Aktionen, zu denen sich die Gruppe zusammenfindet, sind solche der Reinigung, der Ausschließung und Bestrafung derer, die »anders« als die anderen sind." „[E]s wird zur vornehmlichen Aufgabe der Gemeinschaft, sich derer zu entledigen, die nicht dazugehören" (ebd.: 295). Dieses Zusammenspiel findet sich auch in Youngs (1999: 165) Charakterisierung der „Exclusive Society": „The desire to demonize others is based on the ontological uncertainties of those who would site themselves at centre stage." Nach Steinert (2003: 211) lässt sich in diesem Moment der Mechanismus populistischer Politik erkennen, da „[s]ie (auf Zeit) Interessengegensätze in der Bevölkerung zusammen[führt], indem sie auf eine tatsächliche »kleinste Gemeinsamkeit« (am abstraktesten einen gemeinsamen Feind) rekurriert." Auch Kunz (vgl. 2008a: 98) betont die Relevanz der Ausgrenzung und hebt die Bedeutung punitiver Einstellungen hervor. Dadurch, dass die Lust am Strafen politisch legitimiert werde, komme es zu einer Aufwertung des Strafrechts im Vergleich zu anderen sozialen Steuerungsinstrumenten und das Strafrecht werde „auf eine mit der Angstkultur kommunizierende Symbolik der Ausgrenzung ausgerichtet, welche traditionell liberal-rechtsstaatliche Anliegen ausblendet und das Strafrecht mit der neuen Straflust kompatibel macht" (ebd.: 98).

Mit diesem neuen Modus der Vergemeinschaftung, der sich über Exklusion organisiert und damit die Zunahme strafrechtlicher Kontrolle vorantreibt und sich immer häufiger des Strafrechts zur Herstellung und Aufrechterhaltung von Moral[95] bedient, erschließt sich ein Mosaikstein zur Erklärung der Expansion und Punitivierung des Strafrechts. Das Strafrecht fungiert als gesellschaftliches

94 Eine Chronologie der Ereignisse findet sich unter: http://www.mdr.de/sachsen-anhalt/chronologie-insel100.html [Stand: 2012-10-02].

95 Auch die Herausbildung von Begriffen wie ‚Umwelt'- und ‚Steuermoral', die Begründung der Schaffung und Änderung des Umweltstrafrechts mit der Stärkung des Rechtsbewusstseins sowie die mehrfache Novellierung des Steuerstrafrechts fügen sich in diesen Trend ein.

Bindemittel, was als konstitutive Bedingung für das Erreichen von Sicherheit betrachtet wird, da Moral nunmehr unweigerlich an das Ideal der Sicherheit gekoppelt ist.

Die Kritik an der modernisierungstheoretischen Perspektive auf die punitive Wende im Strafrecht entzündet sich in erster Linie daran, dass sie annimmt, dass die Kriminalpolitik mit legislativen Verschärfungen lediglich auf eine Sicherheitsnachfrage aus der Bevölkerung reagiert und die Bestrafungswünsche der Bürger erfüllt. Damit wird ein ‚Bottom-Up'-Wirkmechanismus unterstellt, den die bereits mehrfach erwähnte und von Beckett widerlegte ‚Democracy-at-Work'-Hypothese annimmt. Daher kann dieser Ansatz nur eine ‚halbierte' Erklärung der punitiven Wende leisten. Dem lässt sich die polit-ökonomische Perspektive gegenüberstellen, die am prominentesten von Wacquant vertreten wird und die punitive Wende durch den neoliberalen Strukturwandel erklärt.

4.2 Der neoliberale Strukturwandel

Nach Wacquant (2009: 305; Herv. i. O.) ist „der eigentliche Grund für die Wende zum Strafen *nicht die Spätmoderne, sondern der Neoliberalismus*". Einer Reihe von Autoren – allen voran Garland, aber auch Giddens und Harvey – wirft er eine gewisse Kurzsichtigkeit vor. Diese verkenne das volle Ausmaß des neoliberalen Ursprungs der „straffixierte[n] Wende in der Strafrechtspolitik" (ebd.), wie es im Klappentext von „Bestrafen der Armen" heißt, weil sie nur die ökonomische und nicht auch die soziologische Dimension des Neoliberalismus zur Kenntnis nimmt. Der Neoliberalismus beschränke sich nicht auf die Wirtschaft, sondern unterwerfe alle gesellschaftlichen Bereiche der ökonomischen Logik und Rationalität und ziele somit auf eine ausnahmslose „Ökonomisierung des Sozialen" (Bröckling/Krasmann/Lemke 2000) ab. Wacquant (ebd.: 309f.; Herv. i. O.) nennt die Stichworte „*[ö]konomische Deregulierung*", „*Delegation, Abbau und Neugestaltung von Wohlfahrtsleistungen*", „*[den] kulturelle[n] Tropus der Eigenverantwortung*" sowie einen „*expansive[n], intrusive[n] und proaktive[n] Strafverfolgungsapparat*" als die zentralen institutionellen und miteinander verknüpften Logiken des Neoliberalismus, welche die Wende in der Strafrechtspolitik zu erklären vermögen.[96] „*Der invasive, expansive und teure Strafrechtsstaat ist keine Abweichung vom Neoliberalismus, sondern eines seiner Grundelemente*" (ebd.: 310; Herv. i. O.). Für Wacquant (vgl. ebd.: 311) besteht kein Zweifel daran, dass die Verschärfungen des Strafrechts mit der ökonomischen Deregulierung sowie dem Abbau des Wohlfahrtstaates in Zusammenhang stehen. Ein mit

[96] Auch Resch und Steinert (2009: 278) betrachten den „Neoliberalismus als Ausschließungs-Regime" und sprechen von einer „Law-&-Order-Wende in der Kriminalpolitik".

„einer kulturellen Rhetorik der „individuellen Verantwortlichkeit“ einhergehendes Strafvollzugssystem“ betrachtet er (2011: 81) als „eine konstitutive Komponente des neoliberalen Leviathans“. Dabei richte sich der Strafrechtsstaat gegen jene, die dem Topos der Eigenverantwortung nicht genüge leisten wollen oder aufgrund fehlender Ressourcen nicht können. Die expansive Strafrechtspolitik diene dazu, die durch die ökonomische Deregulierung und den Abbau des Wohlfahrtsstaates verursachten verstärkten sozialen Ungleichheiten zu managen und die prekarisierten Bevölkerungsteile zu disziplinieren (vgl. ebd.: 78). Vor dem Hintergrund der überproportionalen Inhaftierung von Afroamerikanern in US-amerikanischen Gefängnissen sieht er (2009: 207) damit die Funktion erfüllt, die „aufgeweichte Kastenspaltung neu zu zementieren“.

Wie eingangs aufgezeigt, wird Deutschland – insbesondere von angelsächsischen Kriminologen – meist von neoliberalen Tendenzen freigesprochen. Im innerdeutschen Raum gibt es jedoch eine Reihe von Stimmen, die die deutsche Kriminalpolitik auf dem Kurs der neoliberalen Länder sieht. Legnaro (2008) thematisiert explizit, dass auch in Deutschland eine punitive Wende stattgefunden habe, und demonstriert, wie sich die Kontroll- und Integrationsmechanismen von Arbeit und Strafe verändert haben. Wie Garland betrachtet auch Legnaro den Verlust des Glaubens an den Resozialisierungsgedanken als ein Hauptmerkmal der punitiven Wende. An einigen Beispielen zeigt er (ebd.: 64), „dass Strafe ihre bisher selbstverständliche Erzählung einzubüßen beginnt.“ Strafe sei wieder zu einem legitimen Selbstzweck avanciert und um ihre positiven Wirkungen ‚entkleidet‘ worden. Auch Kunz (2004: 83) sieht es als charakteristisch für das spätmoderne Verständnis von Strafe an, dass es ohne „zivilisatorischen Begründungsschnickschnack“ daherkomme. Ähnlich heißt es bei Sack (1995: 454) „Strafe pur ohne rhetorischen Firlefanz“. Legnaro (2008: 65) bemerkt, dass diese Demaskierung der Strafe ganz im Sinne der von Garland (1996: 461) aufgezeigten Spaltung der Kriminalpolitik in erster Linie der „criminology of the alien other“ zuzurechnen sei, und für diejenigen Täter gelte, deren Verhalten als nicht ‚normalisierbar‘ angenommen wird.

In diesem Zusammenhang weist Legnaro auf eine bedeutsame Koinzidenz hin. Während Strafe ihre Erzählung verloren habe, sei die Erwerbsarbeit in eine Narration eingebettet worden (vgl. Legnaro 2008: 66). In deren Mittelpunkt stehe die „Individualisierung von Verantwortung“, welche er (ebd.: 66) als „paradigmatische Leitlinie“ „einer neoliberalen Gesellschaftskonfiguration“ ausmacht.[97] Hierbei rekurriert Legnaro auf die Figuren des „Arbeitskraftunterneh-

[97] Seine empirische Grundlage bildet eine Analyse der Online-Personalwerbung verschiedener großer deutscher Unternehmen, die er im Rahmen des DFG-Projektes „Regieren mittels Unsicherheit – Kontrollgesellschaftliche Regime von Arbeit“ am Institut für Sicherheits- und Präventionsforschung durchgeführt hat (Legnaro/Birenheide 2008).

mers" (Voß/Pongratz 1998) sowie des „unternehmerischen Selbst" (Bröckling 2007). Das Versprechen von Arbeitsplatzsicherheit werde gegen das Versprechen von Verantwortung, freien Gestaltungsräumen und Herausforderungen eingetauscht, wofür der Arbeitnehmer tunlichst Begeisterung zeigen solle. Wacquant (vgl. 2009: 76) spricht in diesem Zusammenhang für die amerikanischen Verhältnisse auch von einem übermächtigen Ethos des meritokratischen Individualismus, wonach jeder Lohnempfänger für sein Schicksal selber verantwortlich sei. Auch Cavadino und Dignan (2011: 23f.) sehen darin ein Kennzeichen der individualistischen Kultur in neoliberalen Gesellschaften: „In neoliberal society, economic failure is seen as being the fault of the atomized, free-willed individual, not any responsibility of society – hence the minimal, safety-net welfare state."

Dass der Zwang zur Übernahme von Eigenverantwortung sämtliche Lebensbereiche durchzieht, scheint eine Art ‚gemeinsamer Nenner' zu sein, der sich bei Wacquant und einigen anderen Autoren wiederfindet, aber bei Legnaro pointierter gelingt, weil er Strafe als Technik der Selbstführung begreift. Strafe bedeute nicht nur – wie z.B. auch von Wacquant betont wird – einen faktischen Ausschluss von gesellschaftlicher Teilhabe, sondern der Logik der Strafe sei nunmehr auch inhärent, dass gesellschaftliche Integration und daher auch Resozialisierung eine selbst zu erbringende Leistung sei. Daher komme Strafe ohne die Verpackung in den Resozialisierungsgedanken aus. Wie bereits erwähnt, nimmt auch bei Garland der Niedergang des rehabilitativen Ideals eine zentrale Stellung ein und er stellt ihn sogar an den Anfang seiner Aufzählung der Indikatoren des kriminalpolitischen Wandels.

Folgt man dieser Fährte, so kann die treibende Kraft der Punitivierung der Strafgesetzgebung darin aufgespürt werden, dass sich die Grammatik der Eigenverantwortung in sämtliche Facetten der gesellschaftlichen Ordnung eingeschrieben hat. Die entscheidende Konsequenz, die sich daraus für die strafrechtliche Logik ergibt, ist, dass sich der Imperativ der Eigenverantwortung auch auf die Strafe erstreckt. Insofern fügen sich neue und erweiterte Straftatbestände sowie härtere Strafen problemlos in diesen Trend ein, in dem ein maßvoller Umgang mit Strafe nicht länger dem kriminalpolitischen Kurs entspricht. Gezeigt hat sich diese Tendenz in der Vielzahl der – mitunter sogar mehrfach für denselben Straftatbestand vorgenommenen – Strafverschärfungen, aber z.B. auch in der Begründung des *Gesetzes zur Einführung der vorbehaltenen Sicherungsverwahrung vom 21. August 2002*, wonach die vorbehaltene Sicherungsverwahrung als Anreiz zur aktiven Mitarbeit an der Resozialisierung verstanden werden soll (vgl. Kap. 3.4.2.1). Dass sich das Verhältnis von Strafe und Resozialisierung verändert hat und – wie in diesem Beispiel – Strafhärte als resozialisierungsfördernd umgedeutet wird oder Strafe und Resozialisierung nicht länger zusammengedacht, sondern zunehmend entkoppelt sind, kann als die zentrale Voraussetzung für den Kurs, den die Strafgesetzgebung in der Spätmoderne eingeschlagen hat, gedeutet werden.

Auch wenn in der wissenschaftlichen Diskussion darüber gestritten wird, ob und in welchem Ausmaß der Neoliberalismus[98] Einzug in Deutschland gehalten hat, so besteht weitgehende Einigkeit darüber, dass der Topos der Eigenverantwortung zu einer zentralen Maxime in der „Aktivgesellschaft" (z.B. Lessenich 2003, 2009) und dem „aktivierende[n] Sozialstaat" (z.B. Lessenich 2012; Dahme/Wohlfahrt 2009) geworden ist, welche gegenwärtig innerhalb der sozialwissenschaftlichen Debatte dominante Charakterisierungen der deutschen Gesellschaft und Staatsform darstellen. Nach Bröckling (vgl. 2004: 214) kennzeichnet den aktivierenden Staat, dass er seine Bürger und Bürgerinnen aus der fürsorglichen Belagerung in die Freiheit der Selbstsorge entlässt und ihnen zumutet, ihre Lebensrisiken eigenverantwortlich zu managen. Kern dieser staatlichen Aktivierungspolitik bildet das Leitmotiv „Fördern und Fordern", mit dem auch das erste Kapitel des Zweiten Sozialgesetzbuches (SGB II) überschrieben ist (Legnaro 2006; Dahme/Wohlfahrt 2009). Van Dyk und Lessenich (2008: 31) weisen allerdings darauf hin, „dass die programmatische Komponente des »Förderns« der des »Forderns« systematisch nachgeordnet bleibt."

Nullmeier (2006: 175) bezeichnet den „Ruf nach „mehr Eigenverantwortung" [als] [...] zentralen Topos der gegenwärtigen Sozialstaatsreform". Die Aufforderung zur Eigenverantwortung findet sich auch in der Regierungserklärung des ehemaligen Bundeskanzlers Schröder[99] vom 29. Oktober 2002, die den Titel „Gerechtigkeit im Zeitalter der Globalisierung schaffen – für eine Partnerschaft in Verantwortung" trägt. Nach Urban (2004: 468) gelten Eigenverantwortung und Aktivierung als „tragende Säulen einer neuen Wohlfahrtsarchitektur" und „Schlüsselkategorien einer neuen Sozialpolitik [...], die eine politische Rhetorik der Sozialstaatserhaltung mit einer politischen Praxis des Sozialstaatsrück- und -umbaus kombiniert."

Dass Strafe zunehmend den Anspruch auf eine resozialisierende Wirkung verliert, ist *eine* logische Konsequenz einer solchen Politik. Wenngleich das ‚Recht auf Resozialisierung' auf dem Papier nach wie vor Bestand hat, so haben sich dessen Konditionen verändert. Van Dyk und Lessenich (2008: 33) verstehen den „Appell an Eigenverantwortung und Selbsttätigkeit der Individuen" als „po-

98 Versteht man den Begriff ‚Neoliberalismus' als „Hereinnahme ökonomischer Prinzipien ins Politische" (Krasmann 2003: 208), so ist schwer bestreitbar, dass Deutschland von dieser Entwicklung betroffen ist. Ein Problem der wissenschaftlichen Diskussion um den Begriff Neoliberalismus besteht darin, dass viele verschiedene Lesarten des Begriffs existieren, ohne dass dies explizit gemacht wird.

99 Den Anstoß der „Wende zur proaktiven Bestrafung" in Deutschland, die Wacquant (2011: 94) nicht anzuzweifeln scheint, schreibt er Schröder zu.

litische[n] Versuch [...], den wohlfahrtstaatlichen Steuerungsmodus [...] von externer auf interne Kontrolle umzustellen.“ Das Prinzip der Eigenverantwortung bedeute auch, dass Misserfolge individuell zugerechnet werden, wenn dem Aktivierungsimperativ nicht Folge geleistet wird (vgl. Kocyba 2004: 20). In diesem Sinne wird eine misslungene Resozialisierung nicht dem Strafvollzug angelastet[100], sondern als persönliches Versagen des Delinquenten betrachtet. Es steht in der eigenen Verantwortung, Strafe als Angebot zur Resozialisierung zu verstehen und anzunehmen. Auch darin zeichnet sich eine *„Umkehrung der ‚sozialen Bringschuld‘“* ab, die Urban (2004: 469; Herv. i. O.) als Kennzeichen des neuen Sozialstaates nennt. Stand einst die Verantwortung des Staates für das Wohlergehen des Einzelnen im Vordergrund, so habe sich diese Relation ins Gegenteil verkehrt und die Verantwortung des Einzelnen für das Gemeinwohl[101] befinde sich nunmehr an erster Stelle (vgl. ebd.: 469). Übertragen auf das spätmoderne Verständnis von Resozialisierung folgt daraus, dass sie dem Interesse des Gemeinwohls dienen und nicht in erster Linie dem Straftäter zugutekommen muss. Nach Robinson (2008: 439) ist ‚spätmoderne Resozialisierung‘ „a penal technology which principally benefits not offenders themselves, but rather the ‘public at large‘ – not least communities of actual and potential victims.“

Den primären Bezugspunkt der Strafe bildet nicht Resozialisierung, sondern Sicherheit. Resozialisierung steht vielmehr im Dienste der Sicherheit. Dies lässt sich zum einen daran ablesen, dass das Sicherheitsinteresse der Allgemeinheit in das Strafgesetzbuch aufgenommen wurde (vgl. Kap. 3.4.2.1 und 3.4.2.6). Zum anderen wird dieser Vorzeichenwechsel sehr deutlich in der Begründung des Gesetzentwurfs zur Änderung des Strafvollzuggesetzes vom 3. März 2003 hervorgebracht. Dort heißt es:

> „Vielmehr muss vor allem der Überbewertung der Resozialisierung, die im Strafvollzugsgesetz angelegt wurde und zu der die Rechtsprechung noch besonders beigetragen hat, entgegengewirkt werden; die vorrangige Ausrichtung des Vollzugs auf die Bedürfnisse der Gefangenen muss gegenüber einem erhöhten Schutzbedürfnis der Bevölkerung zurücktreten“ (BT-Drs. 15/778: 6).

---

100 Carrier (vgl. 2010) merkt an, dass die Tendenz dahin gehe, dass bei einem Rückfall nicht Kritik an der Resozialisierungspraxis geübt wird, sondern vielmehr zu kurze Haftstrafen und zu geringe Entlassungsvoraussetzungen als Ursachen betrachtet werden.

101 Offe (2001: 467) hat sich mit der Frage beschäftigt, wessen Wohl denn mit dem Begriff ‚Gemeinwohl‘ gemeint sei, und weist darauf hin, dass das Gemeinwohl in solchen Rechtfertigungen durchaus als „beschönigende Formel für ideelle und vor allem materielle Mehrheitsinteressen“ verstanden werden kann.

In den neuen Jugendstrafvollzugsgesetzen[102] von Baden-Württemberg, Bayern und Hamburg wurde die Rangordnung der Ziele Resozialisierung und Schutz der Allgemeinheit umgedreht und letzteres wird nunmehr höher gewichtet (vgl. Boers/Schaerff 2008: 321). Sieben weitere Bundesländer postulieren eine Gleichrangigkeit beider Ziele und lediglich sechs Bundesländer geben weiterhin der Resozialisierung den Vorzug (vgl. ebd.: 323). Diese Entwicklungen sind ein Beleg für die auch von Günther (2010: 98) festgestellte „weitgehend konsentiert[e] Abkehr von Resozialisierung von Straftätern und der Weigerung, eine gesellschaftliche Mitverantwortung an abweichendem Verhalten anzuerkennen."

Ist unter dem Gesichtspunkt der Resozialisierung maßvolles Strafen geboten, so impliziert die Doktrin der Sicherheit mit ihrer ‚Philosophie' der ‚Selective Incapacitation' das Gegenteil. Sicherheitsproduktion qua Strafe ebnet der Einführung neuer und Erweiterung bestehender Straftatbestände sowie der Erhöhung von Strafrahmen den Weg. Diese Tendenz spiegelt sich eindrucksvoll in den Ergebnissen der Inhaltsanalyse der Strafgesetzgebung wider, in der sich gezeigt hat, dass der Schutz der Bevölkerung deutlich an Einfluss auf die Strafgesetzgebung gewonnen hat.

Kritisch an diesem Ansatz, der die punitive Wende auf den Neoliberalismus zurückführt, ist zu betrachten, dass er lediglich die ‚Top Down'-Perspektive beleuchtet und damit die Mechanismen ausblendet, welche aus modernisierungstheoretischer Sicht hervorgehoben werden. Daher vermag auch er die punitive Wende nicht vollständig zu erklären. Bezogen auf die Strafgesetzgebung ergibt sich zusätzlich das Problem, dass impliziert wird, dass nicht nur eine Normsetzung, sondern auch wirklich eine Normanwendung stattfindet. Somit werden zwar die instrumentellen Funktionen des Strafrechts in den Blick genommen und unterstellt, obwohl sie nicht tatsächlich vorhanden sein müssen, und die symbolischen Funktionen werden vernachlässigt.

Ein Ansatz, der modernisierungstheoretische und polit-ökonomische Erklärungsfaktoren in sich vereint und die punitive Wende im Kontext von sozialen, ökonomischen, kulturellen sowie politischen Veränderungen betrachtet, die vielschichtige Anpassungsprozesse hervorrufen, ist die Theorie des historischen Wandels, die Garland seiner Erklärung zugrunde legt.

[102] Zurückgehend auf die grundlegende Entscheidung des Bundesverfassungsgerichts zum Jugendstrafvollzug vom 31. Mai 2006 (2 BvR 1673/04, 2 BvR 2402/04) und die Föderalismusreform sind zum 1. Januar 2008 in allen Bundesländern eigenständige Jugendstrafvollzugsgesetze in Kraft getreten.

4.3 Die Verunsicherung der Mittelschichten in der Spätmoderne

Auch für Garland liegt ein gewichtiger Erklärungsfaktor für die punitive Wende im neoliberalen Strukturwandel und er teilt in wesentlichen Grundzügen Wacquants Argumentation, weshalb diese nicht noch einmal wiederholt werden muss. Er betrachtet den Neoliberalismus jedoch nicht als alleinige Ursache, sondern wählt eine mehrdimensionale Betrachtungsweise. Die westlichen Gesellschaften der Gegenwart charakterisiert Garland (2008: Kap. 6) als „High Crime Societies", in denen sich als kulturelles Muster ein „»Kriminalitätskomplex« (crime complex) der Spätmoderne" (ebd.: 297) formiere. Dessen Kern bestehe aus einem Nebeneinander von gestiegener Unsicherheit und anhaltend hoher Kriminalitätsraten, die als Normalzustand angesehen werden (vgl. Garland 2004: 61). Neben den im Kriminaljustizsystem selbst begründeten Triebkräften der punitiven Wende, die im ersten Kapitel dargestellt wurden, sieht Garland (2008) die Hauptursache für die Ausdehnung und punitive Stoßrichtung des Strafrechts in den Veränderungen der sozialen Lage und den Einstellungen der Mittelschichten. Die wohlfahrtsstaatlich orientierte „Strafrechtsmoderne" (ebd.: 119) wurde im Wesentlichen von den „professionellen Mittelschichten" (ebd.: 272) getragen, von denen große Teile zu den Arbeitnehmern der Institutionen des wohlfahrtsstaatlichen Strafens gehörten. Auf den „Schicksalswandel", den diese Berufsgruppen aufgrund ihres Verlustes an Ansehen und Einfluss erlitten und im Zuge dessen sie ihre antipunitive Haltung aufgaben, führt Garland (ebd.: 277) den kriminalpolitischen Wandel und damit auch die Punitivierung der Strafgesetzgebung zurück.

Einen weiteren Grund sieht er in der veränderten Einstellung der Mittelschicht gegenüber Kriminalität, die aus ihrer zunehmenden Sichtbarkeit resultiere. Infolge steigender Kriminalitätsraten sei Kriminalität „keine statistische Abstraktion mehr, sondern bekam im Bewusstsein der Bevölkerung und in der Psyche jedes Einzelnen eine unmittelbare, persönliche Bedeutung" (ebd.: 279f.).

Ein Blick auf die Entwicklung der registrierten Kriminalität in Deutschland zeigt, dass diese ihren Höchststand Ende der 1980er Jahre erreicht, bis 2004 weiter leicht ansteigt, und seitdem tendenziell rückläufig ist. Sollte Garlands These also zutreffen, so wäre sie auch für die deutsche Situation plausibel, da die legislative Aktivität in dieser Zeit ebenfalls stark zugenommen hat.

In der Einschätzung der Relevanz der Kriminalitätsentwicklung unterscheidet sich Garlands Argumentation von Wacquants Ansatz, der eine Unabhängigkeit von der ‚tatsächlichen' Kriminalitätsentwicklung behauptet. Damit distanziert er sich von Garland, der die Bedeutung der registrierten Kriminalität später allerdings auch herabgestuft hat, indem er 2006 auf einer Tagung für die Ersetzung des in seinem Buch „The Culture of Control" (2001) verwendeten Begriffs

„High Crime Society" durch „Crime Salient Society" plädierte. Während Garland im Ergebnis aber bei einer Gemengelage aus kriminalitätsbezogenen und sozialen Unsicherheiten bleibt, verortet Wacquant (2009: 303; Herv. i. O.) die Ursache der punitiven Wende nicht in „irgendeiner *kriminalitätsbedingte*[n]", sondern in einer „*soziale*[n] Unsicherheit".

Einig sind sich Garland und Wacquant jedoch darin, dass die sozialen und wirtschaftlichen Wandlungsprozesse der 1970er Jahre diffuse Unsicherheiten in der Bevölkerung auslösten. Profitierten die Mittelschichten am stärksten von der wohlfahrtsstaatlichen Politik, sind sie nunmehr selbst von sozialen und ökonomischen Unsicherheiten im Post-Wohlfahrtsstaat betroffen und stehen unter wachsendem Prekarisierungsdruck (vgl. Garland 2008: 283; Wacquant 2001: 27ff.). Diese Entwicklungen beeinflussten die Politik maßgeblich und führten dazu, „dass aus den diffusen Ängsten der Mittelschicht ein konkreteres Gefüge von Einstellungen und Vorstellungen wurde, das die Übeltäter ausmachte, das Problem benannte und sich Sündenböcke suchte" (Garland 2008: 280). Dazu kam noch, dass sich die Mittelschichtangehörigen auch durch die Steuer- und Sozialpolitik benachteiligt fühlten, was in Ressentiments gegenüber den vermeintlich Begünstigten dieser Politik – den sozial Schwachen – mündete.

Während Garlands Fokus auf die Verunsicherung der Mittelschichten gerichtet ist, nimmt Wacquant eine Differenzierung vor, die sich bei Garland so explizit nicht findet. Wacquant (2009: 303) verortet die „rasante Wende zur Straforientierung" und die „Entfaltung des Strafrechtsstaates" (ebd.: 302) im Kontext des Übergangs von „welfare" (Recht auf Wohlfahrt) zu „workfare" (Pflicht zur Arbeit). In ‚Rusche/Kirchheimer-Tradition' sieht er einen Zusammenhang zwischen Arbeitsmarkt- und Kriminalpolitik und unterscheidet die objektive soziale Unsicherheit der postindustriellen Arbeiterklasse durch die immer prekärer werdenden Beschäftigungsverhältnisse und die subjektive Unsicherheit der Mittelklassen durch ihre vergrößerten Abstiegsrisiken infolge des Wegfalls wohlfahrtsstaatlicher Absicherungen.

Unabhängig von dieser Differenzierung deutet diese Entwicklung darauf hin, dass der Staat sein Versprechen von sozialer Teilhabe und Inklusion durch das Versprechen von Sicherheit ersetzt hat und sein Handeln durch die symbolische Produktion von Sicherheit legitimiert (vgl. Singelnstein/Stolle 2012: 123), wofür sich das Erlassen neuer Gesetze als äußerst probates Mittel erweist. Permanente Unsicherheit wird damit zugleich zu einer konstitutiven Bedingung für das Funktionieren staatlichen Handelns. In diesem Sinne konstatiert Albrecht (2012: 269) einen „Wettlauf aller Volksparteien um repressive und punitive Elemente zur scheinbaren Gewähr innerer Sicherheit".

Deutliche Parallelen zu dieser von Garland und Wacquant aufgezeigten Entwicklung finden sich auch in der aktuellen deutschen gesellschaftstheoretischen Diskussion (vgl. Castel 2009: 30f.; Dörre 2007: 34f., 2009: 46f.; Lessenich 2009a: 263; Kronauer 2006: 27f.). War der Wohlfahrtsstaat „der zentrale Aufstiegsgarant und Integrationsmotor", nehmen nun „Abstiegsängste und Deklassierungsfurcht" bei den Mittelschichtangehörigen zu (Vogel 2009a: 109; vgl. auch Kraemer 2009: 246ff.). Die daraus erwachsenden Ressentiments gegen sozial Schwache lassen sich z.B. an der wieder entfachten Debatte anlässlich des Bundesverfassungsgerichtsurteils vom 9. Februar 2010 ablesen, nach dem die Hartz-IV-Regelsätze für Kinder und Erwachsene neu berechnet werden mussten. Der derzeitige Vize-Kanzler Westerwelle sprach angesichts dieses Urteils von „spätrömischer Dekadenz". Diejenigen, die arbeiten, würden mehr und mehr zu den „Deppen der Nation", äußerte Westerwelle in einem Interview im Deutschlandfunk im Februar 2010. Darüber hinaus kündigte er ein schärferes Vorgehen gegen Sozialleistungsbetrüger an.[103]

Die öffentliche Diskussion um ‚Sozialschmarotzer', ‚Stütze-Schnorrer' oder ‚Sozial-Abzocker' knüpft an ein kleinbürgerliches meritokratisches Ideal an, wonach jeder das bekommt, was er durch seine Leistung verdient hat[104]. An diesen normativen Vorstellungen, die aus vergangenen Zeiten der Vollbeschäftigung stammen, wird jedoch auch angesichts rapide schrumpfender Beschäftigungsmöglichkeiten festgehalten. Dieser Leistungsglaube scheint tief in den sozialen Gerechtigkeitsvorstellungen verwurzelt zu sein. Mit diesem meritokratischen Ideal werden zum einen die zunehmend härteren staatlichen Maßnahmen gegen Erwerbslose (vgl. Butterwegge 2006: 200) ideologisch abgestützt. Zum anderen werden damit punitive Einstellungen der Bevölkerung gegenüber den Empfängern sozialer Leistungen evoziert und weiter verstärkt. Dementsprechend stellt Sutton (2004: 171) fest: „Demand for punishment seems to be highest in societies that have a strong commitment to individualistic means of social achievement and a correspondingly weak capacity for collective responses to inequality."

---

103 Erinnert sei in diesem Zusammenhang auch an die öffentliche Debatte um ‚Florida Rolf', einen ehemals in Miami lebenden erwerbsunfähigen Sozialhilfeempfänger. Damit wurden die im Ausland lebenden Sozialhilfeempfänger auf die politische Agenda befördert. Dabei handelt es sich zwar um eine quantitativ sehr kleine Gruppe. Damals lebten nicht einmal tausend Sozialhilfeempfänger im Ausland. Der gesetzliche Handlungsbedarf schien jedoch äußerst dringlich zu sein, da die Bundesregierung in Rekordzeit eine Gesetzesänderung veranlasste, in deren Folge fast alle dieser Sozialhilfeempfänger nach Deutschland zurückkehren mussten (vgl. Renner 2003). Zu Einsparungen führte diese Maßnahme allerdings nicht. Das Gegenteil war der Fall. Nicht nur mussten Steuergelder für die Rückholkosten aufgewendet werden, sondern es stiegen auch die Sozialhilfesätze der ‚Zwangsrückkehrer' an, da die Mehrzahl der im Ausland lebenden Sozialleistungsbezieher zuvor in Ländern mit geringeren Lebenshaltungskosten lebte und daher dort niedrigere Unterstützungsbeträge bezog.

104 Zum Leistungsprinzip vgl. Neckel (2001, 2008: 192f.); Neckel/Dröge (2002).

Kehrseite der „Leistungsethik" sei eine „Abwertungsrhetorik", nach der allen, die dem meritokratischen Ideal nicht genügen, „pauschal und ungeprüft" die Leistungsbereitschaft abgesprochen wird (Lessenich 2009a: 268). Denn wenn der soziale und ökonomische Status ausnahmslos als eine Frage der individuellen Verantwortung betrachtet wird, legitimiert sich damit die staatliche Bestrafung derjenigen, die diesen Anforderungen nicht gerecht werden (vgl. Neckel/Sutterlüty 2005: 419; Neckel 2008a: 173f.). Wurden die unteren sozialen Schichten im wohltätigen Staat (Wacquant 1997) durch die ‚soziale Hängematte' aufgefangen, werden sie im strafenden Staat (ebd.) gesellschaftlich ausgegrenzt.

In diese Richtung weisen auch die Ergebnisse des kürzlich zu Ende gegangenen, über zehn Jahre angelegten Projektes „Gruppenbezogene Menschenfeindlichkeit" (GMF). Als analytische Eckpunkte des Projektes beschreibt Heitmeyer (vgl. 2012: 18) eine Ökonomisierung des Sozialen sowie einen Kontrollgewinn des Kapitals, der mit einem Kontrollverlust nationalstaatlicher Politik einhergehe. Diese Verschiebung bezeichnen Klein und Heitmeyer (2011: 362) andernorts als Folge „neoliberaler Globalisierung". Ein Begriff, der bei Heitmeyer (2012) in seinem Resümee über das letzte Jahrzehnt allerdings nicht fällt, ist der der Punitivität. Stattdessen spricht er (ebd.: 35) von einer „rohen Bürgerlichkeit", die, obschon nicht identisch, so doch eine relevante Schnittmenge mit punitiven Einstellungen aufweisen dürfte. Er (ebd.: 35) bilanziert, dass sich in den höheren Einkommenslagen vormals „[z]ivilisierte, tolerante, differenzierte Einstellungen [...] in unzivilisierte, intolerante – ja: verrohte" verkehren. Damit untermauert er in der Tendenz Garlands These, dass sich eine Zunahme der Punitivität mit einer gestiegenen Verunsicherung der Mittelschichten erklären lässt.

Die neue Erfahrung mit sozialen Abstiegsängsten in der immer weitere Bevölkerungsteile umfassenden „Zone der Prekarität" (Castel 2000) hat einen tiefgreifenden Einstellungswandel zur Folge, der Solidarität durch Konkurrenz-, Effizienz- und Nützlichkeitsdenken ersetzt. Erstmalig im GMF-Survey 2007 wurde der Einfluss dieser ökonomistischen Einstellungen auf die Bewertung von Randgruppen untersucht (Mansel/Endrikat 2007; Heitmeyer/Endrikat 2008). Dabei zeigt sich ein negativer Zusammenhang mit dem sozialen Status, d.h. in unteren sozialen Lagen findet sich die Bewertung anderer Menschen nach Nützlichkeitskriterien besonders häufig (vgl. ebd.: 62f.). Dementsprechend nehmen negative Einstellungen gegenüber Langzeitarbeitslosen mit sinkender Soziallage kontinuierlich zu (vgl. ebd.: 65). Im letzten GMF-Survey wurde ein weiterer Anstieg ökonomistischer Einstellungen festgestellt (vgl. Heitmeyer 2012: 21).

Während in unteren sozialen Lagen der Abwertung schwacher Gruppen die Funktion zukomme, Konkurrenz abzuwehren, diene sie in mittleren und höheren Lagen dazu, den sozialen Abstand zu bewahren (vgl. Mansel/Endrikat/Hüpping 2006: 55). Dass von sozialer Ausgrenzung vor allem Langzeitarbeitslose betroffen sind, konstatieren auch Boltanski und Chiapello (vgl. 2003: 381), und sie machen ebenfalls darauf aufmerksam, dass es sich bei der Langzeitarbeitslosigkeit um eine statistische Kategorie handelt, die erst in den 1980er Jahren erfunden wurde.

Auch Hradil und Schmidt (2007: 214) stellen für das traditionell orientierte Mittelschichtmilieu eine Abwertung von Langzeitarbeitslosen und Unterschichtangehörigen fest. In Teilen der Mittelschicht nehme dieser „Sozialdarwinismus" die Gestalt eines „radikalen Individualismus" an, der entsolidarisierende Einstellungen beinhalte und die Schaffung einer „geschlossenen Gesellschaft" wünsche. Ranulf (1964: 198) bezeichnet eine „desinteressierte Tendenz, Strafe zuzufügen" als charakteristisches Merkmal der unteren Mittelschicht, die aufgrund ihrer prekären sozialen Lage erheblichen Selbstzwängen und Frustrationen ausgesetzt sei. Diese Einstellung zeige sich in einer Mischung aus Missgunst und Verachtung, die sich gegen Gruppen richte, deren Status knapp unter- oder oberhalb der eigenen Position liegt (vgl. Castel 2005: 68). Ebenso weist Vogel (vgl. 2009: 207) darauf hin, dass Abstiegsgefährdete mit Ressentiments und Abgrenzungsbedürfnissen auf die Verminderung sozialer Unterschiede, die zunehmende Prekarität und die wachsende Zahl der Unterprivilegierten reagieren (vgl. auch Lessenich 2009a: 266f.; Young 2003: 401). Dass die Verunsicherung der Mittelschicht zugenommen hat, belegt z.B. eine Längsschnittanalyse anhand von Daten des Wohlfahrtssurveys (vgl. Böhnke 2006: 113ff.).

Die Verunsicherung der Mittelschicht führt Garland (2008: 281ff.) auf drei gesellschaftliche Entwicklungen zurück: Erstens habe sich in der Mittelschicht als Reaktion auf die Spätmoderne ein „tiefes Gefühl der Verletzlichkeit, der Unsicherheit, der Prekarität" (ebd.: 282) breitgemacht. Diese Diagnose findet sich auch in Baumans (2003: 189) Beschreibung der „Flüchtige[n] Moderne", wobei er sich auf einen Vortrag von Bourdieu mit dem Titel „Ungewißheit, Instabilität, Verletzlichkeit sind die verbreitetsten (und zugleich schmerzhaft gefühlten) Merkmale des zeitgenössischen Lebens" bezieht. Garland (2008: 282) beruft sich auf Giddens und verweist zum einen auf die „Trennung von Raum und Zeit" sowie die „Entbettung der sozialen Systeme" als die Besonderheiten der Spätmoderne, aufgrund derer das Gefühl der ontologischen Unsicherheit (Giddens 1996) zu einem festen Element des Alltags geworden sei. Dieses Gefühl der Prekarität und der existenziellen Unsicherheit habe das Bedürfnis geweckt, auf alle Risiken vorbereitet zu sein und ihnen begegnen zu können.[105] Bezogen auf den Kriminalitätssektor bedeute das, dass die Bevölkerung ein gestiegenes Interesse an den Kriminalitätsrisiken habe und immer weniger bereit sei, ein Versagen des Straf-

[105] Collier und Lakoff sprechen in diesem Zusammenhang von einer allgegenwärtigen „Preparedness" (Collier 2008; Collier/Lakoff 2008), d.h. dem stetigen Versuch, auf das Schlimmste vorbereitet zu sein.

justizsystems bei der Kontrolle ‚gefährlicher' Individuen zu tolerieren (vgl. Garland 2008: 284). Durch die Zunahme materieller Besitztümer bei gleichzeitiger Lockerung informeller sozialer Kontrollen haben sich unter spätmodernen Lebensbedingungen die Gelegenheiten für kriminelle Handlungen und damit das Viktimisierungsrisiko generell erhöht. Auf diese veränderte Situation seien unterschiedliche individuelle Reaktionen möglich, die von problemloser Anpassung über Angst und Frustration bis hin zu Wut und Ärger reichen und damit „die emotionale Grundlage für Vergeltungsgesetze und expressive Bestrafungen bilden" (ebd.: 285) können.

> „Der riskante, unsichere Charakter der heutigen sozialen und ökonomischen Verhältnisse ist der soziale Nährboden, aus dem unser übertriebenes Bedürfnis nach Kontrolle ebenso erwächst wie die Nachdrücklichkeit, mit der wir uns abschotten, verschanzen und andere ausschließen. Vor diesem Hintergrund sind unsere obsessiven Bestrebungen zu sehen, »riskante« Personen zu überwachen, gefährliche Bevölkerungsteile zu isolieren und ansonsten offene und fließende Abläufe situativen Kontrollen zu unterwerfen" (ebd.: 345).

Damit in Einklang stehend geht auch Young (vgl. 1999: 15) davon aus, dass die ontologische Unsicherheit das Bedürfnis nach Sicherheit verstärke, was zu punitiven und exkludierenden Reaktionen führe.

Folgt man dieser Spur, so trägt die Expansion des Strafrechts also dem Bedürfnis nach einer totalen Regulierung Rechnung. Der Staat wiederum suggeriert durch seine ausufernde Regulierung, dass ein Zustand der Abwesenheit von Unsicherheit und Vulnerabilität tatsächlich jemals erreicht werden kann. Es wird der Eindruck erweckt, dass Vulnerabilität keine anthropologische Grundkonstante und somit überwindbar sei (vgl. Burgess 2011: 81).

Furedi (2005: 142) bezeichnet es als eine der Hauptleistungen der ‚Politik der Angst', die Vulnerabilität der Bürger zu ‚pflegen'. Dieser Politikstil verstärke das gesellschaftliche Bewusstsein für die Vulnerabilität (vgl. ebd.: 141). Es herrsche die Vorstellung, dass Individuen und Gemeinschaften schwach und zunehmend auf professionellen Rat und Unterstützung angewiesen sind, um die alltäglichen Lebensanforderungen zu bewältigen.

Kunz (2008: 294) sieht die Terroranschläge vom 11. September 2001 als maßgeblich dafür, dass die westliche Welt sich ihrer Vulnerabilität bewusst und diese Bestandteil einer „Angstkultur" wurde. Daneben diagnostiziert Furedi (vgl. 2005: 78) ein Gefühl der Machtlosigkeit, das als Normalzustand angesehen werde und bisher nicht in dieser Weise existent gewesen sei. In Kombination mit der Überzeugung, dass die Welt durch globale Bedrohungen wie Naturkatastrophen und Massenvernichtungswaffen immer mehr außer Kontrolle gerate, ergebe sich ein Zustand permanenter Gefährdung (vgl. ebd.: 78f.). Dies habe einen Autonomieverlust zur Folge, da nunmehr die Risiken die aktive Rolle innehätten und die gefährdeten Individuen zu Passivität und grenzenloser Vulnerabilität gezwungen seien (vgl. ebd.: 79).

Furedi (vgl. ebd.: 142) zufolge werden Bürger wie vulnerable Subjekte behandelt, die nicht wissen, was zu ihrem Besten ist. Dies bringe einen Wechsel der Aufmerksamkeit der Politik vom öffentlichen in den privaten Bereich mit sich. Die Einzelheiten der menschlichen Existenz würden politisiert. Regierungen unternehmen Kreuzzüge, die auf die Ernährung, Gesundheit, Sexualleben, Erziehungsstile, Alkoholkonsum sowie Einstellungen und Verhalten der Bürger gegenüber Anderen abzielen (vgl. ebd.: 141). Diese Entwicklung hat Jasch (2009: 91) im Blick, wenn er vom „Strafrecht im Wohnzimmer" schreibt und die Expansion des Strafrechts darauf zurückführt, dass strafrechtlichen Normen nunmehr zunehmend die Funktion zukomme, Orientierung zu bieten und kollektive Identitäten zu stiften. Damit korrespondiert Heitmeyers (2012: 19) Diagnose, dass „Entsicherung und Richtungslosigkeit" die Insignien des letzten Jahrzehnts darstellen. Ähnlich argumentiert auch Hassemer (2001: 1006), dass wir „im Alltagsleben [...] immer mehr staatliches Zwangsrecht [brauchen], um angesichts narzißtischer Isolierung der Menschen und des Wegbrechens bisheriger Selbstverständlichkeiten von Freiheitsgrenzen und deren ubiquitärer Beachtung normativ zurechtzukommen."

Die Annahme, dass die Regierung das Recht und die Pflicht habe, in das persönliche Verhalten ‚hineinzuregieren', sei eine relativ neue Entwicklung (vgl. Furedi 2005: 145). Den Verlust der Hemmschwelle, sich in das Privatleben der Bürger einzumischen, bezeichnet Furedi (vgl. ebd.: 146) als eine der herausragendsten Entwicklungen der Politik der letzten beiden Jahrzehnte. Er führt diese Veränderung darauf zurück, dass Regierungen infolge einer Verunsicherung über die Werte und Ziele, die sie vertreten sollen, ihre Energie neu auf die Ausübung von Verhaltenskontrolle konzentriert haben. In diesem Zusammenhang spricht er (ebd.: 149) von einer „politics of behaviour". Damit erklärt sich auch problemlos der zunehmende Einsatz heimlicher Ermittlungsmaßnahmen, um Verhaltensänderungen zu bewirken.

Die ‚Politics of Behaviour' werde von der Vorstellung bestimmt, dass Bürger Unterstützung dabei brauchen, um mit ihrer Vulnerabilität fertig zu werden. Hierin macht Furedi (ebd.: 142ff. und 153) eine „infantilization of the public" und einen „therapeutic turn" aus, wodurch die Bürger zu Klienten und Patienten transformiert würden: sie wie gefährdete Kinder zu behandeln, sei der unausgesprochene Grundgedanke der ‚Politics of Behaviour'. Nach Furedi (ebd.: 164) existieren zwar ein an den Idealen der Aufklärung orientiertes „humanist paradigm" und ein „vulnerability paradigm" nebeneinander, aber die Werte des humanistischen Persönlichkeitsmodells würden denen des Vulnerabilitätsparadigmas zunehmend untergeordnet. Das ‚Humanist Paradigm' zeichne sich durch das Streben nach Freiheit, die Suche nach universellen Werten, Risiko- und Experimentierfreude, Glaube an Veränderungsmöglichkeiten, Zukunftsorientierung, Stolz auf historische Errungenschaften sowie Vertrauen in individuelle und kollektive Coping-Fähigkeiten aus (vgl. im Folgenden ebd.: 164). Das Vulnerabilitätsparadigma dagegen sei gekennzeichnet durch die Akzeptanz von Hilfsbedürftigkeit, Identitätsbekräftigung und starke Risikoaversität, Gegenwartszentrierung und ein Gefühl der Entfremdung von der Vergangenheit. Es singe ein ‚Loblied' auf Vorsicht und Sicherheit, Veränderung werde als Anzeichen negativer Entwicklungen gesehen, es herrschen Zweifel an individuellen und kollektiven Coping-Fähigkeiten und es werde daran geglaubt, dass Menschen über den Grad ihrer Vulnerabilität definiert werden.

In die Richtung dieser Sicherheitsfixierung des Vulnerabilitätsparadigmas weist auch Baumans (2000: 81) Diagnose:

> „Derzeit deutet einiges darauf hin, daß das »Endziel postmoderner Strafgesetzgebung in der Reinstitutionalisierung der uralten Dialektik von Befleckung/Reinigung und der sie begleitenden Opfermechanismen besteht«. Kriminalität wird heute nicht mehr deshalb stigmatisiert und verurteilt, weil sie einen Bruch der Norm, sondern weil sie eine Bedrohung der persönlichen Sicherheit darstellt."

Dabei vertritt er (ebd.: 81) ähnlich wie Furedis ‚Politics of Behaviour' die Ansicht, dass der Strafjustiz eine neue Ordnungsfunktion zukomme:

> „Man kann die universelle Tendenz beobachten, »alle öffentlichen Angelegenheiten auf die Strafjustiz abzuschieben« – alle sozialen Probleme zu kriminalisieren und besonders solche, von denen man glaubt oder die so gedeutet werden können, daß sie den Schutz der Person, ihres Körpers und Eigentums betreffen."

Hiermit liefert Bauman eine Interpretation von Kriminalisierungstendenzen, mit der sich vor allem die festgestellte Expansion des Sexualstrafrechts erklären lässt. Wie die Inhaltsanalyse gezeigt hat, war der Abschnitt über die Straftaten gegen die sexuelle Selbstbestimmung (nach den Straftaten gegen die öffentliche Ordnung) im Untersuchungszeitraum am zweithäufigsten von Änderungen betroffen (vgl. Tab. 5).

Zwar nicht völlig deckungsgleich mit einer Zunahme des Gefühls der Vulnerabilität argumentierend, aber im Ergebnis ebenfalls in diese Richtung weisend, lautet auch Boutelliers Erklärung des Kriminalisierungstrends. Die Tendenz, dass immer mehr Verhaltensweisen kriminalisiert werden, führt Boutellier (2002: 24) darauf zurück, dass diese nicht mehr in unsere Vorstellungen von Zivilisiertheit passen. Die Toleranz gegenüber Opferleid werde immer geringer.

Hierauf zielt auch Joas' (2008: 167) anthropologische These von der „Sakralisierung der Person", nach der die Veränderungen des Strafrechts sowie der Strafpraxis den kulturellen Wandel der Person zum heiligen Objekt reflektieren (vgl. im Folgenden Sack/Schlepper 2011: 262). Hieraus resultiere eine gesteigerte Sensibilisierung gegenüber Verletzungen körperlicher Unversehrtheit, welche sich besonders augenfällig in der gestiegenen öffentlichen Aufmerksamkeit gegenüber Fällen sexueller Belästigung und besonders des sexuellen Kindesmissbrauchs zeige (vgl. ebd.: 168). Die Zurückdrängung der Körperstrafen zugunsten der Freiheitsstrafen, welche von Foucault (1976) eindrucksvoll in „Überwachen und Strafen" nachgezeichnet wird, lässt sich vor diesem Hintergrund als Kompromiss dahingehend verstehen, dass auch der Akt des Strafens nicht mit der ‚Sakralisierung der Person' vereinbar sei.

Joas (2008: 170) bemerkt aber auch eine „Gegentendenz zur Sakralisierung der Person", die er am exkludierenden Charakter des Strafrechts festmacht und in feindstrafrechtlichen Tendenzen verkörpert sieht, die in Situationen kollektiver Bedrohungsgefühle zum Tragen kommen. Er hat hierbei die Aushebelung rechtsstaatlicher Prinzipien im Umgang mit Terrorverdächtigen und die Anwendung von Folter wie im eingangs erwähnten Fall Daschner im Blick. Da das Stichwort ‚Punitivität' bei Joas nicht fällt, bleibt unklar, ob er in dieser Gegentendenz zugleich einen Punitivitätsschub erkennt wie ihn andere Autoren (Klimke 2008; Sack 2004) ohne Zweifel in dieser Entwicklung diagnostizieren. Unabhängig davon ist jedoch Joas zufolge ein sukzessiver Ausbau dieser Gegentendenz zu erwarten, weil die Schwelle, um kollektive Bedrohungsgefühle zu entfachen, zunehmend niedriger werde.

Joas beschreibt zum einen einen Trend in Richtung zunehmender Zivilisierung wie er dem von Elias nachgezeichneten Zivilisationsprozess entspricht. Aus Täterperspektive findet jedoch eine Umkehrung dieser Entwicklung statt. Zivilisierungs- und Entzivilisierungsprozesse sind damit parallel im Gange. Die punitive Wende als partiellen Rückschritt im Zivilisationsprozess zu deuten, eröffnet die Perspektive auf die Frage, warum niedrige Gefangenenraten nicht mehr als Aushängeschild des erreichten Zivilisationsgrades gelten (Carrier 2010).

Neben dem zunehmenden Vulnerabilitätsbewusstsein und den wachsenden Prekarisierungserfahrungen macht Garland (2008: 285f.) als weitere Ursache für die Verunsicherung der Mittelschichten ein perzipiertes „Kontrolldefizit" aus. Entstanden sei das Gefühl eines Kontrolldefizits dadurch, dass in den 1960er Jahren im Bereich der Bagatellkriminalität keine konsequente Strafrechtsdurchsetzung erfolgte, weil sich Polizei und Justiz auf die schwere Kriminalität konzentrierten. Die im öffentlichen Raum sichtbaren Spuren (‚Incivilities') nicht geahndeter Kleinkriminalität förderten die Ängste der Bürger. Hinzu kam eine gleichzeitige Schwächung der „Kontrollmechanismen der Gemeinschaft" (ebd.:

285), welche als Folge neoliberaler Politik zu betrachten sei, weil diese auf Kosten von Solidarität und Gemeinschaft gehe. Stattdessen sei ein gesellschaftliches Klima entstanden, das von zunehmendem Konkurrenzdruck geprägt sei, welcher das Misstrauen unter den Individuen fördere. Der Preis für den neoliberalen Imperativ des Strebens nach Freiheit bringe das Risiko der Unsicherheit und den Impuls, repressiv dagegen vorzugehen, unweigerlich mit sich (vgl. ebd.: 286). Eine ähnliche Entwicklung zeichnet auch Wacquant (vgl. 2009: 27) nach. Der keynesianische Staat, der durch seine Kopplung an die fordistische Lohnarbeit Solidarität förderte, wurde durch einen neodarwinistischen Staat abgelöst, bei dem Konkurrenz und individuelle Verantwortung an oberster Stelle stehe und sich auf seine symbolische Aufgabe der Bekräftigung der gemeinsamen Werte durch öffentliche Verteufelung devianter sozialer Gruppen zurückziehe. Anders als Garland zeichnet sich seine Argumentation wiederum dadurch aus, dass sie keinen Bezug auf Kriminalität nimmt. Beiden gemeinsam ist jedoch, dass sie hier die Folgen aufzeigen, die daraus resultieren, dass sich der Topos der Eigenverantwortung auch in der gesellschaftlichen Sphäre durchgesetzt hat.

Darüber hinaus betrachtet Garland (vgl. 2008: 287ff.) den Einfluss der Massenmedien als Quelle der Verunsicherung der Mittelschichten. Die Art und Weise wie Kriminalität, Opferleid und das vermeintliche Versagen des Strafjustizsystems in den Medien dargestellt werden, habe zu einer veränderten Wahrnehmung von und einer verringerten Distanz gegenüber Kriminalität geführt. Die mediale Dramatisierung des Kriminalitätsproblems präge die Kriminalitätsvorstellungen in stärkerem Maße als die offiziell registrierte Kriminalität. Gleichwohl betrachtet Garland (ebd.: 288) die Massenmedien nicht als Ursache für Kriminalitätsängste und punitive Einstellungen in der Bevölkerung, sondern sieht sie lediglich als Verstärker, da sie die „kollektive Kriminalitätserfahrung“ aufgegriffen und „institutionalisiert“ und damit die Bedeutung, die Kriminalität zugemessen wird, gesteigert haben.

Die Medien sichern sich aber nicht nur mit spektakulären Kriminalfällen ihr Publikum, sondern auch Aufsehen erregende Fälle des Sozialleistungsbetrugs, die Diskussion um die Gerechtigkeit der Beitragssätze und die Frage, ob sich ‚ehrliche Arbeit‘ überhaupt noch lohnt, haben sich zu einem medialen Dauerthema entwickelt. So berichten Medien über das ‚bequeme Leben‘ von Sozialhilfeempfängern und provozieren damit Ressentiments gegenüber den „undeserving poor“ (Katz 1989), die sich als Bezieher von Sozialleistungen ‚Luxusgüter‘ wie Autos, Flachbildfernseher, teure Handys, Spielekonsolen und Computer leisten können. Eine solche mediale Wirklichkeitskonstruktion trägt zur Erzeugung „negativer Klassifikationen“ und zur Herstellung einer „Ideologie der Ungleichwertigkeit“ bei (Neckel/Sutterlüty 2005: 414ff.; Heitmeyer 2008: 36ff.). Nach Young (vgl. 2003: 400) werden hierdurch Vorurteile, Exklusion und Stereotype innerhalb der Gesellschaft produziert, welche das Gefühl der ontologischen Unsicherheit der Ausgeschlossenen intensiviert. Während diese Entwicklung bei den Armen tatsächlich zu Kriminalität führen könne, verstärken Deprivation und Unsicherheit die punitiven Einstellungen der Privilegierteren.

Garland zufolge hat die Verunsicherung der Mittelschichten eine Sensibilisierung bewirkt, die in besonderem Maße zu einer Kriminalisierung des Verhaltens sozial schwacher Personen im öffentlichen Raum geführt habe.[106]

> „Die Ängste und die Unsicherheit der Öffentlichkeit, ihr erhöhtes Problembewusstsein, ihr Misstrauen gegenüber liberalen politischen Strategien, ihr mangelndes Interesse für die Täter – all das hat dazu geführt, dass wir heute Opfer sehen, wo es einst nur Verstöße gab" (Garland 2008: 324).

Die Mittelschichtangehörigen betrachten sich zunehmend als Opfer, deren Sicherheit davon abhängt, dass die sozial Schwachen kontrolliert werden (vgl. ebd.: 325). Diese Erklärung erinnert an die bereits 1978 von Hassemer, Steinert und Treiber (1978: 29) formulierte und mit empirischen Befunden untermauerte These über den Zusammenhang von Strafrechtsentwicklung und gesellschaftlichem Wandel: „Wenn die Dominanz einer nicht mehr herrschenden Schicht und ihrer Lebensweise sich nicht mehr halten lässt, soll sie wenigstens im Strafrecht [...] symbolisch als herrschend dargestellt werden."

Nach diesem Erklärungsansatz begegnet die Punitivierung des Strafrechts einer Verunsicherung, die durch veränderte Kriminalitäts- und Prekarisierungserfahrungen, ein gestiegenes Vulnerabilitätsbewusstsein sowie ein perzipiertes Kontrolldefizit entstanden sei. Damit steht die punitive Wende im Dienste gewachsener Sicherheitsbedürfnisse, die vom Staat bewusst geschürt und instrumentalisiert werden. Der Fixpunkt der Sicherheit lässt sich als gemeinsamer Nenner sehen, den die bisher skizzierten Erklärungsansätze für die punitive Wende teilen und es erscheint plausibel, diesen an den Ausgangspunkt der Überlegungen zu stellen.

---

106 Um diese These zu überprüfen, wäre eine Analyse von Polizeigesetzen und Ordnungswidrigkeitenrecht erforderlich.

4.4 Die präventive Sicherheitsordnung

Ein Ansatz, der die Sicherheit in den Mittelpunkt rückt und damit einen analytischen Rahmen bietet, der in der Lage ist, die bisher separat skizzierten Deutungskonzepte zusammenzuführen, ist die bereits in Kapitel 2.1 kurz erwähnte präventive Sicherheitsordnung (PSO), die von Trotha (2003, 2008, 2010, 2010a) im Zuge von Globalisierung und Neoliberalismus als neue Ordnungsform der Gewalt ausmacht.[107] Danach ist die punitive Wende im Strafrecht in den Umbau der sozialen Ordnung in eine präventive Sicherheitsordnung eingebettet, die von Trotha zufolge in den westlichen Gesellschaften Einzug gehalten hat. Kein anderer Autor bringt diese Entwicklung so präzise auf den Punkt: In der präventiven Sicherheitsordnung vollziehe sich eine „Verstrafrechtlichung der Gesellschaft" und eine „Vergesellschaftung des Strafrechts" (von Trotha 1986), wobei im Kontext dieser Arbeit primär erstere Entwicklung von Bedeutung ist[108]. Als Ursache für diese Veränderung führt er den „Distanzabbau" im Verhältnis zwischen Politik und Gesellschaft an und meint damit „die Zunahme der Organisations- und Steuerungsfähigkeit der politisch-administrativen Institutionen gegenüber der Gesellschaft und die Zunahme der Organisation des gesellschaftlichen Zusammenlebens unter Rekurs auf politisch-administrative Einrichtungen, der eine wachsende Instanzenorientierung der Gesellschaftsmitglieder entspricht" (ebd.: 54). Im Vorgang des Distanzabbaus sei dem Recht eine Schlüsselrolle inhärent, da er sich hauptsächlich darüber vollziehe, dass das Verhältnis zwischen Staat und Gesellschaft sowie auch die gesellschaftlichen Beziehungen verrechtlicht werden (vgl. ebd.: 54). Von Trotha (1982) macht eine „Dominanz des Rechts" und „Instanzenorientierung" sowie eine Spannung zwischen „Entlastung und Entmachtung" aus, auf welche sich auch Popitz (1992: 260) beruft und als Elemente einer „Veralltäglichung zentrierter Herrschaft" diagnostiziert. Einerseits werde dem Einzelnen das Recht abgesprochen, Normkonflikte selbständig zu lösen, andererseits habe er nunmehr ein Anrecht darauf, dass er diese zur Bearbeitung an offizielle Stellen abgeben kann. Diese Tendenz beschreibt er (ebd.: 260; Herv. i. O.) folgendermaßen: „Entscheidungen, die unser Leben bestimmen, werden zunehmend *entpersonalisiert*, getroffen von Positions-„Inhabern" nach allgemein verbindlichen *Regeln*, als Fall unter Fällen subsumiert und *integriert* in ein System zentrierter Herrschaft." Damit liefern von Trotha und Popitz eine

---

107 Eine detaillierte Gegenüberstellung der Kultur der Kontrolle und der präventiven Sicherheitsordnung hat Sack (2009) vorgelegt.

108 Unter ‚Vergesellschaftung des Strafrechts' versteht von Trotha die Pluralisierung der Akteure, die in die strafrechtliche Ordnung involviert sind. Dass diversen Berufsgruppen aus dem Bereich der Sozialen Arbeit und Sachverständigen verschiedenster Professionen institutionalisierte Rollen im strafrechtlichen Geschehen zukommen, bezeichnet er als „Expertentum der Nähe" (von Trotha 1986: 64).

Erklärung für die bereits erwähnte, von Jasch (2009) beschriebene Tendenz der Ausdehnung des Strafrechts in die Privatsphäre. ‚Verstrafrechtlichung der Gesellschaft' bedeutet auch die Expansion der Grenzen seines Geltungsbereichs bis in die gesellschaftlichen Beziehungen der Bürger hinein (vgl. von Trotha 1986: 60). Dabei werde „das Strafrecht für die Gestaltung von Lebensverhältnissen nach den unbestimmten und bestimmten und wechselnden Vorstellungen von ‚Sicherheit' eingesetzt [...]" (von Trotha 2008: 14). Hier zeigen sich Parallelen zu Furedis These einer ‚Politics of Behaviour', die das Hineinregieren in die Privatangelegenheiten der Bürger zu einer neuen staatlichen Aufgabe gemacht hat. Von Trotha rekurriert zwar nicht wie Furedi auf einen politisch evozierten Bedeutungszuwachs der Vulnerabilität in der Spätmoderne. Aber er (vgl. 2003: 52) sieht Vulnerabilität als anthropologische Konstante gesellschaftlicher Ordnung an und teilt Popitz' Auffassung (1992: 43ff.), dass „Verletzungsoffenheit" und „Verletzungsmächtigkeit" seit jeher einen „Modus der Vergesellschaftung" darstellen.

Bei der Auswahl, wessen Lebensverhältnisse ganz oben auf der Agenda stehen und es zu regeln gilt, erweist sich das Strafrecht nach von Trotha als sehr flexibel. Um zu zeigen, wie verschieden die Zielgruppen des Strafrechts sind, führt er (vgl. 2008: 14) Gesetze gegen Migranten, Raucher und Dopingsünder an. An diesen Beispielen bestätigt sich abermals die bereits erwähnte These Hassemers, Steinerts und Treibers, dass das Strafrecht in erster Linie Mittelschichtnormen verkörpere. Gleichzeitig offenbart sich darin der Einsatz des Strafrechts als Mittel zur Moralproduktion. An anderer Stelle spricht von Trotha (2010a: 231) in diesem Zusammenhang von einer „Lebensformkontrolle mittels moralischer Kreuzzüge z.B. gegen Raucher, Kampfhunde, Alkoholkonsum oder politische Unkorrektheit". Auf der legislativen Ebene hat sich diese Tendenz in der hier vorgelegten Analyse beispielsweise in der Kriminalisierung der sog. ‚Auschwitz-Lüge' im Rahmen des *Einundzwanzigsten Strafrechtsänderungsgesetzes vom 13. Juni 1985* oder dem *Gesetz zur Bekämpfung gefährlicher Hunde vom 12. April 2001* gezeigt. Diese Gesetze lassen sich sodann auch als Reaktion auf Gefühle der Unsicherheit verstehen, die in der präventiven Sicherheitsordnung weit verbreitet seien (vgl. ebd.: 230). Ähnlich wie Garland und damit anders als Wacquant geht von Trotha davon aus, dass die Unsicherheit auch einen Bezug zur Kriminalität hat. Dabei rekurriert er (vgl. ebd.: 230f.) allerdings nicht auf die ‚objektive' Kriminalitätsentwicklung, sondern konstatiert eine gesteigerte Kriminalitätsfurcht in der Bevölkerung, welche für die PSO charakteristisch sei und maßgeblich durch das (nie tatsächlich erreichbare) entgrenzte staatliche Sicherheitsversprechen bewirkt werde.

Als zentrale Strafrechtsänderungen, die eine maßgebliche Veränderung der strafrechtlichen Ordnung herbeigeführt haben, greift von Trotha (1986) das Opportunitätsprinzip, die Geldstrafe, Strafaussetzung zur Bewährung und bedingte Entlassung heraus. Durch die Einführung des Opportunitätsprinzips sei ein Mittel geschaffen worden, um eine „situationsangepaßte Steuerungsfähigkeit von Politik und Verwaltung“ (ebd.: 60) sicherzustellen. Die Geldstrafe tangiere die Prozesse der Verstrafrechtlichung der Gesellschaft sowie der Vergesellschaftung des Strafrechts gleichermaßen, „weil die Geldstrafe die strafrechtliche Drohung und ihre Einlösung und im besonderen die der Freiheitsstrafe in Gestalt der Ersatzfreiheitsstrafe auf einen größeren Personenkreis insoweit ausdehnt, als Freiheits- und Geldstrafe in der Regel auf unterschiedliche Adressatenkreise zielen“ (ebd.: 62). In Kombination mit der Strafaussetzung zur Bewährung habe die Geldstrafe die Freiheitsstrafe abgelöst und den Vollzug der Strafe in die Gesellschaft verlagert und damit einen Strukturwandel der strafrechtlichen Ordnung herbeigeführt (vgl. ebd.: 62). Ohne dass von Trotha es dahingehend vertieft, erscheint es plausibel anzunehmen, dass er hier schon eine Bifurkation im Sinn hatte, die der später von Garland aufgezeigten Spaltung der Kriminalpolitik ähnelt: Geldstrafe als dominierende Sanktion der ‚Kriminologie des Selbst‘ für den „Reasoning Criminal“ (Clarke/Cornish 1986) und Freiheitsstrafe im Kontext der ‚Kriminologie des Anderen‘ für den „threatening outcast“ (Garland 1996: 461).

Darüber hinaus macht von Trotha eine neue Lebensform aus, die aus der Strafaussetzung zur Bewährung sowie der bedingten Entlassung hervorgegangen und charakteristisch für den Distanzabbau zwischen Staat und Gesellschaft auf der strafrechtlichen Ebene sei. Hierbei handelt es sich um das „Unter-Bewährung-Stehen“ (von Trotha 1986: 62). Damit sei ein „präventiv orientierter, staatlicher Verdachtsstatus für die rechtlich für »kriminell« befundenen Mitglieder der Gesellschaft, der das Maßregel-System innerhalb der Gesellschaft errichtet“ (ebd.: 62), implementiert worden. Dieser Status obliege in erster Linie dem Kriminellen, aber sei ohne weiteres auf jeden Bürger übertragbar, der angesichts der zunehmenden Verrechtlichung von Lebensbereichen ständig Gefahr laufe, gegen die für ihn nicht mehr überschaubaren rechtlichen Regelungen zu verstoßen. Im Kern führen diese Entwicklungen zu „Strukturen der Unsicherheit und Willkür [der] Strafjustiz“ (ebd.: 69), womit der von Naucke (1975: 51) identifizierte „Trend zum ungenauen Strafrecht“ bekräftigt wird.

Das Strafrecht der präventiven Sicherheitsordnung charakterisiert von Trotha als Risikostrafrecht, welches der „verdachtsunabhängigen und flächendeckenden Kontrolle“ (Rösel/von Trotha 2003: 36) und einer „wachsenden Straflust“ (ebd.: 35) diene, wobei er sich auf Hassemer bezieht. Zudem sei dem Risikostrafrecht eine Tendenz zur Entgrenzung des Rechts inhärent. „Die Zahl der materiellen Straftatbestände wird fleißig vermehrt, die Strafdrohung stetig erhöht, die Voraussetzungen für eine Verurteilung werden vereinfacht und neue und verschärfte Ermittlungsmethoden eingerichtet“ (ebd.: 35). In Anschluss an

Naucke bezeichnet er das Strafrecht der präventiven Sicherheitsordnung auch als „Strafrecht der Daseinsfürsorge" (2010: 35) bzw. der „Daseinssicherung" (2003: 66).

Der Einzug des Risikokalküls in das Strafrecht verkehrt die zeitliche – ursprünglich retrospektiv ausgerichtete – Ordnung des Rechts, da es sich auf „die präventive Intervention gegen mögliche Gefährdungen" (Rösel/von Trotha 2003: 35) verlagert, und dies zieht die Vorstellung eines „monströsen Menschen [nach sich], der die Wahrscheinlichkeit des Verbrechens in sich trägt" (Opitz 2011: 62 in Anschluss an Foucault). Mit der Figur des gefährlichen Menschen entstehe die Vorstellung von einer Persönlichkeit, in der ein Kriminalitätsrisiko angelegt ist (vgl. ebd.: 63). Ähnlich führen Rösel und von Trotha (2003: 369 aus, dass „ganze Gruppen von Menschen [...] unter einen verallgemeinerten Kriminalitätsverdacht" gestellt werden.

Durch die Verschiebung der zeitlichen Ausrichtung ändert sich auch der Charakter von Sanktionen. Diese werden nicht mehr im Sinne einer Strafe retrospektiv verhängt, sondern sind prospektiv gerichtet und dienen als Schutzmechanismus für die Gesellschaft vor etwaigen zukünftigen Ereignissen (vgl. ebd.). Daher findet in dieser Verkehrung der temporalen Logik des Rechts eine Schuldantizipation für zukünftige Taten statt, womit sich der Punitivierungskurs quasi zwangsläufig in das Strafrecht einschreibt.[109]

Eng damit in Zusammenhang stehe das in die präventive Sicherheitsordnung eingewobene „Vorsorgeprinzip", das „soziale und politische Bewegungen und Behörden zu immer neuen Höchstleistungen der Regulierung an[treibt], um die Illusion der Vorsorge zu erzeugen, welche den jeweiligen Erfahrungen und Risikodefinitionen von Gesellschaften folgt" (von Trotha 2010: 32). Das Vorsorgeprinzip[110] heize einerseits eine immer weiter um sich greifende Verrechtlichung an. Andererseits sei es mit einer zunehmenden Privatisierung verknüpft. Der gestiegene Vorsorgebedarf soll nicht ausschließlich staatlich, sondern auch durch eine stetige Expansion des Marktes bewältigt werden (vgl. von Trotha 2010a: 221). Auf diese Weise werde das entgrenzte Sicherheitsversprechen des Staates auf Mitgliedschaften in Sicherheitsordnungen übertragen, die der Markt bereitstellt (vgl. von Trotha 2003: 70). Diese Entwicklung lässt sich zweifellos am Wachstum der privaten Sicherheitsindustrie ablesen. Kaum eine andere Branche kann in der Spätmoderne auf solch einen Boom zurückblicken. Auch

109 Am deutlichsten sichtbar wird dieser Wandel im Institut der Sicherungsverwahrung, deren Bindung an das Anlassdelikt entscheidend gelockert wurde (vgl. Opitz 2011: 65) und nunmehr „die nachträgliche Feststellung einer Schuld durch ein Strafurteil [...] durch die Feststellung einer der Person inhärente[n] Gefährlichkeit im Hinblick auf zukünftige Taten supplementiert" (ebd.: 66) wird.

110 Zur Kritik am Vorsorgeprinzip vgl. Sunstein (2007).

dieses Phänomen sieht von Trotha als charakteristisch für die präventive Sicherheitsordnung an.

Ebenfalls in Verbindung mit dem Vorsorgeprinzip und den nicht zuletzt über das Strafrecht erfolgenden ausufernden Regulierungsansprüchen steht nach von Trotha (vgl. 2010: 33) „der historisch bemerkenswerte Aufstieg des Opfers". Wie Scheerer (1985) weist auch von Trotha (2003: 61, 2010: 33) auf die bereits erwähnte Bedeutung sozialer Bewegungen hin. Deren Forderungen nach härteren Strafen führen dazu, dass „die kognitiven und strafrechtlichen Grenzen der Viktimisierung immer weiter gezogen werden". So bewirke die Kollaboration von ‚Law-and-Order'-Politikern und Feministinnen[111], dass staatliche und gesellschaftliche Punitivität gleichermaßen gesteigert werden (vgl. von Trotha 2010: 36). Auf diese Weise werde die Punitivität in die politische Kultur der präventiven Sicherheitsordnung eingepflanzt (vgl. ebd.: 34). „Die Sakralisierung des Opfers rehabilitiert die Ideen des Monsters und der Rache", konstatiert von Trotha (ebd.: 33f.), wobei er sich auf Simon (1997) beruft. Das Gefühl eines jeden, ein potenzielles Opfer zu sein, stifte sozialen Zusammenhalt und bereite den Boden für moralische Kreuzzüge gegen jedwede Form von Abweichung. Im Einklang mit Boutellier sieht auch von Trotha (vgl. 2003: 60) die Moral in der präventiven Sicherheitsordnung an den potenziellen Opferstatus geknüpft.

Auf dem Symposium „Politische Ökonomie und Sicherheit" zu Ehren des achtzigsten Geburtstags von Fritz Sack sprach von Trotha (2011: 7) von einer „‚marktgesellschaftliche[n] Sicherheitsordnung', die unter dem Gesichtspunkt der Entlastung auf einer Ebene die funktionale Gleichgültigkeit für Normvalidierung als freiheitlich oder wohlfahrtsstaatlich-integrativ kostümiert, auf einer anderen Ebene schweren sozialen und politischen Verwerfungen und Problemen in wachsendem Maße mit den Mitteln des Strafrechts begegnet." Mit dem Stichwort der ‚Marktgesellschaft' greift von Trotha zum einen die Ökonomisierung des Sozialen sowie die damit verbundene Dominanz des Leistungsprinzips und der Individualisierung von Verantwortung auf, die auch von Wacquant, Neckel und Legnaro betont wird. Zum anderen kommt in diesem Zitat, wenngleich er sich nicht explizit darauf bezieht, die von Garland thematisierte Spaltung der Kriminalpolitik zum Ausdruck, die zur Verstrafrechtlichung der Gesellschaft und Vergesellschaftung des Strafrechts beiträgt.

Von Trotha (2010: 29) betrachtet auch die „Europäisierung der ‚inneren Sicherheit'", welche sich ebenfalls in der Inhaltsanalyse der Gesetzgebungsverfahren als einflussreicher Faktor herausgestellt hat, als Kennzeichen der präventiven Sicherheitsordnung, und sieht damit eine Erhöhung der „Komplexität der Akteure, Einrichtungen und Entscheidungsprozesse" verbunden.

---

111 Auch Gottschalk (2006: 115) betont die Rolle der Frauenbewegung bei der Schaffung des „carceral state".

Die präventive Sicherheitsordnung ist ein Deutungskonzept, das sowohl die Expansion als auch den punitiven Richtungswechsel des Strafrechts bislang am überzeugendsten zu erklären vermag. Es bietet eine analytische Klammer, in die sich die zuvor separat aufgezeigten Ansätze zur Erklärung der punitiven Wende im Strafrecht integrieren lassen. Die ‚Victimalization' der Moral, der Neoliberalismus sowie das Gefühl der Unsicherheit werden von von Trotha als konstitutive Elemente der präventiven Sicherheitsordnung beschrieben, in deren politische Kultur die Punitivität eingebettet ist. Ein entscheidender Vorteil gegenüber Garlands Erklärungsansatz ist darin zu sehen, dass von Trotha nicht veränderte Kriminalitätserfahrungen, sondern den Wandel der Bedeutung von Sicherheit in den Mittelpunkt stellt. Diesem Ansatz wird in der aktuellen kriminologischen Debatte trotz seiner Erklärungskraft für die punitive Wende kaum Beachtung geschenkt[112]. Die Punitivitätsforschung täte gut daran, dieses Konzept in ihr Repertoire aufzunehmen, um ihren analytischen Bezugsrahmen zu rejustieren und die bisherige Eng- bzw. Irrführung ihres Forschungsprogramms zu überwinden. Das Konzept macht deutlich, dass Punitivität in die PSO eingebettet ist. Um dem Phänomen der Punitivität auf die Spur zu kommen, macht es daher wenig Sinn, Punitivität isoliert als individuelle Einstellung oder aus amtlichen Daten zur Sanktionierungspraxis ableitbar zu betrachten und zu untersuchen. Aus dieser Fixierung sollte sich die Punitivitätsforschung lösen und stattdessen die weiter führende Frage nach den Punitivität konstituierenden Praktiken und ihre diskursive Einbettung in den Mittelpunkt rücken, um zu verstehen, *wie* Punitivität in die politische, ökonomische, soziale und kulturelle Ordnung eingeschrieben wird.

112 Eine Ausnahme bildet Sack (u.a. 2009, 2010), der in einigen Publikationen auf das analytische Potenzial der präventiven Sicherheitsordnung aufmerksam gemacht hat.

Schlussbetrachtungen

In „Bestrafen der Armen" berichtet Wacquant (vgl. 2009: 295), dass in Kalifornien in den 1980er Jahren mehr als tausend Gesetze erlassen wurden, in denen der Anwendungsbereich von Haftstrafen ausgedehnt wurde. Von solchen Dimensionen ist die deutsche Strafgesetzgebung weit entfernt. Wie die Inhaltsanalyse der Änderungsgesetze aber gezeigt hat, weist die Tendenz in dieselbe Richtung. Neukriminalisierungen, Tatbestandserweiterungen und Strafverschärfungen dominieren die Strafgesetzgebung, während Strafmilderungen und Entkriminalisierungen nur eine marginale Rolle spielen. Von den für den Zeitraum von 1976 bis 2005 analysierten 74 Änderungsgesetzen enthielten 54 Gesetze Neukriminalisierungen und/oder Tatbestandserweiterungen. Mit 29 Gesetzen wurden die Strafen verschärft. Strafmilderungen fanden hingegen nur in fünf Gesetzen statt und Entkriminalisierungen konnten in zehn Gesetzen festgestellt werden, wobei es sich de facto größtenteils nicht um tatsächliche Entkriminalisierungen handelte, sondern entsprechende Handlungen in anderen Tatbeständen aufgefangen wurden. Ein ‚Defining Deviance Down' wurde also nur in sehr geringem Ausmaß praktiziert, so dass die Bifurkation der Kriminalpolitik nicht gleichmäßig, sondern deutlich in die Richtung ‚Defining Deviance Up' verzerrt ist.

Mit den 74 Gesetzen wurden 361 Rechtsnormen geändert, 175 neue Rechtsnormen eingefügt und lediglich 61 Rechtsnormen aufgehoben. Dabei ist der Besondere Teil des Strafgesetzbuches weitaus mehr von Änderungen betroffen als der Allgemeine Teil. Die Strafgesetzgebung ist mehr auf die Strafvorschriften der einzelnen Straftatbestände fokussiert als auf die Modalitäten des Strafens. Es hat sich gezeigt, dass sich der legislative Aktionismus bis Ende der 1990er Jahre auf spezifische Strafrechtsfelder richtete. Die Expansionsbestrebungen konzentrierten sich auf das Sexual-, Terrorismus-, Umwelt- und Wirtschaftsstrafrecht. Danach lässt sich eine solche Fixierung nicht mehr feststellen, sondern die Änderungen erstrecken sich nahezu auf sämtliche Deliktbereiche.

Obwohl im Fortgang dieser Arbeit schon viele ähnliche Stimmen aus der Strafrechtswissenschaft zu Wort gekommen sind, sei an dieser Stelle noch eine besonders plakative Beschreibung des Strafrechtsprofessors Schröder (2006: 231) aus seinem Resümee über die neuere Entwicklung des Strafrechts in Deutschland hinzugefügt: „Bemerkenswert erscheint [...], dass, während in den siebziger Jahren in der deutschen Strafgesetzgebung eine Tendenz zur Reduzierung des Strafrechts, zur „Entkriminalisierung" vorherrschte, seitdem nur noch eine Ausweitung des Strafrechts stattfindet." Die Metapher vom ‚Flickenteppich', dessen Löcher gestopft werden müssen, charakterisiert treffend ein Sicherheitsstrafrecht, das sich auf der unermüdlichen Suche nach Strafbarkeitslücken befindet. „Das Bemühen, „Strafbarkeitslücken" rasch und vollständig zu füllen, bestimmt den Alltag des Gesetzgebers, der, kaum ist dies geschehen, die Notwendigkeit von Nachbesserungen entdeckt" (Kunz 2010: 17). Eine Rückbesinnung auf die Suche nach Alternativen zum Strafrecht, wie sie noch bis in die 1970er Jahre hinein in verschiedenen Kommissionen betrieben wurde, scheint nicht mehr denkbar. Das Strafrecht ist nicht mehr ‚Ultima Ratio', sondern ist auf dem besten Weg, zum ‚Modus Operandi' für alle gesellschaftlichen Probleme zu verkommen. Neue Strafgesetze sind die bevorzugte Antwort auf Konfliktlagen, die früher mit anderen politischen Steuerungsinstrumenten bearbeitet wurden.

Über den eingeschlagenen strafrechtlichen Kurs scheint weitgehende Einigkeit zwischen den politischen Lagern zu bestehen.[113] Die meisten Gesetze wurden von der jeweiligen Bundesregierung eingebracht und der Bundesrat legte nur selten Einspruch ein. Zwar stimmten die Oppositionsparteien meist gegen die Gesetze der Bundesregierung, aber in Legislaturperioden, nach denen die parteipolitische Zusammensetzung der Regierung gewechselt hat, zeigt sich keine sprunghafte Zu- oder Abnahme von Neukriminalisierungen, Tatbestandserweiterungen oder Strafverschärfungen. Auch stehen häufig weiterhin dieselben Strafrechtsfelder im Fokus der legislativen Aktivitäten. Auch wurden im Betrachtungszeitraum nach einem Regierungswechsel keine Änderungsgesetze zurückgenommen. Insofern lässt sich davon ausgehen, dass sich zumindest CDU/CSU und SPD in der Grundausrichtung ihrer kriminalpolitischen Ziellinien nicht unterscheiden und ein Konsens über die strafrechtliche Expansionspolitik besteht. Damit ist Garlands These (vgl. 2008: 60), dass sich eine „bemerkenswert[e] Konvergenz der Vorschläge aller großen politischen Parteien" herausgebildet habe, in dem Maße, in dem sich auf Grundlage der Befunde der Inhaltsanalyse Aussagen darüber treffen lassen, nicht zu widersprechen. Dieser Frage genauer nachzugehen, wäre eine eigene Untersuchung wert, wofür das analysierte Material ebenfalls eine geeignete Grundlage bilden würde und noch weiter ausschöpfbar wäre, indem die Plenarprotokolle stärker mit dem Fokus auf die verschiedenen Sprecher untersucht würden.

Die Entwicklung der Strafgesetzgebung vor dem Hintergrund von Garlands Studie der „Kultur der Kontrolle" zu betrachten und seine Indikatoren des kriminalpolitischen Wandels als Analysefolie zu verwenden, hat sich als fruchtbarer Ausgangspunkt für die Untersuchung der Begründungen der Strafrechtsänderungen erwiesen. Vergleicht man die Häufigkeiten der Gründe, mit denen die strafrechtlichen Änderungen legitimiert wurden, im zeitlichen Verlauf, zeigt sich eine Reihe von Gemeinsamkeiten mit dem von Garland beschriebenen kriminalpolitischen Wandel. Die wesentlichen Parallelen seien hier nochmal kurz zusammengefasst: Der Resozialisierungsgedanke sowie der Einfluss von Experten(wissen)

---

113 Einzige Ausnahme ist die PDS/Die Linke, die im gesamten Betrachtungszeitraum nicht Teil der Regierungsparteien war.

spielten insgesamt nur eine sehr marginale Rolle. Die Opferorientierung in der Strafgesetzgebung hat schon früh eingesetzt. Nahezu jedes vierte Änderungsgesetz zwischen 1976 und 2005 wurde mit dem Verweis auf die Notwendigkeit des Opferschutzes oder der Berücksichtigung von Opferinteressen begründet. Der Schutz der Bevölkerung hat sich hingegen erst zu einer dominanten Strafrechtsbegründung entwickelt. Im Vergleich des Zeitraums von 1990 bis 2005 mit den Jahren von 1976 bis 1990 wurde dreimal häufiger auf dieses Argument zurückgegriffen. Auch für den Abschreckungsgedanken, der zentral für den „Wandel im kriminologischen Denken" (Garland 2008: 61ff.) sei, ist eine starke Zunahme im Betrachtungszeitraum festzustellen. Nahezu in jedem zweiten Änderungsgesetz, das zwischen 1990 und 2005 in Kraft trat, wurde die Abschreckung zur Legitimation genannt. Das Effizienzdenken hat sich ebenfalls als eine dominante Begründungsfigur herausgestellt, die seit Mitte der 1970er Jahre die Strafgesetzgebung prägt. Sehr deutlich hat sich auch der Einfluss der Bekämpfungsrhetorik (als ‚Äquivalent' zur Kriegsmetapher in der US-amerikanischen Kriminalpolitik) gezeigt, die um ein Viertel zugenommen hat. Insgesamt weisen über sechzig Prozent der Änderungsgesetze in der Begründung des Gesetzes oder gar im Titel auf ein Bekämpfungsmotiv hin.

Angesichts dieser Befunde sind zahlreiche Parallelen mit der von Garland aufgezeigten Entwicklung nicht von der Hand zu weisen, die sich als Punitivierung des deutschen Strafrechts deuten lassen. Allerdings schlägt sich der kriminalpolitische Wandel nicht in allen Facetten, die Garland beschreibt, in der Strafgesetzgebung nieder. So haben sich die Kriminalitätsängste der Bevölkerung sowie die öffentliche Meinung – beides Indikatoren eines populistischen Politikstils, denen Garland große Bedeutung für den kriminalpolitischen Wandel beimisst – als wenig relevante Begründungen für strafrechtliche Änderungen erwiesen und sie scheinen nicht zum ‚Feld des Sagbaren' zu gehören. Dies mag damit zu tun haben, dass es in politischen Kreisen generell, aber im Besonderen in der Plenardebatte ein Zeichen von Schwäche und Unprofessionalität darstellt, zuzugeben, sich von Befindlichkeiten und Meinungen der Bevölkerung leiten zu lassen. Eine mögliche Erklärung, die hier nicht weiter vertieft werden kann, mag allerdings auch darin bestehen, dass die Kriminalitätsängste der Bevölkerung in Deutschland nur sehr schwach ausgeprägt sind. In der jährlich stattfindenden Befragung des Infocenters der R+V-Versicherung (2012) „Die Ängste der Deutschen" rangiert die Furcht vor Straftaten aktuell auf dem vorletzten Platz. Ein Rekurs auf diese kaum vorhandene Furcht würde nicht den gewünschten Effekt erzielen und ins Leere gehen.

Daraus den Schluss zu ziehen, dass den eingangs zitierten angelsächsischen Kriminologen darin zuzustimmen ist, dass die deutsche Kriminalpolitik frei von populistischen Tendenzen sei, wäre jedoch verfehlt. Žižek (vgl. 2008: 268) sieht es als grundlegende Strategie von Populismus, die Auseinandersetzung mit der Komplexität von Problemlagen zu verweigern und stattdessen auf einen Kampf gegen eine pseudo-konkrete Feindfigur zu reduzieren. Bottoms (vgl. 1995: 40) zufolge sind vor allem Gewalt- und Sexualstraftaten sowie Drogendelikte die Zielscheibe populistischer Punitivität. „Penal Populism" speise sich aus Ärger, Enttäuschung und Desillusionierung über das Strafjustizsystem und zeichnet sich nach Pratt (2007) dadurch aus, dass er propagiert, dass Kriminelle und Strafgefangene gegenüber den Opfern und der gesetzestreuen Bevölkerung im Allgemeinen übervorteilt würden. Betrachtet man demzufolge die Opferorientierung und Bekämpfungsrhetorik als Begründungen, die in den politischen Reihen wenig Anstoß erregen, aber als Ausdruck populistischer Tendenzen – wenngleich weniger augenfällig als der Rekurs auf die öffentliche Meinung oder Kriminalitätsfurcht – gewertet werden können, so zeigt sich ein anderes Bild. Nach dieser Interpretation kann auch ein erheblicher Einfluss populistischer Orientierung auf die Strafgesetzgebung ausgemacht werden.

Garland (vgl. 2008: 309) zufolge manifestiert sich ein populistischer Politikstil in einer Anfälligkeit für Veränderungen der öffentlichen Stimmungslage oder der politischen Reaktion und die darauf folgende rasche Einführung neuer Gesetze oder neuer politischer Strategien. Die Gesetzgebung zur Sicherungsverwahrung ist ein gutes Beispiel für die Spontaneität und Unmittelbarkeit kriminalpolitischer Reaktion durch die Legislative, die sich keine Zeit mehr gibt, den Regeln rationaler Gesetzgebung nach den Prinzipien der Erforderlichkeit, Geeignetheit und Angemessenheit bzw. Verhältnismäßigkeit neuer Gesetze oder deren Novellierung zu folgen[114], sondern die sich z.B. „[...] tagesaktuelle Reaktionen auf Sexualmorde an Kindern" oder gar „[...] nurmehr fiktive Fälle" zum „Anlass für ‚Vorratsgesetzgebung'" nimmt (Heinz 2009: 243). BGH-Präsident Tolksdorf kritisierte in der Debatte um die Sicherungsverwahrung auf einer Pressekonferenz des BGH vom 4. Februar 2010, dass Gesetzentwürfe oft mit heißer Nadel gestrickt und eher an die Boulevardpresse gerichtet seien, und er warf der Politik Kurzatmigkeit und Populismus vor (Janisch 2010).

Bauman (2000: 24) stellt für die USA fest, dass „Versprechungen, im Umgang mit der Kriminalität unbeugsam zu bleiben und mehr Kriminelle in den Tod zu schicken, an oberster Stelle auf den Wahlprogrammen [stehen], und zwar unabhängig von der politischen Ausrichtung des Kandidaten. Für gegenwärtige und künftige Politiker bedeutet die Ausweitung der Todesstrafe das Gewinnerlos in der Popularitätslotterie; gegen die Todesstrafe zu sein bedeutet umgekehrt den politischen Selbstmord." Politiker aller Parteien haben entdeckt, dass man mit

---

114 Die Tendenz, dass im Betrachtungszeitraum zunehmend häufiger davon Gebrauch gemacht wurde, das Gesetzgebungsverfahren zu beschleunigen, indem die Gesetzentwürfe über den Bundestag eingebracht wurden (vgl. Abb. 4), weist ebenfalls in diese Richtung.

einer punitiveren Gangart im Sinne der Strategie des „governing through crime" (Simon 1997) in Wahlkämpfen punkten kann.

Prominentes Beispiel für eine Politik des ‚Penal Populism' auf deutschem Boden ist der Wahlerfolg von Schill bei der Hamburger Bürgerschaftswahl 2001. Mit einem auf ‚Law and Order' ausgerichteten Wahlkampf erzielte die Partei Rechtsstaatlicher Offensive 19,4 Prozent der Wählerstimmen und beförderte Schill damit zum Innensenator und Zweiten Bürgermeister Hamburgs. Auch der ehemalige Bundeskanzler Schröder konnte 2001 seine Umfragwerte aufpolieren, indem er sich in der Bild am Sonntag mit der Forderung „Wegschließen – und zwar für immer" für einen härteren Umgang mit Sexualstraftätern aussprach. Der hessische CDU-Politiker Koch setzte bei den Landtagswahlen 2008 auf den politischen Gebrauchswert des Jugendstrafrechts (Albrecht 2008), hatte damit aber nicht den gewünschten Erfolg. Zum Anlass nahm er eine brutale Gewalttat zweier jugendlicher Migranten in einer Münchener U-Bahnstation im Dezember 2007. Mit seinen drastischen Forderungen nach einer schnelleren Ausweisung straffälliger Ausländer und einer Verschärfung des Jugendstrafrechts (Ausdehnung der Anwendung des Jugendstrafrechts auf unter 14-Jährige), von denen sich selbst die Kollegen aus den eigenen Reihen distanzierten, ist er über das Ziel hinausgeschossen. Schöch (2009: 13) bezeichnet die Forderungen Kochs als „Lehrbeispiel für Punitivität".

Die Entwicklung, dass kriminalpolitische Angelegenheiten nicht mehr unter Experten verhandelt, sondern regelmäßig zum Wahlkampfthema gemacht und damit in die Öffentlichkeit getragen und dort ausgetragen werden, führt Garland (vgl. 2008: 58) zufolge dazu, dass jeder Fehler sofort skandalisiert wird. Dass damit unverzüglich eine Suche nach einem Schuldigen in den Reihen der Politik beginnt und ihm zum Schleudersitz wird, zeigt das Beispiel der ehemaligen Justizministerin von Nordrhein-Westfalen Müller-Piepenkötter (CDU), die während ihrer Amtszeit unzählige Male mit Rücktrittsforderungen konfrontiert wurde. Besonders laut waren die Rufe, als Ende 2009 zwei Inhaftierte aus der JVA Aachen ausbrachen und im Januar 2010 zwei Häftlinge aus der JVA Münster entkamen. Auch für den Mord, den ein Gefangener der JVA Remscheid im April 2010 an seiner Lebensgefährtin beging, wurde die ehemalige NRW-Justizministerin verantwortlich gemacht. Diese zahlreichen Beispiele belegen einen populistischen Politikstil auch außerhalb des Plenarsaals.

Den einleitend dargestellten, weit verbreiteten Ansichten der angelsächsischen Kriminologie über die deutsche Kriminalpolitik widersprechen die Ergebnisse der Inhaltsanalyse der Strafgesetzgebung ebenso wie sich die zögerliche Haltung der innerdeutschen ‚Mainstream'-Kriminologie, auch hierzulande von einer punitiven Wende zu sprechen, vor dem Hintergrund der erbrachten Befunde nicht nachvollziehen lässt. Angesichts dieser Ignoranz verwundert es nicht, dass die deutsche Kriminologie bislang kaum Antworten auf die Frage gefunden hat, auf welche strukturellen und kulturellen Wandlungsprozesse jenseits des Kriminaljustizsystems diese Entwicklung zurückgeführt werden kann, während in der angelsächsischen Kriminologie eine kaum noch überschaubare Menge an Erklärungsansätzen existiert. Als besonders prominente Deutungsangebote in der kriminologischen Diskussion, denen auch einige Plausibilität für die deutsche Situation abgewonnen werden kann, erweisen sich die ,Victimalization' der Moral, der neoliberale Strukturwandel und die Verunsicherung der Mittelschichten.

Die ,Victimalization' der Moral führe dazu, dass das Strafrecht heutzutage als gesellschaftliches Bindemittel fungiert. Im Sinne der Durkheim'schen Denktradition diene das Strafrecht der Produktion von Moral – zum einen als Ersatz für durch die fortschreitende Individualisierung verloren gegangene verbindliche gesellschaftliche Werte, zum anderen zur Lösung sozialer Probleme, die zuvor mit anderen Mitteln bearbeitet wurden. Der moralische Konsens in spätmodernen Gesellschaften beschränke sich auf die Ablehnung von Leid und Grausamkeit und sei in besonderer Weise an die Rolle des Opfers geknüpft, da diesem die Funktion zukomme, Solidarität zu stiften, die sich auf andere Weise nicht mehr herstellen lasse (,Victimalization of Morality'). Die einseitige moralische Orientierung gegen das ,Schlechte' bewirke, dass sich auch Gemeinschaft nur auf dieser Basis bilden lasse. Daher würden Ängste und Ressentiments, die sich gegen gemeinsam geteilte Feindbilder richten, zur Grundlage gesellschaftlichen Zusammenhalts. Unweigerlich damit verbunden sei, dass das Strafrecht als Steuerungsinstrument, das auf Exklusion abzielt, an Bedeutung gewinne. Aus dieser modernisierungstheoretisch argumentierenden Perspektive wird die punitive Wende einseitig als ,Bottom-Up'-Prozess nachgezeichnet, weshalb die ,Victimalization' der Moral als alleinige Erklärung nicht zu überzeugen vermag.

Die punitive Wende als Reaktion auf den neoliberalen Strukturwandel zu begreifen, unterstellt dagegen einen ,Top-Down'-Mechanismus. Zentral für die Ausweitung und Punitivierung des Strafrechts erscheint danach der sämtliche Lebensbereiche durchziehende ,Topos der Eigenverantwortung'. Das maßgeblich hierdurch herbeigeführte veränderte Verständnis von Strafe, die sich des Resozialisierungsanspruchs entledigt habe, bewirke den Verlust des Gebots maßvollen Strafens und des ,ultima ratio'-Grundsatzes des Strafrechts. Stattdessen stelle sich das Strafrecht ganz in den Dienst der Sicherheitsdoktrin, wodurch der strafrechtliche Kurs in Richtung Expansion und Verschärfung als (einzig) logische Folge erscheint. Wie der Titel „Bestrafen der Armen" – Wacquants (2009) bislang ausführlichste Behandlung des Themas – anzeigt, liegt die Funktion des Strafrechts in diesem Deutungskonzept vorrangig in der Kontrolle der unteren Bevölkerungsschichten mit dem Ziel der Regulierung des Arbeitsmarktes und der Abstützung der sozialen Ungleichheit. Einen Schritt in die Richtung seiner

These, dass Sozialpolitik zunehmend durch Kriminalpolitik ersetzt werde, lässt sich in den Hartz-Gesetzen erkennen.[115]

Der Ruf nach Eigenverantwortung wird meist als Erscheinung des Neoliberalismus betrachtet, von dem die deutsche Entwicklung ausgenommen wird. Ein Blick in die aktuelle sozialwissenschaftliche Diskussion zeigt jedoch, dass es sich dabei um ein zentrales Merkmal des gegenwärtigen Politikstils des ‚aktivierenden Staates' handelt. Daher ist die Erklärungskraft dieses aus politökonomischer Perspektive argumentierenden Ansatzes auch für die Entwicklung hierzulande nicht von der Hand zu weisen. Allerdings impliziert dieser Ansatz, dass nicht nur eine Normsetzung, sondern auch eine Normdurchsetzung stattfindet, wodurch seine Erklärungskraft instrumentelle Funktionen des Strafrechts voraussetzt, deren tatsächliche Existenz im Einzelnen zu prüfen wäre.

Eine dritte Erklärung lässt sich Garlands mehrdimensionalem Ansatz entnehmen. Folgt man Garland, der in der Grundtendenz dieselben strukturellen Veränderungen aufzeigt wie Wacquant, lässt sich die punitive Wende in erster Linie mit Veränderungen der sozialen Lage, Einstellungen und Kriminalitätserfahrungen der Mittelschichten erklären. Der Haupterklärungsfaktor für die punitive Wende liegt für ihn in der Verunsicherung der Mittelschichten, in deren Folge sie sich gegen den ‚Penal Welfarism' wendeten. Die Ursache der Verunsicherung verortet Garland zum einen in einer Zunahme des Gefühls der Verletzlichkeit, zum anderen in einem perzipierten Kontrolldefizit durch Polizei und Justiz sowie darüber hinaus in dem Einfluss der Massenmedien. In dieser Denkrichtung begegnet das Strafrecht der Verunsicherung und befriedigt das Bedürfnis nach einer umfassenden Verrechtlichung durch seine stetige und möglichst flächendeckende Expansion. Dass auch hierzulande ein tiefgreifender Einstellungswandel in der Mitte der Gesellschaft stattgefunden hat, lässt sich empirisch gut belegen.

Zusammenführen lassen sich diese Deutungsansätze, nach denen dem Strafrecht je unterschiedliche Funktionen zukommen, in dem in der Kriminologie bislang wenig beachteten Konzept der präventiven Sicherheitsordnung, in die von Trotha (1986) die „Vergesellschaftung des Strafrechts und Verstrafrechtlichung der Gesellschaft" eingebettet sieht. In der PSO bilde Punitivität einen Bestandteil der politischen Kultur, wodurch sie in die gesellschaftliche Ordnung eingeschrieben wird. Durch ein entgrenztes staatliches Sicherheitsversprechen sowie das Primat des Vorsorgeprinzips in der PSO würden stets neue Risiken ausgemacht, denen mit neuen Gesetzen begegnet wird, wodurch das Bedürfnis nach umfassender Verrechtlichung dauerhaft befeuert werde. Zwar stellt er nicht wie

[115] Nicht zufällig befinden sich die Sanktionen, die von Jobcentern gegenüber Langzeitarbeitslosen verhängt werden, gegenwärtig auf ihrem Höchststand. Den starken Anstieg an Leistungskürzungen um 38 Prozent auf über eine Million Fälle begründet die Bundesagentur für Arbeit mit einer konsequenteren und professionelleren Arbeit der Behörde (vgl. Öchsner 2012).

Garland speziell auf die Mittelschicht ab, aber er konstatiert eine „Rückkehr der Unsicherheit“ (von Trotha 2010a: 230), die konstitutiv für die PSO sei. Auch die ‚Victimalization‘ der Moral lässt sich als Kennzeichen der PSO ausmachen, da die Moral in diesem Konzept ebenfalls an die Figur des Opfers geknüpft ist, welche eine Einheit stiftende Funktion erfülle (vgl. von Trotha 2003: 60). Ebenso schreibt er dem Neoliberalismus eine tragende Rolle zu, als dessen Folge er die Herausbildung der PSO betrachtet. Damit vereint dieser Ansatz die in den aktuell diskutierten kriminologischen Deutungsansätzen dominierenden Erklärungsfaktoren und bietet damit einen integrativen Rahmen, den die Punitivitätsforschung für sich fruchtbar machen kann.

Wenn die deutsche Punitivitätsforschung generalisierende Untersuchungen bzw. ihnen zugrunde liegende große Theorieentwürfe wie die „Kultur der Kontrolle“ oder „Bestrafen der Armen“ überhaupt zur Kenntnis nimmt, dann in erster Linie deshalb, um sich davon abzugrenzen und Unterschiede zu identifizieren. Gemeinsamkeiten wird hingegen kaum Beachtung geschenkt. Diese Untersuchung hat jedoch ergeben, dass sich in dem betrachteten Ausschnitt des Strafgesetzbuches eine Expansion und Punitivierung des Strafrechts vollzogen hat, die deutliche Ähnlichkeiten mit dem von Garland beschriebenen kriminalpolitischen Wandel aufweist, weshalb sich diese forschungsleitende komparative Perspektive als sinnvoller Ansatz herausgestellt hat. Dieses Vorgehen kann den Blick nicht nur auf die Faktoren lenken, die die Strafgesetzgebung prägen, sondern auch auf jene, von welchen sie nicht bestimmt wird (wie das Resozialisierungsideal oder den Einfluss von Experten[wissen]). Um die vorgefundenen Ergebnisse zu erhärten bzw. zu widerlegen und zu komplettieren, sind weitere Untersuchungen anderer Rechtsquellen wie etwa der Strafprozessordnung[116], dem Strafvollzugsgesetz, Nebenstrafrecht, Jugendgerichtsgesetz, Polizei- und Ordnungswidrigkeitenrecht sowie Hausordnungen privatisierter öffentlicher Räume notwendig.

Diese Untersuchung hat ebenfalls gezeigt, dass die bisher von der Punitivitätsforschung vernachlässigte legislative Ebene ein Gebiet ist, auf dem sich die Rationalisierungsmuster, mit denen sich Punitivität konstitutiert, sehr gut nachvollziehen lassen. Gesetzesverschärfungen wird in der Punitivitätsdiskussion oftmals nur wenig Aufmerksamkeit geschenkt, weil sie als Akte symbolischer Politik abgetan werden, die als folgenlos erachtet wird. Noch mögen sich die verschärften Strafrahmen nicht durchgängig in einer Zunahme der Strafhärte der Gerichte niederschlagen (vgl. Heinz 2012: 167). Dies ist aber nur eine Frage der Zeit, denn die neuen Juristengenerationen werden mit dem erweiterten Strafinstrumentarium sozialisiert und werden ihre Praxis daran ausrichten. Daher hat

116 Die teilweise unternommenen ‚Seitenblicke‘ in die Strafprozessordnung lassen eine ähnliche Entwicklung vermuten.

die Punitivitätsforschung auch den Blick darauf zu wenden, welche rechtspraktische Bedeutung die neuen und erweiterten Straftatbestände sowie erhöhten Strafrahmen besitzen. Dabei zu Tage tretende ‚Diskrepanzen' zwischen der Ebene von ‚Law in the Books' und ‚Law in Action' können zudem Aufschluss über die mit den Gesetzesänderungen intendierten Funktionen des Strafrechts geben und damit wertvolle Hinweise zur Verfeinerung der Deutungsansätze der Punitivierung des Strafrechts liefern.

Literaturverzeichnis

Albrecht, H.-J. (1999): Die Determinanten der Sexualstrafrechtsreform. In: Zeitschrift für die gesamte Strafrechtswissenschaft 111. S. 863–888.

Albrecht, H.-J. (2006): Antworten auf Gefährlichkeit. Sicherungsverwahrung und unbestimmter Freiheitsentzug. In: T. Feltes / C. Pfeiffer / G. Steinhilper (Hg.): Kriminalpolitik und ihre wissenschaftlichen Grundlagen. Festschrift für Prof. Dr. Hans-Dieter Schwind. Heidelberg. S. 191–210.

Albrecht, H.-J. (2007): Perspektiven kriminologischer Forschung. Der Wandel im Konzept der Sicherheit und neue Aufgabenfelder der Kriminologie. In: K. Liebl (Hg.): Kriminologie im 21. Jahrhundert. Wiesbaden. S. 177–201.

Albrecht, H.-J. (2011): Bestrafung der Armen? Zu Zusammenhängen zwischen Armut, Kriminalität und Strafrechtsstaat. In: B. Dollinger / H. Schmidt-Semisch (Hg.): Gerechte Ausgrenzung? Wohlfahrtsproduktion und die neue Lust am Strafen. Wiesbaden. S. 111–129.

Albrecht, P.-A. (2000): Die Funktionalisierung des Opfers im Kriminaljustizsystem. In: B. Schünemann (Hg.): Die Stellung des Opfers im Strafrechtssystem. Köln. S. 39–50.

Albrecht, P.-A. (2005): Kriminologie. Eine Grundlegung zum Strafrecht. 3. Aufl. München.

Albrecht, P.-A. (2008): Der politische Gebrauchswert des Jugendstrafrechts. In: Strafverteidiger 28. S. 154–159.

Albrecht, P.-A. (2010): Der Weg in die Sicherheitsgesellschaft. Berlin.

Albrecht, P.-A. (2010): Kriminologie. Eine Grundlegung zum Strafrecht. 4. neu überarb. Aufl. München (2010a).

Albrecht, P.-A. (2012): Die globale Sicherheitsgesellschaft. In: A. Pilgram / L. Böllinger / M. Jasch / S. Krasmann / C. Prittwitz / H. Reinke / D. Rzepka (Hg.): Einheitliches Recht für die Vielfalt der Kulturen? Strafrecht und Kriminologie in Zeiten transkultureller Gesellschaften und transnationalen Rechts. Wien/Berlin. S. 261–273.

Alvaro, A. (2006): Die Richtlinie zur Vorratsdatenspeicherung. In: DANA Datenschutz-Nachrichten 2. S. 52–55.

Arbeitskreis Vorratsdatenspeicherung / Netzwerk Neue Medien e.V. / Neue Richtervereinigung e.V. (2007): Stellungnahme zum Regierungsentwurf für ein Gesetz zur Neuregelung der Telekommunikationsüberwachung und anderer verdeckter Ermittlungsmaßnahmen sowie zur Umsetzung der Richtlinie 2006/24/EG. Stellungnahme vom 13. Juli 2007. <http://www.nrv-net. de/downloads_stellung/40.pdf> [Stand: 2009-10-13].

Bauman, Z. (1998): Vom gesellschaftlichen Nutzen von Law and Order. In: Widersprüche 18. S. 7–21.
Bauman, Z. (1999): Unbehagen in der Postmoderne. Hamburg.
Bauman, Z. (2000): Die Krise der Politik. Fluch und Chance einer neuen Öffentlichkeit. Hamburg.
Bauman, Z. (2003): Flüchtige Moderne. Frankfurt/M.
Bauman, Z. (2009): Gemeinschaften. Frankfurt/M.
Baur, A. (2012): Persuasive Symbolik. Strafrecht, Kultur und Sozialkohäsion. In: A. Pilgram / L. Böllinger / M. Jasch / S. Krasmann / C. Prittwitz / H. Reinke / D. Rzepka (Hg.): Einheitliches Recht für die Vielfalt der Kulturen? Strafrecht und Kriminologie in Zeiten transkultureller Gesellschaften und transnationalen Rechts. Wien/Berlin. S. 167–187.
Beccaria, C. (1766/1988) :Über Verbrechen und Strafen. Frankfurt/M.
Beck, U. (1983): Jenseits von Stand und Klasse? In: R. Kreckel (Hg.): Soziale Ungleichheiten. Sonderband 2 der Sozialen Welt. Göttingen. S. 35–74.
Beck, U. (1986): Risikogesellschaft. Auf dem Weg in eine andere Moderne. Frankfurt/M.
Beck, U. (2002): The Terrorist Threat: World Risk Society Revisited. In: Theory Culture Society 19. S. 39–55.
Beckett, K. (1996): Culture and the Politics of Signification: The Case of Sexual Abuse. In: Social Problems 43. S. 57–76.
Beckett, K. (1997): Making Crime Pay. Law and Order in Contemporary American Politics. New York.
Beckett, K. / B. Western (2001): Governing Social Marginality. Welfare, Incarceration, and the Transformation of State Policy. In: Punishment & Society 3. S. 43–59.
Bentham, J. (1789/1970): An Introduction to the Principles of Morals and Legislation. London.
Berlit, U. / H. Dreier (1984): 3. Die legislative Auseinandersetzung mit dem Terrorismus. In: F. Sack / H. Steinert (Hg.): Protest und Reaktion. Analysen zum Terrorismus 4/2. Opladen. S. 227–318.
Beste, H. (2003): Der Periodische Sicherheitsbericht und die Lage der deutschen Kriminologie. In: Kriminologisches Journal 35. S. 260–266.
Bieneck, S. / C. Pfeiffer (2012): Viktimisierungserfahrungen im Justizvollzug. Forschungsbericht Nr. 119. Hannover. <http://www.kfn.de/versions/kfn/assets/fob119.pdf> [Stand: 2012-09-13].
Birenheide, A. (2009): Private Initiativen für mehr Sicherheit als Form lokaler Vergesellschaftung am Beispiel der Bürgerinitiative „Mehr Sicherheit in Großhansdorf" e.V. Dissertation im Fachbereich Sozialwissenschaften der Universität Hamburg. <http://ediss.sub.unihamburg.de/volltexte/2010/4423/pdf/Dissertation_Birenheide_Almut_091028.pdf> [Stand: 2012-06-18].
Bleses, P. / C. Offe / E. Peter (1997): Öffentliche Rechtfertigungen auf dem parlamentarischen „Wissensmarkt" – Argumentationstypen und Rechtfertigungsstrategien in sozialpolitischen Bundestagsdebatten. In: Politische Vierteljahresschrift 38. S. 498–529.

Böhnke, P. (2006): Marginalisierung und Verunsicherung. Ein empirischer Beitrag zur Exklusionsdebatte. In: H. Bude / A. Willisch (Hg.): Das Problem der Exklusion. Ausgegrenzte, Entbehrliche, Überflüssige. Hamburg. S. 97–120.

Boers, K. / M. Schaerff (2008): Abschied vom Primat der Resozialisierung im Jugendstrafvollzug? In: Zeitschrift für Jugendkriminalrecht und Jugendhilfe 19. S. 316–324.

Boltanski, L. / E. Chiapello (2003): Der neue Geist des Kapitalismus. Konstanz.

Bosworth, M. (2008): Border Control and the Limits of the Sovereign State. In: Social and Legal Studies 17. S. 199–215.

Bottoms, A. (1995): The Philosophy and Politics of Punishment and Sentencing. In: C. Clarkson / R. Morgan (Hg.): The Politics of Sentencing Reform. Oxford. S. 17–49.

Bottoms, A. (2004): Empirical research relevant to sentencing frameworks. In: Ders. / S. Rex / G. Robinson (Hg.): Alternatives to Prison. Options for an insecure society. 1. Aufl. Cullompton. S. 59–82.

Boutellier, H. (1996): Beyond the criminal justice paradox. Alternatives between law and morality. In: European Journal on Criminal Policy and Research 4. S. 7–20.

Boutellier, H. (2000): Crime and Morality: The Significance of Criminal Justice in Post-Modern Culture. Dordrecht/Boston, MA.

Boutellier, H. (2002): Victimalization and Restorative Justice: Moral Backgrounds and Political Consequences. In: L. Walgrave (Hg.): Restorative Justice and the Law. Devon. S. 19–30.

Boutellier, H. (2004): The Safety Utopia. Contemporary Discontent and Desire as to Crime and Punishment. Dordrecht/Boston/London.

Bröckling, U. (2004): Prävention. In: Ders. / S. Krasmann / T. Lemke (Hg.): Glossar der Gegenwart. Frankfurt/M. S. 210–215.

Bröckling, U. (2007): Das unternehmerische Selbst: Soziologie einer Subjektivierungsform. Frankfurt/M.

Bröckling, U. / S. Krasmann / T. Lemke (Hg.) (2000): Gouvernementalität der Gegenwart. Studien zur Ökonomisierung des Sozialen. Frankfurt/M.

Brusten, M. (1974): Kritische Kriminologen empirisch geprüft. Wunsch und Wirklichkeit eines Forschungsprogramms zum Thema „Soziale Ungleichheit und Kriminalität". In: Arbeitskreis Junger Kriminologen (Hg.): Kritische Kriminologie. Beiträge zu einer Standortbestimmung. München. S. 212–229.

Bukow, S. (2005): Deutschland: Mit Sicherheit weniger Freiheit über den Umweg Europa. In: G.-J. Glaeßner / A. Lorenz (Hg.): Europäisierung der inneren Sicherheit. Eine vergleichende Untersuchung am Beispiel von organisierter Kriminalität und Terrorismus. 1. Aufl. Wiesbaden. S. 43–62.

Bundeskriminalamt (Hg.) (2011): PKS-Zeitreihen 1987 bis 2010. Grundtabelle mit Häufigkeitszahl ohne Tatortverteilung. Wiesbaden. <http://www.bka.de/pks/zeitreihen/pdf/t01. pdf> [Stand: 2011-06-20].

Bundesministerium des Innern (2007): Schengen- und Visum-Informationssystem weiter im Zeitplan. Pressemitteilung vom 20.04.2007. <http://www.eu2007.bmi.bund.de/cln_028/nn_1035938/sid_D569703066E143927CB00B7F1970CFF5/EU2007/DE/ServiceNavigation/Pressemitteilungen/content__Pressemitteilungen/JI__Rat__SIS__deu.html> [Stand: 2009-11-16].

Bundesministerium des Innern und Bundesministerium der Justiz (Hg.) (2001): Erster Periodischer Sicherheitsbericht. Berlin.

Bundesministerium des Innern und Bundesministerium der Justiz (Hg.) (2006): Zweiter Periodischer Sicherheitsbericht. Berlin.

Bundesregierung (2005): Bericht der Bundesregierung zu den Auswirkungen der nach Artikel 22 Abs. 2 des Terrorismusbekämpfungsgesetzes befristeten Änderungen des Bundesverfassungsschutzgesetzes, des MAD-Gesetzes, des BND-Gesetzes, des Artikel 10-Gesetzes, des Sicherheitsüberprüfungsgesetzes und des § 7 Abs. 2 des BKA-Gesetzes. Innenausschuss A-Drs. 15(4)218. <http://www.cilip.de/terror/eval_tbg_11052005.pdf> [Stand: 2010-09-13].

Burgess, J. P. (2011): The Ethical Subject of Security. Geopolitical reason and the threat against Europe. London/New York.

Busch, H. (2006): Kontrollwahn ohne Sinn und Verstand. Jedermann wird erkennungsdienstlich behandelt! In: T. Müller-Heidelberg / U. Finckh / E. Steven / J. Kühn / J. Micksch / W. Kaleck / M. Kutscha / R. Gössner / F. Schreiber (Hg.): Grundrechte-Report 2006. Zur Lage der Bürger- und Menschenrechte in Deutschland. Frankfurt/M. S. 29–32.

Bussmann, K.-D. (1991): Die Entdeckung der Informalität – Über Aushandlungen in Strafverfahren und ihre juristische Konstruktion. Schriften der Vereinigung für Rechtssoziologie. Band 17. Baden-Baden.

Bussmann, K.-D. / C. Lüdemann (1995): Klassenjustiz oder Verfahrensökonomie. Aushandlungen in allgemeinen und Wirtschaftsstrafverfahren. Bremer soziologische Texte. Band 6. Pfaffenweiler.

Butterwegge, C. (2006): Krise und Zukunft des Sozialstaats. 3. erw. Aufl. Wiesbaden.

Butterwegge, C. / M. Klundt / M. Belke-Zeng (2008): Kinderarmut in Ost- und Westdeutschland. 2., erw. u. akt. Aufl. Wiesbaden.

Calliess, R.-P. (1989): Strafzwecke und Strafrecht. 40 Jahre Grundgesetz – Entwicklungstendenzen vom freiheitlichen zum sozial-autoritären Rechtsstaat? In: Neue Juristische Wochenschrift 21. S. 1338–1343.

Calliess, R.-P. / H. Müller-Dietz (2008): Strafvollzugsgesetz. Gesetz über den Vollzug der Freiheitsstrafe und der freiheitsentziehenden Maßregeln der Besserung und Sicherung mit ergänzenden Bestimmungen. 11., neu bearb. Aufl. München.

Carrier, N. (2010): Anglo-Saxon Sociologies of the Punitive Turn. In: Champ penal/Penal Field 7. <http://champpenal.revues.org/7952> [Stand: 2012-9-11].

Castel, R. (2000): Die Metamorphosen der sozialen Frage. Eine Chronik der Lohnarbeit. Konstanz.

Castel, R. (2005): Die Stärkung des Sozialen. Leben im neuen Wohlfahrtsstaat. Hamburg.

Castel, R. (2009): Die Wiederkehr der sozialen Unsicherheit. in: Ders. / K. Dörre (Hg.): Prekarität, Abstieg, Ausgrenzung. Die soziale Frage am Beginn des 21. Jahrhunderts. Frankfurt/M./New York. S. 21–34.

Cavadino, M. / J. Dignan (2006): Penal policy and political economy. In: Criminology & Criminal Justice 6. S. 435–456.

Cavadino, M. / J. Dignan (2007): The Penal System: An Introduction. 4. Aufl. Los Angeles et al.

Cavadino, M. / J. Dignan (2011): Penal Systems. A Comparative Approach. Los Angeles et al.

CDU (2007): Freiheit und Sicherheit. Grundsätze für Deutschland. Das Grundsatzprogramm beschlossen vom 21. Parteitag. Hannover. 3.-4.12.2007. <http://www.cdu.de /doc/pdfc/071203-beschluss-grundsatzprogramm-6navigierbar.pdf> [Stand: 2011-10-10].

Chassé, K. A. (2010): Unterschichten in Deutschland: Materialien zu einer kritischen Debatte. Wiesbaden.

Christie, N. (2010): Victim movements at a crossroad. In: Punishment & Society 12. S. 115–122.

Clarke, R. V. (1995) Situational Crime Prevention. In: M. Tonry / D. Farrington (Hg.): Building a Safer Society. Strategic Approaches to Crime Prevention. Chicago. S. 91–150.

Clarke, R. V. / D. Cornish (1986): The Reasoning Criminal. Berlin/New York.

Collier, S. J. (2008): Enacting Catastrophe: Preparedness, Insurance, Budgetary Rationalization. In: Economy and Society 37. S. 224–250.

Collier, S. J. / A. Lakoff (2008): Distributed Preparedness: Notes on the Genealogy of Homeland Security. In: Environment and Planning D: Society and Space 26. S. 7–28.

Crawford, A. (1997): The Local Governance of Crime: Appeals to Community and Partnerships. Oxford.

Crawford, A. (1998): Crime Prevention and Community Safety. London/New York.

Crawford, A. (2000): Situational Crime Prevention, Urban Governance and Trust Relations. In: A. von Hirsch / D. Garland / A. Wakefield (Hg.): Ethical and Social Perspectives on Situational Crime Prevention. Oxford/Oregon. S. 193–213.

Cremer-Schäfer, H. (1988): Die Geschichte von Kriminalisierungsstrategien und ihre kriminalstatistische Rekonstruktion. In: Kriminalsoziologische Bibliographie 15. S. 16–25.

Cremer-Schäfer, H. (1988): Modernisierung der Kontrolle. Eine Skizze des Wandels der Kriminalisierungsstrategien in der Bundesrepublik Deutschland, in Österreich, Schweden, England und Wales in der Nachkriegszeit. In: Kriminalsoziologische Bibliographie 15. S. 68–86 (1988a).

Cremer-Schäfer, H. / J. Stehr (1990): Der Normen- und Werte-Verbund. Strafrecht, Medien und herrschende Moral. In: Kriminologisches Journal 22. S. 82–104.

Cremer-Schäfer, H. / H. Steinert (1986): Sozialstruktur und Kontrollpolitik. Einiges von dem, was wir glauben, seit Rusche & Kirchheimer dazugelernt zu haben. In: H. Hess / H. Steinert (Hg.): Kritische Kriminologie heute. 1. Beiheft zum Kriminologischen Journal. Weinheim. S. 77–118.

Cremer-Schäfer, H. / H. Steinert (1998): Straflust und Repression. Zur Kritik der populistischen Kriminologie. 1. Aufl. Münster.

Cullen, F. T. / G. A. Clark / J. F. Wozniak (1985): Explaining the Get Tough Movement: Can the Public be Blamed? In: Federal Probation 49. S. 16–24.

Dahme, H-J. / N. Wohlfahrt (2009): Die Kontrolle der Überflüssigen: Anmerkungen zum Formwandel Sozialer Arbeit im aktivierenden Sozialstaat. In: Widersprüche 113. S. 45–62.

Deleuze, G. (1993): Postskriptum über die Kontrollgesellschaften. In: Ders.: Unterhandlungen 1972 – 1990. Frankfurt/M. S. 254–262.

Deutschlandfunk (2012): „Das kann so nicht weitergehen". Vizekanzler übt erneut Kritik am Sozialstaat. Guido Westerwelle im Gespräch mit Sabine Adler. <http://www.dradio.de/dlf/sendungen/idw_dlf/1125134/> [Stand: 2011-7-17].

Dinges, M. / F. Sack (2000): Unsichere Großstädte? In: Dies. (Hg.): Unsichere Großstädte? Vom Mittelalter bis zur Postmoderne. Konstanz. S. 9–65.

Die Zeit (2012): Die Schlechterungsanstalt. Nr. 34 vom 16.8.2012. <http://www.zeit.de/2012/34/DOS-Gefaengnisse-Deutschland-Gewalt> [Stand: 2012-9-13].

Dollinger, B. (2011): Punitivität in der Diskussion. Konzeptionelle, theoretische und empirische Referenzen. In: Ders. / H. Schmidt-Semisch (Hg.): Gerechte Ausgrenzung? Wohlfahrtsproduktion und die neue Lust am Strafen. Wiesbaden. S. 25–73.

Doob, A. N. / C. M. Webster (2003): Sentence Severity and Crime: Accepting the Null Hypothesis. In: Crime and Justice: A Review of Research 30: 143–195.

Dörre, K. (2007): Prekäre Klassengesellschaft? Zur Strukturierung und Verarbeitung sozialer Ungleichheit im Finanzmarkt-Kapitalismus. In: C. Kaindl (Hg.): Subjekte im Neoliberalismus. Marburg. S. 19–47.

Dörre, K. (2009): Prekarität im Finanzmarkt-Kapitalismus. In: R. Castel / Ders. (Hg.): Prekarität, Abstieg, Ausgrenzung. Die soziale Frage am Beginn des 21. Jahrhunderts. Frankfurt/M./New York. S. 35–64.

Dünkel, F. (2010): Gefangenenraten im internationalen und nationalen Vergleich. In: Neue Kriminalpolitik 22. S. 4–11.

Dünkel, F. (2010): Strafvollzug in Deutschland – rechtstatsächliche Befunde. In: Aus Politik und Zeitgeschichte 60. S. 7–14 (2010a).

Dünkel, F. / B. Geng (2007): Aktuelle Daten zum Strafvollzug in Deutschland. In: Zeitschrift für Strafvollzug und Straffälligenhilfe 56. S. 14–18.

Dünkel, F. / T. Lappi-Seppälä / C. Morgenstern / D. van Zyl Smit (2010): Gefangenenraten und Kriminalpolitik in Europa. In: Dies. (Hg.): Kriminalität, Kriminalpolitik, strafrechtliche Sanktionspraxis und Gefangenenraten im europäischen Vergleich. Band 37/2. Mönchengladbach. S. 1023–1118.

Dünkel, F. / C. Morgenstern (2010): Deutschland. In: Ders. / T. Lappi-Seppälä / Dies. / D. van Zyl Smit (Hg.): Kriminalität, Kriminalpolitik, strafrechtliche Sanktionspraxis und Gefangenenraten im europäischen Vergleich. Band 37/1. Mönchengladbach. S. 97–230.

Dünkel, F. / H. Schüler-Springorum (2006): Strafvollzug als Ländersache? Der „Wettlauf der Schäbigkeit" ist schon im Gange. In: Forum Strafvollzug: Zeitschrift für Strafvollzug und Straffälligenhilfe 55. S. 145–149.

Durkheim, E. (1999): Über soziale Arbeitsteilung. Studie über die Organisation höherer Gesellschaften. 3. Aufl. Frankfurt/M.

Duttge, G. / T. Hörnle / J. Renzikowski (2004): Das Gesetz zur Änderung der Vorschriften über die Straftaten gegen die sexuelle Selbstbestimmung. In: Neue Juristische Wochenschrift 57. S. 1065–1072.

Ebert, U. (1978): Tendenzwende in der Straf- und Strafprozessgesetzgebung. In: Juristische Rundschau 4. S. 136–142.

Edwards, A. / G. Hughes (2005): Comparing the Governance of Safety in Europe. In: Theoretical Criminology 9. S. 345–363.

Engling, D. (2008): Vorratsdatenspeicherung. In: S. Gaycken / C. Kurz (Hg.): 1984.exe. Gesellschaftliche, politische und juristische Aspekte moderner Überwachungstechnologien. Bielefeld. S. 67–78.

Feest, J. (2004): Kehrtwende in der Strafvollzugspolitik? Eine Analyse der Lockerungspolitik der Länder. Vortrag im Rahmen des Fritz Bauer Symposiums am 15. Juli 2004 in Frankfurt. <http://www.forumjustizgeschichte.de/Johannes-Feest.187.0.html> [Stand: 2012-4-12].

Feldkamp, M. F. (2011): Datenhandbuch zur Geschichte des Deutschen Bundestages 1990 bis 2010. Eine Veröffentlichung des Archivs des Deutschen Bundestages. Baden-Baden.

Feldkamp, M. F. / B. Ströbel (2005): Datenhandbuch zur Geschichte des Deutschen Bundestages 1994 bis 2003. Eine Veröffentlichung der Wissenschaftlichen Dienste des Deutschen Bundestages. Baden-Baden.

Feuerhelm, W. (1999): Pauschaler Sicherheits-Check statt individueller Prognose? Die Neuregelung der Strafrestaussetzung zur Bewährung. In: Ders. (Hg.): Festschrift für Alexander Böhm zum 70. Geburtstag am 14. Juni 1999. Berlin. S. 463–481.

Fischer, T. (2012): Zur opferorientierten Reform des Sexualstrafrechts – Eine juristische Analyse. In: S. Barton / R. Kölbel (Hg.): Ambivalenzen der Opferzuwendung des Strafrechts: Zwischenbilanz nach einem Vierteljahrhundert opferorientierter Strafrechtspolitik in Deutschland. Baden-Baden. S. 177–193.

Flick, U. (1998): Qualitative Sozialforschung. Theorie, Methoden, Anwendung in Psychologie und Sozialwissenschaften. 3. Aufl. Reinbek bei Hamburg.

Floerecke, P. (1987): Reform und Gegenreform des Demonstrationsstrafrechts. In: Kriminologisches Journal 19. S. 119–133.

Foucault, M. (1976): Überwachen und Strafen. Die Geburt des Gefängnisses. Frankfurt/M.

Foucault, M. (2003): Das Sexualstrafrecht. In: Ders.: Schriften in vier Bänden: Dits et Ecrits. Band III 1976-1979. Frankfurt/M. S. 954–970.

Frankenberg, G. (2005): Kritik des Bekämpfungsrechts. In: Kritische Justiz 38. S. 370–386.

Frankenberg, G. (2010): Staatstechnik. Perspektiven auf Rechtsstaat und Ausnahmezustand. 1. Aufl. Berlin.

Frehsee, D. (1999): Verschwindet der Rechtsstaat? In: Neue Kriminalpolitik 11. S. 16–21.

Frehsee, D. (2003): „Die Strafe auf dem Prüfstand“ – Verunsicherungen des Strafrechts angesichts gesellschaftlicher Modernisierungsprozesse. In: Ders.: Der Rechtsstaat verschwindet. Strafrechtliche Kontrolle im Wandel von der Moderne zur Postmoderne. Gesammelte Aufsätze. Berlin. S. 253–274.

Furedi, F. (2005): Politics of Fear. New York.

Garland, D. (1996): The Limits of the Sovereign State: Strategies of Crime Control in Contemporary Society. In: British Journal of Criminology 36. S. 445–471.

Garland, D. (1997): 'Governmentality' and the problem of crime: Foucault, criminology, sociology. In: Theoretical Criminology 1. S. 173–214.

Garland, D. (2000): The New Criminologies of Everyday Life: Routine Activity Theory in Historical and Social Context. In: In: A. von Hirsch / Ders. / A. Wakefield (Hg.): Ethical and Social Perspectives on Situational Crime Prevention. Oxford: S. 215–224.

Garland, D. (2001): The Culture of Control. Crime and Social Order in Contemporary Society. Oxford.

Garland, D. (2004): Die Kultur der „High Crime Societies“. Voraussetzungen einer neuen Politik von „Law and Order“. In: D. Oberwittler / S. Karstedt (Hg.): Soziologie der Kriminalität. Sonderheft 43 der Kölner Zeitschrift für Soziologie und Sozialpsychologie. Wiesbaden. S. 36–68.

Garland, D. (2008): Die Kultur der Kontrolle. Verbrechensbekämpfung und soziale Ordnung in der Gegenwart. Frankfurt/M.

GfK Gruppe (2011): Wohltätigkeitsorganisationen und Richter gewinnen international an Vertrauen. Internationale GfK-Studie zum Vertrauen der Bürger in 20 verschiedene Berufsgruppen und Organisationen. Pressemitteilung vom 17.06.2011. <http://www.gfk.com/imperia/md/content/presse/pressemeldungen_2011/20110617_trust_index_dfin.pdf> [Stand: 2012-6-15].

Giddens, A. (1996): Konsequenzen der Moderne. Frankfurt/M.

Glaeßner, G.-J. / A. Lorenz (Hg.) (2005): Europäisierung der inneren Sicherheit. Eine vergleichende Untersuchung am Beispiel von organisierter Kriminalität und Terrorismus. 1. Aufl. Wiesbaden.

Göschl, A. / A. Milanés (1997): Sicherheit durch Wachsamkeit? Eine Ethnographie im Handlungsfeld „Innere Sicherheit“. In: Kriminologisches Journal 30. S. 275–291.

Gottschalk, M. (2006): The Prison and the Gallows. The Politics of Mass Incarceration in America. Cambridge.

Groenemeyer, A. (2003): Punitivität im Kontext – Globale Konvergenzen der Kriminalpolitik oder Pfadabhängigkeit der Konstruktion abweichenden Verhaltens? In: Soziale Probleme, Gesundheit und Sozialpolitik – Materialien und Forschungsberichte Nr. 3. Bielefeld. S. 51–83.

Günther, K. (2010): Die Unordnung der Verantwortlichkeit. Kriminalpolitik im Zeichen einer Politik des Selbst. In: Kriminologisches Journal 42. S. 90–101.

Günther, K. / A. Honneth (2008): Vorwort. In: D. Garland: Kultur der Kontrolle. Verbrechensbekämpfung und soziale Ordnung der Gegenwart. Frankfurt/M. S. 7–16.

Häfele, J. / C. Lüdemann (2006): „Incivilities“ und Kriminalitätsfurcht im urbanen Raum. Eine Untersuchung durch Befragung und Beobachtung. In: Kriminologisches Journal 38. S. 273–291.

Haferkamp, H. (1980): Herrschaft und Strafrecht: Theorien der Normenentstehung und Strafrechtsetzung. Opladen.

Haffke, B. (2005): Vom Rechtsstaat zum Sicherheitsstaat? In: Kritische Justiz 38. S. 17–35.

Haggerty, K. D. (2004): Displaced expertise: Three constraints on the policy-relevance of criminological thought. In: Theoretical Criminology 8. S. 211–231.

Hallsworth, S. (2000): Rethinking the punitive turn. Economies of excess and the criminology of the other. In: Punishment & Society 2. S. 145–160.

Hassemer, W. (1979): Generalprävention und Strafzumessung. In: Ders. / K. Lüderssen / W. Naucke (Hg.): Hauptprobleme der Generalprävention. Frankfurt/M. S. 29–53.

Hassemer, W. (1989): Symbolisches Strafrecht und Rechtsgüterschutz. In: Neue Zeitschrift für Strafrecht 9. S. 553–559.

Hassemer, W. (1994): Produktverantwortung im modernen Strafrecht. Heidelberg.

Hassemer, W. (2000): Die neue Lust auf Strafe. In: Frankfurter Rundschau vom 20.12.2000. S. 16.

Hassemer, W. (2001): Das Symbolische am symbolischen Strafrecht. In: B. Schünemann / H. Achenbach / W. Bottke / B. Haffke / H.-J. Rudolphi (Hg.): Festschrift für Claus Roxin zum 70. Geburtstag am 15. Mai 2001. Berlin et al. S. 1001–1020.

Hassemer, W. (2001): Gründe und Grenzen des Strafens. In: N. Courakis (Hg.): Die Strafrechtswissenschaften im 21. Jahrhundert. Festschrift für D. Spinellis. Athen. S. 399–424 (2001a).

Hassemer, W. (2002): Zum Spannungsverhältnis von Freiheit und Sicherheit. Drei Thesen. In: Vorgänge 159. S. 10–15.

Hassemer, W. (2006): Sicherheit durch Strafrecht. HRRS. Onlinezeitschrift für Höchstrichterliche Rechtsprechung im Strafrecht 4. S. 130–143.

Hassemer, W. / J. P. Reemtsma (2002): Verbrechensopfer. Gesetz und Gerechtigkeit. München.

Hassemer, W. / H. Steinert / H. Treiber (1978): Strafgesetzgebung. Soziale Reaktion auf Abweichung und Kriminalisierung durch den Gesetzgeber. In: W. Hassemer / K. Lüderssen (Hg.): Sozialwissenschaften im Studium des Rechts. Band III. Strafrecht. München. S. 1–65.

Hefendehl, R. (2011): Der fragmentarische Charakter des Strafrechts. In: Juristische Arbeitsblätter 6. S. 401–406.

Heinz, W. (2007): Evaluation jugendkriminalrechtlicher Sanktionen – Eine Sekundäranalyse deutschsprachiger Untersuchungen. In: F. Lösel / D. Bender / J.-M. Jehle (Hg.): Kriminologie und wissensbasierte Kriminalpolitik: Entwicklungs- und Evaluationsforschung. Mönchengladbach. S. 495–520.

Heinz, W. (2007): Mehr und härtere Strafen = mehr Innere Sicherheit! Stimmt diese Gleichung? Strafrechtspolitik und Sanktionierungspraxis in Deutschland im Lichte kriminologischer Forschung. Vortrag, gehalten am 31. März 2007, Kansai Universität, Osaka. <http://www.uni-konstanz.de/rtf/kis/Heinz_Mehr_und_haertere_Strafen_he306.pdf> [Stand: 2013-02-18] (2007a).

Heinz, W. (2009): „Wegschließen, und zwar für immer!" Das deutsche Strafrecht auf dem Weg zum Sicherheitsstrafrecht? – Rechtsfolgensystem, Sanktionierungspraxis und kriminalpolitischer Diskurs im Wandel. In: H. Derschka / R. Hausmann / M. Löhnig (Hg.): Festschrift für Hans-Wolfgang Strätz zum 70. Geburtstag. Regenstauf. S. 233–269.

Heinz, W. (2009): Zunehmende Punitivität in der Praxis des Jugendkriminalrechts? Analysen aufgrund von Daten der Strafrechtspflegestatistiken. In: Bundesministerium der Justiz (Hg.): Das Jugendkriminalrecht vor neuen Herausforderungen? Jenaer Symposium 9. - 11. September 2008. 1. Aufl. Mönchengladbach. S. 29–80 (2009a).

Heinz, W. (2012): Das strafrechtliche Sanktionensystem und die Sanktionierungspraxis in Deutschland 1882 – 2010. Konstanzer Inventar Sanktionsforschung. <www.uni-

konstanz.de/rtf/kis/Sanktionierungspraxis-in-Deutschland-Stand-2010.pdf> [Stand: 2012-12-31].

Heitmeyer, W. (2001): Autoritärer Kapitalismus, Demokratieentleerung und Rechtspopulismus. Eine Analyse von Entwicklungstendenzen. In: D. Loch / Ders. (Hg.): Schattenseiten der Globalisierung. Rechtsradikalismus, Rechtspopulismus und separatistischer Regionalismus in westlichen Demokratien. Frankfurt/M. S. 497–534.

Heitmeyer, W. (2008): Die Ideologie der Ungleichwertigkeit. In: Ders. (Hg.): Deutsche Zustände. Folge 6. Frankfurt/M. S. 36–44.

Heitmeyer, W. (2012): Gruppenbezogene Menschenfeindlichkeit (GMF) in einem entsicherten Jahrzehnt. In: Ders. (Hg.): Deutsche Zustände. Folge 10. Frankfurt/M. S. 15–41.

Heitmeyer, W. / K. Endrikat (2008): Die Ökonomisierung des Sozialen. Folgen für „Überflüssige" und „Nutzlose". In: Ders. (Hg.): Deutsche Zustände. Folge 6. Frankfurt/M. S. 55–72.

Hess, H. (2001): Rezension: Garland, David: The Culture of Control. Crime and Social Order in Contemporary Society. In: Kriminologisches Journal 33. S. 227–233.

Hestermann, T. (2010): Fernsehgewalt und die Einschaltquote: welches Publikumsbild Fernsehschaffende leitet, wenn sie über Gewaltkriminalität berichten. Baden-Baden.

Hettinger, M. (1997): Entwicklungen im Strafrecht und Strafverfahrensrecht der Gegenwart. Versuch einer Bestandsaufnahme. Heidelberg.

Heyer, C. / S. Liening (2006): Gesetzgebung. Berlin.

Hilgendorf, E. (2004): Die deutsche Strafrechtsentwicklung 1975 – 2000. In: T. Vormbaum / J. Welp (Hg.): 130 Jahre Strafgesetzgebung. Eine Bilanz. Berlin. S. 258–380.

Hilgendorf, E. (2007): Beobachtungen zur Entwicklung des Strafrechts 1975-2005. In: Ders. / J. Weitzel (Hg.): Der Strafgedanke in seiner historischen Entwicklung. Ringvorlesung zur Strafrechtsgeschichte und Strafrechtsphilosophie. Berlin. S. 191–215.

Hilgendorf, E. (2010): Punitivität und Rechtsgutslehre. In: Neue Kriminalpolitik 22. S.125–131.

Hirsch, H.-J. (1999): 25 Jahre Entwicklung des Strafrechts. In: G. Kohlmann (Hg.): Strafrechtliche Probleme: Schriften aus drei Jahrzehnten. Berlin. S. 144–161.

Hirtenlehner, H. (2006): Kriminalitätsfurcht – Ausdruck generalisierter Ängste und schwindender Gewissheiten? Untersuchung zur empirischen Bewährung der Generalisierungsthese in einer österreichischen Kommune. In: Kölner Zeitschrift für Soziologie und Sozialpsychologie 58. S. 307–331.

Hirtenlehner, H. (2009): Kriminalitätsangst – klar abgrenzbare Furcht vor Straftaten oder Projektionsfläche sozialer Unsicherheitslagen? In: Journal für Rechtspolitik 17. S. 13–22.

Hitzler, R. / T. Bucher / A. Niederbacher (2001): Leben in Szenen. Formen jugendlicher Vergemeinschaftung heute. Opladen.

Hitzler, R. / A. Honer (1994): Bastelexistenz. Über subjektive Konsequenzen der Individualisierung. In: U. Beck / E. Beck-Gernsheim: (Hg.): Riskante Freiheiten. Individualisierung in modernen Gesellschaften. Frankfurt/M. S. 307–315.

Hitzler, R. / M. Pfadenhauer (1998): Eine posttraditionale Gemeinschaft. Integration und Distinktion in der Techno-Szene. In: F. Hillebrandt / G. Kneer / K. Kraemer (Hg.):

Verlust der Sicherheit? Lebensstile zwischen Multioptionalität und Knappheit. Opladen/Wiesbaden. S. 83–102.

Hörnle, T. (2005): Grob anstößiges Verhalten. Strafrechtlicher Schutz von Moral, Gefühlen und Tabus. Frankfurt/M.

Hörnle, T. (2006): Die Rolle des Opfers in der Straftheorie und im materiellen Strafrecht. In: Juristische Zeitschrift 19. S. 950–958.

Horstkotte, H. (1973): Tendenzen in der Entwicklung des heutigen Strafrechts: Die Gesetzgebung. In: Ders. / G. Kaiser / W. Sarstedt: Tendenzen in der Entwicklung des heutigen Strafrechts. Frankfurt. S. 7–28.

Hradil, S. / H. Schmidt (2007): Angst und Chancen. Zur Lage der gesellschaftlichen Mitte aus soziologischer Sicht. In: Herbert-Quandt-Stiftung (Hg.): Zwischen Erosion und Erneuerung. Die gesellschaftliche Mitte in Deutschland. Ein Lagebericht. Bad Homburg von der Höhe. S. 163–226.

Hughes, G. (1998): Understanding Crime Prevention: Social Control, Risk, and Late Modernity. Buckingham.

Husak, D. (2009): Overcriminalization. The Limits of Criminal Law. Oxford.

Innes, M. / N. Fielding (2002): 'From Community To Communicative Policing: 'Signal Crimes' And The Problem Of Public Reassurance'. In: Sociological Research Online 7. <http://www.socresonline.org.uk/7/2/innes.html> [Stand: 2012-12-31].

International Centre for Prison Studies: World Prison Brief. <http://www.prisonstudies.org/info/worldbrief/> [Stand: 2013-02-15].

Jäger, S. (2011): Diskurs und Wissen. Theoretische und methodische Aspekte einer Kritischen Diskurs- und Dispositivanalyse. In: R. Keller / A. Hirseland / W. Schneider / W. Viehöver (Hg.): Handbuch Sozialwissenschaftliche Diskursanalyse. Band 1: Theorien und Methoden. 3., erw. Aufl. Wiesbaden. S. 91–124.

Jakobs, G. (1983): Strafrecht, Allgemeiner Teil. Die Grundlagen und die Zurechnungslehre. Lehrbuch. Berlin.

Jakobs, G. (1985): Kriminalisierung im Vorfeld einer Rechtsgutverletzung. In: Zeitschrift für die gesamte Strafrechtswissenschaft 97. S. 751–785.

Jakobs, G. (2000): Das Selbstverständnis der Strafrechtswissenschaft vor den Herausforderungen der Gegenwart. In: A. Eser / W. Hassemer / B. Burkhardt (Hg.): Die deutsche Strafrechtswissenschaft vor der Jahrtausendwende. München. S. 47–56.

Jakobs, G. (2004): Bürgerstrafrecht und Feindstrafrecht. In: HRRS. Onlinezeitschrift für Höchstrichterliche Rechtsprechung im Strafrecht 3. S. 88–95.

Jakobs, G. (2006): Feindstrafrecht? Eine Untersuchung zu den Bedingungen von Rechtlichkeit. In: HRRS. Onlinezeitschrift für Höchstrichterliche Rechtsprechung im Strafrecht 8/9. S. 289–297.

Janisch, W. (2010): Gefährliche Straftäter: BGH-Präsident warnt vor „Sicherheitshysterie". Süddeutsche Zeitung vom 7.2.2010. <http://www.sueddeutsche.de/politik/gefaehrliche-straftaeter-bgh-praesident-warnt-vor-sicherheitshysterie-1.64240> [Stand: 2011-8-18].

Jasch, M. (2009): Das Strafrecht im Wohnzimmer: Zur Entwicklung symbolischer Strafgesetze. In: J. Estermann (Hg.): Interdisziplinäre Rechtsforschung zwischen Rechtswirklichkeit, Rechtsanalyse und Rechtsgestaltung. Beiträge zum Kongress „Wie wirkt Recht?" in Luzern 2008. Beckenried. S. 82–98.

Jelpke, U. (2007): Alles wegen Europa. In: Ossietzky 14. <http://www.sopos.org/aufsaetze/469b9983804ab/1.phtml> [Stand: 2013-02-22].

Joas, H. (2008): Strafe und Respekt. Die Sakralisierung der Person und ihre Gefährdung. In: A. Rödder / W. Elz (Hg.): Alte Werte – Neue Werte. Schlaglichter des Wertewandels. Göttingen. S. 157–174.

Jobard, F. / A. Groenemeyer (2005). Déviances et Modalités de Contrôle: le Réalisme Sociologique de la Comparaison Franco-Allemande. In: Déviance et Société 29. S. 235–241.

Johnson, T. (1993): Expertise and the state. In: M. Gane / Ders. (Hg.): Foucault's New Domains. London. S. 139–152.

Jung, H. (2000): Zur Renaissance des Opfers – ein Lehrstück kriminalpolitischer Zeitgeschichte. In: Zeitschrift für Rechtspolitik 33. S. 159–163.

Jung, H. (2001): Geht es noch härter? David Garlands Sicht der US-amerikanischen Kriminalpolitik. Eine Besprechung von David Garland, The Culture of Control, Crime and Social Order in Contemporary Society. In: Neue Kriminalpolitik 13. S. 16–19.

Käppner, J. (2012): Nachträgliche Sicherungsverwahrung. Wegsperren, um das Volk zu beruhigen. Süddeutsche Zeitung vom 12.7.2010. <http://www.sueddeutsche.de /politik/nachtraegliche-sicherungsverwahrung-wegsperren-um-das-volk-zu-beruhigen-1.973480> [Stand: 2012-10-22].

Kaiser, G. (2003): Rezension: Garland, David: The Culture of Control. Crime and Social Order in Contemporary Society. In: Monatsschrift für Kriminologie und Strafrechtsreform 86. S. 234–240.

Karras, A. (2008): Die Europäische Union als Beispiel für institutionalisierte (Sach-)Zwänge. In: C. Butterwegge / B. Lösch / R. Ptak (Hg.): Neoliberalismus. Analysen und Alternativen. Wiesbaden. S. 243–258.

Karstedt, S. (2010): Freiheit, Gleichheit und (Straf)Recht: Werte und Strafen in demokratischen Gesellschaften. In: F. Dünkel / T. Lappi-Seppälä / C. Morgenstern / D. van Zyl Smit (Hg.) (2010): Kriminalität, Kriminalpolitik, strafrechtliche Sanktionspraxis und Gefangenenraten im europäischen Vergleich. Band 37/2. Mönchengladbach. S. 935–962.

Katz, M. B. (1989): The Undeserving Poor. From the War on Poverty to the War on Welfare. New York.

Kaufmann, S. / U. Bröckling / E. Horn (2002): Einleitung. In: E. Horn / U. Bröckling (Hg.): Grenzverletzer. Von Schmugglern, Spionen und anderen subversiven Gestalten. Berlin. S. 7–22.

Kessl, F. (2012): Die Rede von der „neuen Unterschicht". In: M. Haller / M. Niggeschmidt (Hg.): Der Mythos vom Niedergang der Intelligenz: Von Galton zu Sarrazin: Die Denkmuster und Denkfehler der Eugenik. Wiesbaden. S. 185–192.

Kinzig, J. (2010): Das Recht der Sicherungsverwahrung nach dem Urteil des EGMR in Sachen M. gegen Deutschland. In: Neue Zeitschrift für Strafrecht 5. S. 233–239.

Kinzig, J. (2010): Die Entwicklung der Gesetzgebung zur Sicherungsverwahrung und die damit verbundenen Auswirkungen auf ihre Klientel. In: Forensische Psychiatrie, Psychologie, Kriminologie 4. S. 48–59 (2010a).

Klein, A. / W. Heitmeyer (2011): Demokratieentleerung und Ökonomisierung des Sozialen: Ungleichwertigkeit als Folge verschobener Kontrollbilanzen. In: Leviathan 39. S. 361–383.

Klimke, D. (2008): Wach- & Schließgesellschaft Deutschland. Sicherheitsmentalitäten in der Spätmoderne. Wiesbaden.

Klimke, D. / R. Lautmann (2006): Die neoliberale Ethik und der Geist des Sexualstrafrechts. In: Zeitschrift für Sexualforschung 19. S. 97–136.

Klimke, D. / F. Sack / C. Schlepper (2013): Wie der *punitive turn* an den deutschen Grenzen Halt machen soll. In: D. Klimke / A. Legnaro (Hg.): Politische Ökonomie und Sicherheit. Weinheim/Basel. S. 99–158.

Kocyba, H. (2004): Aktivierung. In: U. Bröckling / S. Krasmann / T. Lemke (Hg.): Glossar der Gegenwart. Frankfurt/M. S. 17–22.

Kocyba, H. (2008): Die neue Unterschicht: Von der Ausbeutung zur Ausgrenzung und zurück. In: C. Altenhein / A. Danilina / E. Hildebrandt / S. Kausch / A. Müller / T. Roscher (Hg.): Von »Neuer Unterschicht« und Prekariat. Gesellschaftliche Verhältnisse und Kategorien im Umbruch. Kritische Perspektiven auf aktuelle Debatten. Bielefeld. S. 65–76.

Köllisch, T. (2007): Risikomanagement und selektive Punitivität als „Kriminalpolitik von unten“: Zum Zeitverlauf des Hell-Dunkelfeldverhältnisses der Jugendgewalt in Deutschland zwischen 1986 und 2003. In: Kriminologisches Journal 39. S. 243–259.

Kötter, M. (2004): Subjektive Sicherheit, Autonomie und Kontrolle. Eine Analyse der jüngeren Diskurse des Sicherheitsrechts. In: Der Staat 43. S. 371–398.

Koriath, H. (2004): Zum Streit um die positive Generalprävention – Eine Skizze. In: H. Radtke / E. Müller / G. Britz / H. Koriath / H. Müller-Dietz (Hg.): Muss Strafe sein? Kolloquium zum 60. Geburtstag von Herrn Professor Dr. Dr. h.c. Heike Jung. 1. Aufl. Baden-Baden. S. 49–70.

Korte, J. (2009): Debatten im Bundestag zur Inneren Sicherheit. <http://die-linke.de/fileadmin/newsletter/texte/090701/innere_sicherheit_korte.pdf.> [Stand: 2009-07-03].

Kraemer, K. (2009): Prekarisierung – jenseits von Stand und Klasse? In: R. Castel / K. Dörre (Hg.): Prekarität, Abstieg, Ausgrenzung. Die soziale Frage am Beginn des 21. Jahrhunderts. Frankfurt/M./New York. S. 241–252.

Krasmann, S. (1999): Regieren über Freiheit. Zur Analyse der Kontrollgesellschaft in foucaultscher Perspektive. In: Kriminologisches Journal 31. S. 107–121.

Krasmann, S. (2000): Gouvernementalität der Oberfläche. Aggressivität (ab-)trainieren beispielsweise. In: U. Bröckling / Dies. / T. Lemke (Hg.): Gouvernementalität der Gegenwart. Studien zur Ökonomisierung des Sozialen. Frankfurt/M. S. 194–226.

Krasmann, S. (2000): Kriminologie der Unternehmer-Gesellschaft. In: M. Dinges / F. Sack (Hg.): Unsichere Großstädte? Vom Mittelalter bis zur Postmoderne. Konstanz. S. 291–311 (2000a).

Krasmann, S. (2003): Die Kriminalität der Gesellschaft. Zur Gouvernementalität der Gegenwart. Konstanz.

Krasmann, S. / P. de Marinis (1997): Machtintervention im urbanen Raum. In: Kriminologisches Journal 29. S. 162–185.

Kronauer, M. (2006): „Exklusion“ als Kategorie einer kritischen Gesellschaftsanalyse. Vorschläge für eine anstehende Debatte. In: H. Bude / A. Willisch (Hg.): Das Problem der Exklusion. Ausgegrenzte, Entbehrliche, Überflüssige. Hamburg. S. 27–45.

Kubink, M. (2002): Strafen und ihre Alternativen im zeitlichen Wandel. Kölner Kriminalwissenschaftliche Schriften. Band 37. Berlin.

Kunz, K.-L. (2004): Muss Strafe wirklich sein? Einige Überlegungen zur Beantwortbarkeit der Frage und zu den Konsequenzen daraus. In: H. Radtke / E. Müller / G. Britz (Hg.): Muss Strafe sein? Kolloquium zum 60. Geburtstag von Herrn Professor Dr. Dr. h.c. Heike Jung. Baden- Baden. S. 71–83.

Kunz, K.-L. (2008): Die wissenschaftliche Zugänglichkeit von Kriminalität. Wiesbaden (2008a).

Kunz, K.-L. (2008): Kriminologie. Eine Grundlegung. 5., völlig überarb. und akt. Aufl. Bern.

Kunz, K.-L. (2010): Strafrechtsmodelle und Gesellschaftsstruktur. In: Kriminologisches Journal 42. S. 9–23.

Kury, H. (1995): Wie restitutiv eingestellt ist die Bevölkerung? Zum Einfluß der Frageformulierung auf die Ergebnisse von Opferstudien. In: Monatsschrift für Kriminologie und Strafrechtsreform 84. S. 84–98.

Kury, H. (1998): Zur Sanktionseinstellung der Bevölkerung. In: H.-J. Albrecht / F. Dünkel / H.-J. Kerner / J. Kürzinger / H. Schöch / K. Sessar / B. Villmow (Hg.): Internationale Perspektiven in Kriminologie und Strafrecht. Festschrift für Günther Kaiser zum 70. Geburtstag. Berlin. S. 237–267.

Kury, H. / M. Brandenstein / J. Obergfell-Fuchs (2009): Dimensions of Punitiveness in Germany. In: European Journal of Criminal Policy Research 15. S. 63–81.

Kury, H. / T. Ferdinand (1999): Public Opinion and Punitivity. In: International Journal of Law and Psychiatry 22. S. 373–392.

Kury, H. / H. Kania / J. Obergfell-Fuchs (2004): Worüber sprechen wir, wenn wir über Punitivität sprechen? Versuch einer konzeptionellen und empirischen Begriffsbestimmung. In: R. Lautmann / D. Klimke / F. Sack (Hg.): Punitivität. 8. Beiheft zum Kriminologischen Journal. Weinheim. S. 51–88.

Kury, H. / J. Obergfell-Fuchs (2006): Punitivität in Deutschland. Zur Diskussion um eine neue „Straflust“. In: T. Feltes / C. Pfeiffer / G. Steinhilper (Hg.): Kriminalpolitik und ihre wissenschaftlichen Grundlagen. Festschrift für Hans-Dieter Schwind zum 70. Geburtstag. Heidelberg. S. 1021–1043.

Kury, H. / J. Obergfell-Fuchs / M. Würger (2002): Strafeinstellungen. Ein Vergleich zwischen Ost- und Westdeutschland. Freiburg i. Br.

Kurz, C. (2008): Biometrie nicht nur an den Grenzen. Erkennungsdienstliche Behandlung für jedermann. In: S. Gaycken / Dies. (Hg.): 1984.exe. Gesellschaftliche, politische und juristische Aspekte moderner Überwachungstechnologien. Bielefeld. S. 101–113.

Lacey, N. / L. Zedner (1995): Discourses of Community in Criminal Justice. In: Journal of Law and Society 22. S. 301–325.

Lacey, N. / L. Zedner (1998): Community in German Criminal Justice: A Significant Absence? In: Social & Legal Studies 7. S. 7–25.

Lacey, N. / L. Zedner (2000): "Community" and Governance: A Cultural Comparison. In: S. Karstedt / K.-D. Bussmann (Hg.): Social Dynamics of Crime and Control. New Theories for a World in Transition. Oxford. S. 157–169.

Lamnek, S. (2010): Qualitative Sozialforschung. Lehrbuch. 5., überarb. Aufl. Weinheim et al.

Lautmann, R. / D. Klimke (2004): Punitivität als Schlüsselbegriff für eine Kritische Kriminologie. In: Ders. / Dies. / F. Sack (Hg.): Punitivität. 8. Beiheft zum Kriminologischen Journal. Weinheim. S. 9–29.

Legnaro, A. (2006): ‚Moderne Dienstleistungen am Arbeitsmarkt' – Zur politischen Ratio der Hartz-Gesetze. In: Leviathan 34. S. 514–532.

Legnaro, A. (2008): Arbeit, Strafe und der Freiraum der Subjekte. In: Berliner Journal für Soziologie 18. S. 52–72.

Legnaro, A. / A. Birenheide (2005): Stätten der späten Moderne: Reiseführer durch Bahnhöfe, shopping malls, Disneyland Paris. Wiesbaden.

Legnaro, A. / A. Birenheide (2008): Regieren mittels Unsicherheit. Regime von Arbeit in der späten Moderne. Konstanz.

Lemke, T. (1997): Eine Kritik der politischen Vernunft: Foucaults Analyse der modernen Gouvernementalität. Berlin/Hamburg.

Lemke, T. (2004): Dispositive der Unsicherheit im Neoliberalismus. In: Widerspruch 24. S. 89–98.

Lenckner, T. (1989): 40 Jahre Strafrechtsentwicklung in er Bundesrepublik Deutschland: Der besondere Teil des StGB, seine Liberalisierung und ihre Grenzen. In: K. W. Nörr (Hg.): 40 Jahre BRD – 40 Jahre Rechtsentwicklung. Ringvorlesung der Juristischen Fakultät der Universität Tübingen. Tübingen. S. 325–345.

Leopold, N. (2006): 450 Millionen Europäer unter Generalverdacht. Die europäische Vorratsdatenspeicherung kommt. In: T. Müller-Heidelberg / U. Finckh / E. Steven / J. Kühn. / J. Micksch / W. Kaleck / M. Kutscha / R. Gössner / F. Schreiber (Hg.): Grundrechte-Report 2006. Zur Lage der Bürger- und Menschenrechte in Deutschland. Frankfurt/M. S. 116–120.

Lessenich, S. (2003): Der Arme in der Aktivgesellschaft – zum sozialen Sinn des „Förderns und Forderns". In: WSI Mitteilungen 4/2003: 214–220.

Lessenich, S. (2009): Mobilität und Kontrolle. Zur Dialektik der Aktivgesellschaft. In: K. Dörre / Ders. / H. Rosa (Hg.): Soziologie – Kapitalismus – Kritik. Eine Debatte. Frankfurt/M. S. 126–177.

Lessenich, S. (2009): „Neue Mitte": Das Ende der Planwirtschaft. In: R. Castel / K. Dörre (Hg.): Prekarität, Abstieg, Ausgrenzung. Die soziale Frage am Beginn des 21. Jahrhunderts. Frankfurt/M./New York. S. 259–268 (2009a).

Lessenich, S. (2012): „Aktivierender" Sozialstaat: eine politisch-soziologische Zwischenbilanz. In: R. Bispinck / G. Bosch / K. Hafemann / G. Naegele (Hg.): Sozialpolitik und Sozialstaat. Festschrift für Gerhard Bäcker. Wiesbaden. S. 41–53.

Liebl, K. (2008): Kriminalpolitik und kriminologische Forschung. In: H.-J. Lange (Hg.): Kriminalpolitik. Wiesbaden. S. 405–430.

Liszt, F. von (1882): Der Zweckgedanke im Strafrecht. In: Ders. (Hg.): Strafrechtliche Aufsätze und Vorträge. Erster Band. 1875 bis 1891. Berlin. S. 126–179.

Loader, I. (2006): Fall of the 'Platonic Guardians'. Liberalism, Criminology and Political Responses to Crime in England and Wales. In: The British Journal of Criminology 46. S. 561–586.

Lüdemann, C. (1986): Gesetzgebung als Entscheidungsprozess. Zur Normgenese der strafrechtlichen Regelung zur Strafaussetzung bei lebenslanger Freiheitsstrafe. Opladen.

Luhmann, N. (1978): Legitimation durch Verfahren. 3. Aufl. Darmstadt.

Lutz, T. (2010): Soziale Arbeit im Kontrolldiskurs. Jugendhilfe und ihre Akteure in postwohlfahrtstaatlichen Gesellschaften. Wiesbaden.

Mansel, J. / K. Endrikat (2007): Die Abwertung von „Überflüssigen" und „Nutzlosen" als Folge der Ökonomisierung der Lebenswelt – Langzeitarbeitslose, Behinderte und Obdachlose als Störfaktor In: Soziale Probleme 18. S. 163–185.

Mansel, J. / K. Endrikat / S. Hüpping (2006): Krisenfolgen. Soziale Abstiegsängste fördern feindselige Mentalitäten. In: W. Heitmeyer (Hg.): Deutsche Zustände. Folge 4. Frankfurt/M. S. 39–66.

Markantonatou, M. (2004): Die Umsetzung des Neuen Öffentlichen Managements in der Kriminalpolitik. In: Kriminologisches Journal 34. S. 162–177.

Matthews, R. (1992): Replacing 'broken windows': crime, incivilities and urban change. In: Ders. / J. Young (Hg.): Issues in Realist Criminology. London/Newbury Park/New Delhi. S. 19–50.

Mau, S. / L. Laube / C. Roos / S. Wrobel (2008): Grenzen in der globalisierten Welt. Selektivität, Internationalisierung, Exterritorialisierung. In: Leviathan 36. S. 123–148.

Mayer, H. (1977): Die gesellige Natur des Menschen. Sozialanthropologie aus kriminologischer Sicht. Berlin.

Mayring, P. (2001): Kombination und Integration qualitativer und quantitativer Analyse. In: Forum Qualitative Sozialforschung 2. <http://www.qualitative-research.net/index.php/fqs/article/view/967/2111> [Stand: 2012-11-18].

Mayring, P. (2003): Qualitative Inhaltsanalyse. Grundlagen und Techniken. 8. Aufl. Weinheim.

McAlinden, A.-M. (2012): The governance of sexual offending across Europe: Penal policies, political economies and the institutionalization of risk. In: Punishment & Society 14. S. 166–192.

Meier, B.-D. (2001): Strafrechtliche Sanktionen. Berlin.

Melossi, D. (2009): Die wandelnden Repräsentationen des Kriminellen. In: Widersprüche 113. S. 9–32.

Merten, K. (1995): Inhaltsanalyse: Einführung in Theorie, Methode und Praxis. 2., verb. Aufl. Opladen.

Muncie, J. (2008): The 'Punitive Turn' in Juvenile Justice: Cultures of Control and Rights Compliance in Western Europe and the USA. In: Youth Justice 8. S. 107–121.

Naucke, W. (1975): Tendenzen in der Strafrechtsentwicklung. Karlsruhe.

Naucke, W. (1999): Konturen eines nach-präventiven Strafrechts. In: Kritische Vierteljahresschrift für Gesetzgebung und Rechtswissenschaft 82. S. 336–354.

Naucke, W. (2004): Das Zerfasern des Strafrechts. In: M. Althoff / P. Becker / G. Löschper / J. Stehr (Hg.): Zwischen Anomie und Inszenierung. Interdisziplinäre Studien zu Staat und Recht 31. Baden-Baden. S. 42–56.

Naucke, W. (2010): Die robuste Tradition des Sicherheitsstrafrechts. In: Kritische Vierteljahresschrift für Gesetzgebung und Rechtswissenschaft 93. S. 129–136.

Neckel, S. (2001): „Leistung“ und „Erfolg“. Die symbolische Ordnung der Marktgesellschaft. In: E. Barlösius / H.-P. Müller / S. Sigmund (Hg.): Gesellschaftsbilder im Umbruch. Soziologische Perspektiven in Deutschland. Opladen. S. 245–265.

Neckel, S. (2008): Die gefühlte Unterschicht: Vom Wandel der sozialen Selbsteinschätzung. In: Ders.: Flucht nach vorn. Die Erfolgskultur der Marktgesellschaft. Frankfurt/M. S. 175–195.

Neckel, S. (2008): Gewinner – Verlierer. In: Ders.: Flucht nach vorn. Die Erfolgskultur der Marktgesellschaft. Frankfurt/M. S. 158–174 (2008a).

Neckel, S. / K. Dröge (2002): Die Verdienste und ihr Preis: Leistung in der Marktgesellschaft. In: A. Honneth (Hg.): Befreiung aus der Mündigkeit. Paradoxien des gegenwärtigen Kapitalismus. Frankfurt/M. S. 93–116.

Neckel, S. / F. Sutterlüty (2005): Negative Klassifikationen. Konflikte um die symbolische Ordnung sozialer Ungleichheit. In: W. Heitmeyer / P. Imbusch (Hg.): Integrationspotenziale einer modernen Gesellschaft. Wiesbaden. S. 409–428.

Niggli, M. A. / S. Maeder (2010): Was schützt eigentlich Strafrecht (und schützt es überhaupt etwas)? In: F. Matscher / P. Pernthaler / A. Raffeiner (Hg.): Ein Leben für Recht und Gerechtigkeit. Festschrift für Hans R. Klecatsky zum 90. Geburtstag. Wien/Graz. S. 479–500.

Nogala, D. (1995): Was ist eigentlich so privat an der Privatisierung sozialer Kontrolle? In: F. Sack / M. Voß / D. Frehsee / A. Funk / H. Reinke (Hg.): Privatisierung staatlicher Kontrolle: Befunde, Konzepte, Tendenzen. Baden-Baden. S. 234–260.

Nogala, D. (2001): Ordnungsarbeit in einer glokalisierten Welt – Die neue Mischökonomie des Polizierens und der Polizei. In: J. Fehérváry / W. Stangl (Hg.): Polizei zwischen Europa und den Regionen. Analysen disparater Entwicklungen. Schriftenreihe der Sicherheitsakademie. Wien. S. 185–222.

Nullmeier, F. (2006): Eigenverantwortung, Gerechtigkeit und Solidarität – Konkurrierende Prinzipien der Konstruktion moderner Wohlfahrtsstaaten? In: WSI Mitteilungen 4/2006. S. 175–180.

Nullmeier, F. / F. Rüb (1993): Die Transformation der Sozialpolitik. Vom Sozialstaat zum Sicherungsstaat. Frankfurt/M.

Obergfell-Fuchs, J. (2005): First Approach – Judicial Punitiveness. Vortrag auf der Tagung „The Desire to Punish – Research on Punishment“ am 18.3.2005 am Max-Planck-Institut für ausländisches und internationales Strafrecht. Freiburg i. Br.

Obergfell-Fuchs, J. / H. Kury (2004): Strafeinstellungen der Bevölkerung. In: M. Walter / H. Kania / H.-J. Albrecht (Hg.): Alltagsvorstellungen von Kriminalität. Kölner Schriften zur Kriminologie und Kriminalpolitik. Band 5. Münster.

Oberwittler, D. / S. Höfer (2005): Crime and Justice in Germany. An Analysis of Recent Trends and Research. In: European Journal of Criminology 2. S. 465–508.

Öchsner, T. (2012): Jobcenter verhängen mehr als eine Million Hartz-IV-Sanktionen. Sueddeutsche.de vom 19.11.2012. <http://www.sueddeutsche.de/wirtschaft/neuer-rekord-jobcenter-verhaengen-mehr-als-eine-million-hartz-iv-sanktionen-1.1527783> [Stand: 2012-12-3].

Offe, C. (2001): Wessen Wohl ist das Gemeinwohl? In: L. Wingert / K. Günther (Hg.): Die Öffentlichkeit der Vernunft und die Vernunft der Öffentlichkeit: Festschrift für Jürgen Habermas. Frankfurt/M. S. 459–488.

O'Malley, P. (1992): Risk, Power and Crime Prevention. In: Economy and Society 21. S. 252–275.

O'Malley, P. (1996): Risk and Responsibility. In: A. Barry / T. Osborne / N. Rose (Hg.): Foucault and Political Reason. Liberalism, Neo-Liberalism and the Rationalities of Government. Chicago. S. 189–207.

O'Malley, P. (2004): Risk, Uncertainty and Government. London.

O'Malley, P. / D. Palmer (1996): 'Post-Keynesian Policing'. In: Economy and Society 25. S. 137–155.

Opitz, S. (2011): Widerstreitende Temporalitäten: Recht in Zeiten des Risikos. In: Behemoth – A Journal on Civilisation 4. S. 58–82.

Ostendorf, H. (2011): Strafverschärfungen im Umgang mit Jugendkriminalität. In: B. Dollinger / H. Schmidt-Semisch (Hg.): Handbuch Jugendkriminalität. 2., durchgesehene Aufl. Wiesbaden. S. 91–104.

Patzelt, W. J. (2005): Der Bundesrat. In: O. W. Gabriel / E. Holtmann (Hg.): Politisches System der Bundesrepublik Deutschland. 3., völlig überarb. u. erw. Aufl. München. S. 263–290.

Peters, H. (2009): „Punitive Turn"? In: Kriminologisches Journal 41. S.179–186.

Peters, H. / F. Sack (2003): Von mäßiger Fortschrittlichkeit und soziologischer Ignoranz. Zum „Ersten Periodischen Sicherheitsbericht". In: Kriminologisches Journal 35. S. 17–29.

Petrunik, M. / L. Deutschmann (2008): The Exclusion-Inclusion Spectrum in State and Community Response to Sex Offenders in Anglo-American and European Jurisdictions. In: International Journal of Offender Therapy and Comparative Criminology 52. S. 499–519.

Pfeiffer, C. / M. Windzio / M. Kleimann (2004): Die Medien, das Böse, und wir. Zu den Auswirkungen der Mediennutzung auf Kriminalitätswahrnehmung, Strafbedürfnisse und Kriminalpolitik. In: Monatsschrift für Kriminologie und Strafrechtsreform 88. S. 415–436.

Pfeiffer, D. / S. Scheerer (1979): Kriminalsoziologie: eine Einführung in Theorien und Themen. Stuttgart et al.

Plack, A. (1974): Plädoyer für die Abschaffung des Strafrechts. München.

Plewig, H.-J. (2007): Neue deutsche Härte – Die „Konfrontative Pädagogik" auf dem Prüfstand (Teil 1). In: Zeitschrift für Jugendkriminalrecht und Jugendhilfe 18. S. 363–367.

Plewig, H.-J. (2008): Neue deutsche Härte – Die „Konfrontative Pädagogik" auf dem Prüfstand (Teil 2). In: Zeitschrift für Jugendkriminalrecht und Jugendhilfe 19. S. 52–58.

Plewig, H.-J. (2010): Konfrontative Pädagogik. In: M. Dörr / B. Herz (Hg.): „Unkulturen" in Bildung und Erziehung. Wiesbaden. S. 151–168.

Popitz, H. (1992): Phänomene der Macht. 2., stark erw. Aufl. Tübingen.

Pratt, J. (2007): Penal Populism. London/New York.

Pratt, J. / D. Brown / M. Brown / S. Hallsworth / W. Morrison (Hg.) (2005): The New Punitiveness. Trends, theories, perspectives. Cullompton.

Prittwitz, C. (1993): Strafrecht und Risiko. Untersuchungen zur Krise von Strafrecht und Kriminalpolitik in der Risikogesellschaft. Frankfurt/M.

Prittwitz, C. (2007): Personale Rechtsgutslehre und die »Opfer von morgen«. In: U. Neumann / Ders. (Hg.): „Personale Rechtsgutslehre" und „Opferorientierung im Strafrecht". Frankfurt/M. S. 97–111.

Ptak, R. (2007): Grundlagen des Neoliberalismus. In: C. Butterwegge / B. Lösch / Ders.: Kritik des Neoliberalismus. Wiesbaden. S. 13–85.

Puschke, J. (2010): Zeit für das Ende der Sicherungsverwahrung. In: Mitteilungen der Humanistischen Union Nr. 208. S. 1–3.

Ranulf, S. (1964): Moral indignation and middle class psychology: A sociological study. New York.

Reemtsma, J.-P. (1999): Das Recht des Opfers auf die Bestrafung des Täters – als Problem. Vortrag gehalten vor der Juristischen Studiengesellschaft Regensburg am 20.1.1998. München.

Rengier, R. (2003): Entwicklungslinien im Sexualstrafrecht. In: Justizministerium Baden-Württemberg (Hg.): Schutz vor Sexualstraftaten als gesamtgesellschaftliche Aufgabe: Bericht über das 23. Triberger Symposium des Justizministeriums Baden-Württemberg am 28. und 29. November 2002. Stuttgart. S. 9–38.

Renner, K.-H. (2003): „Florida-Rolf" und Bohlens Lebensbeichte: Zum Agenda-Setting der „Bild". Vortrag auf dem Kongress „Strukturwandel der Öffentlichkeit 2.0 – Mediendemokratie = Medien + Demokratie?" am 1.12.2003. <http://www.bpb.de/veranstaltungen/VVTUUC.html> [Stand: 2010-4-3].

Renzikowski, J. (2002): Toleranz und die Grenzen des Strafrechts. In: E. Graul / G. Wolf (Hg.): Gedächtnisschrift für Dieter Meurer. Berlin. S. 179–208.

Resch, C. / H. Steinert (2009): Kapitalismus: Porträt einer Produktionsweise. Münster.

Reuband, K.-H. (2003): Steigende Repressionsneigung im Zeitalter der „Postmoderne"? Das Sanktionsverlangen der Bundesbürger 1989 und 2002 im Vergleich. In: Neue Kriminalpolitik 15. S. 100–104.

Reuband, K.-H. (2004): Steigende Straflust der Bundesbürger? Ein Vergleich bundesweiter Umfragen zwischen 1970 und 2003. In: R. Lautmann / D. Klimke / F. Sack (Hg.): Punitivität. 8. Beiheft zum Kriminologischen Journal. Weinheim. S. 89–104.

Reuband, K.-H. (2006): Steigende Punitivität in der Bevölkerung – ein Mythos? In: Neue Kriminalpolitik 18. S. 99–103.

Reuband, K.-H. (2007): Konstanz und Wandel in der „Strafphilosophie" der Deutschen – Ausdruck stabiler Verhältnisse oder steigender Punitivität? Ergebnisse eines Langzeitvergleichs (1970-2003). In: Soziale Probleme 18. S. 187–213.

Reuband, K.-H. (2007): Steigende Kriminalitätsbedrohung, Medienberichterstattung und Kriminalitätsfurcht der Bürger. In: H. Hess / L. Ostermeier / B. Paul (Hg.): Kontrollkulturen. Texte zur Kriminalpolitik im Anschluss an David Garland. 9. Beiheft zum Kriminologischen Journal. Weinheim. S. 71–86 (2007a).

Reuband, K.-H. (2010): Steigende Punitivität oder stabile Sanktionsorientierungen der Bundesbürger? In: Soziale Probleme 21. S. 98–116.

Robinson, G. (2008): Late-modern rehabilitation. In: Punishment & Society 10. S. 429–445.

Rösel, J. / T. von Trotha (2003): Reorganisation oder Ende der Rechtsstaatlichkeit? Risikostrafrecht, Kultur der Viktimisierung, Wiederkehr der Rache, Globaler Kleinkrieg, Präventive Sicherheitsordnung. In: epd Entwicklungspolitik 1/2. S. 33–40.

Rosa, H. (2005): Beschleunigung. Die Veränderungen der Zeitstrukturen in der Moderne. Frankfurt/M.

Rose, N. / P. Miller (1992): Political power beyond the State: problematics of government. In: British Journal of Sociology 43. S. 173–205.

Roxin, C. (1997): Grundlagen. Der Aufbau der Verbrechenslehre. 3. Aufl. München.

Rucht, D. / P. Hocke / D. Oremus (1995): Quantitative Inhaltsanalyse: Warum, wo, wann und wie wurde in der Bundesrepublik protestiert? In: U. von Alemann (Hg.): Politikwissenschaftliche Methoden. Grundriss für Studium und Forschung. Opladen. S. 262–291.

Rüther, W. (1982): Empirische Normgeneseforschung. In: Kriminologisches Journal 14. S. 177–193.

Rzepka, D. (2003): Zur aktuellen Verschärfung des Strafrechts. In: Kriminologisches Journal 25. S. 234–247.

Rzepka, D. (2004): Punitivität in Politik und Gesetzgebung. In: R. Lautmann / D. Klimke / F. Sack (Hg.): Punitivität. 8. Beiheft zum Kriminologischen Journal. Weinheim. S. 136–151.

R+V Infocenter (2012): Die Ängste der Deutschen 2012. <http://www.ruv.de/de/presse/download/pdf/aengste-der-deutschen-2012/dieaengstederdeutschen_bundesweit.pdf> [Stand: 2012-11-09].

Sack, F. (1995): Prävention – ein alter Gedanke in neuem Gewand. Zur Entwicklung und Kritik der Strukturen »postmoderner« Kontrolle. In: R. Gössner (Hg.): Mythos Sicherheit. Der hilflose Schrei nach dem starken Staat. Baden-Baden. S. 429–456.

Sack, F. (2002): Prävention als staatliches Sicherheitsversprechen – Wandlungen des Gewaltmonopols in Deutschland. In: Komitee für Grundrechte und Demokratie (Hg.): Verpolizeilichung der Bundesrepublik Deutschland: Polizei und Bürgerrechte in den Städten. Dokumentation einer Tagung des Komitees für Grundrechte und Demokratie in Kooperation mit der Evangelischen Akademie Arnoldshain vom 15. bis 17. September 2000 in Arnoldshain. Arnoldshain. S. 21–65.

Sack, F. (2003): Von der Nachfrage- zur Angebotspolitik auf dem Feld der inneren Sicherheit. In: H.-J. Dahme / H.-U. Otto / A. Trube / N. Wohlfahrt (Hg.): Soziale Arbeit für den aktivierenden Staat. Opladen. S. 249–276.

Sack, F. (2004): Wie die Kriminalpolitik dem Staat aufhilft. Governing through Crime als neue politische Strategie. In: R. Lautmann / D. Klimke / Ders. (Hg.): Punitivität. 8. Beiheft zum Kriminologischen Journal. Weinheim S. 30–50.

Sack, F. (2006): Deutsche Kriminologie: Auf eigenen (Sonder)Pfaden? In: J. Obergfell-Fuchs / M. Brandenstein (Hg.): Nationale und internationale Entwicklungen in der Kriminologie. Festschrift für Helmut Kury zum 65. Geburtstag. Frankfurt/M. S. 35–71.

Sack, F. (2006): Gesellschaftliche Entwicklung und Sanktionseinstellungen – Anmerkungen zur deutschen kriminalpolitischen Diskussion. In: Soziale Probleme 17. S. 155–173 (2006a).
Sack, F. (2007): Juristen im Feindrechtsstaat. Wer den Rechtsstaat verteidigen will, muss die Gründe seines Niedergangs in den Blick nehmen. In: Vorgänge. Zeitschrift für Bürgerrechte und Gesellschaftspolitik 178. S. 5–26.
Sack, F. (2007): Die deutsche Kriminologie – von „draußen“ betrachtet. In: H. Hess / L. Ostermeier / B. Paul (Hg.): Kriminalpolitik im Zeichen neuer Kontrollkulturen. 9. Beiheft zum Kriminologischen Journal. Weinheim. S. 205–230 (2007a).
Sack, F. (2008): Die deutsche Kriminologie im Lichte des Werkes von D. Garland. In: D. Klimke (Hg.): Exklusion in der Marktgesellschaft. Wiesbaden. S. 301–322.
Sack, F. (2009): Kriminalsoziologie: Gesellschaftstheoretische Pfade. In: K. Inhetveen / G. Klute (Hg.): Begegnungen und Auseinandersetzungen. Festschrift für Trutz von Trotha. Köln. S. 49–75.
Sack, F. (2010): Der weltweite „punitive turn“: ist die Bundesrepublik dagegen gefeit? In: H.-G. Soeffner (Hg.): Unsichere Zeiten. Herausforderungen gesellschaftlicher Transformationen. Verhandlungen des 34. Kongresses der Deutschen Gesellschaft für Soziologie in Jena 2008. Wiesbaden. S. 229–244.
Sack, F. (2010): Innere Sicherheit. In: Soziologische Revue 33. S. 52–59 (2010a).
Sack, F. (2011): Symbolische Kriminalpolitik und wachsende Punitivität. In: B. Dollinger / H. Schmidt-Semisch (Hg.): Handbuch Jugendkriminalität. 2., durchgesehene Aufl. Wiesbaden. S. 63–89.
Sack, F. (2012): Ökonomisierung von Kriminal- und Sicherheitspolitik. In: K. Boers (Hg.): Kriminologische Perspektiven. Wissenschaftliches Symposium zum 70. Geburtstag von Klaus Sessar. Münster et al. S. 106–138.
Sack, F. / C. Schlepper (2011): Das Sexualstrafrecht als Motor der Kriminalpolitik. In: Kriminologisches Journal 43. S. 247–268.
Sampson, R. J. / S. W. Raudenbush (1999): Systematic Observation of Public Spaces: A New Look at Disorder in Urban Neighborhoods. In: American Journal of Sociology 105. S. 603–651.
Sarat, A. (1997): Vengeance, Victims and the Identities of Law. In: Social and Legal Studies 6. S. 163–189.
Sarrazin, T. (2010): Deutschland schafft sich ab. Wie wir unser Land aufs Spiel setzen. München.
Savelsberg, J. J. (1990): Zur Setzung von Wirtschaftsstrafrecht in Wohlfahrtsstaaten. In: H. Haferkamp (Hg.): Der Wohlfahrtsstaat und seine Politik des Strafens. Opladen. S. 137–202.
Savelsberg, J. J. (1999): Knowledge, domination and criminal punishment revisited. In: Punishment & Society 1. S. 45–70.
Scheerer, S. (1979): Strafgesetzgebung. In: R. Sieverts / H.-J. Schneider (Hg.): Handwörterbuch der Kriminologie. Band 4. 2. Aufl. Berlin/New York. S. 393–404.
Scheerer, S. (1982): Die Genese der Betäubungsmittelgesetze in der Bundesrepublik Deutschland und in den Niederlanden. Göttingen.
Scheerer, S. (1985): Neue soziale Bewegungen und Strafrecht. In: Kritische Justiz 18. S. 245–254.

Scheerer, S. (1986): Atypische Moralunternehmer. In: H. Hess/H. Steinert (Hg.): Kritische Kriminologie heute. 1. Beiheft zum Kriminologischen Journal. Weinheim. S. 133–156.

Scheerer, S. (1993): Die soziale Aufgabe des Strafrechts. In: H. Peters (Hg.): Muß Strafe sein? Zur Analyse und Kritik strafrechtlicher Praxis. Opladen. S. 79–90.

Schlepper, C. (2011): Strategien der Legitimation restriktiver Sicherheitspolitik. Experteninterviews mit politischen Entscheidungsträgern und Vertretern von Bürgerrechtsorganisationen. In: Monatsschrift für Kriminologie und Strafrechtsreform 94. S. 199–212.

Schimank, U. (2005): Weltgesellschaft und Nationalgesellschaften: Funktionen von Staatsgrenzen. In: B. Heintz (Hg.): Weltgesellschaft. Theoretische Zugänge und empirische Problemlagen. Stuttgart. S. 394–414.

Schmidt-Semisch, H. (2000): Selber schuld. Skizzen versicherungsmathematischer Gerechtigkeit. In: U. Bröckling / S. Krasmann / T. Lemke (Hg.): Gouvernementalität der Gegenwart. Studien zur Ökonomisierung des Sozialen. Frankfurt/M. S. 168–193.

Schöch, H. (1985): Empirische Grundlagen der Generalprävention. In: T. Vogler / H.-H. Jescheck (Hg.): Festschrift für Hans-Heinrich Jescheck zum 70. Geburtstag. Berlin. S. 1081–1105.

Schöch, H. (2007): Kriminalpolitik in Zeiten komplexer Bedrohungsformen. In: F. Lösel / D. Bender / J.-M. Jehle (Hg.): Kriminologie und wissensbasierte Kriminalpolitik. Entwicklungs- und Evaluationsforschung. Mönchengladbach. S. 45–64.

Schöch, H. (2009): Neue Punitivität in der Jugendkriminalpolitik? In: Bundesministerium der Justiz (Hg.): Das Jugendkriminalrecht vor neuen Herausforderungen? Jenaer Symposium 9. – 11. September 2008. 1. Aufl. Mönchengladbach. S. 13–27.

Schroeder, F.-C. (2006): Die neuere Entwicklung des Strafrechts in Deutschland. In: H. Kury / E. Karimov (Hg.): Kriminalität und Kriminalprävention in Ländern des Umbruchs. Beiträge einer Internationalen Konferenz in Baku/Aserbaidschan. Bochum. S. 225–232.

Schröder, G. (2002): „Gerechtigkeit im Zeitalter der Globalisierung schaffen – für eine Partnerschaft in Verantwortung“. Regierungserklärung vom 29.10.2002. Berlin.

Schroer, M. (2009): Räume, Orte, Grenzen. Auf dem Weg zu einer Soziologie des Raums. Frankfurt/M.

Schünemann, B. (2004): Fortschritte und Fehltritte in der Strafrechtspflege der EU. In: Goltdammers Archiv 151. S. 193–209.

Schulze-Fielitz, H. (1988): Theorie und Praxis parlamentarischer Gesetzgebung: besonders des 9. Deutschen Bundestages (1980-1983). Berlin.

Schumann, K. F. (2003): Im Bunker des Elfenbeinturms. Peters & Sack verwerfen den PSB – eine Replik. In: Kriminologisches Journal 35. S. 135–140.

Schwind, H.-D. / J. Baumann et al. (Hg.) (1990): Ursachen, Prävention und Kontrolle von Gewalt. Band I: Endgutachten und Zwischengutachten der Arbeitsgruppen. Berlin.

Schwind, H.-D. / D. Fetchenhauer / W. Ahlborn / R. Weiß (2001): Kriminalitätsphänomene im Langzeitvergleich am Beispiel einer deutschen Großstadt. Bochum 1975 – 1986 – 1998. Neuwied.

Sebba, L. (2009): Victim-driven ‘Criminalisation‘? Some Recent Trends in the Expansion in the Criminal Law. In: B. McSherry / A. Norrie / S. Bronitt (Hg.): Regulating Deviance. The Redirection of Criminalisation and the Futures of Criminal Law. Oxford. S. 59–84.

Selbmann, F. (2008): Verfassungsbeschwerde der Schriftstellerin und Rechtsassessorin Juli Zeh und des Rechtsanwalts Dr. Frank Selbmann vom 28.01.2008. <http://zelos.zeit.de/2008/06/Verfassungsbeschwerde28012008.pdf> [Stand: 2009-10-15].

Sennett, R. (1983): Verfall und Ende des öffentlichen Lebens. Die Tyrannei der Intimität. Frankfurt/M.

Sessar, K. (1992): Wiedergutmachen oder strafen. Einstellungen in der Bevölkerung und der Justiz. Ein Forschungsbericht. Pfaffenweiler.

Sessar, K. (1998): Kriminalitätseinstellungen: Von der Furcht zur Angst? In H.-D. Schwind / E. Kube / H. H. Kühne (Hg.): Kriminologie an der Schwelle zum 21. Jahrhundert. Festschrift für Hans Joachim Schneider zum 70. Geburtstag am 14. November 1998. Berlin. S. 399–414.

Shearing, C. (1996): Public and Private Policing. In: W. Saulsbury / J. Mott / T. Newburn (Hg.): Themes in Contemporary Policing. London. S. 83–95.

Shearing, C. (1997): Gewalt und die neue Kunst des Regierens. In: T. von Trotha (Hg.): Soziologie der Gewalt. Sonderheft 37 der Kölner Zeitschrift für Soziologie und Sozialpsychologie. Opladen. S. 263–278.

Sieber, U. (2007): Grenzen des Strafrechts. Grundlagen und Herausforderungen des neuen strafrechtlichen Forschungsprogramms am Max-Planck-Institut für ausländisches und internationales Strafrecht. In: Zeitschrift für die gesamte Strafrechtswissenschaft 119. S. 1–68.

Silva Sánchez, J.-M. (2003): Die Expansion des Strafrechts. Kriminalpolitik in postindustriellen Gesellschaften. Frankfurt/M.

Simmel, G. (1992): Soziologie. Untersuchungen über die Formen der Vergesellschaftung. 1. Aufl., [Nachdr.]. Frankfurt/M.

Simon, J. (1997): Gewalt, Rache und Risiko. Die Todesstrafe im neoliberalen Staat. In: T. von Trotha (Hg.): Soziologie der Gewalt. Sonderheft 37 der Kölner Zeitschrift für Soziologie und Sozialpsychologie. Opladen. S. 279–301.

Simon, J. (1997): Governing through Crime. In: L. M. Friedman / G. Fisher (Hg.): The Crime Conundrum. Essays on Criminal Justice. Boulder CO. S. 171–189 (1997a).

Simon, J. (2001): 'Entitlement to cruelty': neo-liberalism and the punitive mentality in the United States. In: K. Stenson / R. R. Sullivan (Hg.): Crime, Risk and Justice. The politics of crime control in liberal democracies. Cullompton. S. 125–143.

Simon, J. (2007): Governing Through Crime. How the War on Crime Transformed American Democracy and Creates a Culture of Fear. Oxford.

Singelnstein, T. / P. Stolle (2012): Die Sicherheitsgesellschaft. Soziale Kontrolle im 21. Jahrhundert. 3., vollst. überarb. Aufl. Wiesbaden.

Snacken, S. (2010): Resisting punitiveness in Europe? In: Theoretical Criminology 14. S. 273–292.

Stangl, W. (1985): Die neue Gerechtigkeit. Strafrechtsreform in Österreich 1954-1975. Wien.

Steinert, H. (2003): Selektive Realitätskonstruktion und populistische Politik. In: R. Hitzler / J. Reichertz (Hg.): Irritierte Ordnung: Die gesellschaftliche Verarbeitung von Terror. Konstanz. S. 199–214.

Steinke, R. (2010): Urteil gegen die Resozialisierung. tagesezeitung vom 9. März 2010. <http://www.taz.de/!49491/> [Stand: 2013-03-14].

Stolle, P. (2011): Das (Un-)Sicherheitsgefühl – ein untauglicher Begründungszusammenhang für eine Politik der Inneren Sicherheit. In: Kritische Justiz 44. S. 16–24.

Streng, F. (2006): Strafmentalität und gesellschaftliche Entwicklung – Aspekte zunehmender Punitivität. in: R. Behr / H. Cremer-Schäfer / S. Scheerer (Hg.): Kriminalitäts-Geschichten. Berlin. S. 211–228.

Süddeutsche Zeitung Magazin (1998): Wie nah dran sind die Medien an der Wirklichkeit? Nr. 53 vom 31.12.1998. S. 24.

Suhling, S. (2003): Factors Contributing to Rising Imprisonment Figures in Germany. In: The Howard Journal 42. S. 55–68.

Suhling, S. / T. Schott / K. Brettfeld (2002): Steigende Gefangenenzahlen – Probleme und mögliche Ursachen. In: Soziale Probleme 13. S. 156–184.

Sunstein, C. (2007): Gesetze der Angst. Jenseits des Vorsorgeprinzips. Frankfurt/M.

Sutton, J. R. (2004): The Political Economy of Imprisonment in Affluent Western Democracies, 1960-1990. In: American Sociological Review 69. S. 170–189.

Sykes, C. J. (1992): A Nation of Victims. The Decay of the American Character. New York.

Theile, C. (2012): Tiere sind nicht für sexuellen Kontakt mit Menschen geschaffen. Sueddeutsche.de vom 28.11.2012. <http://www.sueddeutsche.de/politik/agrar-ausschuss-entscheidet-ueber-zoophilie-sexueller-kontakt-zu-tieren-soll-bestraft-werden-1.1535498> [Stand: 2012-12-13].

Theile, C. (2012): Ehemaliger Verfassungsrichter Hassemer zum Zoophilie-Verbot – „Nicht alles Widerliche verdient Strafe“. Sueddeutsche.de vom 13.12.2012. <http://www.sueddeutsche.de/politik/ehemaliger-verfassungsrichter-hassemer-zum-zoophilie-verbot-nicht-alles-widerliche-verdient-staatliche-strafe-1.1548925> [Stand: 2012-12-13] (2012a).

Töller, A. E. (2004): Dimensionen der Europäisierung – Das Beispiel des Deutschen Bundestages. In: Zeitschrift für Parlamentsfragen 35. S. 25–50.

Tonry, M. (2004): Why Aren't German Penal Policies Harsher and Imprisonment Rates Higher? In: German Law Review 5. S. 1187–1206.

Tonry, M. (2007): Determinants of Penal Policy. In: Ders. (Hg.): Crime, Punishment, and Politics in Comparative Perspectives. Crime and Justice. Vol 36. Chicago. S. 1–48.

Trotha, T. von (1982): Recht und Kriminalität. Auf der Suche nach Bausteinen für eine rechtssoziologische Theorie des abweichenden Verhaltens und der sozialen Kontrolle. Tübingen.

Trotha, T. von (1986): Distanz und Nähe. Zur Verstrafrechtlichung der Gesellschaft und zur Vergesellschaftung des Strafrechts. In: Ders.: Distanz und Nähe: Über Politik, Recht und Gesellschaft zwischen Selbsthilfe und Gewaltmonopol. Tübingen. S. 54–78.

Trotha, T. von (2002): Über die Zukunft der Gewalt. In: Monatsschrift für Kriminologie und Strafrechtsreform 85. S. 349–368.

Trotha, T. von (2003): Die präventive Sicherheitsordnung. In: W. Ruf (Hg.): Politische Ökonomie der Gewalt. Staatszerfall und die Privatisierung von Gewalt und Krieg. Opladen. S. 51–75.

Trotha, T. von (2008): Gewalt und Sicherheit. Gesellschaft zwischen anspruchsvollem Sicherheitsversprechen und neuen Unsicherheiten. Vortrag am 27.03.2008 am Hamburger Institut für Sozialforschung. Hamburg.

Trotha, T. von (2010): Die präventive Sicherheitsordnung: Weitere Skizzen über die Konturen einer ‚Ordnungsform der Gewalt'. In: Kriminologisches Journal 42. S. 24–40.

Trotha, T. von (2010): Vom Wandel des Gewaltmonopols oder der Aufstieg der präventiven Sicherheitsordnung. In: Kriminologisches Journal 42. S. 218–234 (2010a).

Trotha, T. von (2011): Eloge auf Fritz anlässlich des Symposiums Politische Ökonomie und Sicherheit, Hamburg, 5. – 6. Oktober 2011. Unv. Ms.

Urban, H.-J. (2004): Eigenverantwortung und Aktivierung – Stützpfeiler einer neuen Wohlfahrtsarchitektur? In: WSI Mitteilungen 9/2004. S. 467–473.

Van Dyk, S. / S. Lessenich (2008): Unsichere Zeiten. Die paradoxale »Wiederkehr« der Unsicherheit. In: Mittelweg 36 7. S. 13–45.

Vogel, B. (2009): Das Prekariat – eine neue soziale Lage? In: R. Castel / K. Dörre (Hg.): Prekarität, Abstieg, Ausgrenzung. Die soziale Frage am Beginn des 21. Jahrhunderts. Frankfurt/M./New York. S. 197–208.

Vogel, B. (2009): Minusvisionen in der Mittelklasse. Soziale Verwundbarkeit und prekärer Wohlstand als Leitbegriffe neuer sozialer Ungleichheiten. In: Widersprüche 29. S. 9–18 (2009a).

Vormbaum, T. (1999): Strafbarkeitslücken. In: Juristenzeitung 54. S. 613.

Vormbaum, T. (2004): 130 Jahre Strafgesetzgebung. Markierungspunkte und Tendenzen. In: Ders. / J. Welp (Hg.): 130 Jahre Strafgesetzgebung. Eine Bilanz. Berlin. S. 456–489.

Vormbaum, T. (2011): Einführung in die moderne Strafrechtsgeschichte. 2. Aufl. Berlin/Heidelberg.

Vormbaum, T. / J. Welp (Hg.) (2004): 130 Jahre Strafgesetzgebung. Eine Bilanz. Supplementband 1. Berlin.

Vormbaum, T. / J. Welp (Hg.) (2006): Das Strafgesetzbuch. Sammlung der Änderungen und Neubekanntmachungen. Supplementband 3: Ergänzungs-, Nachtrags- und Registerband. Berlin.

Voß, G. G. / H. J. Pongratz (1998): Der Arbeitskraftunternehmer. Eine neue Grundform der Ware Arbeitskraft? In: Kölner Zeitschrift für Soziologie und Sozialpsychologie 50. S. 131–158.

Voß, M. (1993): Privatisierung öffentlicher Sicherheit. In: D. Frehsee / G. Löschper / K. F. Schumann (Hg.): Strafrecht, soziale Kontrolle, soziale Disziplinierung. Jahrbuch für Rechtssoziologie und Rechtstheorie XV. Opladen. S. 81-102.

Wacquant, L. (1997): Vom wohltätigen Staat zum strafenden Staat: Über den politischen Umgang mit dem Elend in Amerika. In: Leviathan 25. S. 50–66.

Wacquant, L. (2001): Die Verallgemeinerung der Lohnunsicherheit in Amerika. In: P. Bourdieu (Hg.): Lohn der Angst: Flexibilisierung und Kriminalisierung in der „neuen Arbeitsgesellschaft". Konstanz. S. 21–33.

Wacquant, L. (2009): Bestrafen der Armen. Zur neoliberalen Regierung der sozialen Unsicherheit. Opladen/Farmington Hills.

Wacquant, L. (2011): Die neoliberale Staatskunst: Workfare, Prisonfare und soziale Unsicherheit. In: B. Dollinger / H. Schmidt-Semisch (Hg.): Gerechte Ausgrenzung? Wohlfahrtsproduktion und die neue Lust am Strafen. Wiesbaden. S. 77–109.

Wagner, W. (2002): Die Konstruktion einer europäischen Außenpolitik. Deutsche, französische und britische Ansätze im Vergleich. Frankfurt/New York.

Wagner, W. (2006): Qualitative Inhaltsanalyse: Die soziale Konstruktion sicherheitspolitischer Interessen in Deutschland und Großbritannien. In: A. Siedschlag (Hg.): Methoden der sicherheitspolitischen Analyse: Eine Einführung. Wiesbaden. S. 169–188.

Weber, H.-M. / W.-D. Narr (1997): Zur aktuellen Debatte über Strafschärfungen für Sexualstraftäter. In: Vorgänge 137. S. 9–17.

Weichert, T. (2009): Der 11. September 2001 – auch ein Anschlag auf den Datenschutz? <https://www.datenschutzzentrum.de/vortraege/20090305-weichert-anschlag-datenschutz.html> [Stand: 2009-10-13].

Weigend, T. (2001): Sentencing and Punishment in Germany. In: M. Tonry / R. S. Frase (Hg.): Sentencing and sanctions in western countries. Oxford. S. 188–221.

Weinzierl, R. (2005): Die Befristung und Evaluierung von Sicherheitsgesetzen: ein wirksames Instrument des Menschenrechtsschutzes und der Wahrung rechtsstaatlicher Prinzipien. In: V. Deile / F.-J. Hutter / S. Kurtenbach / C. Tessmer (Hg.): Freiheit in Gefahr – Strategien für die Menschenrechte. 1. Aufl. Frankfurt/M. S. 93–99.

Weßlau, E. (2004): Absprachen in Strafverfahren. In: Zeitschrift für die gesamte Strafrechtswissenschaft 116. S. 150–171.

Wilson, J. Q. / G. L. Kelling (1982): The Police and Neighborhood Safety: Broken Windows. In: The Atlantic Monthly 3. S. 29–39.

Windzio, M. / J. Simonson / C. Pfeiffer / M. Kleimann (2007): Kriminalitätswahrnehmung und Punitivität in der Bevölkerung – Welche Rolle spielen die Massenmedien? Ergebnisse der Befragungen zu Kriminalitätswahrnehmung und Strafeinstellungen 2004 und 2006. Forschungsbericht Nr. 103. Hannover.

Wolf, K. D. (2000): Die Neue Staatsräson. Zwischenstaatliche Kooperation als Demokratieproblem in der Weltgesellschaft. Plädoyer für eine geordnete Entstaatlichung des Regierens jenseits des Staates. 1. Aufl. Baden-Baden.

Wolff, S. (2012): Dokumenten- und Aktenanalyse. In: U. Flick / E. von Kardorff / I. Steinke (Hg.): Qualitative Sozialforschung: Ein Handbuch. Reinbek bei Hamburg. S. 502–513.

Young, J. (1999): The Exclusive Society. Social Exclusion, Crime and Difference in Late Modernity. London et al.

Young, J. (2003): Merton with energy, Katz with structure: The sociology of vindictiveness and the criminology of transgression. In: Theoretical Criminology 7. S. 389–414.

Zapf, W. (1994): Staat, Sicherheit und Individualisierung. In: U. Beck / E. Beck-Gernsheim (Hg.): Riskante Freiheiten. Frankfurt/M. S. 296–304.

Zedner L. (1995): In pursuit of the vernacular: Comparing law and order discourse in Britain and Germany. In: Social & Legal Studies 4. S. 517–534.
Zedner, L. (2000): The Pursuit of Security. In: T. Hope / R. Sparks (Hg.): Crime, Risk and Insecurity. London. S. 200–214.
Zedner, L. (2002): Victims. In: M. Maguire (Hg.): The Oxford Handbook of Criminology. 3. Aufl. Oxford. S. 419–456.
Zedner, L. (2007): Pre-crime and post-criminology? In: Theoretical Criminology 11. S. 261–281.
Zeit Online (2011): Innenminister fordern Verbot von „Facebook-Partys“. 3. Juli 2011. <http://www.zeit.de/politik/deutschland/2011-07/Facebook-Party-Verbot> [Stand: 2011-07-03].
Žižek, S. (2003): Ein Plädoyer für die Intoleranz. 2. überarb. Aufl. Wien.
Žižek, S. (2008): In Defense of Lost Causes. London.

Zitierte Drucksachen und Plenarprotokolle

Drucksachen

BT-Drs. 7/550 (11.05.1973): Entwurf eines Einführungsgesetzes zum Strafgesetzbuch (EGStGB)

BT-Drs. 8/2382 (13.12.1978): Entwurf eines Achtzehnten Strafrechts-änderungsgesetzes – Gesetz zur Bekämpfung der Umweltkriminalität

BT-Drs. 8/3633 (04.02.1980): Beschlußempfehlung und Bericht des Rechtsausschusses (6. Ausschuß)

BT-Drs. 9/450 (18.05.1981): Beschlußempfehlung und Bericht des Rechtsausschusses (6. Ausschuß)

BT-Drs. 10/318 (26.08.1983): Entwurf eines Zweiten Gesetzes zur Bekämpfung der Wirtschaftskriminalität

BT-Drs. 10/1286 (11.04.1984): Entwurf eines Einundzwanzigsten Strafrechtsänderungsgesetzes (21. StrÄndG)

BT-Drs. 10/2720 (14.01.1985): Entwurf eines ... Strafrechtsänderungsgesetzes (... StrÄndG)

BT-Drs. 10/5058 (19.02.1986): Beschlußempfehlung und Bericht des Rechtsausschusses (6. Ausschuß)

BT-Drs. 10/6286 (31.10.1986): Entwurf eines Gesetzes zur Bekämpfung des Terrorismus

BT-Drs. 10/6635 (03.12.1986): Beschlußempfehlung und Bericht des Rechtsausschusses (6. Ausschuß)

BT-Drs. 11/2834 (26.08.1988): Entwurf eines Gesetzes zur Änderung des Strafgesetzbuches, der Strafprozessordnung und des Versammlungsgesetzes und zur Einführung einer Kronzeugenregelung bei terroristischen Straftaten

BT-Drs. 11/4359 (18.04.1989): Beschlußempfehlung und Bericht des Rechtsausschusses (6. Ausschuß)

BT-Drs. 12/989 (25.07.1991): Entwurf eines Gesetzes zur Bekämpfung des illegalen Rauschgifthandels und anderer Erscheinungsformen der Organisierten Kriminalität (OrgKG)

BT-Drs. 12/3001 (03.07.1992): Entwurf eines ... Strafrechtsänderungsgesetzes – Kinderpornographie (... StrafÄndG)

BT-Drs. 12/5927 (20.10.1993): Entwurf eines ... Strafrechtsänderungsgesetzes – Abgeordnetenbestechung

BT-Drs. 12/6351 (08.12.1993): Entwurf eines Ausführungsgesetzes zu dem Basler Übereinkommen vom 22. März 1989 über die Kontrolle der grenzüberschreitenden Verbringung gefährlicher Abfälle und ihrer Entsorgung

BT-Drs. 12/6853 (18.02.1994): Entwurf eines Gesetzes zur Änderung des Strafgesetzbuches, der Strafprozeßordnung und anderer Gesetze (Verbrechensbekämpfungsgesetz)
BT-Drs. 12/6980 (04.03.1994): Beschlußempfehlung und Bericht des Rechtsausschusses (6. Ausschuß)
BT-Drs. 12/7438 (28.04.1994): Änderungsantrag der Abgeordneten Ursula Männle et al.
BT-Drs. 12/7585 (18.05.1994): Bericht des Haushaltsausschusses (8. Ausschuß) gemäß § 96 der Geschäftsordnung
BT-Drs. 13/198 (12.01.1995): Entwurf eines ... Strafrechtsänderungsgesetzes – §§ 44, 69b StGB
BT-Drs. 13/5584 (24.09.1996): Entwurf eines Gesetzes zur Bekämpfung der Korruption der Abgeordneten Geis et.al.
BT-Drs. 13/7385 (09.04.1997): Entwurf eines Gesetzes zur Regelung der Rahmenbedingungen für Informations- und Kommunikationsdienste
BT-Drs. 13/8586 (25.09.1997): Entwurf eines Gesetzes zur Bekämpfung von Sexualdelikten und anderen gefährlichen Straftaten
BT-Drs. 13/8587 (25.09.1997): Entwurf eines Sechsten Gesetzes zur Reform des Strafrechts
BT-Drs. 13/8651 (01.10.1997): Entwurf eines Gesetzes zur Verbesserung der Bekämpfung der Organisierten Kriminalität
BT-Drs. 13/8989 (12.11.1997): Beschlußempfehlung des Rechtsausschusses (6. Ausschuß)
BT-Drs. 13/9062 (13.11.1997): Bericht des Rechtsausschusses (6. Ausschuß)
BT-Drs. 13/10425 (20.04.1998): Entwurf eines Gesetzes zu dem Übereinkommen vom 26. Juli 1995 über den Schutz der finanziellen Interessen der Europäischen Gemeinschaften
BT-Drs. 14/4451 (01.11.2000): Entwurf eines Gesetzes zur Bekämpfung gefährlicher Hunde
BT-Drs. 14/7025 (04.10.2001): Entwurf eines ...Strafrechtsänderungsgesetzes – § 129b StGB
BT-Drs. 14/7471 (23.11.2001): Bericht des Finanzausschusses (7. Ausschuss)
BT-Drs. 14/8221 (11.02.2002): Entwurf eines Gesetzes zur Erleichterung der Bekämpfung von illegaler Beschäftigung und Schwarzarbeit
BT-Drs. 14/9258 (05.06.2002): Stellungnahme des Bundesrates und Gegenäußerung der Bundesregierung
BT-Drs. 14/9530 (25.06.2002): Unterrichtung durch den Bundesrat
BT-Drs. 15/350 (28.01.2003): Entwurf eines Gesetzes zur Änderung der Vorschriften über die Straftaten gegen die sexuelle Selbstbestimmung und zur Änderung anderer Vorschriften
BT-Drs. 15/778 (03.04.2003): Entwurf eines ... Gesetzes zur Änderung des Strafvollzugsgesetzes
BT-Drs. 15/813 (08.04.2003): Gesetzentwurf der Abgeordneten Joachim Stünker et.al.
BT-Drs. 15/2887 (02.04.2004): Entwurf eines Gesetzes zur Einführung der nachträglichen Sicherungsverwahrung

BT-Drs. 15/2948 (22.04.2004): Entwurf eines Gesetzes zur Intensivierung der Bekämpfung der Schwarzarbeit und damit zusammenhängender Steuerhinterziehung
BT-Drs. 15/3077 (05.05.2004): Beschlußempfehlung des Finanzausschusses (7. Ausschuss)
BT-Drs. 15/4533 (15.12.2004): Entwurf eines Gesetzes zur Umsetzung des Urteils des Bundesverfassungsgerichtes vom 03. März 2004 (akustische Wohnraumüberwachung)
BT-Drs. 15/4832 (15.02.2005): Entwurf eines Gesetzes zur Änderung des Versammlungsgesetzes und des Strafgesetzbuches
BT-Drs. 15/5653 (09.06.2005): Entwurf eines ... Gesetzes zur Änderung des Strafgesetzbuches
BT-Drs. 17/9389 (24.04.2012): Entwurf eines Gesetzes zur Erweiterung der jugendgerichtlichen Handlungsmöglichkeiten

Plenarprotokolle

BT-Protokoll 8/145: Stenographischer Bericht der 145. Sitzung der 8. Wahlperiode am 29.03.1979: 11561-11650. (1. Beratung des Sechzehnten Strafrechtsänderungsgesetzes)
BT-Protokoll 8/166: Stenographischer Bericht der 166. Sitzung der 8. Wahlperiode am 03.07.1979: 13233-13308. (2. Beratung des Sechzehnten Strafrechtsänderungsgesetzes)
BT-Protokoll 10/25: Stenographischer Bericht der 25. Sitzung der 10. Wahlperiode am 29.07.1983: 1665-1674. (1. Beratung des Zweiten Gesetzes zur Bekämpfung der Wirtschaftskriminalität)
BT-Protokoll 10/47: Stenographischer Bericht der 47. Sitzung der 10. Wahlperiode am 19.01.1984: 3390-3410. (1. Beratung des Gesetzes zur Neuregelung des Jugendschutzes in der Öffentlichkeit)
BT-Protokoll 10/57: Stenographischer Bericht der 57. Sitzung der 10. Wahlperiode am 24.02.1984: 4052-4083. (1. Beratung des Gesetzes zur Änderung des Strafgesetzbuches und des Versammlungsgesetzes)
BT-Protokoll 10/67: Stenographischer Bericht der 67. Sitzung der 10. Wahlperiode am 12.04.1984: 4752-4763. (1. Beratung des Einundzwanzigsten Strafrechtsänderungsgesetzes/„Auschwitz-Lüge“)
BT-Protokoll 10/120: Stenographischer Bericht der 120. Sitzung der 10. Wahlperiode am 07.02.1985: 8921-8928 (1. Beratung des Dreiundzwanzigsten Strafrechtsänderungsgesetzes – Strafaussetzung zur Bewährung)
BT-Protokoll 10/135: Stenographischer Bericht der 135. Sitzung der 10. Wahlperiode am 25.04.1985: 10075-10087. (2. und 3. Beratung des Einundzwanzigsten Strafrechtsänderungsgesetzes/„Auschwitz-Lüge“)
BT-Protokoll 10/213: Stenographischer Bericht der 213. Sitzung der 10. Wahlperiode am 24.04.1986: 16434-16446. (1. Beratung des Ersten Gesetzes zur Verbesserung der Stellung von Verletzten im Strafverfahren)

BT-Protokoll 10/243: Stenographischer Bericht der 243. Sitzung der 10. Wahlperiode am 06.11.1986: 18822-18840. (1. Beratung des Gesetzes zur Bekämpfung des Terrorismus)

BT-Protokoll 11/95: Stenographischer Bericht der 95. Sitzung der 11. Wahlperiode am 23.09.1988: 6516-6530. (1. Beratung des Gesetzes zur Änderung des Strafgesetzbuches, der Strafprozeßordnung und des Versammlungsgesetzes und zur Einführung einer Kronzeugenregelung bei terroristischen Straftaten)

BT-Protokoll 12/21: Stenographischer Bericht der 21. Sitzung der 12. Wahlperiode 18.04.1991: 1369-1379. (1. Beratung des Einunddreißigsten Strafrechtsänderungsgesetzes – Zweites Gesetz zur Bekämpfung der Umweltkriminalität)

BT-Protokoll 12/42: Stenographischer Bericht der 42. Sitzung der 12. Wahlperiode am 20.09.1991: 3500-3535. (1. Beratung des Gesetzes zur Bekämpfung des illegalen Rauschgifthandels und anderer Erscheinungsformen der Organisierten Kriminalität)

BT-Protokoll 12/73: Stenographischer Bericht der 73. Sitzung der 12. Wahlperiode am 23.01.1992: 6083-6106. (2. und 3. Beratung des Gesetzes zur Änderung des Außenwirtschaftsgesetzes, des Strafgesetzbuches und anderer Gesetze)

BT-Protokoll 12/79: Stenographischer Bericht der 79. Sitzung der 12. Wahlperiode am 20.02.1992: 6581-6589. (1. Beratung des Sechsundzwanzigsten Strafrechtsänderungsgesetzes – Menschenhandel)

BT-Protokoll 12/111: Stenographischer Bericht der 111. Sitzung der 12. Wahlperiode am 09.10.1992: 9465-9476. (1. Beratung des Gesetzes zur Entlastung der Rechtspflege)

BT-Protokoll 12/163: Stenographischer Bericht der 163. Sitzung der 12. Wahlperiode am 17.06.1993: 14060-14066. (2. und 3. Beratung des Siebenundzwanzigsten Strafrechtsänderungsgesetzes)

BT-Protokoll 12/190: Stenographischer Bericht der 190. Sitzung der 12. Wahlperiode am 12.11.1993: 16422-16428. (2. und 3. Beratung des Achtundzwanzigsten Strafrechtsänderungsgesetzes – Abgeordnetenbestechung)

BT-Protokoll 12/210: Stenographischer Bericht der 210. Sitzung der 12. Wahlperiode am 24.02.1994: 18153-18202. (1. Beratung des Gesetzes zur Änderung des Strafgesetzbuches, der Strafprozeßordnung und anderer Gesetze [Verbrechensbekämpfungsgesetz])

BT-Protokoll 12/216: Stenographischer Bericht der 216. Sitzung der 12. Wahlperiode am 10.03.1994: 18706-18717 (2. und 3. Beratung des Ausführungsgesetzes zu dem Basler Übereinkommen vom 22. März 1989 über die Kontrolle der grenzüberschreitenden Verbringung gefährlicher Abfälle und ihrer Entsorgung)

BT-Protokoll 12/222: Stenographischer Bericht der 222. Sitzung der 12. Wahlperiode am 21.04.1994: 19167-19179. (2. und 3. Beratung des Einunddreißigsten Strafrechtsänderungsgesetzes – Zweites Gesetz zur Bekämpfung der Umweltkriminalität)

BT-Protokoll 12/229: Stenographischer Bericht der 229. Sitzung der 12. Wahlperiode am 20.05.1994: 19867-19906. (2. und 3. Beratung des Gesetzes zur Änderung des Strafgesetzbuches, der Strafprozeßordnung und anderer Gesetze – [Verbrechensbekämpfungsgesetz])

BT-Protokoll 12/230: Stenographischer Bericht der 230. Sitzung der 12. Wahlperiode am 26.05.1994: 20036-20040. (2. und 3. Beratung des Gesetzes zur Überwachung des

Verkehrs mit Grundstoffen, die für die unerlaubte Herstellers von Betäubungsmitteln mißbraucht werden können [Grundstoffüberwachungsgesetz])

BT-Protokoll 13/172: Stenographischer Bericht der 172. Sitzung der 13. Wahlperiode am 24.05.1997: 15492-15505. (1. Beratung des Dreiunddreißigsten Strafrechtsänderungsgesetzes – §§ 177 bis 179 StGB)

BT-Protokoll 13/197: Stenographischer Bericht der 197. Sitzung der 13. Wahlperiode am 09.10.1997: 17678-17705. (1. Beratung des Gesetzes zur Verbesserung der Bekämpfung der Organisierten Kriminalität)

BT-Protokoll 13/204: Stenographischer Bericht der 204. Sitzung der 13. Wahlperiode am 14.11.1997: 18432-18464. (2. und 3. Beratung des Gesetzes zur Bekämpfung von Sexualdelikten und anderen gefährlichen Straftaten und 2. und 3. Beratung des Sechsten Gesetzes zur Reform des Strafrechts)

BT-Protokoll 13/214: Stenographischer Bericht der 214. Sitzung der 13. Wahlperiode am 16.01.1998: 19518-19560. (2. und 3. Beratung des Gesetzes zur Verbesserung der Bekämpfung der Organisierten Kriminalität)

BT-Protokoll 14/141: Stenographischer Bericht der 141. Sitzung der 14. Wahlperiode am 08.12.2000: 13871-13876. (2. und 3. Beratung des Gesetzes zur Bekämpfung gefährlicher Hunde)

BT-Protokoll 14/203: Stenographischer Bericht der 203. Sitzung der 14. Wahlperiode am 27.11.2001: 19918-19966. (2. und 3. Beratung des Gesetzes zur Bekämpfung von Steuerverkürzungen bei der Umsatzsteuer und zur Änderung anderer Steuergesetze)

BT-Protokoll 14/219: Stenographischer Bericht der 219. Sitzung der 14. Wahlperiode am 22.02.2002: 21707-21720. (1. Beratung des Gesetzes zur Erleichterung der Bekämpfung von illegaler Beschäftigung und Schwarzarbeit)

BT-Protokoll 14/228: Stenographischer Bericht der 228. Sitzung der 14. Wahlperiode am 22.03.2002: 22695-22699. (1. Beratung des Gesetzes zur Einführung der vorbehaltenen Sicherungsverwahrung)

BT-Protokoll 14/233: Stenographischer Bericht der 233. Sitzung der 14. Wahlperiode am 25.04.2002: 23242-23243 und 23267-22685. (2. und 3. Beratung des Gesetzes zur Einführung des Völkerstrafgesetzbuches)

BT-Protokoll 15/22: Stenographischer Bericht der 22. Sitzung der 15. Wahlperiode am 30.01.2003: 1722-1735. (1. Beratung des Gesetzes zur Änderung der Vorschriften über die Straftaten gegen die sexuelle Selbstbestimmung und zur Änderung anderer Vorschriften)

BT-Protokoll 15/41: Stenographischer Bericht der 22. Sitzung der 15. Wahlperiode am 11.04.2003: 3414-3424. (1. Beratung des Gesetzes zur Umsetzung des Rahmenbeschlusses des Rates vom 13. Juni 2002 zur Terrorismusbekämpfung und zur Änderung anderer Gesetze)

BT-Protokoll 15/105: Stenographischer Bericht der 105. Sitzung der 15. Wahlperiode am 29.04.2004: 9533-9541. (2. und 3. Beratung des Sechsunddreißigstes Strafrechtsänderungsgesetzes – § 201 a StGB)

BT-Protokoll 15/109: Stenographischer Bericht der 109. Sitzung der 15. Wahlperiode am 07.05.2004: 9946-9952. (1. Beratung des Siebenunddreißigsten Strafrechtsänderungsgesetzes – §§ 180 b, 181 StGB)

BT-Protokoll 15/135: Stenographischer Bericht der 135. Sitzung der 15. Wahlperiode am 28.10.2004: 12368-12375. (2. und 3. Beratung des Siebenunddreißigsten Strafrechtsänderungsgesetzes – §§ 180 b, 181 StGB)

BT-Protokoll 15/164: Stenographischer Bericht der 164. Sitzung der 15. Wahlperiode am 11.03.2005: 15347-15364. (2. und 3. Beratung des Gesetzes zur Änderung des Versammlungsgesetzes und des Strafgesetzbuches)

BT-Protokoll 15/173: Stenographischer Bericht der 173. Sitzung der 15. Wahlperiode am 22.04.2005: 16268-16281. (1. Beratung des Neununddreißigsten Strafrechtsänderungsgesetzes – §§ 303, 304 StGB)

BT-Protokoll 15/175: Stenographischer Bericht der 175. Sitzung der 15. Wahlperiode am 12.05.2005: 16446-16460. (2. und 3. Beratung des Gesetzes zur Umsetzung des Urteils des Bundesverfassungsgerichtes vom 03. März 2004 [akustische Wohnraumüberwachung])

BT-Protokoll 15/182: Stenographischer Bericht der 182. Sitzung der 15. Wahlperiode am 17.06.2005: 17184-17192. (2. und 3. Beratung des Neununddreißigsten Strafrechtsänderungsgesetzes – §§ 303, 304 StGB)

BR-Protokoll 15/798: Stenographischer Bericht der 798. Sitzung der 15. Wahlperiode am 02.04.2004: 143-147. (Gemeinsame Beratung des Gesetzes zur Einführung der nachträglichen Sicherungsverwahrung)

Anhang: Titel der Gesetze

8. Legislaturperiode

Gesetz über die Wahl der Abgeordneten des Europäischen Parlaments aus der Bundesrepublik Deutschland (Europawahlgesetz – EuWG) vom 16.06.1978 (BGBl I, 31: 709)
Sechzehntes Strafrechtsänderungsgesetz (16. StrÄndG) vom 16.07.1979 (BGBl I, 41: 1046)
Siebzehntes Strafrechtsänderungsgesetz (17. StrÄndG) vom 21.12.1979 (BGBl I, 76: 2324)
Achtzehntes Strafrechtsänderungsgesetz (18. StrÄndG) vom 28.03.1980 (BGBl I, 15: 373)

9. Legislaturperiode

Neunzehntes Strafrechtsänderungsgesetz (19. StrÄndG) vom 07.08.1981 (BGBl I, 53: 1329)
Zwanzigstes Strafrechtsänderungsgesetz (20. StrÄndG) vom 08.12.1981 (BGBl I, 84: 808)

10. Legislaturperiode

Seefischereigesetz vom 12.07.1984 (BGBl I, 29: 876)
Gesetz zur Neuregelung des Jugendschutzes in der Öffentlichkeit vom 25.02.1985 (BGBl I, 12: 425)
Einundzwanzigstes Strafrechtsänderungsgesetz/„Auschwitz-Lüge" (21. StrÄndG) vom 13.06.1985 (BGBl I, 29: 965)
Zweiundzwanzigstes Strafrechtsänderungsgesetz/Strafverfolgung ohne Antrag (22. StrÄndG) vom 18.07.1985 (BGBl I, 39: 1510)
Gesetz zur Änderung des Strafgesetzbuches und des Versammlungsgesetzes vom 18.07.1985 (BGBl I, 39: 1511)
Dreiundzwanzigstes Strafrechtsänderungsgesetz – Strafaussetzung zur Bewährung (23. StrÄndG) vom 13.04.1986 (BGBl I, 14: 393)
Zweites Gesetz zur Bekämpfung der Wirtschaftskriminalität (2. WiKG) vom 15.05.1986 (BGBl I, 21: 721)

Gesetz zur Änderung des Gesetzes über Ordnungswidrigkeiten, des Straßenverkehrsgesetzes und anderer Gesetze vom 07.07.1986 (BGBl I, 31: 977)

Erstes Gesetz zur Verbesserung der Stellung von Verletzten im Strafverfahren (Opferschutzgesetz) vom 18.12.1986 (BGBl I, 68: 2496)

Gesetz zur Bekämpfung des Terrorismus vom 19.12.1986 (BGBl I, 69: 2566)

Vierundzwanzigstes Strafrechtsänderungsgesetz – § 168 StGB (24. StrÄndG) vom 13.01.1987 (BGBl I, 4: 141)

11. Legislaturperiode

Gesetz zur Änderung des Strafgesetzbuches, der Strafprozeßordnung und des Versammlungsgesetzes und zur Einführung einer Kronzeugenregelung bei terroristischen Straftaten vom 09.06.1989 (BGBl I, 26: 1059)

Gesetz zu dem Übereinkommen vom 26. Oktober 1979 über den physischen Schutz von Kernmaterial vom 24.04.1990 (BGBl II, 15: 326)

Gesetz zu dem Übereinkommen vom 10. März 1988 zur Bekämpfung widerrechtlicher Handlungen gegen die Sicherheit der Seeschiffahrt und zum Protokoll vom 10. März 1988 zur Bekämpfung widerrechtlicher Handlungen gegen die Sicherheit fester Plattformen, die sich auf dem Festlandsockel befinden vom 13.06.1990 (BGBl II, 19: 494)

Fünfundzwanzigstes Strafrechtsänderungsgesetz – § 201 StGB (25. StrÄndG) vom 20.08.1990 (BGBl I, 43: 1764)

12. Legislaturperiode

Gesetz zur Änderung des Außenwirtschaftsgesetzes, des Strafgesetzbuches und anderer Gesetze vom 28.02.1992 (BGBl I, 10: 372)

Sechsundzwanzigstes Strafrechtsänderungsgesetz – Menschenhandel (26. StrÄndG) vom 14.07.1992 (BGBl I, 33: 1255)

Gesetz zur Bekämpfung des illegalen Rauschgifthandels und anderer Erscheinungsformen der Organisierten Kriminalität (OrgKG) vom 15.07.1992 (BGBl I, 34: 1302)

Gesetz zur Entlastung der Rechtspflege vom 11.01.1993 (BGBl I, 2: 50)

Siebenundzwanzigstes Strafrechtsänderungsgesetz (27. StrÄndG) vom 23.07.1993 (BGBl I, 40: 1346)

Gesetz zur Ausführung des Übereinkommens der Vereinten Nationen vom 20. Dezember 1988 gegen den unerlaubten Verkehr mit Suchtstoffen und psychotropen Stoffen (Ausführungsgesetz Suchtstoffübereinkommen 1988) vom 02.08.1993 (BGBl I, 42: 1407)

Achtundzwanzigstes Strafrechtsänderungsgesetz – Abgeordnetenbestechung (28. StrÄndG) vom 13.01.1994 (BGBl I, 3: 84)

Neunundzwanzigstes Strafrechtsänderungsgesetz – §§ 175, 182 StGB (29. StrÄndG) vom 31.05.1994 (BGBl I, 33: 1168)

Dreißigstes Strafrechtsänderungsgesetz – Verjährung von Sexualstraftaten an Kindern und Jugendlichen (30. StrÄndG) vom 23.06.1994 (BGBl I, 38: 1310)

Einunddreißigstes Strafrechtsänderungsgesetz – Zweites Gesetz zur Bekämpfung der Umweltkriminalität (31. StrÄndG – 2. UKG) vom 27.06.1994 (BGBl I, 40: 1440)

Ausführungsgesetz zu dem Basler Übereinkommen vom 22. März 1989 über die Kontrolle der grenzüberschreitenden Verbringung gefährlicher Abfälle und ihrer Entsorgung vom 30.09.1994 (BGBl I, 68: 2771)

Gesetz zur Überwachung des Verkehrs mit Grundstoffen, die für die unerlaubte Herstellung von Betäubungsmitteln mißbraucht werden können (Grundstoffüberwachungsgesetz – GÜG) vom 07.10.1994 (BGBl I, 69: 2835)

Gesetz zur Änderung des Strafgesetzbuches, der Strafprozeßordnung und anderer Gesetze (Verbrechensbekämpfungsgesetz) vom 28.10.1994 (BGBl I, 76: 3186)

13. Legislaturperiode

Zweiunddreißigstes Strafrechtsänderungsgesetz – §§ 44, 69 b StGB (32. StrÄndG) vom 01.06.1995 (BGBl I, 28: 747)

Gesetz zur Ausführung des Seerechtsübereinkommens der Vereinten Nationen vom 10. Dezember 1982 sowie des Übereinkommens vom 28.07.1994 zur Durchführung des Teils XI des Seerechtsübereinkommens (Ausführungsgesetz Seerechtsübereinkommen 1982/1994) vom 06.06.1995 (BGBl I, 29: 778)

Schwangeren- und Familienhilfeänderungsgesetz (SFHÄndG) vom 21.08.1995 (BGBl I, 44: 1050)

Dreiunddreißigstes Strafrechtsänderungsgesetz – §§ 177 bis 179 StGB (33. StrÄndG) vom 01.07.1997 (BGBl I, 45: 1607)

Gesetz zur Regelung der Rahmenbedingungen für Informations- und Kommunikationsdienste (Informations- und Kommunikationsdienste-Gesetz – IuKDG) vom 22.07.1997 (BGBl I, 52: 1870)

Gesetz zur Bekämpfung der Korruption vom 13.08.1997 (BGBl I, 58: 2038)

Gesetz über die Spende, Entnahme und Übertragung von Organen (Transplantationsgesetz – TPG) vom 05.11.1997 (BGBl I, 74: 2631)

Begleitgesetz zum Telekommunikationsgesetz (BegleitG) vom 17.12.1997 (BGBl I, 86: 3108)

Gesetz zur Bekämpfung von Sexualdelikten und anderen gefährlichen Straftaten vom 26.01.1998 (BGBl I, 6: 160)

Sechstes Gesetz zur Reform des Strafrechts vom 26.01.1998 (BGBl I, 6: 164)

Gesetz zur Änderung des Straßenverkehrsgesetzes und anderer Gesetze vom 24.04.1998 (BGBl I, 24: 795)

Gesetz zur Verbesserung der Bekämpfung der Organisierten Kriminalität vom 04.05.1998 (BGBl I, 25: 845)

Ausführungsgesetz zu dem Vertrag vom 24. September 1996 über das umfassende Verbot von Nuklearversuchen vom 23.07.1998 (BGBl I, 46: 1882)

Elftes Gesetz zur Änderung des Luftverkehrsgesetzes vom 25.08.1998 (BGBl I, 74: 2631)

Gesetz zu dem Übereinkommen vom 26. Juli 1995 über den Schutz der finanziellen Interessen der Europäischen Gemeinschaften (EG-Finanzschutzgesetz EGFinSchG) vom 10.09.1998 (BGBl I, 37: 2322)

Gesetz zu dem Protokoll vom 27. September 1996 zum Übereinkommen über den Schutz der finanziellen Interessen der Europäischen Gemeinschaften (EU-Bestechungsgesetz EUBestG) vom 10.09.1998 (BGBl I, 37: 2340)

14. Legislaturperiode

Gesetz zur Neuregelung des Schutzes von Verfassungsorganen des Bundes vom 11.08.1999 (BGBl I, 43: 1818)

Gesetz zur Änderung und Ergänzung des Strafverfahrensrechts (Strafverfahrensänderungsgesetz 1999 – StVAG 1999) vom 02.08.2000 (BGBl I, 38: 1253)

Gesetz zur Bekämpfung gefährlicher Hunde vom 12.04.2001 (BGBl I, 16: 530)

Gesetz zur Regelung des Rechts der Untersuchungsausschüsse des Deutschen Bundestages (Untersuchungsausschussgesetz) vom 19.06.2001 (BGBl I, 28: 1142)

Gesetz zur Bekämpfung von Steuerverkürzungen bei der Umsatzsteuer und zur Änderung anderer Steuergesetze (Steuerverkürzungsbekämpfungsgesetz – StVGB) vom 19.12.2001 (BGBl I, 74: 3922)

Gesetz zur Regelung der Rechtsverhältnisse der Prostituierten (Prostituiertengesetz – ProstG) vom 20.12.2001 (BGBl I, 74: 3983)

Gesetz zur Einführung des Völkerstrafgesetzbuches vom 26.06.2002 (BGBl I, 42: 2254)

Fünftes Gesetz zur Änderung des Steuerbeamten-Ausbildungsgesetzes und zur Änderung von Steuergesetzen vom 23.07.2002 (BGBl I, 51: 2715)

Gesetz zur Erleichterung der Bekämpfung von illegaler Beschäftigung und Schwarzarbeit vom 23.07.2002 (BGBl I, 69: 3760)

Gesetz zur Einführung der vorbehaltenen Sicherungsverwahrung vom 21.08.2002 (BGBl I, 60: 3344)

Gesetz zur Ausführung des Zweiten Protokolls vom 19. Juni 1997 zum Übereinkommen über den Schutz der finanziellen Interessen der Europäischen Gemeinschaften, der Gemeinsamen Maßnahme betreffend die Bestechung im privaten Sektor vom 22. Dezember 1998 und des Rahmenbeschlusses vom 29. Mai 2000 über die Verstärkung des mit strafrechtlichen und anderen Sanktionen bewehrten Schutzes gegen Geldfälschung im Hinblick auf die Einführung des Euro vom 22.08.2002 (BGBl I, 61: 3387)

Vierunddreißigstes Strafrechtsänderungsgesetz (34. StrÄndG) vom 22.08.2002 (BGBl I, 61: 3390)

15. Legislaturperiode

Gesetz zur Umsetzung des Rahmenbeschlusses des Rates vom 13. Juni 2002 zur Terrorismusbekämpfung und zur Änderung anderer Gesetze vom 22.12.2003 (BGBl I, 65: 2836)

Fünfunddreißigstes Strafrechtsänderungsgesetz zur Umsetzung des Rahmenbeschlusses des Rates der Europäischen Union vom 28. Mai 2001 zur Bekämpfung von Betrug und Fälschung im Zusammenhang mit unbaren Zahlungsmitteln (35. StrÄndG) vom 22.12.2003 (BGBl I, 65: 2838)

Gesetz zur Änderung der Vorschriften über die Straftaten gegen die sexuelle Selbstbestimmung und zur Änderung anderer Vorschriften vom 27.12.2003 (BGBl I, 67: 3007)

Gesetz gegen den unlauteren Wettbewerb (UWG) vom 03.07.2004 (BGBl I, 32: 1414)

Gesetz zur Einführung der nachträglichen Sicherungsverwahrung vom 23.07.2004 (BGBl I, 39: 1838)

Gesetz zur Intensivierung der Bekämpfung der Schwarzarbeit und damit zusammenhängender Steuerhinterziehung vom 23.07.2004 (BGBl I, 39: 1842)

Sechsunddreißigstes Strafrechtsänderungsgesetz – § 201 a StGB (36. StrÄndG) vom 30.07.2004 (BGBl I, 41: 2012)

Siebenunddreißigstes Strafrechtsänderungsgesetz – §§ 180 b, 181 StGB (37. StrÄndG) vom 11.02.2005 (BGBl I, 10: 239)

Gesetz zur Änderung des Versammlungsgesetzes und des Strafgesetzbuches vom 24.03.2005 (BGBl I, 20: 969)

Gesetz zur Umsetzung des Urteils des Bundesverfassungsgerichtes vom 03. März 2004 (akustische Wohnraumüberwachung) vom 24.06.2005 (BGBl I, 39: 1841)

Achtunddreißigstes Gesetz zur Änderung des Strafgesetzbuches (38. StrÄndG) vom 04.08.2005 (BGBl I, 47: 2272)

Neununddreißigstes Strafrechtsänderungsgesetz – §§ 303, 304 StGB (39. StrÄndG) vom 01.09.2005 (BGBl I, 56: 2674)

Printed by Printforce, the Netherlands